Saggi

MARCO CAPPELLI

Quando Venezia distrusse l'Impero romano

1204. La crociata dei bugiardi contro Costantinopoli

SOLFERINO

SOLFERINO

www.solferinolibri.it

ISBN 978-88-282-1498-4
Prima edizione: gennaio 2025

Quando Venezia distrusse l'Impero romano

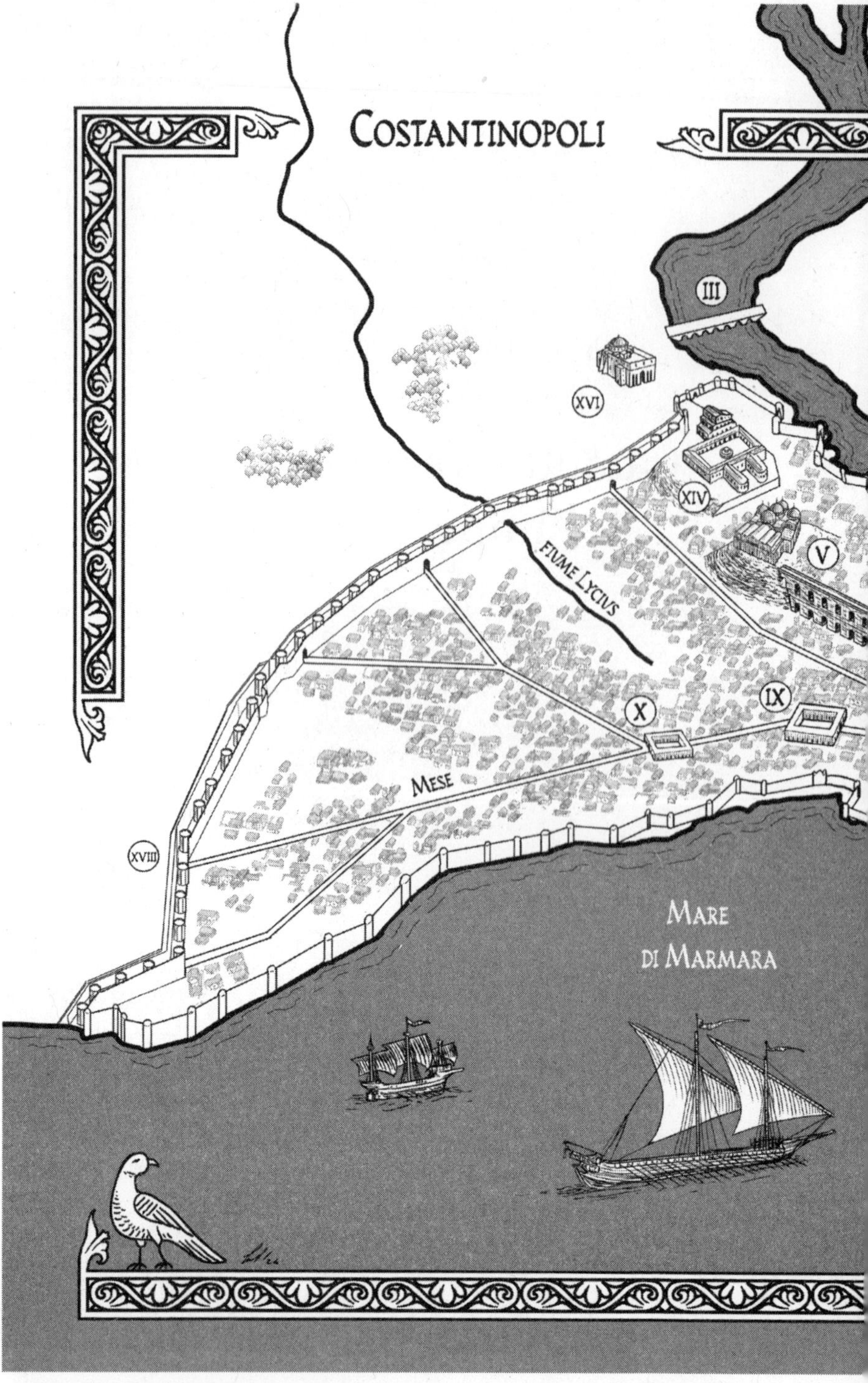
COSTANTINOPOLI
III
XVI
XIV
V
FIUME LYCIUS
IX
X
MESE
XVIII
MARE
DI MARMARA

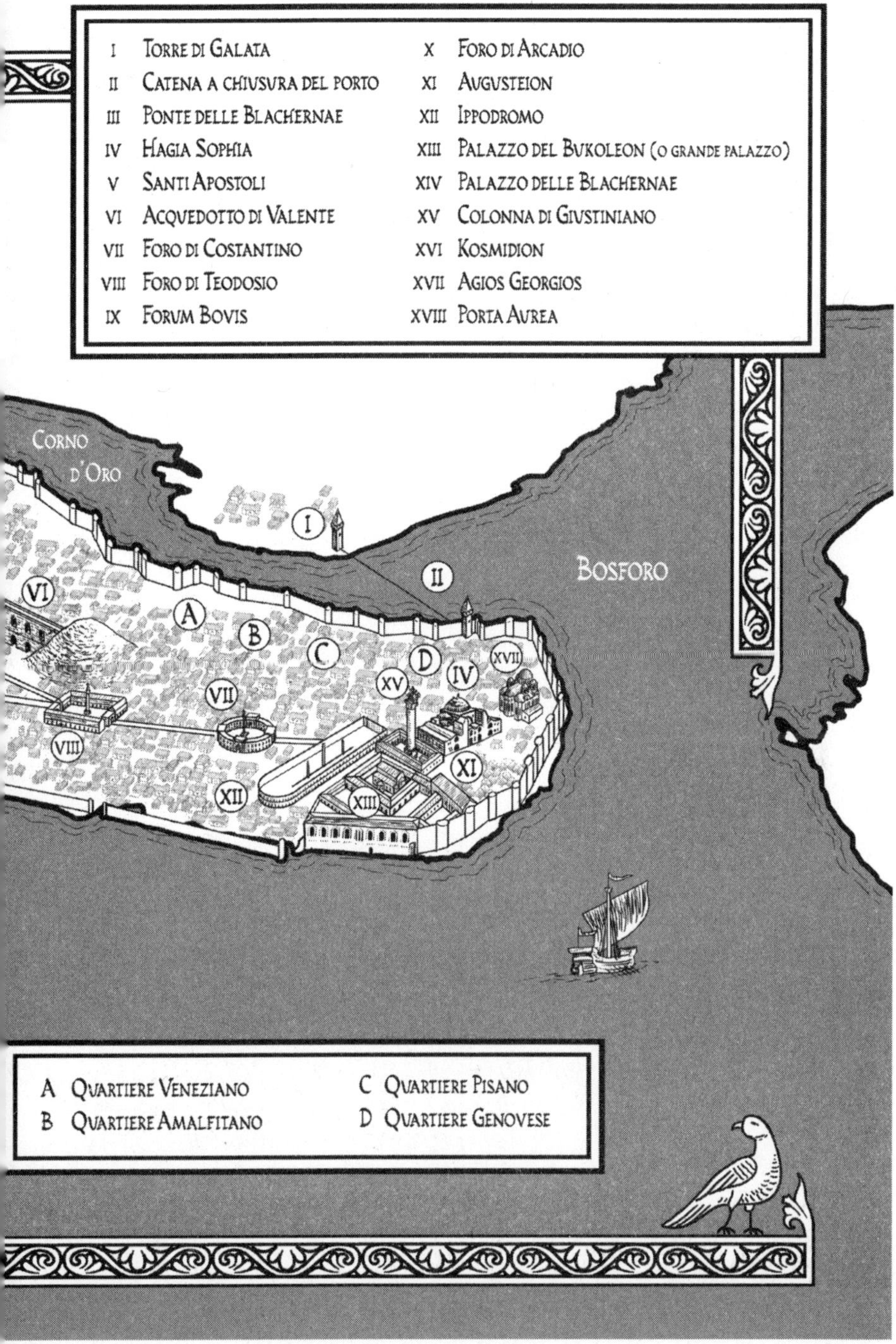
I Torre di Galata
II Catena a chiusura del porto
III Ponte delle Blachernae
IV Hagia Sophia
V Santi Apostoli
VI Acquedotto di Valente
VII Foro di Costantino
VIII Foro di Teodosio
IX Forum Bovis
X Foro di Arcadio
XI Augusteion
XII Ippodromo
XIII Palazzo del Bukoleon (o grande palazzo)
XIV Palazzo delle Blachernae
XV Colonna di Giustiniano
XVI Kosmidion
XVII Agios Georgios
XVIII Porta Aurea
Corno d'Oro
Bosforo
A Quartiere Veneziano
B Quartiere Amalfitano
C Quartiere Pisano
D Quartiere Genovese

12 aprile 1204

O città, città occhio in verità di tutte le altre, illustre in tutte le parti del mondo, spettacolo che trascende l'essere umano, Madre delle Chiese, Principessa della Religione, guida delle migliori opinioni, nutrice di tutte le scienze, riposo di ogni bellezza! Hai dunque bevuto in questa maniera il calice del furore dalla mano del signore e sei stata bruciata dal fuoco.

Lamento di Niketas Choniates per la caduta di Costantinopoli

Racconto di due città

Questa è la storia, per molti versi, di due città: Venezia e Costantinopoli, legate da quello che pare un inseparabile destino.

Venezia, nel 1200, non era ancora la grande metropoli che sarebbe diventata: ciò non toglie che fosse una città in indubbia ascesa, anche se ancora insicura del suo destino. Coagulatasi nell'Alto Medioevo, Venezia era la capitale di quello che era stato un ducato al servizio di Costantinopoli e del suo Impero. Per secoli, aveva legato le sue sorti alla città del Bosforo, dalla quale aveva ricevuto, a differenti riprese: protezione, legittimità, privilegi commerciali. La «Nuova Roma», la grande metropoli del Bosforo, per molti versi può essere considerata la madre di Venezia.

E non a caso! Per quasi mille anni, Costantinopoli era stata la regina delle città: la più popolosa, ricca, importante, colta metropoli del Mediterraneo. Imprendibile dietro le sue colossali mura romane, protetta da una flotta capace di coprire i nemici di un fuoco che non si spegne, con ricchezze sufficienti a comprare anche il nemico più ostinato, Costantinopoli aveva resistito alle procelle del Medioevo. La «Nuova Roma» – come era stata a lungo conosciuta – era ormai quasi una capsula del tempo, un'arca sulla quale era salito il mondo antico per essere traghettato verso il futuro.

In un mondo di piccole città e borghi, Costantinopoli era una metropoli. In una cristianità che cercava di ricordare l'antichità classica, Costantinopoli la viveva nelle sue biblioteche, nelle sue gare del circo, al cospetto dell'unico, vero imperatore dei Romani. Al confronto del frammentato universo feudale dell'Europa latina, l'Impero romano era uno Stato organizzato, centralizzato, con la capacità di raccogliere tasse e farle fluire verso un'amministrazione centrale. Il governo imperiale trattava i suoi abitanti da cittadini e non da sudditi, la legge utilizzata dalle corti era ancora quella romana. La regina delle città era la più importante piazza commerciale del mondo cristiano: in poche parole, era il crocevia del mondo. Nel 1200, era ancora una città degna della Roma dei Cesari e degli Augusti.

Eppure, all'alba del XIII secolo – il secolo di Federico II e nel quale nacque Dante Alighieri – l'Impero romano era destinato a essere umiliato, saccheggiato, conquistato: in pochi giorni, una popolazione di «barbari» distrusse molto di quello che restava dell'eredità antica, custodita nella sua ultima arca.

I barbari in questione erano in gran parte italiani e francesi: quel che è peggio, a guidarli – *de facto* – era uno straordinario doge veneziano, forse uno dei più celebri della storia: Enrico Dandolo. Venezia, nella sua ascesa, aveva commesso il reato di matricidio. Il primo obiettivo di questo libro è cercare di comprendere il perché: cosa spinse i veneziani a rovesciarsi contro i loro principali benefattori e clienti? Per una società tanto prudente e attenta al profitto, sembra davvero una decisione incalcolabilmente rischiosa.

La tettonica a zolle

Eppure, quello che stiamo per affrontare è un evento che va ben al di là della rivalità o del destino incrociato di due importanti città del Mediterraneo. Uno dei libri più influenti della nostra epoca è *Lo scontro delle civiltà e il nuovo ordine mondiale* di Samuel P. Huntington. Uscito nel 1996, pochi anni dopo la fine della Guerra fredda che aveva contrapposto diverse ideologie armate fino ai denti e pronte a distruggersi a vicenda, il libro affermava una tesi radicale, che fu criticatissima.

Secondo Huntington, il nuovo mondo apertosi dopo la caduta del Muro di Berlino non avrebbe portato a una pace illusoria e duratura, come sostenevano altri politologi del tempo. Gli uomini tendono a scontrarsi e a confrontarsi: spesso pacificamente, attraverso la competizione politica ed economica, a volte ricorrendo alle armi. Per il politologo statunitense, il mondo era diviso in diverse civiltà che si muovevano e scontravano un po' come fanno le placche continentali nella celebre teoria della deriva dei continenti:

> *La mia ipotesi è che la fonte di conflitto fondamentale nel nuovo mondo in cui viviamo non sarà sostanzialmente né ideologica né economica. Le grandi divisioni dell'umanità e la fonte di conflitto principale saranno legate alla* cultura. *Gli Stati nazionali rimarranno gli attori principali nel contesto mondiale, ma i conflitti più importanti avranno luogo tra nazioni e gruppi di diverse civiltà. Lo scontro di civiltà dominerà la politica mondiale. Le linee di faglia tra le civiltà saranno le linee sulle quali si consumeranno le battaglie del futuro.*

Huntington identificò quelle che a suo avviso erano le «placche continentali» della cultura umana: in sostanza, una decina di civiltà, più o meno eterogenee al loro interno. Tra le variabili da lui usate per identificarle, la principale fu quella religiosa: esisterebbero quindi una civiltà islamica, una buddhista e così via. Individuò ben tre civiltà di religione cristiana: quella occidentale (cattolica e protestante), la non meglio identificata civiltà dell'America latina e la civiltà ortodossa.

Predisse che la civiltà ortodossa e quella occidentale erano destinate a scontrarsi, perché da tempo contrapposte. Nelle zone di scontro delle placche continentali spesso ci sono zone turbolente, calde: qui si concentrano i vulcani e i fenomeni tellurici. La linea di faglia tra le due civiltà, a suo modo di vedere, passava attraverso l'Ucraina: un Paese appena nato (aveva dichiarato la sua indipendenza appena cinque anni prima). Secondo Huntington, si trattava di un raro Paese al cui interno passava una linea di faglia culturale, essendo diviso al suo interno tra un Occidente cattolico e un Oriente ortodosso, tra una parte pro-occidentale e una pro-russa. La sua previsione fu che l'Ucraina sarebbe stata terreno di scontro tra le civiltà nel corso del XXI secolo. Un'affermazione che si è dimostrata più che profetica, e questo sin dalla prima rivoluzione ucraina, nel 2007.

Quello che nel suo libro di geopolitica Huntington non spiega è la radice delle divisioni tra Oriente e Occidente e perché queste avrebbero dovuto ricoprire un ruolo più significativo di altre divisioni all'interno del cosiddetto Occidente. D'altronde, non abbiamo combattuto terribili guerre di religione tra protestanti e cattolici? E che dire delle Guerre mondiali? Anche ammettendo che Huntington avesse ragione, a che epoca possiamo far risalire questa frattura, e perché questa faglia dovrebbe essere più rilevante di altre? Ecco la seconda domanda alla quale rispondere in questo libro. Perché, se noi occidentali abbiamo dimenticato l'importanza del sacco di Costantinopoli del 1204, lo stesso non vale per molte persone di cultura greca e, in generale, ortodossa.

Delle scuse a lungo attese

Nell'aprile del 1204, Costantinopoli fu saccheggiata dai crociati latini e dai veneziani, nell'atto culminante di quella che gli storici chiamano «la Quarta crociata». Veneziani e crociati si affrettarono a dividersi le spoglie della sua ricchezza: distribuirono le sue terre tra di loro e finirono per imporre il loro sistema politico e la loro religione a una città che li detestava. Può sembrare un evento remoto, con una scarsa influenza sulle vicende attuali, ma nel corso di questo libro cercherò di dimostrare che è forse il più importante nella lunga strada che portò a incomprensioni e rivalità tra l'Oriente ortodosso e l'Occidente latino.

Per ora, più che dimostrarlo vorrei offrirvi un aneddoto. Il 4 maggio del 2001, papa Giovanni Paolo II era in visita ad Atene, capitale della Grecia e fiero Paese di religione ortodossa. All'epoca avevo vent'anni e mi stupii non poco nell'apprendere che il vescovo di Roma aveva porto al suo collega, il vescovo di Atene, le scuse per un evento lontanissimo nel tempo. Le parole del Pontefice sembravano cariche di una *gravitas* che, alle mie orecchie, mal si conciliava con la lontananza degli avvenimenti. Disse allora il Papa:

> *È tragico che gli assalitori, che erano partiti per garantire il libero accesso dei cristiani alla Terrasanta, finirono per aggredire i loro fratelli nella fede. Che si trattasse di cristiani latini riempie i cattolici di profondo rammarico.*[1]

All'epoca, pensai che fosse un atto del tutto superfluo: perché chiedere scusa di eventi vecchi di ottocento anni, più antichi di un buon secolo perfino della *Divina Commedia*? E allora la Spagna o la Germania non dovrebbero chiedere scusa per il sacco di Roma del 1527? Mi sembrò quasi assurdo che le scuse fossero sentite dagli ortodossi come necessarie, senza contare che furono accolte con molta titubanza. Solo il 12 aprile del 2004 – nell'ottocentesimo anniversario del sacco della sua città – il patriarca ecumenico di Costantinopoli accettò le scuse del Papa. Lo fece da una città che ormai da sei secoli era diventata in larga maggioranza musulmana, da una piccola chiesa che non aveva nulla della sontuosa maestosità dell'Hagia Sophia, per quasi mille anni la più grande cattedrale del mondo cristiano. Forse lì c'era la chiave per capire quanto fosse profonda quella ferita.

Orient Express

Negli anni, studiando e leggendo a proposito della Quarta crociata, ma anche parlandone con amici greci, mi sono reso conto che quello che per noi appare come un evento remoto non lo è affatto nell'Oriente ortodosso. Ho compreso che la Quarta crociata è una ferita che non si è mai del tutto cauterizzata e che ha generato una valanga di risentimenti, accumulatisi nei secoli.

Ciò che rende questo evento ancor più incomprensibile è che la Quarta crociata non fu organizzata per saccheggiare Costantinopoli ma per riconquistare alla cristianità il Santo Sepolcro a Gerusalemme, perduto ai crociati dopo la grande vittoria di

Saladino a Hattin, nel 1187. La storia di come la crociata finì per essere deviata verso la capitale dell'Impero romano è costellata di episodi che a prima vista paiono tra l'inspiegabile e l'improbabile: un contratto tra veneziani e crociati con clausole insostenibili, il saccheggio di una città cristiana, una crociata scomunicata dal Papa, l'alleanza imprevedibile con un nobile romano in cerca di un trono, le contorsioni politiche a Costantinopoli.

Di fronte a questa realtà – che esploreremo meglio nel corso del libro – sorge quindi una terza e ultima domanda che arrovella gli storici da secoli. Se consideriamo la Quarta crociata dal punto di vista di un lettore di gialli e la vediamo come un delitto, chi è il colpevole?

A riguardo ci sono varie teorie: la responsabilità è dei «bizantini», incapaci di difendersi e impegnati in un *cupio dissolvi* della loro civiltà. La colpa è dei veneziani, ingrati figli di Costantinopoli, determinati a conquistare un posto al sole nella loro più importante piazza commerciale, a danno dei loro rivali italiani. No, si è trattato di una congiura di nobili crociati con forti legami con l'Oriente e che desideravano un posto al sole per sé stessi e la loro discendenza. Oppure c'era in realtà un solo burattinaio, e in questo caso i principali indiziati paiono essere due: il primo è il Papa di Roma, desideroso di sottomettere la Nuova Roma all'autorità dell'unica, vera «Roma», quella originale. Il secondo è l'ambizioso rampollo degli Svevi, orgogliosa dinastia imperiale tedesca, con interessi in Italia e Oriente. Perché non sognare di riunire i due Imperi dei Romani – quello occidentale e quello orientale – in un'unica compagine politica, magari capace di porre un freno all'attivismo dei Papi? Oppure la verità è che sono tutti responsabili, come scopre Hercule Poirot nelle sue indagini sull'Orient Express?

Nel corso degli eventi che sto per narravi, dunque, vorrei che teneste a mente questi attori: l'Impero romano, Venezia, i nobili crociati, il Papa e il Sacro Romano Impero. Vedrete che, alla fine, proveremo a dare una risposta al principale quesito di ogni libro giallo. Posso solo anticipare che non è stato il maggiordomo.

Parte prima
Di Imperi e Repubbliche

Siamo abituati a pensare al nostro mondo in termini di Stati nazionali: la Francia, gli Stati Uniti, la Cina, la Russia, il Regno Unito, il Sudafrica, il Brasile, la nostra Italia. Una mappa segnata da chiare linee – dette frontiere – che dividono le autorità di ogni territorio. Eppure gli Stati nazionali sono molto più recenti di quanto si possa immaginare: l'Illuminismo e la Rivoluzione francese ne hanno forgiato alcuni, altri sono nati nelle contorsioni geopolitiche dell'Ottocento, molti altri ancora dalla decolonizzazione dell'Imperialismo europeo o dal collasso dell'Impero sovietico.

Ma non è così che l'Uomo medievale concepiva il mondo. L'autorità su un territorio non apparteneva quasi mai a un solo Stato, con la sua complessa macchina burocratica moderna. Ogni terra, ogni villaggio, ogni confederazione e società tribale tendeva a concepire il mondo in forma piramidale, con più autorità sovrapposte sullo stesso territorio: l'autorità della Chiesa e della comunità cristiana, quella del signore e re, quella della città più vicina, la comunità della propria parrocchia. Il potere dell'una non escludeva mai completamente quello dell'altra, quindi nessun potere era davvero sovrano su un territorio.

La teoria politica medievale derivava la sua legittimità da due grandi fonti di potere: quella di Dio e quella dell'Impero romano. In questo quadro, una delle peculiarità dell'Occidente era il concetto stesso di cristianità: la comunità di tutti i fedeli cristiani. All'interno della cristianità le guerre erano frequenti, ma c'era comunque sempre la sensazione che queste rappresentassero in sostanza un'aberrazione: a volte si poteva combattere per decidere il legittimo sovrano di un regno, ma in teoria non per espanderlo a discapito dei vicini. La violenza, semmai, andava convogliata contro chi non faceva parte della comunità: eretici, pagani e infedeli. La guerra tra correligionari era quasi sempre considerata illegale – almeno senza ottime ragioni, come per esempio un'autorizzazione da parte della massima autorità della comunità.

E qui, ovviamente, era il nocciolo principale della questione. Chi doveva guidare la cristianità, chi doveva esserne la massima autorità? Doveva essere il supremo sovrano laico – l'imperatore – o doveva essere la Chiesa? E chi sosteneva la superiorità dell'imperatore si poneva un'ulteriore domanda: quale dei due? Quello in Germania, o quello a Costantinopoli?

La Chiesa derivava le sue istituzioni sia dal volere dei primi apostoli, sia – verrebbe da dire soprattutto – dall'organizzazione burocratica dello Stato romano tardoantico, che aveva organizzato i vescovi in una precisa scala gerarchica ma che poi aveva lasciato che fossero grandi concili episcopali a prendere le decisioni fondamentali in materia di fede e di legge canonica. Alcuni interpretavano queste tradizioni come un impegno a gestire in modo collegiale la Chiesa, attraverso l'unione dei suoi vescovi. Altri, specialmente dopo l'XI secolo, pensavano che la guida della cristianità spettasse a un solo vescovo.

C'era però una comunità locale che sfuggiva a ogni classificazione, che si era sviluppata negli interstizi tra due Imperi, che non riconosceva l'autorità di nessun imperatore, e che mal tollerava perfino quella del vescovo di Roma. Certo, trovarsi al centro di un'inaccessibile laguna poteva essere d'aiuto: la Repubblica di San Marco, nata dall'abbraccio con Nuova Roma, riconosceva una sola autorità suprema: il guadagno.

In questo capitolo, dunque, vedremo come l'Impero romano si frammentò in due parti molto diverse tra loro: come a oriente l'Impero romano continuò a mantenere accesa la luce della romanità, come i Franchi in Occidente costruirono una nuova società e un nuovo Impero romano-germanico, come il Papato impose all'Occidente la sua visione e la sua concezione di sé, come una città lagunare riuscì a tutelare la propria indipendenza districandosi tra poteri in grado di schiacciarla. Nel farlo, cercheremo di percorrere il ponte che dal crollo dell'Impero romano d'Occidente porta fino ai prodromi della Quarta crociata. Spero che, completata la lettura di questa parte del libro, sarà chiaro come tutti questi fili, apparentemente così distanti tra loro, finiscano per intrecciarsi nelle crociate, cambiando i destini di tutti: dell'Impero dei Romani e di quello dei Franchi, del vicario di San Pietro e della Repubblica di San Marco.

1
L'Impero dei Romani

Per parafrasare Giovanni Falcone, gli imperi sono dei fenomeni umani e come tali hanno un principio, un'evoluzione e una fine. Ai tempi, qualcuno non deve aver informato i Romani: con più di due millenni di vita,[1] quello romano è uno degli Stati più longevi della storia. La sua resilienza è proverbiale, e questo attraverso secoli di terribili prove che avrebbero atterrato chiunque. La sua indomabile tenacità portò gli uomini del Medioevo a pensare che fosse in sostanza indistruttibile. Almeno finché non si avverò la profezia di Falcone.

Lo Stato romano nasce con la Repubblica, eppure la sua versione imperiale fu fondata da Augusto. Proprio durante il suo regno nacque Gesù: un caso? Dopo la conversione dei Romani al cristianesimo, questi non ebbero mai alcun dubbio al riguardo: Dio aveva voluto inviare suo Figlio sulla terra nel territorio dell'Impero universale, e questo proprio nel momento più propizio. Dio aveva voluto l'Impero come strumento di conversione alla Sua parola.

Nei secoli, va detto, l'Impero aveva passato difficili prove. Nel III secolo aveva attraversato una durissima crisi che l'aveva portato sulle soglie della dissoluzione: solo mobilitando tutte le sue energie, e grazie alle indubbie capacità di una serie di imperatori-soldati di origine illirica, era riuscito a uscire dalle procelle di un periodo di invasioni, ribellioni, pandemie e carestie. Ne parlo in *Per un pugno di barbari*, il mio libro dedicato alla crisi del III secolo.

Il rinnovato e riformato Impero che era uscito da quella terribile prova aveva però preso delle forme molto diverse: Diocleziano e Costantino lo avevano trasformato alla radice, modificandone la burocrazia, l'esercito, le istituzioni, la religione. Per sopravvivere, Roma si era data più imperatori, quattro sotto Diocleziano, per poi arrivare a un numero più o meno fisso di due: uno per la «parte occidentale» dell'Impero e uno per la «parte orientale». Eppure, checché ne dicano i libri di storia, i Romani non «divisero» mai l'Impero, che restava uno solo: uno Stato con una sola legge, ma servito da due imperatori. Si trattava in sostanza di due «colleghi» che, tra le altre cose, dovevano anche riconoscersi a vicenda, come due magistrati di un unico Stato.[2]

Nuova Roma

Dopo aver trionfato su tutti i suoi nemici, Costantino aveva trasferito la capitale dell'Impero dalla «vecchia» Roma alla «nuova» Roma, trasformando l'antica città greca di Bisanzio in una grande metropoli romana. Con il tempo, questa città aveva preso un nuovo nome: Costantinopoli, la città di Costantino.

Per secoli dopo la sua fondazione ai tempi di Costantino, la città era cresciuta in dimensione e ricchezza. A popolarla erano giunte persone da tutto il Mediterraneo, sia dall'Oriente greco sia dall'Occidente latino, ma nelle sue strade si parlavano in verità tutte le lingue del mondo conosciuto: armeno e siriaco, copto e slavo, goto e franco. Mentre il potere della Vecchia Roma era andato declinando nel tempo, la Nuova Roma aveva eclissato l'antica capitale. A metà VI secolo, Costantinopoli aveva ormai circa mezzo milione di abitanti, mentre la capitale non ne aveva forse più di un decimo. Gli abitanti della vecchia Roma vivevano tra le macerie dell'Impero, quelli della nuova Roma nel cuore di una metropoli in ascesa, dove ancora si costruivano monumenti di impagabile bellezza.

Al riparo delle sue possenti mura, Nuova Roma aveva resistito alle procelle del V secolo, che avevano invece affondato la vecchia capitale. Gli ultimi imperatori dell'Occidente avevano spesso chiesto l'aiuto dei loro colleghi in Oriente: Costantinopoli non l'aveva rifiutato. Era venuta a più riprese in soccorso di Roma e dell'Occidente latino, come quando aveva inviato una possente flotta per riconquistare l'Africa romana caduta in mano ai Vandali di Genserico. Era stato un disastro, ma non per mancanza di impegno.

La fine dell'antichità

Roma e gli Imperi basati nella regione mesopotamico-iranica avevano avuto una prolungata storia di relazioni diplomatiche: spesso erano state pacifiche, a volte si era arrivati allo scontro militare, ma c'era sempre stata rivalità, in ogni epoca. Questo sin dai tempi in cui Crasso, triumviro con Cesare e Pompeo, decise di marciare nel deserto siriaco, andando a morire con buona parte dei suoi uomini, vittima delle implacabili frecce dei Parti. Dopo il 224 d.C., l'ascesa dell'Impero sasanide – successore dei Parti – aveva contribuito a scatenare la crisi del III secolo dell'Impero romano, ma aveva portato a una nuova epoca d'oro della potenza persiana. Nonostante questo, per quasi tutto il V secolo Roma e Persia mantennero una pace guardinga.

Tutto era cambiato ai tempi di Giustiniano, nel VI secolo: le incessanti guerre in Occidente avevano riacceso la rivalità con i Persiani, decisi a sfruttare le distrazioni del loro principale rivale. Da allora e per quasi cento anni, Romani e Persiani furono molto più spesso in guerra che in pace, in un'interminabile e distruttiva serie di scontri. La continua lotta tra i due Imperi era centrata su alcune regioni di confine – come l'Armenia e la Mesopotamia settentrionale – ma l'ultima grande guerra dell'antichità, la guerra per porre fine a tutte le guerre romano-persiane, fu molto più di tutto questo. Dal 602 al 630, per quasi trent'anni, Roma e Persia si affrontarono in una partita mortale, nella quale entrambi gli Imperi lottarono per la sopravvivenza. A lungo sembrò che sarebbe stata la Persia a trionfare, i suoi eserciti riuscirono persino a conquistare Gerusalemme e il Santo Sepolcro, infliggendo un durissimo colpo all'ideologia dell'Impero romano cristianizzato. Nel 626 Costantinopoli fu sul punto di cadere preda dell'alleanza tra Persiani e Avari. L'imperatore Eraclio riuscì però a ribaltare i pronostici, agguantando la vittoria dalle grinfie della sconfitta. Nel farlo, riconquistò il Santo Sepolcro e la Vera Croce, la croce sulla quale sarebbe stato crocifisso Gesù, la più potente e simbolica di tutte le reliquie della cristianità. La sua impresa è una delle grandi avventure militari della storia universale, e merita di essere raccontata più nel dettaglio di quanto io possa fare in questa sede. Qui basti dire che, nel contrastare i Persiani, formulò volutamente il concetto di «guerra santa» contro i nemici della Croce, e con questa retorica galvanizzò l'ultimo esercito rimasto ai Romani, portandolo a combattere battaglia dopo battaglia dietro le linee nemiche, nel cuore dell'Impero persiano. È una storia che ha dei chiari echi crociati, tanto che le campagne di Eraclio furono recuperate e riadattate dall'Occidente latino proprio all'epoca dei crociati, perché la vicenda di questo imperatore veniva letta quasi come un antefatto della «loro» storia. Nel farlo, gli occidentali si appropriarono di Eraclio: ne fecero un occidentale giunto a Costantinopoli per salvare Gerusalemme, il Santo Sepolcro e la Vera Croce dalle grinfie dei Persiani.

L'Impero degli Arabi

Il trionfo di Eraclio fu però di brevissima durata: raggiunta la pace con i Persiani, l'imperatore ebbe non più di cinque anni di pace. Già nel 634, infatti, un'improvvisa e imprevedibile ondata di invasioni si abbatté sui due Imperi che per quasi otto secoli avevano dominato l'Eurasia occidentale.

Importanti confederazioni arabe erano state alleate sia dei Romani sia dei Persiani durante la Grande guerra del 602-630, molti di loro si erano convertiti al cristianesimo. I duellanti avevano però ballato troppo a lungo la loro danza mortale e i due Imperi si erano ritrovati sempre più indeboliti e sempre meno in grado di finanziare, guidare e influenzare la politica dei loro alleati arabi. Nel vuoto di potere, si era inserita una nuova comunità religiosa, fondata dal profeta Muhammad (Maometto) a Medina. Questa comunità o «Umma» si era imposta tra il 622 e il 633 su quasi tutta la penisola arabica. Muhammad morì nel 632, il suo successore Abu Bakr sconfisse gli ultimi Arabi che gli si opponevano e, nel 634,[3] lanciò la sua campagna di conquista verso gli indeboliti Imperi.

Da quando uno scriba ha iniziato a usare la prima scrittura

nelle prime città della storia, ci sono stati pochi avvenimenti più importanti e di più duraturo impatto sulla storia dell'esplosione della Umma al di fuori della penisola arabica. Nel giro di pochissimi anni, gli Arabi si impadronirono di tutta la mezzaluna fertile. Con le tasse e il bottino ricavato, i nuovi conquistatori finanziarono altri decenni di espansione: verso l'Iran e l'Asia centrale da un lato, verso il Nord Africa e la penisola iberica dall'altro.

Inizialmente, gli Arabi costruirono una vera e propria società della conquista, non preoccupandosi minimamente di convertire i conquistati alla loro nascente religione. Dio aveva voluto concedere loro il dominio del mondo, sembrava evidente. Erano ormai i padroni, i Romani e i Persiani sconfitti dovevano ubbidirgli. Con il passare delle generazioni, tuttavia, la barriera tra conquistati e conquistatori si addolcì per poi svanire del tutto. Molti tra i conquistati lasciarono l'identità e la religione ancestrale, diventando musulmani e Arabi: la stragrande maggioranza della popolazione del Medio Oriente è formata da ex cittadini romani «arabizzati», come d'altronde le popolazioni della Siria e dell'Egitto erano state romanizzate dai precedenti conquistatori.

In tale contesto, l'Impero persiano fu divorato e ingoiato dalla marea araba, non così l'Impero dei Romani. Dopo lo choc iniziale, nel quale furono costretti ad abbandonare, in rapida successione, Gerusalemme, la Siria e l'Egitto, i Romani si riorganizzarono e contesero palmo a palmo il loro territorio alla nuova superpotenza araba. Si trattò di una lotta senza quartiere e senza speranza, perché a lungo l'avanzata araba sembrò inarrestabile: in alcuni periodi i Romani riuscivano a fermarla, ma alla prima difficoltà erano costretti ad arretrare ancora. Nel corso del VII secolo, l'Impero perse Cartagine, il Caucaso e l'Anatolia orientale.

Il porcospino

Eppure, a differenza dello Stato persiano, i Romani sopravvissero. Per farlo, dovettero cambiare completamente la natura del loro Impero, come era già accaduto nel corso del III secolo. Costantinopoli a parte – che restò una grande metropoli – l'Impero divenne una fortezza militare, un avamposto della cristianità capace di assorbire i colpi e le razzie del nemico, che continuarono senza sosta per più di un secolo. A tal fine, tutte le energie dello Stato erano spese per la difesa. Fuori dalla capitale, scomparvero i grandi circhi, le scuole, gli spettacoli, la cultura. Le vaste città furono sostituite da imprendibili cittadelle fortificate; alcuni abitanti delle aspre regioni interne finirono perfino per rifugiarsi sottoterra, pur di sfuggire alle razzie annuali del nemico. Nel corso del VII secolo, incapace ormai di pagare direttamente l'esercito, lo Stato decise di ricompensare i suoi soldati con terre alle quali era associato un obbligo militare, tanto che la circolazione monetaria si fece molto rara: gli imperatori quasi non battevano più moneta. Il battito del cuore dell'Impero rallentò fin quasi a scomparire.

Nuova Roma, imperterrita, continuò però a resistere: si era ormai trasformata in un porcospino indigesto perfino per un predatore molto più grande e molto più potente. Nel 717, a quasi cento anni dalla fondazione della Umma, gli Arabi inviarono un colossale esercito a conquistare la capitale dei Romani. Costantinopoli fu assediata per più di un anno, ma alla fine il nemico fu respinto grazie alla tenacità dei suoi difensori, alle capacità diplomatiche dei Romani e all'abilità del nuovo imperatore, Leone III. Sarebbe stato l'ultimo assedio arabo della città: anzi, di lì a qualche decennio il cuore dell'Impero arabo si trasferì da Damasco a Baghdad, focalizzandosi sempre più sulla Mesopotamia e sull'Iran e assai meno nella conquista del testardo Impero cristiano. Verso la fine dell'VIII secolo – un passo alla volta – i Romani riuscirono a invertire le loro fortune. Si avviava la *reconquista* romana che li avrebbe portati a una nuova stagione di gloria.

Un nuovo popolo eletto

I rovesci che si erano abbattuti sulla *Romania* (uno dei termini con il quale i Romani si riferivano al loro Stato) avevano però scosso alle fondamenta l'ideologia imperiale: i Romani si erano sempre creduti superiori agli altri popoli in virtù della vastità del loro dominio, dell'antichità della loro civiltà e grazie alla sacralità della loro missione civilizzatrice. Da quando Cartagine era stata sconfitta, nessuno era stato in grado di eguagliare l'importanza della «Repubblica romana», men che meno superarla. Eppure, dopo l'arrivo degli Arabi, questo era finalmente accaduto: lo Stato romano non era più la superpotenza del Mediterraneo, vertice di una piramide di popoli e regni, il califfato l'aveva eclissato.

Dopo il disastro del VII secolo, i Romani si chiesero perché Dio sembrasse favorire i nemici della vera fede e dell'Impero cristiano: mai per un secondo dubitarono che il loro Dio fosse quello vero, e la loro fede quella corretta. Ma allora, dove si sbagliavano? Perché avevano perso il favore divino che aveva guidato l'ascesa del loro Impero? Potevano ancora considerarsi un «Impero universale»? Erano davvero destinati a estendere il loro dominio su tutta la terra, a creare in questo mondo l'equivalente del regno di Dio nei cieli?

Di fronte a un Impero più vasto del loro, coronato di un maggior successo sui campi di battaglia, i Romani svilupparono una nuova ideologia: a cosa serviva essere i più grandi, se si poteva essere i migliori? A lungo gli Ebrei erano stati i testimoni di Dio, eppure non erano mai stati un popolo potente. Ora era giunto il loro turno di essere il popolo eletto: Costantinopoli sarebbe stata la città di Dio, e il governo della Repubblica cristiana sarebbe stato l'esempio da seguire per tutti i popoli della terra. Il loro compito sarebbe stato quello di difendere la vera fede cristiana, conservarla intatta di fronte alle procelle della storia. Chissà, con il tempo forse anche gli infedeli avrebbero compreso il loro errore, e sarebbero tornati nell'abbraccio del vero, unico Impero cristiano.

La seconda epoca d'oro

A Costantinopoli, nel frattempo, la successione imperiale continuò regolare, anche se ancora per un po' l'Impero fu costretto ad arretrare: Cipro, Creta e la Sicilia furono perdute agli Arabi. A partire però dal regno del primo membro della fortunata dinastia macedone – Basileios I (867-886) – l'Impero iniziò a espandersi di nuovo, mentre l'economia tornava a crescere e la cultura rifioriva.

Edward Gibbon, nel XVIII secolo, scrisse dell'Impero «bizantino» come la storia di «mille anni di declino». Il termine «bizantino» era stato coniato dagli storici occidentali proprio per distinguere questo Impero «decadente» dal «vero» Impero romano. Evidentemente Gibbon non aveva letto bene la storia del X secolo, che fu per Costantinopoli una marcia trionfale di vittoria in vittoria. Certo, questa prosperità fu agevolata dal collasso del suo principale rivale – il califfato abbaside – e dal declino della potenza franca in Occidente, polverizzatosi in un pulviscolo di case nobiliari in permanente guerra tra loro. Quel mondo occidentale di signori, conti e marchesi era di difficile comprensione dal punto di vista di Costantinopoli, sede di un governo centrale e centralizzato, burocratico e puntiglioso, determinato a difendere i suoi confini con l'ausilio di un esercito professionale.

D'altronde, grazie all'inesauribile flusso di cassa che finiva nel tesoro imperiale tramite il suo efficiente sistema di tassazione, l'Impero romano era capace di mobilitare risorse ben più consistenti di quello che sembrerebbe possibile dai suoi confini ristretti: in questo, era uno Stato più forte e organizzato di qualunque rivale contemporaneo.

Nel corso del X secolo, dunque, i Romani riuscirono a spingere indietro, sottomettere o imporre la loro influenza su tutti i loro vicini. A fine IX secolo, la Puglia e la Calabria tornarono solidamente nel territorio imperiale. Nel 960, riconquistarono Creta agli Arabi, assicurandosi la navigazione nell'Egeo. Nel 965 fecero lo stesso con Cipro. Sotto Nikephoros II Phokas (963-969), Ioannes I Tzimiskes (969-976) e Basileios II (976-1025),[4] i loro eserciti si spinsero sempre più avanti, prendendo l'Anatolia orientale e la Cilicia, per poi entrare trionfalmente in Antiochia, un tempo la capitale romana della Siria. I principi dell'Armenia e del resto del Caucaso si inchinarono al *basileus*,[5] mentre una serie di brutali campagne di conquista finirono per piegare l'Impero dei Bulgari, costretti a inginocchiarsi allo strapotere di Basileios II, che si meritò un titolo degno di un fantasy: *Bulgaroktonos*, lo sterminatore dei Bulgari. A lungo Basileios II pensò anche di inviare una spedizione per riconquistare la Sicilia araba, ma la sua morte mise fine a quel progetto ambizioso. Nei secoli a venire, i Romani rimpiangeranno di non essere stati in grado di sottomettere l'isola, sulla quale nascerà uno dei loro più temibili nemici.

A inizio XI secolo, dunque, l'Impero romano era di gran lunga il più importante Stato della cristianità: era immensamente più ricco dei suoi vicini, possedeva la macchina militare più efficiente e la sua flotta dominava il Mediterraneo. Dopo un secolo di espansione, era impensabile immaginarsi l'imminente, nuovo collasso dell'autorità imperiale, eppure era proprio quello che stava per accadere.

Prima di gettare Nuova Roma in una vera e propria pressa per farne carne macinata, dobbiamo però comprendere come questo impero vedeva sé stesso e il suo ruolo all'interno dell'universo conosciuto all'alba del nuovo millennio.

Il mio Impero è differente

Nell'XI secolo, l'Impero dei Romani era una bestia molto diversa dai contemporanei Stati dell'Occidente cristiano. La maggiore differenza aveva a che fare con il sistema delle tasse: come l'Impero romano *d'antan*, il *basileus* imponeva ai suoi cittadini di pagare regolarmente le tasse al fisco. I Romani erano tornati a un sistema che prevedeva sia tasse capitarie (per ogni membro di una famiglia), sia tasse fondiarie sulla proprietà terriera, in proporzione ai beni posseduti. L'Impero, inoltre, era un crocevia dei traffici mediterranei: Costantinopoli era una delle più importanti piazze commerciali del mondo e tutti i mercanti, per operarvi, dovevano pagare il *kommerkion*, il dazio imperiale.

Le tasse si pagavano in moneta sonante, per lo più in oro: questo permetteva all'Impero «bizantino» di ottenere un costante flusso di moneta verso i forzieri dell'Impero, a Costantinopoli. Secondo i calcoli degli storici, parliamo di circa sette milioni di monete d'oro all'anno, un budget stratosferico che nessun altro Stato euromediterraneo riusciva ad avvicinare. Qualunque occidentale visitasse Costantinopoli era sempre colpito dall'apparentemente inesauribile fonte di denaro che erano i forzieri imperiali. Come facevano questi effeminati orientali, con i loro modi obliqui, ad accumulare tanti tesori? La ragione sfuggiva alla comprensione dei cavalieri e signori occidentali, invidiosi di tanta ricchezza.

Ma perché gli Stati occidentali – alcuni comparabili in dimensione all'Impero romano – non avevano altrettanti fondi? Erano per caso meno ricchi? In realtà, non più: in Occidente si era appena avviato quel tumultuoso periodo di crescita economica che fu il «basso» Medioevo, grosso modo dall'XI al XIII secolo. Le città occidentali erano prospere, il commercio cresceva, l'agricoltura era in espansione, la popolazione anche. Queste ricchezze non fluivano però verso un governo centrale come avveniva nell'Impero romano. Il fatto è che i sovrani dell'Occidente ricavavano i loro fondi solo dai loro vasti domini personali, perché la maggior parte del territorio era controllata dai loro vassalli. Conti, marchesi e duchi non dovevano versare delle tasse ai loro sovrani, ma si impegnavano a fornire un servizio in natura: la promessa di combattere per conto del loro signore. Era un sistema molto più semplice di quello romano, derivante dalla cultura e dalle abitudini dei popoli che avevano fondato in Occidente i primi Stati romano-germanici. Ne parleremo più nel dettaglio nel prossimo capitolo.

In sostanza, il finanziamento dell'Impero romano si basava sulle tasse, quello dei regni occidentali poggiava sul servizio alla corona. Questo rendeva l'Impero romano più burocratico, più complesso, più accentrato, più unito e anche più ricco, ma anche più vulnerabile in caso di conquista del suo cuore decisionale, la capitale.

Il rifugio della cristianità

A differenza dei regni occidentali, l'Impero romano aveva una vera capitale, dove si concentravano i funzionari preposti all'organizzazione dello Stato. E che città! Al confronto dei borghi e cittadine dell'Occidente, Costantinopoli era una vera metropoli, e non a caso: il flusso continuo delle tasse proveniente dalle province riusciva a mantenere infrastrutture organizzative impensabili in Occidente, sostenendo una vita cittadina vivace, con uno stile di vita più sofisticato rispetto a quello delle città occidentali.

Credo sia giunto il tempo di descrivere la capitale con maggiore dovizia di particolari, visto che sarà il luogo dove si svolgerà buona parte degli eventi che abbiamo di fronte a noi.

In Europa ma a pochi minuti in barca dall'Asia, la città imperiale era il ponte che teneva assieme i due continenti. Era situata all'imboccatura del Bosforo, un tratto di mare che appare più come un grande fiume e che a sua volta mette in comunicazione il mondo mediterraneo con il Mar Nero – e quindi le steppe di quelle che oggi sono la Russia e l'Ucraina. In un certo senso, era un immenso quadrivio: da nord-ovest scendevano verso la città le vie di terra di tutta l'Europa balcanica; da ovest e da nord-est giungevano in città le grandi vie d'acqua che in pochi giorni potevano portare una nave in Crimea, nel Caucaso, in Grecia, in Egitto, in Italia e in Nord Africa; da sud-est arrivavano le strade anatoliche che, da secoli immemori, mettevano in comunicazione l'Europa con la Siria, l'Armenia e il Medio Oriente. Costantinopoli era il centro dell'Eurasia, il fulcro attorno al quale ruotava il mondo medievale.

Oltre a essere allora come oggi uno dei principali nodi del mondo, Costantinopoli era costruita in una posizione assolutamente invidiabile da un punto di vista strategico. Su tre lati, era circondata dal mare: l'inquieto Mar di Marmara a sud, l'imboccatura del Bosforo a est e verso nord la placida insenatura del «Corno d'Oro». Su questi tre lati, era difesa dalle sue mura, certo, ma soprattutto dal suo dominio del mare: nonostante la concorrenza degli Arabi e poi – a partire dal X secolo – delle città italiane, l'Impero romano aveva sempre mantenuto una potente flotta che impiegava l'arma segreta della marina militare romana: il fuoco romano, che ovviamente gli occidentali chiamavano «fuoco greco», una miscela probabilmente a base di nafta che era in grado di incenerire un vascello in pochi minuti e che continuava a bruciare anche a contatto con l'acqua. La principale base operativa della flotta era proprio il Corno d'Oro, protetto al suo ingresso da una pesante catena che impediva l'accesso nel placido bacino a qualunque flotta nemica.

Se il mare e la flotta proteggevano la città su tre lati, la principale preoccupazione dei Romani era stata a lungo l'unico lato in cui la penisola si apriva verso il continente europeo, il quarto lato (e il più lungo) delle mura della capitale. Anche in questo, però, Costantinopoli era difesa dal mare: si poteva infatti approcciarle solo dai Balcani, regione assai più povera di risorse rispetto all'Asia, e dove era più improbabile che un rivale strategico arrivasse ad accumulare abbastanza potere per allestire un assedio in piena regola. I Persiani prima, e gli Arabi poi, per raggiungere Costantinopoli avevano dovuto attraversare il Bosforo o i Dardanelli, pattugliati dalla flotta romana. E se anche qualcuno fosse riuscito a portare un possente esercito sotto le mura della città, avrebbe dovuto affrontare l'ultima e più terribile sfida, perché i Romani possedevano un'opera straordinaria, unica nel mondo medievale. La minaccia delle invasioni barbariche aveva costretto l'Impero a usare tutto il suo ingegno, la sua manodopera e le sue capacità finanziarie per costruire le più formidabili mura dell'antichità.

Con un grande fossato, tre cinte murarie, due file di torri e un'altezza colossale, le mura di Costantinopoli erano state nei secoli un ostacolo invalicabile per tutti gli invasori giunti a rompersi i denti contro le difese di Nuova Roma: ho sempre avuto pietà per i poveri diavoli inviati ad assaltarle. Unni e Goti vi si erano infranti contro, gli Avari erano stati respinti nel 626, nonostante possedessero un immenso esercito forte di quarantamila uomini e del supporto dei Persiani. Gli Arabi, intelligentemente, non ci avevano neanche provato: nel VII secolo avevano cercato di assalire la città dal mare, venendo respinti dalla potentissima flotta imperiale, equipaggiata del nuovo «fuoco romano»; come abbiamo visto, nel 717 erano tornati, ma avevano provato a prendere la città più per fame che con un assalto frontale. Impresa altrettanto impossibile: se non si controllava ogni specchio d'acqua prospiciente la città, i Romani riuscivano di solito a pescare nei dintorni o a far affluire rifornimenti. All'interno delle immense mura, era possibile coltivare ampi terreni. L'acqua era conservata in colossali cisterne costruite da più imperatori, la più famosa è la cosiddetta «Cisterna basilica», nei pressi dell'Hagia Sophia, che da sola conteneva oltre ottantamila metri cubi d'acqua, e non era neanche la più grande della città.

Grazie a queste formidabili difese, l'Impero romano sopravvisse, per altri nove secoli. Nel frattempo, ogni altra città del mondo antico – in Europa, Africa e Oriente – era stata violata e conquistata, di solito più volte, da invasori germanici, slavi o provenienti dalle steppe.

In questa storia di violenza, solo Costantinopoli resse a ogni procella, protetta dalle sue possenti e impenetrabili mura, dal coraggio dei suoi abitanti e dalla forza della sua flotta. I Romani, però, non avevano alcun dubbio che a difendere la città, in ultima istanza, fosse il favore divino: Costantinopoli era la capitale dell'Impero cristiano, sede del rappresentante di Dio in terra, Dio non avrebbe mai permesso che fosse conquistata.

Una città d'oro

I Romani erano estremamente orgogliosi della loro città. A buona ragione ritenevano che non avesse nessun rivale nel mondo cristiano. Nell'XI e nel XII secolo, solo a Costantinopoli c'era una vita cittadina di livello metropolitano, con intrattenimenti, ricchezze, commerci e cultura degni di una grande città rinascimentale *ante litteram*. La Nuova Roma colpiva qualunque visitatore straniero per quattro caratteristiche: la dimensione metropolitana, la ricchezza dei suoi abitanti, la magnificenza dei suoi edifici e la santità delle sue reliquie.

Per le dimensioni, non c'era davvero nulla di paragonabile nel mondo cristiano. Dopo secoli di declino, a partire dal IX secolo la popolazione era tornata ad aumentare e avrebbe raggiunto, prima della Quarta crociata, i 350.000 abitanti, torreggiando sopra tutte le altre città cristiane. La sua antica rivale – la vecchia Roma – all'epoca non aveva più di 40-50.000 abitanti, lo stesso dicasi di Venezia e Milano, che non erano distanti da queste cifre. Parigi e Londra ne avevano ancora meno. Ma qui cederei la parola ai crociati stessi. Ecco cosa dice Geoffroy di Villehardouin, maresciallo di Champagne:

Voi dovete dunque sapere che chi non aveva mai visto Costantinopoli la guardò a lungo, perché non poteva immaginare che potesse esistere nel mondo intero una città più formidabile. Quando videro quelle alte mura e quelle possenti torri dalle quali era circondata, o quei magnifici palazzi e quelle alte chiese che erano così numerose che nessuno avrebbe potuto crederci senza vederlo con i propri occhi; senza contare la lunghezza e la larghezza della città che di tutte le altre è la Regina.[6]

La ricchezza di Costantinopoli non era poi solo nei forzieri imperiali, o nella sua estensione e nella magnificenza dei suoi edifici. Ogni straniero era colpito dalla generale prosperità della città, con i suoi grandi palazzi nobiliari, i mercati inondati di beni provenienti da tutta la terra, l'abbondanza di oro, argento e seta, il suo stile di vita mondano fatto di intrattenimenti, bagni pubblici, istituzioni culturali e ampie opportunità lavorative. Il suo tenore di vita attirava immigrati e visitatori dai quattro angoli del mondo conosciuto: dall'Occidente latino, dalla terra dei Rus, dal mondo islamico e perfino, al di là della via della seta, dall'India e dalla Cina.

La seta, tra l'altro, non doveva più essere importata dalla Cina: da secoli era ormai prodotta in città, e in ottima e abbondante quantità: ai tempi di Giustiniano, dei monaci romani erano tornati con i bachi da seta e da allora i Romani avevano impiantato in loco una fiorente produzione del più regale dei materiali tessili. La città era celebre anche per i suoi fabbri e orefici, considerati i migliori d'Europa: se c'era da ordinare un reliquiario, un gioiello, un libro prezioso, non si potevano trovare artigiani più abili in tutto il mondo cristiano. Lo stesso per molti altri prodotti di lusso: dal vetro alle candele, dal sapone ai profumi. L'economia era sostenuta anche da un sofisticato sistema finanziario, almeno per i tempi: c'erano banche e istituti finanziari, tra i più avanzati del mondo, e questo ben prima della comparsa delle prime banche «occidentali» in Italia.[7]

La zona principale per i commerci era quella a nord della città, lungo le rive del placido Corno d'Oro, il perfetto porto naturale di Costantinopoli, anche se altri porti erano stati costruiti dall'ingegno romano sul Mar di Marmara, a sud, protetti da possenti moli. I commerci, come detto, erano intensissimi e non solo per soddisfare la domanda interna, comunque insaziabile: la capitale imperiale era una piazza di scambi anche tra mercanti terzi. Gli Arabi vi portavano spezie, porcellane e gioielli, gli italiani schiavi, cotone e stagno, i Russi cera, ambra, miele e pelli di animale. Ognuno commerciava con l'altro, mentre le autorità imperiali osservavano tutto con attenzione, riscuotendo il *kommerkion* per ogni transazione. Costantinopoli era la New York del mondo medievale.

Una città di marmo

La grandiosità della città si esprimeva anche e soprattutto attraverso la maestosità e bellezza dei suoi edifici. A Roma i viandanti potevano osservare i ruderi dell'antichità, a Costantinopoli i grandi edifici antichi erano sopravvissuti intatti, ed erano ancora utilizzati nella vita quotidiana. Alle sontuose terme, alle colossali chiese, ai magnifici fori, colonne, ippodromi e acquedotti voluti dai primi imperatori, si erano aggiunti negli ultimi secoli di ripresa imperiale numerosi nuovi edifici, soprattutto chiese e monasteri, ma non solo.

Nuova Roma era stata costruita a immagine e somiglianza della prima, ma con il dichiarato obiettivo di superarla in magnificenza: le sue mura erano più alte, più imponenti, più avanzate tecnologicamente delle mura aureliane che cingevano l'antica capitale, costruite in fretta e furia come protezione contro le invasioni barbariche della crisi del III secolo. La colossale via processionale della nuova capitale – la «Mese»[8] – era ancora più larga, maestosa e lunga della via Sacra. Roma aveva la Colonna traiana e quella di Marco Aurelio? Nuova Roma aveva colonne ancora più alte, ancora più maestose, costruite in nome di imperatori oggi sconosciuti ai più, ma che erano stati grandi e che – all'epoca della Quarta crociata – erano ormai svaniti nel mito.

Nel cuore della città c'era un grande complesso monumentale che includeva la cattedrale cittadina, il principale palazzo imperiale e l'ippodromo. In quest'ultimo si tenevano ancora le corse dei carri – ormai dimenticate in Occidente – proprio come nel Circo Massimo dell'antica Roma: al 1200, l'ippodromo da novecento anni ospitava le gare in cui si sfidavano i Blu e i Verdi, le due squadre principali. Si tratta della competizione sportiva più longeva nella storia umana.[9] Ma l'ippodromo non era solo un luogo di divertimento: qui erano celebrati i più importanti passaggi politici della storia imperiale, qui le auguste maestà imperiali assistevano alle gare dalla loro loggia, ricevendo l'acclamazione dei sudditi o, a volte, anche il loro dissenso. Al centro dell'ippodromo c'era la cosiddetta «spina», la lunga «isola» attorno alla quale correvano i carri: era decorata con magnifiche statue di bronzo e marmo, provenienti da tutto l'Impero. Robert di Clari, un altro crociato di cui faremo presto la conoscenza, la descrive così:

> *Lungo questo luogo, c'era una muraglia alta quindici piedi e larga dieci, sulla quale c'erano statue di donne e di uomini, di cavalli, di buoi e di cammelli, di orsi e di leoni, e ogni sorta di bestia. (Queste statue) erano tutte fuse nel bronzo e di fattura squisita, tale che non esiste al mondo maestro così abile – né tra i pagani né tra i cristiani – che sia in grado di fabbricare e decorare statue come quelle.*[10]

D'altronde, Costantinopoli era diventata la più grande collezione d'arte antica al mondo: Costantino e i suoi successori avevano saccheggiato le città del mondo romano, portandosi via alcune delle più importanti opere artistiche dell'antichità pagana. Con questo brutale furto a maggior gloria della nuova capitale, molta arte antica era sopravvissuta: Atene e Roma erano state prese e saccheggiate più volte, così come Antiochia, Alessandria, Cartagine e tutte le altre grandi città del mondo antico. Ma Costantinopoli, no: protetta dietro le imprendibili mura teodosiane, questa città era diventata una vera e propria arca dell'antichità classica.

C'era però un monumento a Costantinopoli che eclissava qualunque cosa che l'antica Atene o la vecchia Roma potessero vantare. Un'opera che semplicemente non aveva paragoni.

Nel VI secolo, dopo che una terribile rivolta aveva distrutto la cattedrale cittadina, l'imperatore Giustiniano aveva fatto costruire la più straordinaria chiesa del mondo cristiano: Hagia Sophia, la chiesa cattedrale che, con la sua imponente leggerezza e con il suo splendore accecante, annunciava da lontano la Regina delle città ai marinai. Che giungessero dai monti dei Balcani o dai deserti della Siria, dalle pianure della terra dei Rus o dai tanti paesi e città del Mediterraneo, nessuno, all'alba del XIII secolo, poteva dire di aver visto nulla di comparabile, neanche a Roma, dove le antiche cattedrali dei tempi di Costantino venivano continuamente rappezzate ma non potevano sperare di uguagliarne l'ardita, verticale bellezza. In Occidente, nell'XI e XII secolo si eressero nuove grandi cattedrali romaniche, ma nessuna poteva ancora rivaleggiare con l'Hagia Sophia, una basilica che era così fuori scala rispetto alle capacità costruttive del 1200 che molti credevano che fosse stata edificata con l'ausilio del potere divino: degli angeli avrebbero calato dal cielo la sua grande cupola, poggiandola sulle sue maestose mura. Per i Romani, l'Hagia Sophia era semplicemente «la Grande chiesa».

In città c'erano ben due palazzi imperiali: il più grande e centrale si trovava – come detto – nei pressi dell'ippodromo e dell'Hagia Sophia. La porta principale si apriva sull'*Augustaion*, la più ricca piazza della città: i Romani avevano costruito l'accesso al palazzo imperiale sotto forma di un grande arco trionfale, detto *Chalke* (in greco «bronzo»), che risplendeva dell'oro dei mosaici ed era sormontato da una piccola chiesa. Il palazzo era costituito da un enorme complesso di edifici, cortili, giardini che si estendeva su molti ettari, rivaleggiando in dimensione e lusso con quello degli antichi imperatori romani sul Palatino. Le sue aule erano decorate da magnifici mosaici e pavimenti di marmo, le sale erano scaldate d'inverno con un efficiente sistema di riscaldamento a pavimento e negli interstizi delle pareti, utilizzato anche d'estate per rinfrescare gli ambienti. Secondo Robert di Clari, le sue porte avevano un sistema automatico di apertura e chiusura, il cui funzionamento gli sfuggiva. Questo perché i Romani non avevano perso nulla delle conoscenze tecniche dell'antichità, anzi le avevano con il tempo perfezionate. La grande sala del complesso palatino, la Magnaura, era perfino dotata di macchinari ad acqua che, all'ingresso dei visitatori, sollevavano automaticamente il trono imperiale, facendo ruggire degli automi a forma di leone: nessun dignitario straniero poteva tornare nel paese d'origine senza rimanere impressionato dalla magnificenza di un tale spettacolo, dimostrazione plastica di un sapere tecnico che deve aver fatto sugli astanti l'effetto di un incantesimo di Albus Silente.

Nel grande palazzo c'era anche la *Porphyra*, la sala decorata con il colore porpora dove nascevano gli eredi al trono. Chi aveva il privilegio di venire alla luce tra le sue mura era detto *porphyrogennetos*, porfirogenito, nato nella porpora imperiale. D'altronde, sin dall'antichità questo colore era riservato agli imperatori romani. Sulle sponde del Mar di Marmara, il complesso palatino incorporava il cosiddetto palazzo del *Boukoleon*, che prendeva il nome dalla grande statua classica in bronzo di un leone che aggrediva un bue. Non solo: il recinto del palazzo comprendeva anche un grande spazio verde utilizzato per un gioco molto simile al polo a cavallo, gioco al quale – a quanto pare – si dilettavano anche gli imperatori, come per esempio Alexios I Komnenos[11] (di cui parleremo tra poco). La vasta area era detta *tzykanisterion*, dal nome del gioco: *tzykanion*.

Ma il palazzo imperiale centrale era solo uno dei due complessi palaziali della città: l'altro si trovava addossato alle mura, nella parte nord-occidentale della città: si chiamava il palazzo delle *Blacherne*,[12] prendendo il nome dal celebre monastero e chiesa delle Blacherne, alla quale era collegato. Questa sezione della città un tempo era fuori dalle mura teodosiane ma, dopo il grande assedio avaro del 626, i Romani avevano costruito delle nuove mura per inglobarla al suo interno. Con il tempo, qui si era sviluppato un nuovo palazzo imperiale, più piccolo del Gran Palazzo centrale ma altrettanto ricco, e più difendibile in quanto posto su un'alta collina addossata alle mura, e quindi non soggetto ai rischi di una vita in centro. Dalle Blacherne si godevano spettacolari viste sulla città, sul Corno d'Oro e sulle campagne circostanti. Nel XII e XIII secolo, gli imperatori della dinastia dei Komnenoi trasferirono qui la loro residenza principale, lasciando al Gran Palazzo il ruolo di rappresentanza e gestione burocratica dell'Impero. Al di là della funzione di residenza imperiale, le Blacherne erano anche uno dei più importanti punti strategici della città, cosa che non sfuggirà a crociati e veneziani quando verranno a visitare Costantinopoli.

Tra le Blacherne e il centro cittadino a est, nel mezzo della metropoli e posta sulla collina più alta della città, c'era invece la chiesa dei Santi Apostoli, voluta inizialmente da Costantino e poi ricostruita – neanche a dirlo – da Giustiniano: oggi al suo posto c'è la Fatih Camil, la moschea di Mehmed II, il conquistatore di Costantinopoli e il primo sultano ottomano a risiedere nella Regina delle città. Per più di mille anni i Santi Apostoli furono il sepolcro degli imperatori romani, quasi tutti furono interrati qui, da Costantino I in poi. Come vedremo, le loro tombe avranno un ruolo da giocare nella storia della Quarta crociata.

Una città santa

Ma l'importanza di Costantinopoli non era dovuta solo alla sua posizione strategica, all'essere la capitale dei Romani, la più popolosa metropoli del Mediterraneo e di gran lunga la più ricca città della cristianità. Nuova Roma aveva anche un fondamentale ruolo religioso, da vera e propria città santa.

Innanzitutto va detto che, quando Costantino fece di Bisanzio la sua capitale, la città non aveva avuto un ruolo di rilievo nella gerarchia della Chiesa imperiale romana, che aveva riconosciuto in sostanza quattro sedi episcopali principali, i cosiddetti patriarcati. Queste quattro sedi erano: Gerusalemme per la sua antichità e la sua connessione alla vita e alla morte di Gesù, Antiochia in quanto città principale dell'Oriente romano, Alessandria per essere la capitale dell'Egitto e la seconda città dell'Impero e Roma in quanto capitale imperiale.

Con il tempo, però, questa gerarchia aveva subito dei cambiamenti. Costantino aveva fatto portare in città le spoglie dell'apostolo Andrea, e da allora Costantinopoli aveva sostenuto di discendere la sua cattedra arcivescovile da questo apostolo, e quindi essere apostolica come Alessandria, fondata dall'evangelista Marco, o Roma e Antiochia, fondate dall'apostolo Pietro. In realtà, la preminenza della città era dovuta soprattutto al suo ruolo di capitale imperiale: anche i Papi le riconoscevano per questa ragione un'importanza particolare, almeno fino alla «riforma» dell'XI secolo, di cui parleremo. Quanto ai Romani, ritennero sempre che la loro città avesse acquisito buona parte del prestigio della «vecchia» Roma nell'atto stesso di investitura a «nuova» Roma, secondo la dottrina della *translatio imperii*: il trasferimento dell'Impero dall'Occidente all'Oriente.

Questo ruolo religioso era sottolineato dall'importanza teologica della città, sede di ben tre concili ecumenici, le grandi riunioni della Chiesa universale nelle quali si erano prese tutte le principali decisioni teologiche e religiose durante il primo millennio della storia cristiana. Il primo di questi tre concili – al tempo di Teodosio I – aveva stabilito senza possibilità di equivoci che Costantinopoli era seconda solo a Roma nell'ordine onorifico dei patriarcati della Chiesa imperiale.

Nel Basso Medioevo, la città era ormai considerata dai suoi abitanti come una «città protetta da Dio». La sua stessa sopravvivenza sembrava affermare la protezione divina per la sua capitale in terra: un cronachista siriano del VII secolo, di fronte all'apparentemente inarrestabile avanzata araba, si consolò con la resistenza della città imperiale, simbolo della potenza del Signore e faro di speranza per tutti i cristiani della terra:

> *Ma il trionfo dei figli di Ishmael (gli Arabi), che soggiogarono questi due grandi imperi, fu voluto da Dio. Eppure, Dio non gli ha ancora concesso di dominare Costantinopoli, perché la vittoria finale spetta a Lui.*[13]

I Romani pensavano che la città fosse protetta anche dalla Vergine Maria, che chiamavano con il suo appellativo più antico e riverito in greco: *theotokos*, madre di Dio. Nei numerosi assedi della città, erano soliti portare in processione sulle mura di Nuova Roma l'icona più venerata della *theotokos*, custodita nel monastero delle Blacherne, la cosiddetta *Blachernitissa*. Un'altra celebre icona, che svolgerà un ruolo chiave nella Quarta crociata, era la cosiddetta *Hodegetria*, la «vergine che indica la via» perché in braccio ha il Bambin Gesù che indica con una mano: leggenda voleva che l'*Hodegetria* originale fosse stata realizzata dall'evangelista Luca in persona.

Ma Costantinopoli aveva ben più che queste icone per affermare il suo ruolo di città santa: nel complesso del Gran Palazzo, era custodito un pezzo della Vera Croce, secondo la leggenda riscoperta da Elena, la madre di Costantino, nei pressi del Santo Sepolcro. Dopo la conquista di Gerusalemme da parte degli Arabi, un pezzo della Vera Croce era stato portato a Costantinopoli e un altro era rimasto in Palestina. Nel palazzo era custodito anche il *Mandylion*, un'immagine del volto di Gesù, impressa in un panno che sarebbe stato inviato dal salvatore in persona al re di Edessa e che i Romani portarono nella loro città nel X secolo: è in un certo senso l'antenato della Sindone. Nella cappella che custodiva il *Mandylion* e la Vera Croce, c'erano anche la tunica della passione, la corona di spine, la lancia che avrebbe colpito il costato di Gesù, la statua di san Giovanni Battista e molto altro ancora. Ogni singolo monastero e chiesa di Costantinopoli riboccava di reliquie di martiri e santi. In sostanza, la capitale dei Romani conservava un vero e proprio tesoro di fede, ineguagliato e ineguagliabile nel resto della cristianità.

Per noi contemporanei è difficile comprendere l'importanza di queste reliquie: la maggior parte degli uomini moderni, anche tra i cattolici, è piuttosto scettica sulla loro provenienza, anche se scommetto che molti sono convinti dell'autenticità della sindone di Torino, per fare un esempio. Nel Medioevo, però, le reliquie di questo tipo avevano un valore inestimabile: in un mondo dove la fede era tutto, erano considerati veri e propri talismani che attiravano su un luogo il favore divino, rendendolo benedetto, permettendo una migliore comunicazione tra l'uomo e Dio. Le reliquie avevano proprietà taumaturgiche e donavano prestigio alla città e al Paese che li ospitavano: potevano diventare dei simboli dell'identità di un luogo, ancorando i fedeli alla chiesa locale. Le città erano spesso disposte a sacrificare enormi ricchezze pur di salvarsi da un saccheggio, ma raramente si separavano volontariamente dalle loro reliquie. Attorno a esse, soprattutto le più rilevanti, come quelle conservate a Costantinopoli, ruotavano anche considerevoli interessi economici, perché una reliquia poteva attrarre visitatori da tutto il mondo cristiano o – ancor più importante – poteva invitare la comunità locale a donare parte del patrimonio alle Chiese o alle fondazioni monastiche che le custodivano, accrescendone il potere economico e fondiario.

Nel 1200, l'Occidente era molto invidioso dell'immenso patrimonio di santi e reliquie custoditi in Oriente. Era una conseguenza della storia: la maggior parte degli apostoli, dei martiri e dei santi più celebri erano vissuti in Oriente. A Costantinopoli e dintorni si trovavano più reliquie, icone e tombe di santi dell'intero Occidente, che si doveva accontentare delle tombe di san Pietro e san Paolo a Roma, dell'apostolo Giacomo a Santiago de Compostela, di san Martino a Tours e di poco altro di davvero significativo per la cristianità. Per molti crociati, in particolare i prelati, questo era il più importante tesoro custodito da Nuova Roma.

Il protettore del Santo Sepolcro

Costantinopoli svolgeva poi almeno altri due ruoli religiosi. Il primo era quello di evangelizzare i popoli non ancora cristianizzati: negli ultimi secoli, gli sforzi dell'Impero erano valsi la conversione di gran parte dei Balcani e dell'Europa orientale. A differenza dell'Occidente, però, l'Impero preferiva convertire i pagani non tanto con la forza, quanto con le trattative diplomatiche, l'attrattività del proprio modello di civiltà e perfino le concessioni commerciali; non c'era spazio, insomma, per la conversione a mano armata. D'altronde, la Chiesa orientale guardava con estremo sospetto all'uso della violenza in generale, anche se non si faceva alcun problema a utilizzare l'autorità dello Stato per sopprimere quelle che considerava «eresie». Va detto che, nonostante questo, nell'Impero vivevano molti ebrei e perfino una comunità musulmana, che aveva aperto una moschea a Costantinopoli dopo lunghe negoziazioni tra Impero e califfato.

Il secondo ruolo religioso dell'Impero, preso molto sul serio da tutti gli imperatori, era quello di protettore dei luoghi santi, dei santuari cristiani in Palestina. La Terrasanta era stata persa agli Arabi nella disastrosa ultima fase del regno di Eraclio e da allora i Romani non erano più riusciti a riconquistarla, neanche quando, a fine X secolo, avevano raggiunto la supremazia militare sulle potenze arabe nel Levante. Costantinopoli era riuscita a riprendere Antiochia e si era spinta giù fino al moderno Libano ma, a poca distanza dai luoghi santi, si era fermata.

In generale, gli imperatori romani giudicarono di non avere la forza militare, logistica e finanziaria per mantenere stabilmente il controllo della Palestina: era troppo distante da Costantinopoli. Conquistarla sarebbe stato possibile, ma mantenerla? Ormai una parte consistente anche se non maggioritaria della popolazione palestinese si era convertita all'Islam, rendendo difficile un'integrazione nel sistema romano: scacciarli avrebbe causato problemi nei confronti di tutti i vicini dell'Impero, sottomettere i musulmani avrebbe creato solo risentimento. Meglio non scatenare l'ira del mondo musulmano rischiando di alimentare una guerra religiosa che sarebbe stata estremamente dannosa per la Terrasanta. I crociati non saranno altrettanto diplomatici, e ne seguiranno due terribili secoli di guerra.

In seguito a queste considerazioni, gli imperatori raggiunsero un proficuo accordo con la nuova potenza che si era affermata in Egitto e Nord Africa: il califfato sciita dei Fatimidi. Nell'XI secolo, i Romani divennero i protettori dei luoghi santi: la chiesa del Santo Sepolcro fu ricostruita con fondi romani e fu di nuovo possibile eleggere un patriarca di Gerusalemme, ovviamente di rito greco – come era sempre stato sin dalla sua fondazione. Considerando che anche Antiochia era tornata nell'Impero, ormai Costantinopoli controllava tre patriarcati della cristianità su cinque. Questo ruolo di protettore dei luoghi santi era considerato un gioiello della corona imperiale: si poteva lasciare alla scismatica «antica Roma» il sepolcro di Pietro e Paolo, quando la Nuova Roma poteva avere l'esclusiva di custodire la vera fonte della religione cristiana: il Santo Sepolcro.

Un avventuriero normanno

Torniamo ora alla storia dell'Impero romano, e vediamo come l'XI secolo finì per scuotere alle fondamenta la ritrovata potenza militare della *Romania*. Come abbiamo visto, alla morte di Basileios II, nel 1025, l'Impero attraversava una vera epoca d'argento, pur su confini più ristretti rispetto all'epoca d'oro di Giustiniano. Questo periodo di grazia non era destinato a sopravvivere al turbolento XI secolo. Il secolo che va dall'anno 1000 al 1100 è considerato come il periodo in cui il pendolo del potere, nel mondo cristiano, passò definitivamente dall'Oriente all'Occidente. A cambiare tutto, per i Romani, fu l'emersione quasi in contemporanea di due formidabili nemici: i Normanni e i Turchi selgiuchidi.

I Normanni furono una delle grandi potenze militari dell'Europa occidentale nell'XI secolo. In Normandia, la commistione tra la locale popolazione franca e immigrati norreni dalla Scandinavia aveva prodotto un importante ducato che, dalla sua fondazione nel 911, era diventato ancora più potente della corona francese, della quale era in teoria vassallo. Sulle coste della Manica si era sviluppata una cultura guerriera, alcuni direbbero una cultura predatoria, visto che i Normanni divennero avventurieri, guerrieri e conquistatori temuti in tutto l'Occidente. Negli anni misero a frutto la loro abilità nell'uso delle armi a servizio di altri sovrani, sempre però con un occhio sulla possibilità di accaparrarsi terre altrui. Nell'XI secolo, i Normanni erano considerati i più feroci mercenari che si potesse assoldare, ma erano anche una terribile arma a doppio taglio, perché approfittavano di qualunque opportunità per impadronirsi di terre sulle quali fondare «nuovi» Stati. A metà secolo, gruppi di mercenari normanni iniziarono a essere utilizzati nelle piccole lotte di potere tra i vari potentati dell'Italia meridionale: ducati longobardi, città-Stato come Amalfi e Napoli, perfino nelle aree governate dall'Impero. Il più importante tra gli avventurieri normanni in Italia meridionale era Roberto il Guiscardo, della casa degli Hauteville[14] della Bassa Normandia, il quale giunse in Italia attorno al 1047. Alla sua morte, nel 1085, aveva riunificato l'Italia meridionale, conquistato la Sicilia araba e piegato ai suoi voleri perfino i potenti Papi del suo tempo, dei quali era almeno teoricamente feudatario.

Nel farlo, il Guiscardo cacciò in mare quello che restava della dominazione romana: Bari, sede del Catepano d'Italia, l'ultimo viceré imperiale nella penisola, cadde nelle sue mani nel 1071. Non solo: uomo di grandi ambizioni, pensò perfino di impadronirsi della corona imperiale romana, la preda più grande che ci fosse: nel 1081, come vedremo, guidò una spedizione di conquista attraverso lo stretto d'Otranto.

In altri tempi questo sarebbe stato impensabile, ma nel 1081 l'Impero era diventato vulnerabile perché, tra il 1050 e il 1080, Nuova Roma soffrì un disastro dietro l'altro, cadendo precipitosamente dalle altezze alle quali si era innalzata: la principale ragione fu l'avvento dei Selgiuchidi.

L'Impero dei Turchi

A inizio XI secolo, i Turchi emersero dalle steppe dell'Asia centrale: si trattava di confederazioni nomadi che i Romani conoscevano da molto tempo, e con le quali avevano stretto episodiche alleanze fin dal VII secolo. Da allora erano rimasti sempre nell'Asia centrale, lì confinati dalla potenza del califfato arabo. Quando però gli Arabi declinarono, le vie del Medio Oriente si aprirono alla loro conquista e con esse il ricco mondo delle terre popolate dagli agricoltori sedentari.

Assoldati come mercenari al servizio del califfato – spero apprezziate il parallelismo con i Normanni –, i Turchi finirono per conquistare il potere a Baghdad, assoggettando gli Arabi e convertendosi all'Islam. Nel giro di pochi decenni – nel corso dell'XI secolo – riunificarono buona parte del mondo islamico, riportando l'orologio della storia ai tempi in cui l'Impero romano aveva dovuto affrontare un califfato arabo unito e potente. I Turchi giunsero a questi successi sotto la nuova dinastia dei Selgiuchidi e no, non preoccupatevi: non saranno loro a conquistare Nuova Roma, che anzi gli sopravvivrà. Gli Ottomani sono ben lungi dall'apparire sulla scena.

Inizialmente i Romani furono spiazzati dall'emergere di questa nuova superpotenza islamica: i nomadi, tra l'altro, presero a razziare le terre dei Romani senza neanche il bisogno dell'autorizzazione del sultano. Le continue scorrerie turche penetrarono sempre più a fondo al di là della nuova, più vulnerabile frontiera romana, che ormai includeva buona parte del Caucaso: i Romani si sentirono in dovere di difendere i territori da poco conquistati. D'altronde, fino a quando i principi armeni e georgiani avrebbero continuato a ubbidire a Costantinopoli, se questa non veniva in loro soccorso?

Dopo una serie di rovesci militari e di imperatori e imperatrici di dubbio spessore, il trono fu assunto da un vero soldato: Romanos IV Diogenes (1068-1071), determinato a mettere un freno alla crisi orientale. Mentre Bari cadeva in mano ai Normanni, il *basileus* raccolse un poderoso esercito e mosse verso l'Armenia con l'obiettivo di ristabilire il controllo romano sulla regione caucasica. La spedizione finì però in un disastro: l'esercito imperiale, forte di quarantamila uomini, marciò inaspettatamente non contro gruppi di razziatori turchi, ma finì con lo sbattere il grugno contro la grande armata selgiuchide del sultano Alp Arslan: l'esercito romano fu annientato nella battaglia di Manzikert.[15] Era il 26 agosto del 1071.

Come spesso accade, non fu tanto la battaglia a distruggere il potere romano, quanto le sue conseguenze. L'imperatore Romanos IV fu preso prigioniero dei Turchi, proprio come Valeriano, sette secoli prima, per mano dei Persiani.[16] Nella confusione seguente, i Romani combatterono una serie di guerre civili per determinare chi dovesse essere a tirare la *Romania* fuori dai guai in cui si era cacciata. Ogni nuovo candidato al trono marciò su Costantinopoli, portando con sé l'esercito che avrebbe dovuto arrestare i Turchi e abbandonando la sua provincia alla mercé degli invasori. I Turchi occuparono rapidamente tutto l'altipiano anatolico e poi, una dopo l'altra, anche le grandi città dell'Asia Minore occidentale: Nicea, Iconio, Sardi, Efeso. Dieci anni dopo Manzikert, ai Romani in Anatolia restavano solo alcuni presidi, abbarbicati sul mare. L'Impero si era ristretto alla capitale, alla Grecia e ad alcuni brandelli dei Balcani. È proprio in questo quadro che Roberto il Guiscardo pensò che l'Impero fosse una mela pronta a essere colta.

Nel 1081, mentre i Normanni preparavano la loro spedizione armata, l'Impero romano passò a un nuovo imperatore, a prima vista l'ennesimo usurpatore: Alexios I Komnenos. Il suo lunghissimo regno è il crocevia di questo lungo racconto, perché inaugura un nuovo capitolo della storia romana, del Mediterraneo e della cristianità.

Da superpotenza dell'epoca, l'Impero romano era ora assediato da Turchi e Normanni, entrambi apparentemente desiderosi di annientarlo. Con l'aiuto di una terza potenza – che non svelo ancora –, Alexios riuscì però a respingere l'invasione normanna del 1081, con grande scorno del Guiscardo (che morirà nel 1085) e di suo figlio Boemondo, principe di Taranto, che Roberto aveva probabilmente designato a futuro imperatore a Costantinopoli, e che si ritrovò invece con un pugno di mosche in mano.

Alexios spese altri difficili anni nel rafforzamento dei suoi domini europei, ma non dimenticò mai l'Anatolia, il cuore dell'Impero romano sin dai tempi della grande invasione araba: era urgente riconquistare la regione, prima che si consolidasse il dominio turco sulla penisola. Gruppi di guerrieri turchi – indipendenti dai Selgiuchidi – vi avevano fondato alcuni sultanati, il più vicino e temibile aveva sede a Nicea, a pochi giorni di viaggio dalla capitale dei Romani.

Ma come poteva Alexios rimediare al disastro di Manzikert e alla perdita di più della metà del suo Impero? L'imperatore sapeva di avere i fondi necessari – le tasse di Costantinopoli e dei Balcani continuavano a fluire nei suoi forzieri – ma non aveva abbastanza reclute, o soldati capaci di sconfiggere i feroci nomadi. Intorno al 1095, Alexios decise che c'era una sola soluzione al problema turco: aveva bisogno di mercenari occidentali, di migliaia di mercenari occidentali. Come procurarseli? Chi poteva garantirgli un consistente flusso di reclute? Che fare?

La soluzione trovata da Alexios avrebbe messo in moto uno dei più colossali movimenti di uomini e spade dell'intero Medioevo, senza che l'imperatore ne fosse del tutto consapevole. Prima di parlarne, però, dobbiamo fare un passo indietro e lasciare la Nuova Roma in ambasce, per capire cosa era avvenuto nella Vecchia Roma nei sei secoli che separano la deposizione di Romolo Augustolo dal regno di Alexios I Komnenos. Perché, nell'antica capitale dell'Impero, si era sviluppato un nuovo potere che ora Alexios avrebbe chiamato in soccorso: il papato.

IMPERO ROMANO NEL 1025
VENEZIA
ZARA
DANUBIO
ROMA
BENEVENTO
SKOPJE
BULGARIA
ADRIANOPOLI
CHERSON
MAR NERO
NAPOLI
AMALFI
DYRRACHION
THESSALONIKA
COSTANTINOPOLI
TREBISONDA
ANI
NICEA
ARABI
MANZIKERT 1071
TARSO
CORINTO
MARE EGEO
MARE MEDITERRANEO
ANTIOCHIA
TERRITORI IMPERO
TERRITORI ALLEATI DELL'IMPERO
GERUSALEMME

IMPERO ROMANO NEL 1081
VENEZIA
ZARA
DANUBIO
ROMA
CHERSON
SKOPJE
ADRIANOPOLI
MAR NERO
NAPOLI
DYRRACHION
COSTANTINOPOLI
TREBISONDA
PALERMO
THESSALONIKA
ANI
ATENE
NICEA
TURCHI SELGIUCHIDI
NORMANNI
TARSO
CORINTO
MARE EGEO
MARE MEDITERRANEO
ANTIOCHIA
1081 INVASIONE NORMANNA
1097-99 I CROCIATA
GERUSALEMME

2
La Repubblica di San Pietro e l'Impero dei Franchi

La leggenda del papato

Da sempre Roma fonda la sua preminenza sulle altre Chiese cristiane su quanto Gesù avrebbe detto a Simone: «*Tu sei Pietro, e su questa pietra edificherò la mia chiesa, e le porte dell'Ade non la potranno vincere*».[17] A tal fine, la Chiesa di Roma sviluppò il concetto di successione apostolica, secondo il quale ogni singolo successore di Pietro era in sostanza il suo vicario, colui che aveva ricevuto dall'apostolo – in un ideale passaggio di consegne – l'autorizzazione a predicare che gli era stata conferita da Gesù. Pietro era stato il primo vescovo di Roma, dunque i suoi successori ne custodivano gli insegnamenti e, per associazione, custodivano la pura fede. Su quella pietra, era stata costruita la Chiesa del Signore.

Un vescovo non così importante

Uno dei miti più duri a morire è che l'Impero romano sia caduto nel 476 d.C.: si sa che nella partita di calcio degli Imperi romani gli Imperi orientali non contano, solo quelli occidentali sono regolamentari. Crollata l'unica vera parte dell'Impero romano, la Chiesa avrebbe riempito il vuoto formatosi dall'assenza del governo imperiale, forte di un controllo verticale su tutte le Chiese del mondo cristiano.

In realtà, la Chiesa romana, in origine, era semplicemente la Chiesa della città di Roma, la più grande e importante città dell'Impero romano. A quei tempi, il Papa era un semplice vescovo, sottomesso all'imperatore proprio come nel «cesaropapista» Oriente. Non solo: a capo della Chiesa romana, per secoli, non ci fu affatto il vescovo di Roma, se non nei suoi sogni e nei suoi *desiderata*. Le più importanti decisioni da un punto di vista di dogma, di disciplina e di legge canonica si prendevano in grandi concili che riunivano tutti i vescovi del Mediterraneo. Questi sinodi non erano né indetti né presieduti dal Papa, ma dagli imperatori romani, che erano di solito la *longa manus* che guidava le deliberazioni dei vescovi. In questi concili «ecumenici», quindi universali, si formulò la dottrina cristiana, ancora oggi adottata anche da Roma. La lingua della Chiesa, per quasi un millennio, fu principalmente il greco, lingua fine e sottile che ben si adattava a discussioni teologiche.

Il successore di san Pietro fu a lungo visto come «solo» un vescovo: certo, il vescovo più riverito e celebrato dell'Occidente latino, ma non il vertice di una Chiesa universale, che in realtà non esisteva, perché le Chiese dei vari regni dell'Occidente si autogovernavano, e in Oriente i grandi patriarcati di Costantinopoli, Antiochia, Gerusalemme e Alessandria si ritenevano pari e colleghi di Roma, non sottoposti.

Un'altra differenza con i nostri giorni era il metodo di elezione e disciplina dei vescovi. Oggi il vescovo di Roma è l'unica vera autorità in grado di nominare e deporre tutti i vescovi cattolici: *de facto* se ne occupa la curia, ma ufficialmente è un potere del Papa. Non così per i primi mille anni di storia cristiana: i vescovi erano eletti dai fedeli e dal clero di ogni diocesi. Una volta eletti, venivano consacrati dal vescovo metropolita. Quindi il vescovo di Vercelli, per esempio, non aveva alcun rapporto con quello di Roma, se non molto di rado: il suo superiore era il vescovo di Milano.

Un importantissimo canone della Chiesa imperiale stabiliva inoltre che un vescovo, una volta ordinato, potesse servire in una sola diocesi: non ci si poteva trasferire da Milano a Roma, per esempio. Questo canone valeva anche per i Papi di Roma, che non erano eletti da e tra altri vescovi, come è diventata la prassi nell'ultimo millennio di storia cattolica, ma tra i preti che appartenevano alla Chiesa della città di Roma. Questi erano detti *presbyteri cardinales* e sono alla base degli attuali cardinali, che infatti formalmente ancora oggi sono dei «preti» della Chiesa romana a cui è assegnata una parrocchia (un *titulus*, nella terminologia cattolica) all'interno della città di Roma.

Mille anni sotto diversi padroni

Volendo riassumere in poche parole mille anni di storia del papato, direi che le cose sono andate più o meno così: dalla sua fondazione all'anno Mille, il papato fu un'istituzione regionale della Chiesa della città di Roma. Nacque come autorità religiosa, assumendo nel tempo un ruolo sempre più politico, mentre il potere dell'Impero romano a Costantinopoli si indeboliva in Italia centrale, cosa che non avvenne nel 476 ma progressivamente dal 700 in poi. Nell'VIII secolo, Roma ruppe con Nuova Roma: il Papa rafforzò la sua autorità sul suo «gregge peculiare», i territori imperiali dell'Italia centrale, che divennero sempre di più uno Stato sottoposto al Papa, la «Repubblica di San Pietro», per usare una fortunata definizione di Thomas F.X. Noble.

Il problema era che questo territorio era scarsamente difendibile con i pochi mezzi a disposizione del Papa, che andò quindi cercando un nuovo protettore: a metà dell'VIII secolo, la «Repubblica di San Pietro» passò sotto la tutela dei Franchi, governati dalla dinastia che noi chiamiamo dei «Carolingi».[18] Con questa alleanza, il prestigio del papato iniziò a crescere a nord delle Alpi, anche se il Papa restò un semplice vescovo senza velleità di dominio su tutti i vescovi dell'Occidente latino.

Con l'indebolimento dei Carolingi a fine IX secolo, il papato tornò a essere un'istituzione regionale dell'Italia centrale, con qualche influenza religiosa sul mondo d'oltralpe ma certamente nessuna pretesa di guida politico-istituzionale, anche perché non riusciva neanche a controllare la città di Roma, ormai sottomessa a potenti famiglie laiche locali. Anche religiosamente, in un'epoca in cui l'Impero che noi chiamiamo «bizantino» era ancora molto forte, il papato soffriva la concorrenza del patriarcato ecumenico di Costantinopoli.

A differenza di quest'ultimo, in teoria, aveva un (piccolo) territorio sul quale era sovrano, ma doveva comunque piena fedeltà all'imperatore, nel ruolo di un suo feudatario molto «speciale». Nel X secolo, dalla Germania discesero gli Ottoni, la nuova dinastia imperiale del mondo ex carolingio, che rimisero la «Repubblica di San Pietro» sotto la diretta autorità dell'Impero, al quale dovevano giurare fedeltà. L'imperatore, come aveva sempre fatto dai tempi di Carlo Magno, continuava a nominare i vescovi del regno senza curarsi del parere del vescovo di Roma, che d'altronde non aveva mai avuto alcun controllo sulla loro elezione, soprattutto al di fuori dell'Italia.

Il papato, insomma, fino all'anno Mille non poteva certo ergersi a guida dell'Occidente, tantomeno della cristianità, come avrebbe voluto la celebre «donazione di Costantino», noto falso con il quale la Chiesa, nell'VIII secolo, volle arrogarsi i poteri «imperiali» degli imperatori romani. Insomma, nel palazzo apostolico del Laterano, le ambizioni c'erano sempre state, ma da secoli si scontravano con la realtà sul terreno, che era molto più prosaica.

Al volgere dell'anno Mille, però, questi equilibri erano in movimento. Paradossalmente gli agenti del cambiamento non furono i Papi di Roma, ormai rassegnati al dominio dell'Impero sulla loro città, ma una serie di Papi tedeschi imposti a Roma dall'autorità imperiale in Germania.

I Papi tedeschi e la riforma

Il papato sovrano e totalizzante dell'epoca bassomedievale nasce in sostanza nell'XI secolo.

La riforma papale fu prodotta in un certo senso dal lunghissimo periodo di crisi dell'autorità papale dall'epoca del declino dei Carolingi, ma nello specifico la causa scatenante fu lo scandaloso papato dell'ultimo Pontefice della dinastia dei conti di Tuscolo, al secolo Teofilatto e per la storia Benedetto IX. Benedetto riuscì a farsi eleggere per ben tre volte: due volte fu deposto, una volta mise in vendita il titolo di Pontefice. Uno spettacolo raccapricciante.

Tra il 1046 e il 1048, per due volte l'imperatore Heinrich III intervenne per mettere ordine nella Chiesa di Roma: non era più tollerabile che le elezioni papali fossero comprate e vendute, o che fossero determinate dalla forza delle armi. L'istituzione del papato non poteva essere lasciata nelle mani dei nobili romani, che si erano più volte dimostrati indegni dell'augusta carica.

Con il concilio di Sutri del 1046, l'imperatore e i suoi vescovi decisero che solo i cardinali avrebbero partecipato all'elezione dei pontefici, escludendo i potentati laici che, negli ultimi secoli, avevano fatto il bello e cattivo tempo a Roma. Questo non voleva dire che l'imperatore non avesse voce in capitolo: Heinrich III conservò il diritto imperiale di approvare l'elezione prima della consacrazione (diritto che tutti gli imperatori, prima romani e poi carolingi, avevano esercitato a partire dal VI secolo). Non a caso, nei decenni seguenti la curia fu dominata da una serie di Papi tedeschi voluti dall'imperatore, che però – una volta eletti sul soglio petrino – lavorarono alacremente a costruire un ruolo più indipendente e più potente per il papato, e in generale per la Chiesa imperiale occidentale. In questo, furono più realisti del re, o più papali dei Papi italiani.

A coadiuvare i «Papi tedeschi», ci furono importanti prelati italiani, anche loro convinti della necessità di riformare l'istituzione papale, nella loro mentalità «riportandola» ai fasti passati (che in realtà non c'erano mai stati). In questo quadro, un ruolo fondamentale lo svolse Ildebrando di Soana, che dominò la curia papale tra il 1050 e il 1073 e fu poi anche eletto Papa – con il nome di Gregorio VII – dal 1073 al 1085.

In questo periodo, il papato portò a compimento le pretese che aveva sempre avanzato, senza avere mai il potere di metterle in pratica, e sviluppò nuovi poteri che lo avrebbero messo in conflitto diretto con tutte le autorità laiche del mondo: dall'imperatore in Germania – fino ad allora il suo indiscutibile sovrano – all'imperatore dei Romani a Costantinopoli.

Per esempio, nel 1059, il gruppo di prelati che si era riunito attorno a Ildebrando di Soana dichiarò che l'imperatore non avrebbe più avuto alcun ruolo nell'elezione dei successori di San Pietro: solo il clero poteva eleggere il Papa. Fu così che si mise davvero fine a più cinque secoli di influenza laica sulla nomina dei pontefici.

Supremazia papale

Nel *Dictatus Papae* emanato nel 1073 da Papa Gregorio VII, questo formidabile paladino della supremazia papale fissa – in un elenco di ventisette assiomi – i poteri della Chiesa, almeno per come rivendicati dal papato.

È un documento piuttosto breve, secondo me vale la pena leggerlo nella sua interezza:

I *La Chiesa Romana è stata fondata unicamente dal Signore.*

II *Soltanto il Pontefice Romano è a buon diritto chiamato universale.*[19]

III *Egli solo può deporre o reinsediare i vescovi.*[20]

IV *In qualunque concilio il suo legato, anche se inferiore di grado, ha autorità superiore a quella dei vescovi, e può pronunciare sentenze di deposizione contro di loro.*

V *Il Papa può deporre gli assenti (i vescovi assenti al concilio).*

VI *(Noi battezzati) non dobbiamo far la comunione o coabitare sotto lo stesso tetto con coloro che il Papa ha scomunicato.*

VII *A lui solo è lecito, in rapporto alle necessità del tempo, promulgare nuove leggi, riunire nuove congregazioni, rendere abbazia una canonica e viceversa, dividere le diocesi ricche e unire quelle povere.*

VIII *Egli solo può usare le insegne imperiali.*[21]

IX *Solo al Papa tutti i principi debbano baciare i piedi.*

X *Solo il suo nome (e non più quello dell'imperatore) sia pronunciato nelle chiese.*

XI *Il suo titolo è unico al mondo.*

XII *Gli è lecito deporre gli imperatori.*

XIII *Gli è lecito trasferire i vescovi di sede in sede secondo necessità.*

XIV *Egli ha il potere di ordinare un chierico di qualsiasi chiesa, in qualsiasi territorio.*

XV *Colui che egli ha ordinato può essere a capo di un'altra chiesa, ma non può muovergli guerra; inoltre non può ottenere un grado superiore da alcun altro vescovo.*

XVI *Nessun concilio può dirsi «ecumenico» senza che sia lui a indirlo.*[22]

XVII *Un articolo o un libro possono essere dichiarati canonici solamente sotto la sua autorità.*

XVIII *Una sua sentenza non può essere riformata da alcuno; al contrario, egli può riformare qualsiasi sentenza emanata da altri.*

XIX *Nessuno lo può giudicare.*

XX *Nessun altro può condannare chi si è appellato alla Santa Sede.*[23]

XXI *Le cause di maggior importanza, di qualsiasi chiesa, devono essere portate davanti a lui.*

XXII *La Chiesa Romana non ha mai errato né mai errerà per l'eternità, secondo la testimonianza delle Scritture.*[24]

XXIII *Il Pontefice Romano, se eletto canonicamente, è senza dubbio santificato per i meriti di San Pietro (...).*

XXIV *Dietro suo ordine e concessione, ai subordinati è concesso presentare accuse (verso altri).*

XXV *Può deporre o reinsediare i vescovi senza riunione sinodale.*

XXVI *Non si deve ritenere cattolico chi non è in comunione con la Chiesa Romana.*[25]

XXVII *Egli può sciogliere i sudditi dalla fedeltà verso gli iniqui.*[26]

È una lista incredibile di poteri che i Papi o non avevano mai avuto, o non avevano mai affermato con tale veemenza. Spostare i vescovi, per fare solo un esempio, era contrario a un importante canone stabilito da un concilio ecumenico e quindi era del tutto illegale (rimando alle note per altri dettagli). Secondo questa dottrina il Papa, in quanto successore di San Pietro, aveva ereditato tutti i poteri conferitigli da Cristo e possedeva dunque la massima autorità non solo sulla Chiesa della città di Roma, ma su tutte le Chiese della terra: non c'erano più cinque patriarcati allo stesso livello, ma un Papa al di sopra di tutti i vescovi e di tutti i patriarchi. Il Pontefice era quindi responsabile della salvezza di tutti i cristiani, che potevano essere redenti solo se in unione con Roma: chi contrastava Roma, chi osava essere in disaccordo con la Santa Sede, era automaticamente un eretico. Questa dottrina ebbe, tra le altre cose, un forte impatto sulle relazioni tra Occidente latino e Oriente greco: Costantinopoli, che dal 1054 non era in unione con Roma, era da considerarsi da ora in poi una Chiesa «eretica» che aveva rotto con la sua Chiesa madre.

Inoltre, il Papa si considerava l'unica autorità in grado di indire i concili ecumenici, che non avrebbero più avuto alcuna validità senza la sua approvazione. Con questo atto, esautorava l'imperatore romano, che aveva avuto questo indiscusso potere fino al IX secolo. E infatti a Costantinopoli i concili «occidentali» non saranno mai riconosciuti come legittimi.

Da un punto di vista più squisitamente politico, i Papi si arrogarono anche il potere non solo di incoronare gli imperatori – ormai in Occidente era una tradizione consolidata – ma anche quello di deporli, sconvolgendo il rapporto di protezione-legittimità che era esistito sin dai tempi di Carlo Magno. Ora era l'imperatore che doveva sottostare all'autorità papale, e la vecchia alleanza franco-papale sarebbe diventata una sudditanza del potere laico a quello teocratico del Pontefice. Una dottrina assolutamente aliena a Costantinopoli, dove l'imperatore era considerato la guida di tutti i cristiani.

Non si trattava per lo più di dottrine completamente nuove: per esempio, da secoli vigeva il principio che il Papa non potesse essere giudicato. Inoltre, la Chiesa di Roma aveva avanzato queste pretese anche nella tarda antichità e nell'alto Medioevo, ma mai in modo così perentorio e con tale vigore. Ora però il rapporto di forza tra Occidente e Oriente era cambiato, e la Chiesa di Roma era determinata ad affermare la sua autorità.

L'ambizione ha bisogno di una ragione?

Perché il papato si incamminò su questa strada di riforma? In parte, perché la Chiesa tedesca, a sua volta determinata ad affrancarsi dal potere imperiale, trovò nel papato un veicolo per liberarsi dal controllo del sovrano. I vescovi tedeschi furono tra i grandi sostenitori della riforma, e per molti anni ne furono proprio gli attuatori, dall'alto del soglio di san Pietro.

Il papato riformato è un papato che cessa dunque di essere «romano» e diventa davvero «occidentale», nel senso di proprietà di tutta l'Europa occidentale, anzi di tutta la Chiesa europea latina, che utilizza questa istituzione per affermare la sua libertà contro i sovrani laici.

Non credo che sia possibile sottovalutare quello che accadde intorno alla metà dell'XI secolo a Roma e dintorni: per molti versi, il papato di quel secolo è un papato nuovo, che dà vita a una religione a sua volta «nuova». Quel che restava della vecchia Chiesa imperiale romana viene modificato a fondo in tutto l'Occidente latino, giungendo a una nuova concezione del rapporto tra Chiesa e autorità laiche, tra Chiese locali e curia romana, tra papato e fedeli. Il cattolicesimo, inteso come religione che vede nel Papa la suprema guida spirituale e il cuore di un'organizzazione verticistica e piramidale, si può dire che nasca in questo passaggio, sulle ceneri dell'antica Chiesa ortodossa imperiale, che invece sopravvive in Oriente. Mi rendo conto che è un'affermazione forte: certamente ci sono elementi importanti di continuità con il passato, ma a mio avviso le discontinuità sono ancora più forti.

A ogni riforma una reazione

Insomma, avrete capito che la riforma gregoriana del papato è un passaggio determinante non solo della storia del papato, ma in generale di tutto l'Occidente. E per quanto riguarda la nostra storia, questo ebbe un impatto determinante, su diversi piani.

Innanzitutto, nei confronti della cristianità orientale: da sempre i Romani avevano visto il mondo cristiano come una sorta di *joint-venture* tra Oriente e Occidente. Le decisioni si prendevano assieme, nei concili ecumenici. Ognuno dei cinque patriarchi – Roma era uno di questi – aveva la sua autonomia decisionale per quanto riguardava l'organizzazione interna. La suprema autorità laica – l'imperatore – rappresentava comunque il governo, il Cesare al quale occorre dare ciò che è di Cesare: il vescovo di Costantinopoli, o qualunque altro vescovo, non poteva certo pretendere di essergli superiore per le questioni del governo temporale. Tutti questi punti di vista andavano a cozzare direttamente con l'ideologia del papato riformato: Roma, da Costantinopoli, non voleva più la comunione, ma l'obbedienza cieca.

Nel 1054, tre cardinali occidentali visitarono Costantinopoli per negoziare un accordo tra Impero e papato in funzione anti-normanna. Nel loro soggiorno costantinopolitano, i cardinali si scontrarono con il patriarca ecumenico, che si rifiutava di riconoscere Roma come «Chiesa madre» di tutte le Chiese, né potevano accettare l'abolizione dell'organizzazione collegiale della Chiesa. Dopo alcune altre disquisizioni teologiche – che qui non ci interessano – i cardinali si convinsero a scomunicare il patriarca.

Da quel momento in poi, le due Chiese non furono più in comunione: non si riconoscevano a vicenda. Per Costantinopoli, nulla di nuovo: era già accaduto in passato che Roma e Nuova Roma fossero in disaccordo, anche se di solito dopo qualche decennio le divergenze si appianavano.

Per la Chiesa di Roma riformata si trattava però di una faccenda molto diversa: come abbiamo letto, non essere in comunione con Roma equivaleva a essere eretici. E gli eretici andavano puniti e riportati all'obbedienza di Roma, con la forza se necessario. La dottrina della supremazia papale era una bestia particolare: cozzava con tutto quello in cui credevano i vescovi orientali e – una volta reclamata da Gregorio VII – non era facile per un suo successore tornare indietro: se il primato petrino era la «vera fede», non si poteva certo modificarlo alla bisogna.

Né per i «bizantini» era possibile accettare supinamente la riforma gregoriana e la supremazia papale: in passato, su altre questioni teologiche gli orientali si erano alla fine piegati alla cocciutaggine degli occidentali. Quello che chiedeva Roma, però, andava contro un millennio di storia cristiana e contro lo stesso diritto canonico, come stabilito nei concili ecumenici. Ancor peggio, accettare la supremazia papale non era solo una questione teologica, ma di potere: equivaleva a sottomettere Costantinopoli a Roma, e il patriarca ecumenico non voleva fare la fine del vescovo di Ravenna o di Milano.

Di fronte alla testarda opposizione degli orientali, la reazione di Gregorio VII fu di appoggiarsi sempre di più ai Normanni – che andavano conquistando il Sud Italia – legittimandone il governo e utilizzandoli come grimaldello per scacciare gli eretici «Greci» dall'Italia meridionale: si alleò quindi con Roberto il Guiscardo contro i Romani.

Ciò detto, alla data in cui Alexios I Komnenos – imperatore dei Romani a partire dal 1081 – iniziò a pensare a un soccorso occidentale al suo Impero, il Papa non aveva ancora del tutto rotto con l'Oriente, né si era persa speranza che, al momento opportuno, si potesse trovare un accordo: questo lasciò aperta almeno la possibilità di una collaborazione e riconciliazione tra l'Occidente latino e l'Oriente greco, nel segno di una comune eredità romana. Una conciliazione che non sarebbe mai arrivata e che gli eventi della Quarta crociata avrebbero reso per sempre impossibile.

L'imperatore tedesco non la prende bene

Anche l'altro imperatore – quello in Germania – non prese bene la pretesa papale di limitare i suoi poteri e le sue prerogative all'interno di quello che considerava il suo dominio. Si scatenò quindi la celebre «lotta per le investiture», che contrappose per diversi secoli Papi e imperatori del cosiddetto «Sacro Romano Impero». Non è questo l'argomento del nostro libro, ma sappiate che, ai tempi della Quarta crociata, si trattava di una controversia lontana dall'essere conclusa. Innocenzo III, il Papa che la indirà, avrà bene a mente la necessità di non prestare aiuto – ideologico e pratico – ai suoi nemici politici in Germania.

Se in Germania incontrò l'opposizione imperiale, la Chiesa riformata riuscì invece a estendere la sua autorità sugli altri regni dell'Europa occidentale: per esempio, il regno di Francia e la nuova Inghilterra riunificata dai Normanni. Soprattutto in Francia il potere regio era molto debole, ed era quindi interesse dei baroni regionali affermare che, sì, esisteva un potere superiore a quello del re, per avere un arbitro che imponesse dei limiti ben precisi all'autorità dei sovrani francesi. Questo al di là, comunque, della genuina fede dei baroni francesi nell'importanza e nel prestigio del discendente di san Pietro.

Anche i Normanni di Roberto il Guiscardo, dopo alcuni decenni di contrapposizione con il papato, trovarono nella riforma gregoriana dell'XI secolo un potente alleato. Se il Papa era la sorgente della legittimità a governare, sarebbe bastato allearsi con lui per ottenere il nullaosta di cui avevano bisogno per ufficializzare il loro dominio sull'Italia meridionale, recentemente sottratta a Longobardi, «Greci» e Arabi.

Anche in Italia centro-settentrionale il Papato trovò appoggio nei feudatari e nelle città italiane che volevano affrancarsi dal controllo e dominio imperiale. Nacque così quel partito che poi si chiamerà «guelfo», spesso più contro l'imperatore che a favore del Papa. Sostenere le nuove pretese del papato riformato era un modo per arginare i poteri dell'imperatore, presupposto di fondamentale importanza per i nascenti Comuni italiani.

In sostanza, a contrastare il «colpo di mano» del Papa furono soprattutto e soltanto una parte dei nobili tedeschi e dei loro alleati italiani del partito imperiale, i «Ghibellini» dei nostri libri di storia. Quasi ovunque, al di fuori dell'Impero, nel corso dell'XI secolo si affermò invece l'interpretazione romana del cristianesimo, con al centro il Papa come supremo vicario di Cristo in terra, superiore anche ai sovrani laici.

L'alleato dei Normanni

L'alleanza normanno-papale ebbe un effetto anche sull'Impero romano. Papa Gregorio VII, nel suo turbolento pontificato, appoggiò le ambizioni del suo alleato normanno, Roberto il Guiscardo, per la conquista di Costantinopoli. Per il Pontefice, il vero obiettivo dell'invasione normanna era quello di «riportare» Costantinopoli sotto l'obbedienza di Roma, dalla quale, secondo il punto di vista papale, si sarebbe allontanata con il «grande scisma» del 1054, anche se è più corretto dire che era stata la Chiesa di Roma a riformulare il rapporto gerarchico con la Chiesa orientale. A soli ventisette anni da quello scisma, i Papi si sentivano già autorizzati a benedire spedizioni armate contro la *Romania*, con ben centotrenta anni di anticipo sulla Quarta crociata, e perfino in anticipo sulla Prima.

Nel 1081 Roberto il Guiscardo sbarcò quindi nella moderna Albania, conquistò Dyrrachion[27] e i territori circostanti: con suo figlio Boemondo di Taranto, inflisse una cocente sconfitta ad Alexios ma – grazie all'aiuto di una potenza che non intendo ancora svelare – l'Impero dei Romani riuscì a ributtare in mare gli invasori. Il Guiscardo, per una volta, fallì nei suoi propositi di conquista.

Ne approfittò il nemico del Papa, l'imperatore occidentale Heinrich IV,[28] che calò in Italia nel 1084, assediando Gregorio VII in Castel Sant'Angelo. Il Papa fece allora appello ai suoi alleati Normanni, che giunsero a Roma per affrontare le forze imperiali nelle strade della città eterna. Dopo giorni di battaglia, i Normanni prevalsero e – per buona misura – si diedero anche a un violento saccheggio. Erano accorsi per aiutare il Papa, e lo avevano fatto, quindi si meritavano una ricompensa, no? Avventurieri una volta, avventurieri per sempre.

Gli impoveriti e ammaccati abitanti di Roma ne avevano avuto ormai abbastanza di Gregorio VII e della sua «supremazia papale»: sull'altare delle sue ambizioni politiche, il Papa aveva sacrificato la sua città, causando prima l'occupazione tedesca e poi il sacco normanno. Fu così costretto a fuggire in esilio, rifugiandosi nel territorio del suo protettore, il Guiscardo: morì a Salerno nel 1085, senza aver mai perdonato i suoi oppositori e senza essere mai stato perdonato dal suo gregge romano. Si era comunque conquistato un posto nella storia, trasformando la Chiesa di Roma in un'istituzione che estendeva la sua autorità su tutto l'Occidente cristiano.

L'alleato dei Romani

Dopo aver rigettato a mare l'aggressione papale-normanna, Alexios iniziò a chiedersi se questo potere teocratico dei vescovi di Roma non potesse essere usato per sostenere l'Impero, alle giuste condizioni: se il Papa era la più importante figura politica dell'Occidente, perché non convincerlo a collaborare alla difesa dell'Impero dei romani, invece che alla sua distruzione?

Per un decennio Alexios I Komnenos dovette focalizzarsi al rafforzamento della sua posizione nei Balcani. Nel 1095, però, il *basileus* era ormai pronto al prossimo passo del suo progetto di *renovatio imperii:* recuperare l'Anatolia. Per riuscirci, il *Basileus* decise di chiedere il supporto dell'Occidente.

Ed è quindi al vescovo di Roma che Alexios inviò la sua richiesta di aiuto: i musulmani turchi avevano conquistato l'Asia e l'imperatore aveva bisogno di mercenari e cavalieri per combatterli. Aveva ancora a sua disposizione le grandi ricchezze di Costantinopoli, e il flusso regolare d'oro che gli garantivano le province balcaniche: poteva quindi permettersi di assoldare qualche migliaio di soldati occidentali. La sua richiesta di soccorso arrivò al concilio di Piacenza, una riunione del partito del «papato riformato» che si tenne a marzo del 1095 nella città dell'Italia settentrionale.

Il Papa ramingo

La ragione del concilio era che il papato e l'Impero erano di nuovo in lotta: c'erano in realtà due vescovi di Roma, uno riconosciuto dal partito imperiale e da buona parte della Chiesa tedesca, e un altro invece appoggiato dai francesi, dai Normanni e dai guelfi italiani. Non a caso questo Papa, Urbano II, era di origini francesi, al secolo si chiamava Eudes de Chatillon.[29]

Nel 1095 Urbano decise quindi di riunire il suo «partito» a Piacenza, tra l'altro un affronto all'imperatore, visto che Piacenza era territorio imperiale. Attraverso il concilio il Papa intendeva consolidare il suo potere, ma era comunque consapevole di avere bisogno di una bandiera, qualcosa che unisse le energie della cristianità occidentale. Se fosse riuscito a dimostrare il suo potere «pastorale», convogliando e unendo la dispersa forza militare dell'Occidente, allora nessuno avrebbe più potuto dubitare del suo ruolo di guida suprema della cristianità, alla faccia dell'imperatore in Germania.

La richiesta di aiuto degli «scismatici» orientali accese quindi inaspettate ambizioni nel cuore del Papa francese. Probabilmente pensò: ecco l'occasione di cui avevo bisogno, ecco l'opportunità di unire la cristianità su un progetto comune: un progetto di conquista. E poi, chissà, se riuscissimo ad aiutare i Greci, magari potremmo convincerli a «tornare» all'obbedienza romana.

Alexios aveva chiesto l'invio di qualche migliaio di cavalieri e mercenari appiedati: pochi anni prima era riuscito a reclutare cinquecento cavalieri fiamminghi. Il Papa deve aver pensato: posso fare di meglio! Alexios vuole riconquistare i territori anatolici e le Chiese orientali? Quale imperdonabile assenza di fantasia e ambizione! Se la Chiesa di Roma – la suprema autorità del mondo – deve mettersi in moto e sponsorizzare una missione in Oriente, ci vorrà un obiettivo di maggior prestigio, qualcosa che possa catturare l'immaginazione dei nobili di Francia, dei cavalieri delle Fiandre e della Germania, dei soldati d'Inghilterra e dei mercanti d'Italia. La missione può essere una sola: riconquistare il Santo Sepolcro, dove visse e morì Nostro Signore Gesù Cristo e che, all'epoca, era nelle mani degli infedeli.

Il più importante discorso della storia

Nei mesi seguenti Urbano II iniziò a sondare le opinioni di alcuni uomini potenti, girando per tutta l'Italia e la Francia e raccogliendo il sostegno di cui aveva bisogno, evitando la base di potere tedesca del suo grande rivale, l'imperatore Heinrich IV. Per palesare al mondo le sue intenzioni, Urbano indisse a Clermont un grande concilio della Chiesa occidentale. Qui pronunciò un discorso, forse il più importante discorso della storia.

Lo so, ce ne sono stati tanti, molti sono più recenti e famosi, perché quello di Clermont dovrebbe meritarsi il titolo di «più importante» della storia? Innanzitutto, incredibile per un'epoca così antica, ne abbiamo ben cinque versioni che ovviamente – siamo pur sempre nel Medioevo – si differenziano l'una dall'altra ma che, nel complesso, permettono di ricostruire quanto detto,[30] anche perché un paio proviene da testimoni oculari, pur scritte ad anni di distanza. La principale ragione della sua fama imperitura è dovuta alla sua prolungata influenza sulla storia:

quale altro celebre discorso può vantare di aver creato dal nulla un intero movimento politico-militare della durata di diversi secoli? Quale altro discorso può dire di aver avviato una vera e propria valanga di spade, sangue e sacrifici? Chi può sostenere di aver contribuito a fondare un'intera cultura di conquista coloniale? Le parole di Urbano II continueranno a echeggiare per secoli, nel bene e soprattutto nel male. Sono alla base del concetto stesso di guerra santa cristiana.

Immaginatevi dunque la scena: per mesi prelati e nobili europei sono accorsi a Clermont. Tutti sanno che presto il Papa terrà un importante discorso, tanto che sono stati perfino allestiti degli spalti fuori della chiesa. Eccone la versione riportata dall'*Historia Hierosolymitana* di Roberto il monaco, probabilmente presente nella folla:

> *Popolo dei Franchi,*[31] *popolo d'oltre i monti, popolo che brilla per le vostre numerose gesta, eletto e amato da Dio, che si distingue da tutte le nazioni per la fecondità del paese, per l'osservanza della fede cattolica e per l'onore prestato alla Santa Chiesa! a voi si rivolge il nostro discorso e la nostra esortazione.*
> *Vogliamo che sappiate quale doloroso motivo ci ha condotto nelle vostre terre; quale necessità ci abbia attratti qui. Da Gerusalemme e da Costantinopoli ci è pervenuta (...) una dolorosa notizia: i Turchi,*[32] *gente così diversa da noi, un popolo alieno da Dio, una stirpe dal cuore incostante e il cui spirito non fu fedele al Signore, hanno invaso le terre dei cristiani. Le hanno devastate con il ferro, la rapina e il fuoco; degli abitanti di quel paese, una parte li hanno condotti prigionieri nelle proprie terre, un'altra li hanno uccisi con una terribile strage. Hanno raso al suolo le chiese di Dio o le hanno adibite al culto della propria religione pagana. Abbattono gli altari dopo averli sconciamente profanati, circoncidono i cristiani e il sangue della circoncisione lo spargono sopra gli altari o lo gettano nelle vasche battesimali; perforano l'ombelico di quelli che vogliono condannare a una morte vergognosa, gli strappano i genitali, li legano a un palo e – percuotendoli con sferze – li conducono in giro, sinché, con le viscere strappate, cadono a terra prostrati.*

Di alcuni cristiani fanno bersaglio per le frecce dopo averli legati a un palo; ad altri, fattogli piegare il collo, provano a troncare la testa con un sol colpo di spada. Che dire della nefanda violenza portata alle donne, della quale peggio è parlare che tacere? Hanno sottratto al regno dei Greci un territorio così grande, che non può essere attraversato che con un viaggio di due mesi. A chi, dunque, spetta l'onere di trarre vendetta e di riconquistare quell'Impero, se non a voi? A voi, ai quali più di ogni altra gente Dio ha concesso la gloria nelle armi, la grandezza d'animo, l'abilità nelle braccia, la potenza d'umiliare sino in fondo coloro che vi resistono? (...) Vi sproni a quest'impresa il Santo Sepolcro del Signore Salvatore nostro, che è in mano d'una gente immonda, e i luoghi santi, che ora sono da essi vergognosamente posseduti e irriverentemente insozzati dalle loro immondizie.

O soldati fortissimi, figli di padri invitti, non siate degeneri! Ricordatevi invece del valore dei vostri predecessori; e se vi trattiene il dolce affetto dei figli, dei cari genitori e delle dolci consorti, riandate a ciò che dice il Signore nel Vangelo: «Chi riverisce il padre e la madre più di me non è degno di me. Chiunque lascerà il padre o la madre o la moglie o i figli o i campi per amore del mio nome riceverà cento volte tanto e possederà la vita eterna».

Non vi trattenga il pensiero di alcuna proprietà, nessuna cura delle cose domestiche, perché questa terra che voi abitate, serrata d'ogni parte dal mare o da gioghi montani, è fatta angusta dalla vostra moltitudine (...). Per questo motivo vi osteggiate e vi combattete a vicenda, vi fate guerra e tanto spesso vi uccidete tra voi. Cessino invece i vostri odi intestini, tacciano le contese, si plachino le guerre e si acquieti ogni dissenso e ogni inimicizia. Prendete la via del Santo Sepolcro, strappate la Terrasanta a quella gente scellerata e sottomettetela a voi! Essa da Dio fu data in possessione ai figli di Israele; come dice la Scrittura, in essa scorrono latte e miele.

Gerusalemme è l'ombelico del mondo (...). Il Redentore del genere umano la rese illustre con la sua venuta, la onorò con la sua dimora, la consacrò con la sua passione, la redense con la sua morte, la fece insigne con la sua sepoltura. E proprio questa regale città posta al centro del mondo è ora tenuta in soggezione dai propri nemici e dagli infedeli, è fatta serva del rito pagano. Essa alza il suo lamento e anela a essere liberata e non cessa d'implorare che voi andiate in suo soccorso. Da voi più che da ogni altro essa esige aiuto poiché a voi da Dio è stata concessa più di ogni altra stirpe la gloria delle armi. Intraprendete dunque questo cammino in remissione dei vostri peccati, sicuri dell'immarcescibile gloria del regno dei cieli.

O fratelli amatissimi, oggi in noi si è manifestato quanto il Signore dice nel Vangelo: «Dove due o tre saranno radunati nel mio nome, lì io sarò in mezzo a loro». Se il Signore Iddio non avesse ispirato i vostri pensieri, la vostra voce non sarebbe stata unanime; quantunque essa abbia risuonato con timbro diverso, unica fu tuttavia la sua origine: è Dio che l'ha suscitata, è Dio che l'ha ispirata nei vostri cuori. Sia dunque questa vostra voce il vostro grido di guerra, che viene direttamente da Dio. Quando dunque andrete all'assalto dei vostri bellicosi nemici, sia questo l'unanime grido di tutti i soldati del Signore: «Dio lo vuole! Dio lo vuole!».

Non possiamo sapere se queste furono le esatte parole usate da Urbano, ma sappiamo quali furono le conseguenze: ovvero l'esaltazione parossistica dei vescovi e dei nobili accorsi al concilio, che gridarono anch'essi «*Deus vult*», Dio lo vuole. Forse è inutile sottolinearlo, ma tutti i terribili crimini dei «Turchi» erano in realtà per lo più inventati: come sempre nella storia, era la propaganda che serve per infuocare gli animi alla guerra.

Quello che Urbano proponeva era un pellegrinaggio armato, al cui compimento per tutti i partecipanti ci sarebbe stata la remissione dei peccati. Forse sono cinico, ma dubito che credesse davvero che Gerusalemme fosse riconquistabile. Come richiamo per la nobiltà europea aveva però un potere senza rivali: i «Greci» avrebbero avuto il soccorso di cui avevano bisogno, e il Papa si sarebbe messo a capo di un grande movimento universale della cristianità occidentale, superando in gloria ed efficacia entrambi gli imperatori del mondo cristiano.

L'Impero dei Franchi

Ma chi erano questi Franchi pronti a partire per il Santo Sepolcro e che – in contemporanea – si proponevano di portare aiuto a quell'Impero romano cristiano che avrebbero distrutto di lì a un secolo? Chi erano questi soldati di Cristo, questi cavalieri destinati a conquistare Gerusalemme e Costantinopoli?

I Franchi, sotto Pipino il Breve e Carlo Magno, avevano costruito un grande Impero che si estendeva su quasi tutto quello che rimaneva dell'Occidente cristiano. Si trattava però di un gigante con i piedi di argilla, che finì presto lacerato in più regni quando l'autorità regia iniziò a declinare, essendosi esaurite le terre e il bottino, con i quali gli imperatori franchi ricompensavano il loro seguito armato. Privi di grandi introiti fiscali, i sovrani franchi non avevano una burocrazia per tassare i proprietari terrieri, come nel caso dell'Impero romano. I re carolingi erano stati quindi costretti a distribuire terre e onori ai loro seguaci - i vassalli –, rendendo infine ereditari i titoli di conte e marchese, che erano stati originariamente degli «incarichi» pubblici dei funzionari, e non delle proprietà feudali.

Il nadir del potere dei sovrani fu toccato nell'XI secolo, proprio mentre si affermava la *potestas* del papato riformato e prendeva avvio il movimento crociato. Se però l'autorità regia mantenne una certa influenza nell'Impero di Ottone di Sassonia – che includeva la Germania e l'Italia –, questo non avvenne nella cosiddetta «Franchia» occidentale, il regno che diverrà la Francia.

Infatti nell'843, a Verdun, i nipoti di Carlo Magno si divisero il suo nebuloso Impero, creando tre aree: la Franchia occidentale, che possiamo ormai chiamare «Francia», la Franchia orientale – vale a dire la Germania – e la Lotaringia, che includeva le terre più ricche: i moderni Paesi Bassi, il Belgio, il Lussemburgo, la Germania renana, l'Alsazia e la Lorena francese, la Svizzera e l'Italia centro-settentrionale. La Lotaringia – da Lotario, il suo primo re – era in teoria il regno più importante, ma anche quello meno difendibile. Non è del tutto scorretto affermare che la storia europea, fino al 1945, è stata la storia di come Francia e Germania si sono contese tra loro la Lotaringia.

Comunque sia, una volta che i nipoti di Carlo Magno (e i loro successori) persero progressivamente il controllo del loro regno, si andò a creare quel mondo che noi chiamiamo «feudale», dove tutti in teoria riconoscevano l'autorità suprema dei vari sovrani postcarolingi, ma dove questi avevano ben pochi modi di farla valere sui propri sottoposti.

In questo nuovo mondo, nato nel X secolo ma che era ancora vivo e vegeto nell'XI e XII, le contee e i principati dell'Europa occidentale erano ormai *de facto* indipendenti e solo nominalmente soggetti ai loro sovrani: e non parliamo di territori minuscoli. Nel Nord della Francia, alcune contee erano degli Stati organizzati e piuttosto ampi, come per esempio la Normandia, la Champagne o le Fiandre, spesso di dimensioni non dissimili o perfino superiori alle terre direttamente controllate dal re di Francia, intorno a Parigi. Quando sentirete di Thibaud di Champagne, Louis di Blois e Baldwin delle Fiandre – tutti protagonisti della Quarta crociata – sappiate che in realtà sono dei veri e propri sovrani di importanti pezzi del mondo occidentale, non di semplici feudatari del re di Francia.

L'Impero dopo i Franchi

La frammentazione del mondo carolingio in alcuni regni «regionali» non vuol dire però che la cultura generale dell'Impero non fosse, per grandi linee, quella dell'Impero carolingio. In tutti e tre i regni, la lingua «franca» (scusate il gioco di parole) era il latino. Nel parlato e in area romanza, il latino andava ormai frammentandosi in moltissime varianti regionali ma rimase a lungo la lingua dell'amministrazione, dei documenti, della letteratura e della Chiesa. Per questa ragione, i Romani a Costantinopoli chiamavano «latini» gli abitanti di questa galassia di potentati occidentali, con questo termine riferendosi anche a tedeschi, inglesi e danesi: se ascoltavano la messa in latino e scrivevano in latino, erano latini. Gli Arabi, invece, prestarono meno attenzione alla lingua e più all'origine «etnica» degli invasori che gli piovvero addosso durante le crociate. Per gli Arabi, i crociati saranno sempre «i Franchi», anche in epoche che di solito noi non associamo ai Carolingi.

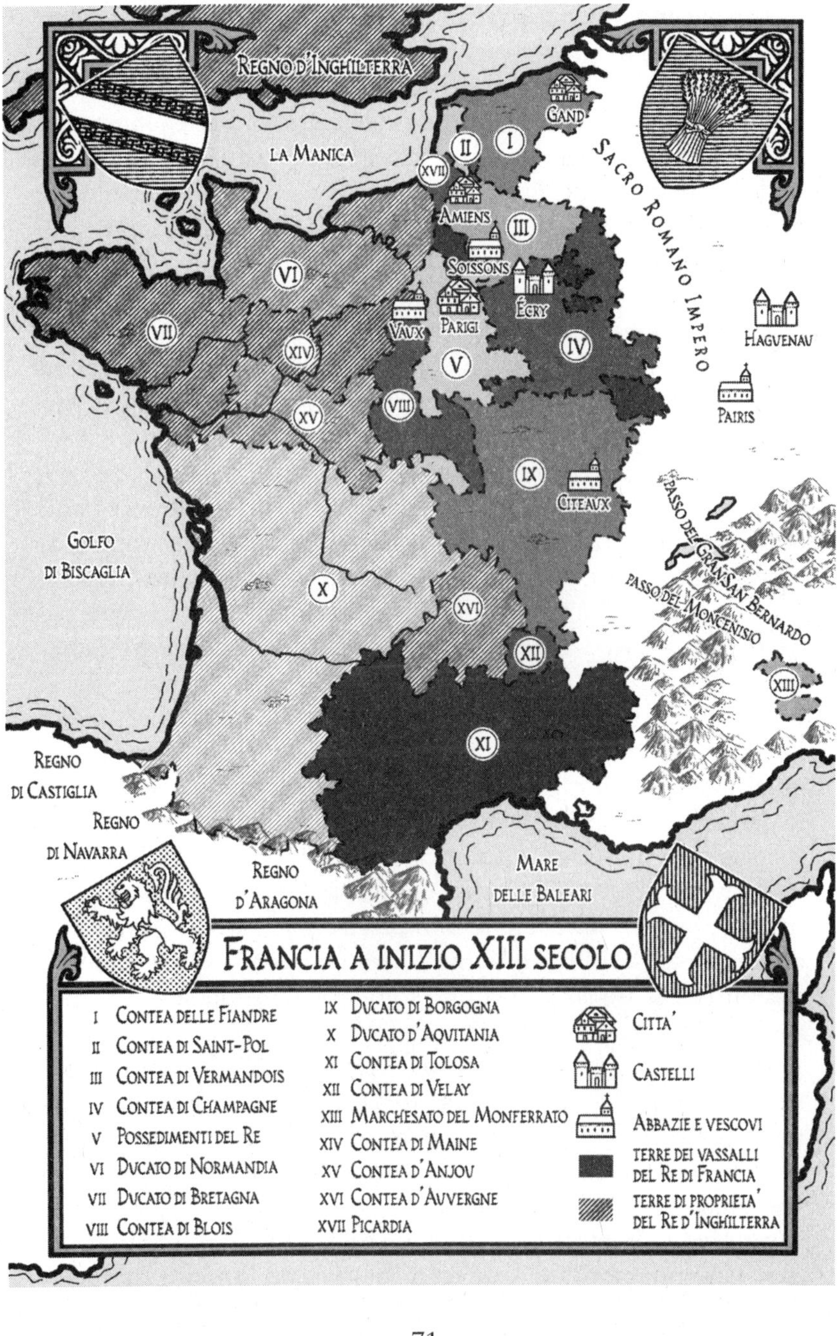

Regno d'Inghilterra
La Manica
Gand
Amiens
Soissons
Écry
Vaux
Parigi
Sacro Romano Impero
Haguenau
Pairis
Citeaux
Passo del Gran San Bernardo
Passo del Moncenisio
Golfo di Biscaglia
Regno di Castiglia
Regno di Navarra
Regno d'Aragona
Mare delle Baleari
I
II
III
IV
V
VI
VII
VIII
IX
X
XI
XII
XIII
XIV
XV
XVI
XVII
Francia a inizio XIII secolo
I Contea delle Fiandre
II Contea di Saint-Pol
III Contea di Vermandois
IV Contea di Champagne
V Possedimenti del Re
VI Ducato di Normandia
VII Ducato di Bretagna
VIII Contea di Blois
IX Ducato di Borgogna
X Ducato d'Aquitania
XI Contea di Tolosa
XII Contea di Velay
XIII Marchesato del Monferrato
XIV Contea di Maine
XV Contea d'Anjou
XVI Contea d'Auvergne
XVII Picardia
Citta'
Castelli
Abbazie e vescovi
Terre dei vassalli del Re di Francia
Terre di proprieta' del Re d'Inghilterra

Tutto sommato, mi trovo d'accordo sia con i Romani sia con gli Arabi: quella che noi chiamiamo «cristianità occidentale» era davvero un mondo «franco», profondamente imbevuto della cultura che aveva generato Carlo Magno. Era anche un mondo nato dal matrimonio tra la Chiesa latina di Roma e il potere dei Franchi. In assenza del concetto di «civiltà occidentale», di là da venire, sia «Latini» sia «Franchi» mi sembrano termini appropriati.

Una società militarizzata

Abbiamo visto come, anche nel Medioevo, i Romani avessero mantenuto le caratteristiche di una civiltà burocratica che impiegava l'esercito per garantire la sua sicurezza. I Romani erano capaci di guerre di espansione, in particolare nel X secolo, ma il più delle volte l'obiettivo principale dell'esercito era la difesa della società. Al di là di questo, combattere non era una ragione di vita per i Romani, non era l'elemento che distingueva la classe sociale dominante dai cittadini comuni. Molti degli uomini più potenti a Costantinopoli non avevano mai impugnato un'arma in vita loro: non si vantavano della loro abilità di guerrieri, ma della loro perizia nel citare Omero. E – vi assicuro – non sto esagerando: citare i classici era considerato un segno di cultura, di raffinatezza e un chiaro differenziante sociale per emergere sulle masse ignoranti. A Costantinopoli, nel XII secolo, si studiavano ancora le arti liberali (il trivio e il quadrivio) tipiche degli studi classici dell'antichità, senza contare che in città esisteva sin dal V secolo una vera e propria università, con circa sei secoli di anticipo su Bologna, la «prima» università europea, al solito «prima» solo se si considerano i Romani d'Oriente come «non europei».

In Occidente, le cose stavano diversamente. Abbiamo già visto come, da un punto di vista istituzionale, la principale differenza tra l'Europa latina e l'Impero romano era l'assenza in Occidente di un complesso sistema di tassazione. I Romani, fin dall'alba dell'Impero, avevano avuto un fisco centrale, nel quale affluivano le tasse locali e il cui principale scopo era quello di pagare un colossale esercito professionale, forte di centinaia di migliaia di uomini. Così era all'epoca di Augusto, in quella di Costantino e anche in quella di Basileios II Bulgaroktonos. Questo sistema sosteneva l'esistenza di una classe di proprietari terrieri civili, i cui diritti erano garantiti dall'autorità statale che li proteggeva, almeno in teoria, dalle vessazioni degli uomini con le spade. Nell'Impero c'erano insomma due classi dirigenti: civile e militare.

I Latini non possedevano una sofisticata burocrazia e probabilmente neanche la struttura sociale e l'indole per giustificare una tale impresa: alla fine dell'epoca romana, gli era sembrato assai più semplice distribuire alla classe militare una porzione importante delle terre del regno, in cambio questi nuovi proprietari terrieri si impegnavano a fornire i loro servigi militari al sovrano. È per questo che il mondo romano-germanico dell'Impero dei Franchi era una società fondamentalmente militarizzata. Con il tempo, questo creò una frattura tra una classe di «cavalieri» e la massa di «villici» e contadini, che invece non portava armi. Per essere un «nobile», un uomo illustre, occorreva essere anche un guerriero, anzi, ancor meglio, un guerriero a cavallo, un cavaliere. Di converso, occuparsi di altre faccende non militari era cosa da paesani, o al massimo, per chi studiava, da uomini di Chiesa.

La classe dirigente occidentale sviluppò quindi una vera e propria fissazione per l'arte della guerra, che divenne molto più di una professione: per i cavalieri latini, la guerra era uno stile di vita, un distintivo sociale quanto lo era la conoscenza di Omero a Costantinopoli. Si stabilì un intero codice cavalleresco basato sull'onore e sul coraggio – anche se spesso una foglia di fico per comportamenti assai poco nobili – destinato a permeare la società occidentale, asservita a concetti quali la virtù e la fedeltà al proprio giuramento, considerato più importante della stessa vita.

Non è possibile contare le volte nelle quali ho letto – a proposito dell'epoca delle crociate – di come i soldati occidentali spesso preferissero essere circondati e venire massacrati piuttosto che ritirarsi: è un tipo di coraggio che si acquisisce quando combattere è una questione d'onore, perché il vero professionista della guerra sa bene che un soldato morto è un soldato inutile. In caso di difficoltà, l'esercito romano preferiva piuttosto preservare le vite dei soldati, considerate più importanti dell'onore e della gloria. Per questo sostengo che la guerra era molto di più di una professione per i guerrieri occidentali: era la loro vita.

La determinazione, la testardaggine e – oserei dire – la ferocia della classe militare occidentale divenne leggendaria anche in Oriente: perfino chi detestava i Latini, come Anna Komnene,[33] doveva riconoscere che, soprattutto a cavallo, erano dei guerrieri formidabili e temibili: dei cocciuti barbari, molto somiglianti ai rudi ritratti dei Germani che troviamo nelle opere storiche di Cesare e Tacito. Sfortunatamente, la cultura guerriera occidentale porterà i Latini a disprezzare i Romani, considerati dei pavidi effeminati, gente priva del coraggio necessario per combattere efficacemente.

Porgi l'altra guancia, con la spada

Un'altra peculiarità della società occidentale era il ruolo «militare» della Chiesa. I vertici della Chiesa franca – vescovi e abati – erano in un certo senso direttamente coinvolti nel mestiere della guerra. Già al tempo di Carlo Magno, e ancora di più tra i suoi successori, era normale che i chierici accorressero all'assemblea militare franca con il loro seguito di armati. Gli uomini di Chiesa partivano in guerra e non certo per recitare preghiere: indossavano armature e combattevano al fianco dei loro vassalli. Vescovi e abati divennero sempre più simili a conti e cavalieri – di cui erano il più delle volte parenti – lasciando la parte spirituale del loro ruolo ai loro sottoposti: presbiteri e priori.

Questa commistione tra Chiesa e forza militare fu messa al servizio dell'espansione militare franca, ben prima delle crociate: già al tempo di Carlo Magno, le brutali campagne contro i pagani – Sassoni e Avari – furono giustificate alla luce dell'espansione del regno di Cristo. Il potere laico usò la Chiesa per legittimare la guerra, per incitare gli uomini in battaglia e anche come martello militare da far calare sul nemico. In epoca postcarolingia, la Chiesa latina cattolica giocò un ruolo militare, politico e propagandistico nell'espansionismo a oriente contro gli Slavi e i Balti pagani, nella *Reconquista* in Iberia e, ovviamente, nelle crociate in Terrasanta. Come vedremo, alla Quarta crociata parteciparono diversi vescovi e abati. I vertici della Chiesa latina furono tra i maggiori sostenitori dell'alterità dei Romani, incitando i crociati alla conquista della «capitale degli eretici».

Se le cose stavano così in Occidente, a Costantinopoli la Chiesa era rimasta attaccata al tradizionale ruolo della Chiesa imperiale: guidare le anime, sostenere i bisognosi, fornire una stampella ideologica allo Stato, senza però mai impegnarsi direttamente nel mestiere della guerra, lasciato al governo imperiale. La bellicosità della Chiesa occidentale era incomprensibile e aliena alla tradizione romana, che sin dai tempi di Costantino aveva diviso in modo molto netto il servizio militare dei soldati da quello pastorale degli uomini di Chiesa. In generale, l'intero business di uccidere i nemici era considerato comunque un peccato, anche se in difesa della «Repubblica cristiana». Certo, l'uso della violenza era contemplato in casi specifici, sui quali si erano tormentati i teologi della tarda antichità. Era legittimo uccidere in difesa della cristianità, in caso di aggressione di una potenza straniera all'Impero cristiano. Ma anche in queste circostanze, al ritorno dai combattimenti, i soldati romani dovevano astenersi per un dato periodo di tempo dai sacramenti. Va di nuovo sottolineato come i Romani praticassero la guerra in funzione della protezione della società civile imperiale, non perché la considerassero un distintivo sociale o qualcosa di cui andare particolarmente fieri: lo Stato, sopra ogni cosa, anelava alla pace sulle frontiere, ovviamente alle condizioni di Costantinopoli.

La Chiesa imperiale, inoltre, cercava di espandere il cristianesimo con il proselitismo o con la politica, non con la forza delle armi. I Romani puntavano a convertire i sovrani «barbari» alla religione di Cristo (come nel caso dei Bulgari e dei Rus); per farlo, a volte ricorsero a persecuzioni e violenze a scopo religioso, ma queste erano di portata e durata limitate e non coinvolgevano popoli al di fuori dei confini dell'Impero. A partire dall'epoca crociata, invece, i Romani scoprirono che il più importante vescovo occidentale – quello di Roma – poteva chiamare a raccolta immensi eserciti e inviarli a combattere contro i suoi nemici. Quale aberrazione!

Le fiamme dell'inferno

La Chiesa latina, pur impugnando le armi, continuava però a predicare che le fiamme eterne attendevano i peccatori, in particolare chi uccideva gli innocenti, cosa che la classe dirigente occidentale, in sostanza il cavalierato, praticava con trasporto. E non si trattava di punizioni filosofiche. Mentre in Oriente la Chiesa guardava molto più al Giudizio universale che alle pene dell'inferno, in Occidente la Chiesa latina era giunta alla conclusione che occorresse illustrare in modo plastico il concetto di peccato al suo violento gregge, in modo da renderlo comprensibile per un menatore di spada. Dunque, largo alla rappresentazione di punizioni corporali: i peccatori sarebbero stati infilzati, bruciati (lentamente! sugli spiedi!) e condannati ad altre torture dantesche che i guerrieri occidentali riuscivano facilmente a figurarsi, visto che le praticavano spesso sui loro oppositori.

D'altronde, la classe militare dell'Occidente era ben consapevole di essere composta di peccatori, e di peccare in continuazione; al contempo, però, era molto pia e voleva assicurarsi la vita eterna. Conti e cavalieri volevano evitare lo spaventoso fato che attendeva i dannati, ovvero la punizione eterna tra le fiamme dell'inferno. Perciò, donavano beni immobiliari alla Chiesa e ai monasteri locali, nella speranza che le preghiere dei chierici e dei monaci intercedessero a loro nome e controbilanciassero i loro peccati.

Un'altra strategia per «compensare» i tanti inevitabili peccati era di lanciarsi in pellegrinaggi. Per un grande peccato ci vuole un grande pellegrinaggio, e quindi gli occidentali carichi di colpe si incamminavano verso le tre *peregrinationes maiores* per eccellenza: Santiago de Compostela, Roma e Gerusalemme. Dei tre, nessuno superava in prestigio il periglioso viaggio verso il Santo Sepolcro, che di solito passava per Costantinopoli e le meraviglie religiose della Nuova Roma. Di lì, si apriva la difficile strada che, attraverso i territori musulmani in Siria, conduceva in Terrasanta.

Ci sono dunque tre cose da ricordare a proposito della classe dirigente occidentale: era militarizzata e dedita alla guerra, a corto di denaro contante – le sue ricchezze erano per lo più fondiarie – e ossessionata dal peccato. Tutte caratteristiche che torneranno utili per l'epoca delle crociate.

Un Occidente incomprensibile

Abbiamo a mio avviso ormai gli elementi per chiarire le peculiarità di una «civiltà occidentale» che, agli occhi dei Romani a Costantinopoli, appariva piuttosto bizzarra. I Romani non comprendevano appieno la militarizzazione della società occidentale, né il ruolo crescente che vi aveva il vescovo di Roma contrapposto al ruolo declinante dei sovrani, anche di quelli che si facevano chiamare «imperatori» e che – per loro – erano al massimo dei re di barbari. Come potevano gli occidentali accettare che la legge del sovrano contasse così poco? Perché davano tanta importanza ai giuramenti personali dei vassalli, e così poca al servizio fedele dello Stato? Come gli era venuto in mente di dare a un solo vescovo un ruolo perfino superiore a quello dei sovrani laici? Perché affermavano che la Chiesa di Roma era la Chiesa «madre» di tutti i cristiani, quando da un millennio tutti sapevano che c'erano cinque patriarchi della cristianità? Perché insistevano sul ruolo «monarchico» del Papa all'interno della Chiesa, quando da sempre questa era stata gestita collegialmente attraverso i concili ecumenici?

Eppure, nonostante tutte queste incomprensioni, e nonostante lo «scisma» del 1054, Romani e Latini continuavano a ritenersi parte di un'unica civiltà: quella cristiana. Certo, gli occidentali pensavano che il «loro» Impero fosse molto più «romano» di quello dei «Greci», mentre gli orientali pensavano che i Latini non fossero altro che barbari, degni eredi di Goti e Alemanni. Le divisioni religiose non erano però ancora così visibili e consolidate come saranno dopo il 1204. Inoltre, le due parti del mondo cristiano, fino al discorso di Urbano II, avevano ben pochi punti di contatto e di conflitto, visto che le due sfere di influenza non si sovrapponevano che in alcuni luoghi limitati.

Infatti, perché si arrivi al saccheggio di Costantinopoli, è indispensabile avventurarci nel XII secolo, nell'epoca in cui questi due mondi si trovarono molto più a contatto che in passato, generando reciproci fraintendimenti, rivalità e conflittualità. Perché, per comprendere come l'Occidente arrivò a delegittimare l'Oriente al punto di volerlo distruggere, occorre osservare come il movimento crociato abbia cambiato la storia non solo delle relazioni tra cristiani e musulmani, cosa più nota, ma anche tra cristiani orientali e occidentali.

Deus vult

Abbiamo visto come a Clermont Papa Urbano II avesse fatto appello ai cavalieri e nobili francesi per affermare la sua autorità su tutta la cristianità, convogliando le energie della scalpitante, formidabile classe militare occidentale a soccorrere l'imperatore a Costantinopoli. Allo stesso tempo, Urbano II aveva lanciato un pellegrinaggio armato per la riconquista di Gerusalemme, al cui termine ci sarebbe stata la remissione di tutti i peccati dei «pellegrini».

Per un mondo occidentale perennemente a corto di oro, Costantinopoli era sempre stata un datore di lavoro attraente. Lo squattrinato ma baldanzoso cavalierato europeo era stato spesso assoldato dagli imperatori romani. Se Alexios avesse offerto la solita montagna di denaro, non dubito che avrebbe ottenuto un buon numero di reclute: d'altronde, la guardia imperiale era costituita per lo più da occidentali, in particolare feroci guerrieri anglosassoni e norreni, i cosiddetti Variaghi. Se ci si fosse limitati a considerazioni materiali, forse qualche migliaio di cavalieri e fanti sarebbero partiti dall'Occidente per servire l'imperatore, in cambio di terre, titoli e oro.

Ma il papato aggiunse sul piatto dell'offerta imperiale qualcosa che Alexios non poteva offrire ai cavalieri occidentali, perché alieno alla dottrina cristiana in Oriente. Urbano II mise in palio la madre di tutti i pellegrinaggi, e una completa remissione dei peccati a una classe di guerrieri continuamente impegnata a guerreggiare e a peccare. L'appello di Urbano sembrò un'occasione miracolosa: ecco finalmente la possibilità di avere rimessi i peccati facendo quello che sapevano far meglio, menare le mani. Dove si firma? *Deus vult, Deus vult!*[34]

Non c'è mai una seconda prima volta

Sarebbe impossibile riassumere qui l'intera Prima crociata, un evento colossale e complicato. Qui basti dire che fu composta principalmente da due gruppi di crociati, che si misero in viaggio a distanza di mesi o di anni l'uno dall'altro. Il primo gruppo comprendeva soprattutto poveri, contadini e piccoli cavalieri convinti dal fervore religioso di Pietro l'Eremita, un predicatore magnetico che chiamò tutta l'Europa alla crociata, ancor prima della data convenuta da Urbano II con i principali conti e signori occidentali. Questo gruppo attraversò l'Europa centrale, saccheggiando impunemente i territori imperiali, mentre l'esercito romano cercava almeno di evitare il peggio, senza tuttavia infierire sui «pellegrini» per paura di infuriare le autorità latine. I poveri seguaci di Pietro l'Eremita furono trasferiti infine in Asia Minore, per poi finire massacrati per mano dei Turchi selgiuchidi: dubito che Alexios versò molte lacrime al riguardo.

Il resto della spedizione era composto dai signori occidentali e dai loro «dipendenti»: i vassalli, i veri guerrieri di professione. Assieme a molti di questi signori provenienti da tutta Europa, a Costantinopoli giunse il crociato più temuto di tutti: Boemondo di Taranto, figlio di Roberto il Guiscardo, una vecchia conoscenza dei Romani. Vi ricorderete come, all'inizio del regno di Alexios I Komnenos, i due terribili Normanni avessero provato a conquistare Nuova Roma. Erano passati appena diciassette anni, e Alexios non li aveva certo dimenticati.

L'imperatore dei Romani reagì a questa inaspettata alluvione di spade con compostezza e calcolata prudenza: fornì supporto logistico e ampi rifornimenti a tutti i crociati, per evitare che, per procurarseli, questi saccheggiassero le campagne romane. Una volta giunti nei pressi della città, li tenne volutamente separati in modo che non potessero coalizzarsi e attaccare la capitale. Non solo, invitò a palazzo tutti i capi crociati, offrì loro opulenti regali per alleviarne le preoccupazioni materiali, allo stesso tempo chiedendo a ognuno di prestare omaggio all'imperatore dei Romani; i crociati acconsentirono, e si impegnarono a restituire all'Impero qualunque città e territorio riconquistati agli infedeli. Il tutto fu suggellato da solenni giuramenti: per i guerrieri crociati, abituati al giuramento di fedeltà vassallatica ai loro signori feudali, questo equivaleva a eleggere Alexios a loro sovrano per l'intera durata del «pellegrinaggio armato».

Un inizio promettente

Ora che i crociati erano al servizio dell'imperatore, si aspettavano che questi si comportasse come un grande sovrano latino, mettendosi a capo della loro missione di conquista della Terrasanta, della guerra santa contro il nemico musulmano, del loro pellegrinaggio armato.

Ma l'Impero romano non funzionava così: ogni tanto usava la retorica della «guerra contro gli infedeli», ma in realtà era abituato a conviverci da secoli, a differenza della maggior parte dei Latini, che mai avevano visto un musulmano in vita loro. L'imperatore sapeva che tentare di riconquistare Gerusalemme sarebbe stato futile, se non controproducente: i luoghi santi erano già sotto la sua protezione, il Santo Sepolcro era stato ricostruito nell'XI secolo con fondi romani e l'autorizzazione dei Fatimidi, sovrani musulmani che dominavano l'Egitto e il Levante. Quello di cui Alexios aveva veramente bisogno era un grande esercito che sconfiggesse i Turchi, non i Fatimidi in Siria, per ristabilire il dominio romano sull'Asia Minore, occupata dai Turchi selgiuchidi dopo Manzikert. L'imperatore era determinato a utilizzare il martello occidentale per i suoi fini, e quelli del suo Stato, non per i sogni di conquista degli occidentali.

All'inizio tutto filò liscio: l'Impero riuscì a indirizzare il fervore religioso e la foga militare dei Latini contro le formidabili difese di Nicea, sin dal 1078 capitale del sultanato turco di

Rum:[35] la città fu investita e conquistata. In seguito, gli ufficiali di Alexios guidarono i crociati in un tour dell'Asia Minore, volto a riprendersi il grosso di questi territori. A giugno del 1097, la crociata arrivò ad Antiochia, in Siria, e qui iniziò un lungo, durissimo assedio, durante il quale i crociati rischiarono più volte di essere sopraffatti e di morire di fame.

Quando l'imperatore fu informato che i crociati erano incappati in difficoltà apparentemente insormontabili, si mise a capo dell'esercito imperiale per correre in loro soccorso. A pochi giorni di marcia da Antiochia, gli giunsero però informazioni precise sulla disastrosa situazione dei crociati ad Antiochia: gli occidentali morivano di fame e sembravano destinati al massacro. Nuova Roma non poteva permettersi una seconda Manzikert, quindi Alexios – riluttante – decise di tornare a Costantinopoli e lasciare i crociati alla mercé dei loro nemici.

Il signore di Antiochia

Il fato volle però che i formidabili guerrieri latini riuscissero a sopravvivere a quella terribile prova: nell'estate del 1098, contro tutti i pronostici, i malconci crociati superstiti riuscirono a prendere Antiochia, capitale della Siria. Fu a questo punto che la crociata – da spedizione imperiale per la riconquista dell'Oriente – divenne davvero la crociata degli occidentali, e solo degli occidentali. Dal loro punto di vista, il Signore della crociata aveva fallito negli obblighi verso i suoi vassalli: non li aveva soccorsi nel momento del bisogno, e quindi i loro giuramenti erano da considerarsi nulli (convenientemente). Ogni rapporto di fedeltà vassallatica era infatti reciproco, con obbligazioni per entrambi i contraenti. I crociati giunsero alla conclusione che questa era una buona scusa per tenersi il bottino tutto per sé.

Boemondo di Taranto e i suoi Normanni di Sicilia avevano giocato un ruolo determinante nella conquista di Antiochia: violando il suo giuramento, Boemondo decise di occupare la città, sebbene Antiochia fosse stata imperiale prima della battaglia di Manzikert. Boemondo il Normanno, Boemondo il figlio del Guiscardo, Boemondo il nemico giurato di Alexios ne fece la capitale di un nuovo Stato crociato, il principato di Antiochia.

Gerusalemme «liberata»

Il resto dei crociati riprese il pellegrinaggio nella primavera del 1099, riuscendo a espugnare Gerusalemme il 15 luglio dello stesso anno: la città santa subì uno dei sacchi più brutali della storia medievale, durante il quale i cavalieri crociati sfogarono anni di frustrazioni nell'ebbrezza di aver raggiunto il loro impossibile obiettivo. Ebrei, musulmani e cristiani (per lo più di fede orientale) furono massacrati indiscriminatamente.

Sia nell'assedio di Antiochia sia in quello di Gerusalemme fu indispensabile l'ausilio delle flotte di due città marinare italiane: Pisa e Genova. Le flotte italiane giunsero al momento opportuno, portando supporto logistico, rifornimenti e perfino il materiale per costruire le macchine d'assedio che conquistarono Gerusalemme. Per ricompensare i pisani del loro aiuto, l'arcivescovo di Pisa divenne il primo patriarca latino di Gerusalemme, un grande onore, che anticipa quanto avverrà dopo il sacco di Costantinopoli. Sia Pisa che Genova ottennero importanti privilegi commerciali in tutti i neonati Stati crociati.

Dopo la creazione di un nuovo Stato normanno ad Antiochia, la conquista della città santa fu un secondo choc per Costantinopoli, che non se lo aspettava minimamente. La vittoria crociata creò una serie di Stati in Siria e Palestina, una sorta di primo esperimento coloniale occidentale: a perdere non furono solo i musulmani – ovviamente – ma anche i cristiani di osservanza ortodossa, la maggioranza dei cristiani nel Levante, che furono sottomessi ai Latini. Il clero e i notabili «greci» furono esclusi da tutte le leve del potere. I luoghi santi a Gerusalemme, da secoli controllati da prelati che rispondevano al patriarca ecumenico di Nuova Roma, furono requisiti dal clero occidentale. A Costantinopoli, l'imposizione di un patriarca latino a Gerusalemme e Antiochia, di stretta osservanza papale, fu considerata un affronto all'autorità dell'Impero romano. Con il suo pellegrinaggio armato, il papato era riuscito, sì, a rafforzare la posizione romana in Asia Minore, ma aveva anche esautorato l'Oriente dal suo storico ruolo in Terrasanta.

Pane per i denti di un avventuriero normanno

I territori conquistati dai crociati furono presto conosciuti in Occidente con il termine dell'antico francese con il quale erano chiamati dalla maggior parte dei cavalieri crociati: *Outremer*, la terra d'oltremare. I cavalieri elessero un re di Gerusalemme, che di fatto controllava la Palestina. Al regno di Gerusalemme dovevano teoricamente fedeltà, con un consueto rapporto di vassallaggio, gli altri tre Stati d'*Outremer*: la contea di Tripoli (in sostanza, il Libano), la contea di Edessa e il principato di Antiochia, entrambi in Siria.

Molti crociati tornarono in patria dopo la spettacolare e inaspettata vittoria, ma chi restò indietro fu raggiunto da un flusso continuo di nuovi pellegrini, determinati a consolidare la presenza latina in *Outremer*. Eppure, i primi decenni dei regni crociati non furono per nulla semplici: più volte i cavalieri latini furono sconfitti dagli Arabi che iniziarono a riorganizzarsi dopo lo choc iniziale dell'aggressione crociata. Due porti fondamentali del Levante – Tiro e Askalon – rimanevano in mani musulmane. Nel 1101, la prima spedizione crociata successiva alla presa di Gerusalemme fu distrutta dai Turchi selgiuchidi, durante l'attraversamento dell'Anatolia: in Italia, è passata alla storia come «la crociata dei Lombardi», perché vi parteciparono molti cavalieri dell'Italia settentrionale. Pochi tornarono in patria.

Già nel 1104 Alexios scrisse a Boemondo, ormai non più principe di Taranto ma di Antiochia, intimandogli di cedere la città o di prepararsi a subire la vendetta dell'Impero. L'imperatore poteva tollerare gli altri Stati crociati, ma non l'Antiochia normanna. Dal suo punto di vista, non voleva avere Normanni a oriente e occidente del suo Impero. Il principe normanno sapeva che non poteva resistere a lungo nella tenaglia romano-araba senza un consistente supporto occidentale. Si fece quindi trafugare in Europa – eludendo le flotte romane inviate a intercettarlo – e sbarcò in terra latina, accolto da vero eroe: la fama dei conquistatori di Gerusalemme ne aveva fatto una vera star medievale. Boemondo fece il giro delle corti d'Italia e di Francia: il suo fascino e il suo prestigio gli valsero la mano della figlia del re di Francia, un grandissimo onore per il figlio di un avventuriero normanno.

A questo punto, Boemondo cercò di organizzare una nuova crociata, ma con un altro obiettivo: con la scusa di voler rafforzare il suo principato di Antiochia, radunò un esercito per vendicarsi del suo nemico di lunga data, quell'Alexios Komnenos che aveva distrutto i sogni di conquista del padre, il formidabile Guiscardo. D'altronde, Boemondo voleva Costantinopoli, la voleva da sempre. Ad appena dieci anni dall'inizio delle crociate, il movimento religioso-militare dell'Occidente era già diventato una minaccia mortale per Nuova Roma.

In Italia, Boemondo era accompagnato da membri di una casata romana rivale di Alexios Komnenos, i Doukas. Questi erano stati detronizzati da Alexios, ma avevano ancora ambizioni imperiali. Il fine di Boemondo era evidente: attaccare l'Impero con un'armata crociata, rimuovere Alexios con il pretesto di rimettere sul trono l'imperatore «legittimo», che sarebbe poi diventato un fantoccio dei Normanni. E poi chissà? Magari si sarebbe aperta la possibilità di saccheggiare la città più ricca del mondo o – ancor meglio – di succhiarne i tesori come una cannuccia con l'aranciata. In poche parole: quello di Boemondo era già il piano della Quarta crociata, con un secolo di anticipo.

Questa vicenda non finirà bene per Boemondo, ma la dice lunga sulle ambizioni normanne e su come il movimento crociato, nato in supporto dell'Impero romano, a pochi anni dal discorso di Clermont venisse considerato un veicolo perfettamente legittimo per attaccare Costantinopoli. Molti occidentali erano già giunti alla conclusione che il governo di colui che si riteneva l'imperatore dei cristiani era in realtà un Impero di Greci, di scismatici, di gente che non condivideva lo zelo occidentale per la guerra santa, che li aveva abbandonati nel loro pellegrinaggio armato verso Costantinopoli. Quale migliore garanzia di supporto a *Outremer*, d'altronde, di una Costantinopoli in mano latine?

Non ancora

Con la benedizione di Papa Pasquale II, l'indomabile avventuriero normanno, figlio di un altrettanto indomabile avventuriero normano, sbarcò a Dyrrachion nel 1107, dall'altro lato dello stretto di Otranto. Ma qui le ambizioni di Boemondo si scontrarono con le capacità di Alexios, che manovrò le sue pedine in modo da neutralizzarlo. Il capace imperatore romano evitò uno scontro diretto con l'esercito occidentale, lasciando che le difese della città epirota e le malattie falcidiassero l'accampamento latino. Poi intervenne per assediare l'assediante, chiamando in soccorso le vele della potenza navale che l'aveva già aiutato nella precedente invasione normanna: no, non è ancora giunto il momento di svelarne l'identità.

Bloccato via terra e via mare, Boemondo non ebbe altra scelta che scendere a patti con Alexios. Nel trattato di Devol, il principe di Antiochia fu costretto ad ammettere di aver violato il giuramento con il quale aveva promesso di restituire tutte le città imperiali conquistate, inclusa Antiochia. L'imperatore gli concesse di mantenere il controllo della città finché era in vita – in una sorta di rapporto vassallatico occidentale – dopodiché il principato sarebbe tornato all'Impero romano. Accordo apparentemente vantaggioso per tutti, ma che i Latini nella città orientale decisero di ignorare bellamente. Nel 1111, quando morì Boemondo, Antiochia restò fieramente indipendente e rifiutò di consegnarsi all'Impero. Alexios spirò nel 1118, lasciando a suo figlio Ioannes II Komnenos[36] il compito di annientare la colonia normanna in Siria.

Per fortuna di Ioannes, i Normanni subirono una vera umiliazione l'anno seguente, il 1119. Al cosiddetto «campo di sangue»,[37] l'esercito del principato di Antiochia fu annichilito dai musulmani. La strada sembrava aperta per un intervento in Siria da parte dell'imperatore, o per la conquista musulmana della Siria.

Vele all'orizzonte

Dopo questo disastro, gli Stati d'*Outremer* non erano ancora di fronte a un rischio mortale, ma la loro salute sembrava fragile. Nel 1120 re Baudouin II[38] di Gerusalemme inviò un appello in Europa, chiedendo, anzi implorando il Papa di sollecitare un intervento delle potenze occidentali. Quello di cui Baudouin aveva particolarmente bisogno era un soccorso navale, perché Gerusalemme non era più supportata come un tempo da Pisa e Genova, impegnate in una guerra tra di loro. Tiro e Askalon erano ancora in mano musulmana, una freccia nel costato degli Stati crociati, e non potevano essere espugnate senza l'ausilio di una possente flotta. C'era una sola altra potenza navale nel Mediterraneo capace di soccorrere *Outremer*, una sola flotta in grado di aggirare i territori ostili dei Romani e distruggere il dominio mediterraneo degli Arabi.

Eh sì, c'è un convitato di pietra che non ho mai nominato nella storia dei due Imperi e del papato. Si tratta dell'ultimo tassello mancante, senza il quale nulla della storia della Quarta crociata ha senso.

Nel prossimo capitolo, quindi, andremo nelle lagune dell'Adriatico settentrionale. Lì dove si annida un potere latente, capace un giorno di piegare al suo volere i flutti del mare che un tempo era stato il *Mare Nostrum* dei Romani. Andiamo alla scoperta della storia della figliola prodiga di Costantinopoli: Venezia.

3
La Repubblica di San Marco

L'Italia è una terra dove ogni regione e città ha la sua storia peculiare, della quale spesso è molto fiera. Roma è la città dei Papi, Napoli è stata la più grande capitale d'Italia per secoli, Firenze è la patria del Rinascimento, diverse città si fregiano del titolo di «Repubblica marinara», a Torino ha avuto sede per secoli la monarchia che ha unificato il Paese, e via dicendo.

Chiedo scusa in anticipo ai tanti campanili che offenderò – incluso il mio – ma in questo arlecchino di storie, credo che la più originale di tutte sia quella di Venezia. Spero che queste pagine siano utili a spiegare perché.

La prima peculiarità di Venezia è già nella sua nascita: quasi tutte le città italiane sono state fondate nell'antichità. Venezia, invece, è una città medievale.

Il mito delle origini

Come ogni città che si rispetti, Venezia ha ovviamente il suo mito fondativo. La leggenda delle sue origini si ritrova nella sua prima storia, il *Chronicon Altinate*,[39] scritta intorno all'anno Mille. La tradizione medievale veneziana arrivò a datarne esattamente la nascita:[40] il 25 marzo del 421. La storia che vi si narra è quella di un popolo di cristiani di Aquileia, in fuga dai pagani Unni di Attila. Questi profughi si sarebbero rifugiati in laguna, fondando la città. Poco male che Attila arrivasse nel 452, non nel 421. Dettagli.

Facile spiegare perché gli antichi veneziani vollero legare il mito della fondazione di Venezia ad Attila: ogni città, alle sue origini, deve avere un nemico, un antagonista; per esempio, Roma ha Cartagine e Didone, o i Greci nemici dei Troiani. E chi è il cattivo numero uno della tarda antichità? Chi è il mostro uccisore di tutti i cristiani? Chi era la rock star dei barbari? Attila era perfetto per lo scopo.

Una laguna romana

La realtà è un po' più prosaica. Innanzitutto, va detto che è completamente inutile parlare di fondazione della città di Venezia. La città attuale, ovvero quell'agglomerato di case, calle e canali che si trova sulle isole realtine al centro della laguna, è il coagulo di una *Venetia* più antica. La Serenissima, infatti, prima di essere una città è stata una regione, e le due cose sono inscindibili tra loro.

I Romani chiamavano questa regione la *Venetia-et-Histria*. Comprendeva praticamente tutto il Nordest italiano oltre a parti di Slovenia e Croazia. Oggi sappiamo che – a differenza di quanto si credeva un tempo – le lagune dell'Alto Adriatico erano popolate e frequentatissime anche in epoca romana. Sono state trovate tracce di strade, moli, porti, perfino di ville romane.[41] All'epoca le lagune si estendevano ininterrottamente da Ravenna, anch'essa città lagunare, ad Aquileia, oggi in Friuli, di gran lunga la più importante città della regione.

Sotto l'Impero, i Romani avevano costruito un ingegnoso sistema di canali artificiali – detti «fosse» – che mettevano in comunicazione i vari fiumi, stagni e lagune costieri. In questo modo, una nave che giungeva da Costantinopoli al porto di Classe poteva passare per vie interne fino al Po e di qui la rete di «fosse» permetteva di percorrere il labirinto lagunare fino ad Aquileia, centinaia di chilometri più a nord: il tutto senza mai esporsi ai rischi della navigazione in mare.

Le due Venezie

L'arrivo dei Longobardi, nel 568, pose fine all'unità della *Venetia-et-Histria*, che si separò in due parti distinte e per certi versi contrapposte: quella continentale, pedemontana, seguirà un destino di terraferma – legato al regno dei Longobardi, e poi all'Impero dei Franchi –, mentre l'asse delle città prospicienti la laguna avrà un futuro molto diverso, legato al mare e all'Impero dei Romani.

È probabile che l'invasione longobarda abbia portato a un (progressivo) incremento della popolazione lagunare: chi voleva restare «romano», legato all'unico vero imperatore di Costantinopoli, si rifugiò sempre più nelle lagune, addensando l'urbanizzazione di una striscia di piccoli borghi insulari, da Chioggia a Grado. All'interno della dozzina di insediamenti principali che formavano la provincia imperiale della *Venetia*, la classe dominante era costituita dagli ufficiali dell'esercito: dai tribuni marittimi e militari discenderebbero le prime grandi famiglie della Repubblica di San Marco, come i Candiani, gli Orseolo e i Partecipazi.

Torcello era però il più popoloso centro abitato lagunare: qui, su iniziativa dell'imperatore Eraclio, nel 639 fu trasferita la sede episcopale di Altino, passaggio simbolico che segnava il trasloco della città stessa. Lo sappiamo perché nel 1895 è stata trovata un'importantissima epigrafe, che recita:

> *In nome del nostro signore Gesù Cristo, durante l'Impero del nostro signore Eraclio sempre augusto, nell'anno ventinovesimo del suo regno, indizione tredicesima, è stata fatta la chiesa di Santa Maria Madre di Dio, secondo le disposizioni ricevute dal pio e devoto signore nostro il Patrizio Isacco – eccellentissimo esarca. Per volontà di Dio, la chiesa è stata dedicata in onore del signore e del suo esercito. Questa chiesa è stata fabbricata dalle fondamenta dal benemerito Maurizio, glorioso Magister Militum della provincia delle Venezie, che risiede in questo luogo, e con la consacrazione del santo e reverendissimo Mauro, vescovo di questa chiesa.*[42]

Questa epigrafe è una luce che illumina il mondo della primissima Venezia, e che illustra quanto questa comunità fosse ancora integrata nel sistema imperiale. Al 639, a governare sulla laguna è ancora in tutto e per tutto l'esarca[43] di Costantinopoli, con sede a Ravenna, tramite il suo ufficiale, il *magister mili-*

tum Maurizio. Entrambi sono ufficiali di nomina imperiale. Venezia è ancora una provincia dell'Impero.

Tra due Imperi

All'inizio dell'VIII secolo, la città di Roma andava liberandosi dall'abbraccio di Costantinopoli, e lo stesso fecero i veneziani che elessero il loro primo «ufficiale» locale. Si tratta di Orso, il primo vero *dux* o duca della provincia imperiale di *Venetia maritima*, che possiamo iniziare a chiamare Venezia,[44] anche se le isole realtine erano ancora scarsamente abitate e la capitale del ducato era un'altra cittadina lagunare. Come è evidente, la carica di *doge* non è che una tarda versione locale veneziana della parola latina *dux*. Comunque sia, nonostante la sua elezione «rivoluzionaria», il duca Orso adottò alla fine un *modus vivendi* con Costantinopoli, continuando a riconoscere la sovranità imperiale ma ottenendo un'ampia autonomia per il suo arcipelago di insediamenti lagunari.

Vent'anni dopo l'elezione di Orso, l'esarcato di Ravenna finì nelle mani dei Longobardi. Non si può sottovalutare l'importanza di questo evento nell'allentamento del controllo politico-militare di Costantinopoli su Venezia: Ravenna era sempre stata la «metropoli» alla quale fare riferimento, e ora era diventata parte del mondo longobardo, presto carolingio, visto che nel 774 Carlo Magno sconfisse i Longobardi e si piazzò ai confini del fragile ducato lagunare. Ormai in Italia c'era una nuova, minacciosa potenza che sembrava voler ingoiare la città: l'alleanza tra i Franchi e il papato romano. Per sfuggire alle loro grinfie, Venezia decise di mantenere un forte legame con Nuova Roma. I suoi duchi potevano anche essere eletti localmente dalla classe dominante della laguna, ma ricevevano dall'Impero altisonanti cariche imperiali, come *hypatos* (console) o *stratelates* (*magister militum*), a sottolineare l'imperituro legame tra Costantinopoli e Venezia; Nuova Roma continuò a svolgere un ruolo di garante militare della provincia, rintuzzando i tentativi carolingi di conquistare la laguna, il più grave nell'809-810, quando Pipino, figlio di Carlo Magno e re d'Italia, arrivò vicino a sottomettere i veneziani.

Per molti versi, Venezia era allora una sorta di Corea o di Vietnam del IX secolo, il luogo dove si concentrò la guerra fredda tra i due Imperi, almeno fino a quando, nell'810, un accordo tra Carlo Magno e l'imperatore Nikephoros I[45] portò l'Impero dei Franchi a riconoscere la sovranità romana sulla laguna, allo stesso tempo aprendo le porte del grande dominio franco ai mercanti veneziani.

Quello stesso anno fu eletto un nuovo doge: Agnello Partecipazio. Durante gli scontri con i Carolingi, i veneziani erano stati costretti ad abbandonare i loro vari insediamenti per rifugiarsi nelle isole realtine, al centro della laguna. Rialto era allora per Venezia quello che Salamina era stata per Atene durante le guerre persiane: una ridotta irraggiungibile senza l'ausilio di una grande flotta.

Agnello Partecipazio decise allora di fare di queste isole il centro del suo ducato e vi fece costruire il primo palazzo ducale, più un castello che una sontuosa dimora rinascimentale. Si trovava nel luogo esatto dove è ancora oggi. Questo portò a uno spostamento della popolazione del ducato: fino a questa data, Venezia era stata un arcipelago di insediamenti che coprivano l'intera laguna. Dal IX secolo iniziò il processo di accentramento sulle isole realtine che ne avrebbero fatto una grande metropoli medievale, mentre buona parte degli antichi insediamenti lagunari sarebbe svanita nelle barene e nel fango della laguna, senza lasciare quasi alcuna traccia. Ancora oggi, se visitate il più importante insediamento lagunare «prima» del trasferimento sulle isole realtine, Torcello, troverete una grande, meravigliosa chiesa, e poco altro. Le vecchie case di legno degli antichi veneziani sembrano essere sparite nel nulla, almeno fino agli scavi che ne hanno portato alla luce i resti.

Pax tibi, Marce, evangelista meus

Giustiniano Partecipazio successe al padre Agnello. La nuova posizione di Venezia – all'interno dell'Impero romano ma in pace con il grande Impero carolingio – trasformò la nascente città lagunare nella porta d'Oriente per l'Impero dei Franchi.[46] Con l'ascesa commerciale, venne l'ambizione di dotare la nuova città realtina di un santo prestigioso: tutte le città dell'Impero avevano un martire o un santo che vegliavano sul benessere dei cittadini. Thessalonika aveva san Demetrio, Costantinopoli era sotto la protezione della Vergine Maria, madre di Dio, Roma aveva san Pietro. E Venezia?

Venezia aveva già un patrono in san Teodoro (Todaro per i veneziani), un soldato-martire dell'Impero d'Oriente. Ai veneziani, però, Todaro non sembrava sufficiente per l'ambizione della loro città. Una leggenda voleva che Grado, sede del più importante vescovo del ducato, fosse stato fondato da san Marco, che poi era andato a stabilirsi ad Alessandria. Ora, è difficile immaginarlo oggi, ma san Marco evangelista, fino al IX secolo, era legato a doppio filo con Alessandria d'Egitto, uno dei cinque grandi patriarcati della Chiesa. A inizio IX secolo, però, Alessandria era ormai da tempo una città del califfato islamico, pur con un'enorme popolazione cristiana che riveriva il corpo di san Marco come il simbolo della loro stessa identità religiosa.

Con uno spericolato atto di pirateria, dei commercianti veneziani furono inviati ad Alessandria, dove evidentemente erano già di casa, e riuscirono a trafugare il corpo del santo. Secondo la leggenda, quando si diffuse la notizia del furto, le autorità islamiche di Alessandria si allarmarono e attivarono immediatamente le ricerche: poteva anche essere un santo dei cristiani, ma l'evangelista era un magnete di pellegrini, un simbolo della città; non si poteva certo lasciare che fosse trafugato! Le navi in porto furono tutte perquisite, ma i furbi mercanti veneziani avrebbero nascosto la mummia sotto un grosso strato di carne di porco, carne che era anatema per i pii musulmani inviati a ispezionare il cargo. La nave partì, e con essa san Marco.

Tutta questa storia sa di racconto mitologico, è ovvio, ma l'effetto del «furto del secolo» fu più che reale: la città di Venezia aveva acquisito un possente protettore, un vero simbolo della nascente potenza cittadina. Giustiniano Partecipazio, nel suo testamento, chiese che una sontuosa chiesa fosse costruita di fianco al palazzo ducale, in modo da ospitare degnamente le spoglie del santo.

Oggi la basilica di San Marco è la sede del vescovo, ma curiosamente così non fu per tutta la storia della Serenissima: San Marco rimase sempre la cappella ducale, la chiesa della Repubblica, la chiesa del palazzo che ospitava l'amministrazione, una chiesa di Stato. Le spoglie del santo non erano proprietà della chiesa, o del Papa, ma dello Stato veneziano e quindi di tutto il popolo della nascente Repubblica.

E quando Venezia avrà bisogno di una bandiera, il simbolo di san Marco – il leone – sarà l'inevitabile scelta degli abitanti delle lagune: per secoli sventolerà fiero in tanti luoghi del Mediterraneo, con tra gli artigli una spada o un vangelo, simbolo dell'evangelista. Sulle pagine del libro aperto, la celebre scritta in latino: «*Pax tibi, Marce, evangelista meus*».[47]

Il doge e l'imperatore

Nel frattempo, la città cresceva e i dogi la fortificavano, costruendo anche una grande catena per bloccare alla bisogna il Canal Grande, a imitazione di quella del Corno d'Oro a Costantinopoli. D'altronde, a fine IX secolo le terre carolinge venivano regolarmente devastate dai Magiari[48] e si temeva che anche Venezia potesse divenire la preda di qualche vicino barbaro. Durante tutto il IX e X secolo, la città lagunare si affermò sempre di più nella sua autonomia da Costantinopoli, rigettò qualunque tentativo della «terraferma» di inglobarla nel sistema politico feudale del mondo post-carolingio e continuò a contendere agli Arabi il controllo dell'Adriatico, fino a contribuire a espellerli da Bari, dove avevano fondato un emirato.

Al volgere dell'anno Mille, la più potente famiglia veneziana era quella degli Orseolo, il cui maggior rappresentante fu il doge Pietro II Orseolo, che regnò a cavallo del millennio, tra il 991 e il 1009. In quest'epoca, Venezia era ancora in una posizione subordinata rispetto a Costantinopoli, e non poteva essere altrimenti di fronte all'Impero romano trionfante di Basileios II, che governava un territorio esteso dal Caucaso alla Siria, dalla Crimea alla Calabria. Ma Venezia aveva una freccia al suo arco: possedeva già un'ottima flotta, la più formidabile dell'Adriatico, indispensabile a Basileios per assicurarsi il fianco occidentale.

A tal fine, nel 992 Venezia ottenne un'importante concessione commerciale da parte di Basileios II, nella forma della *Crisobolla* o bolla d'oro, che non era un accordo tra pari – l'imperatore romano non si riteneva pari di nessuno – ma una gentile concessione del sovrano ai suoi «fedeli sudditi» lagunari. L'accordo riduceva i dazi che i mercanti veneziani dovevano pagare quando una loro nave attraccava a Costantinopoli e concedeva altri privilegi minori. In cambio, l'imperatore chiese che i veneziani si impegnassero «*per il traghetto del nostro esercito, che forse il nostro impero vuole dirigere in Langobardia*». Questo in vista di una campagna in Sicilia e in Italia che Basileios II non riuscì mai a portare a termine.

La Crisobolla del 992 è il primo documento «diplomatico» tra Nuova Roma e Venezia a esserci giunto, e traccia quella che diverrà una costante dei rapporti tra le due città: concessioni commerciali in cambio di supporto militare. Con il passare dei secoli, entrambi diverranno sempre più rilevanti.

Le due torri

L'anno Mille è celebre nella storia veneziana perché Pietro II allestì una grande flotta militare, con l'avallo sempre di Basileios II, che intendeva sopprimere la pirateria slava in Adriatico. La possente flotta era costituita dalle navi che saranno per secoli la colonna portante della potenza militare veneziana: le galee, piccole, maneggevoli e veloci. È probabile che questa fu anche la prima volta che la flotta utilizzò la bandiera di san Marco, con il celebre leone alato.

La flotta di Pietro Orseolo attraversò tutta la Dalmazia, ottenendo la sottomissione di molte delle città «imperiali» della zona: da Ragusa a Veglia, da Arbe a Zara. Inflisse anche delle dure sconfitte agli slavi, per poi tornare trionfalmente in città. Fu allora che il doge decise di acquisire un nuovo titolo – come un imperatore romano *d'antan* dopo una vittoria: *dux Dalmatiae*, e non più solo *dux Veneticorum*.

Negli anni seguenti, i veneziani continuarono a collaborare alla sicurezza dell'Impero, pattugliando le vie dell'Adriatico e prestando i loro muscoli navali all'esercito romano. Nel 1004

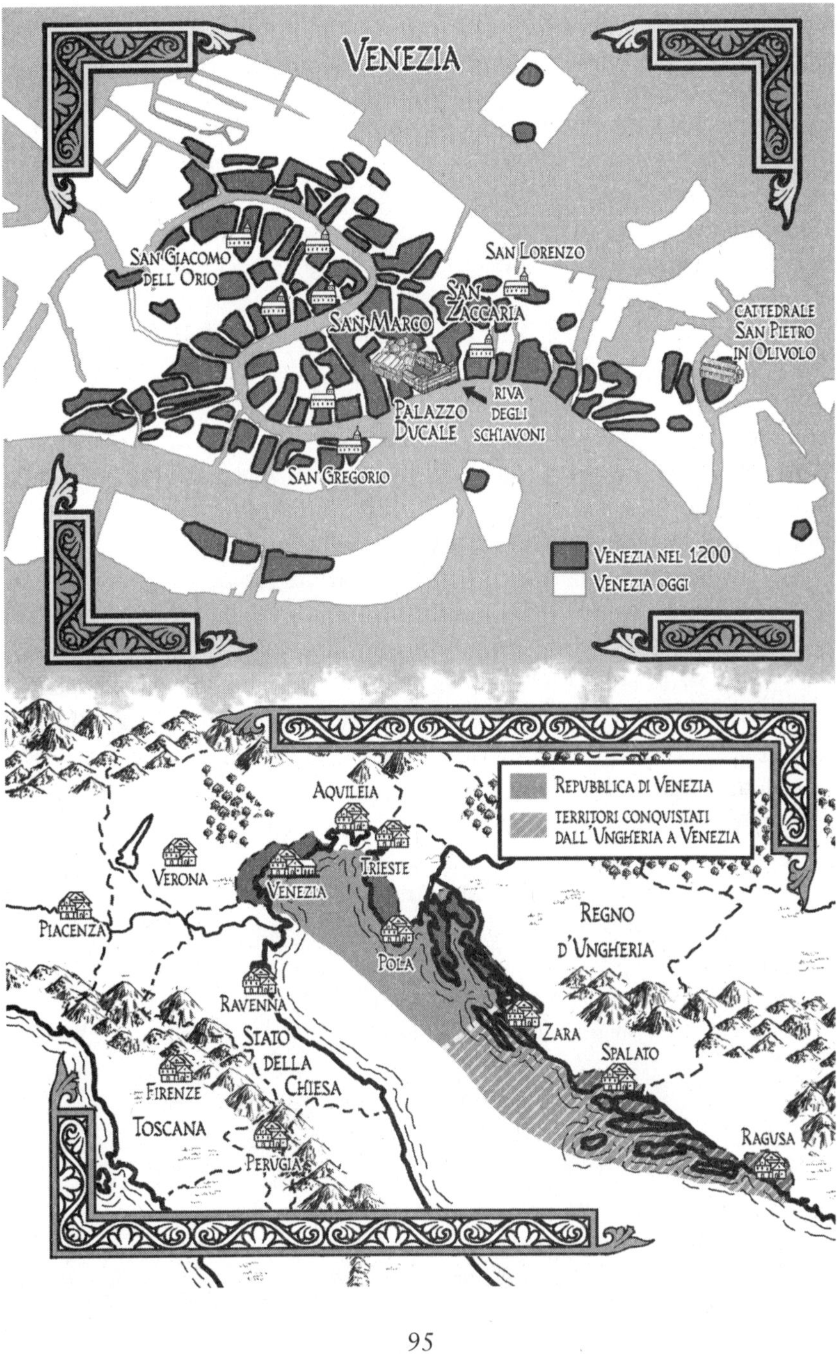
VENEZIA
SAN GIACOMO DELL'ORIO
SAN LORENZO
SAN ZACCARIA
SAN MARCO
CATTEDRALE SAN PIETRO IN OLIVOLO
PALAZZO DUCALE
RIVA DEGLI SCHIAVONI
SAN GREGORIO
VENEZIA NEL 1200
VENEZIA OGGI
REPUBBLICA DI VENEZIA
TERRITORI CONQUISTATI DALL'UNGHERIA A VENEZIA
AQUILEIA
TRIESTE
VERONA
VENEZIA
PIACENZA
POLA
REGNO D'UNGHERIA
RAVENNA
ZARA
SPALATO
STATO DELLA CHIESA
FIRENZE
TOSCANA
PERUGIA
RAGUSA

soccorsero il nuovo governatore imperiale d'Italia – il Catepano di Bari – che era assediato in città da una flotta araba. Per ricompensare Pietro II Orseolo, Basileios II arrivò a concedere ai veneziani un onore che i Romani riservavano a pochissimi: una principessa imperiale.

Giovanni Orseolo, figlio del doge Pietro, era infatti andato a vivere per qualche tempo a Costantinopoli. Basileios II gli concesse la mano di Maria Argira, sua parente e discendente dell'imperatore Romanos I Lekapenos[49] e sorella del futuro imperatore Romanos III Argyros,[50] che regnò dal 1028 al 1034. Si trattava di un accordo matrimoniale che suggellava un'alleanza ormai proficua per entrambi.

A quanto pare, la famiglia di Maria Argira non era per nulla convinta di spedire nelle barbare terre occidentali la loro nobile figlia, educata alla cultura e alle delizie di Costantinopoli. Povera ragazza, costretta a vivere in case di legno costruite nel fango, nell'umidità di una nebbiosa palude! Ma, come sempre, la ragione di Stato l'ebbe vinta su tutto.

Eppure, nonostante i timori della famiglia, l'unione tra Giovanni Orseolo e Maria Argira pareva felice: all'arrivo a Venezia, Maria era già incinta e il doge fece organizzare una colossale festa in onore della principessa romana e del suo nipote di sangue imperiale. Nel giro di poche settimane nacque Basilio Orseolo, un bimbo che univa la dinastia dell'imperatore Basileios II *Bulgaroktonos* con gli Orseolo al potere a Venezia.

Non era destino: poco dopo una pestilenza soffiò su Venezia e si portò via Giovanni Orseolo, Maria Argira e il piccolo Basilio. Nonno Pietro ne fu talmente affranto che si ritirò da ogni incarico, prima di morire nel 1009: lasciò il governo della città al suo terzogenito Ottone, che portava il nome dell'imperatore occidentale Ottone III, morto nel 1002 a Roma. Perché Pietro, come d'abitudine veneziana, aveva deciso di salvaguardarsi puntando sia sul rosso che sul nero della roulette della politica medievale.

La Repubblica di San Marco

La dinastia degli Orseolo finì con Ottone Orseolo, cacciato dalla città nel 1026 dopo una rivolta popolare orchestrata dai suoi principali rivali, i Gradenigo. Dopo altri anni di caos politico, il nuovo doge Domenico Flabiano (1032-1041) fu eletto con la promessa di riformare la «costituzione» del ducato, rendendolo più «repubblicano». Da allora, a ogni successione dogale si sarebbe passati per una formale elezione, impedendo la cooptazione dei figli al ducato (pratica diffusa nei precedenti secoli). Non solo: al doge furono progressivamente affiancati dei magistrati eletti, nucleo di quello che sarà il Minor consiglio. Il doge da allora iniziò a essere sempre meno un sovrano e sempre più un magistrato eletto a vita: se vogliamo, questo è il vero atto di nascita della «Repubblica» di Venezia.

Nel 1063 i veneziani decisero di ricostruire – per la terza e ultima volta – la grande chiesa palatina di San Marco. Non perché, come l'ultima volta, la chiesa fosse stata distrutta dal fuoco, ma per semplice gloria cittadina: nell'XI secolo, la popolazione della città era ormai in piena crescita, e contava forse sessantamila abitanti. L'economia mercantile della città era in forte sviluppo, accompagnata da una crescente potenza militare sul mare, che permetteva di accumulare altri tesori.

Per costruire la basilica di San Marco – *ça va sans dire* – i veneziani ricorsero ai Romani, quasi certamente assoldando architetti di Costantinopoli. Il progetto della nuova chiesa, che poi è l'attuale (seppure con una facciata completamente diversa) fu realizzato a immagine e somiglianza di uno dei più importanti edifici di Nuova Roma, oggi purtroppo scomparso: la chiesa dei Santi Apostoli, che ospitava il mausoleo imperiale.

Acque agitate

L'XI secolo finì per scuotere alle fondamenta le certezze politiche di Venezia. L'Impero romano trionfante di Basileios II, alleato di Venezia, iniziò ad indebolirsi vistosamente dopo la sua morte. Per qualche decennio il declino fu lento e quasi impercettibile ma poi, dopo la sconfitta di Manzikert nel 1071, divenne precipitoso. Venezia si fece sempre più nume tutelare dei territori ex imperiali della Dalmazia, acquisendo una striscia ininterrotta di città e cittadine che iniziarono a versarle un tributo e a ubbidire ai suoi dettami.

Nel corso del secolo, Venezia assistette con crescente preoccupazione all'ascesa della potenza normanna in Italia meridionale. Nei secoli precedenti la città lagunare era sempre intervenuta per tutelare i suoi interessi in quella regione, con lo scopo di preservare l'accesso al resto del Mar Mediterraneo attraverso lo stretto di Otranto, da sempre presidiato dall'Impero romano, che ne occupava entrambe le sponde. I Normanni sconquassarono questo equilibrio quando occuparono Bari nel 1071, mettendo fine alla dominazione imperiale in Italia meridionale. Presto allestirono una flotta capace di contendere all'Impero e a Venezia il Mare Adriatico.

Negli anni seguenti, i Normanni iniziarono a preparare la loro invasione dell'Impero romano, mentre i Turchi selgiuchidi avanzavano in Asia Minore, in una mossa a tenaglia che scombussolò tutto il quadrante orientale della politica veneziana. Nell'aprile del 1081 un nuovo imperatore arrivò al potere con un colpo di Stato emergenziale: Alexios I Komnenos si gettò a capofitto nel tentativo di trovare una soluzione alla mortale crisi che attanagliava l'Impero.

Il Papa, nel frattempo, si era alleato con i Normanni. Il Guiscardo e Boemondo attraversarono lo stretto di Otranto in quello stesso 1081, conquistarono Dyrrachion e si spinsero verso l'interno: di fronte, avevano un giovane e inesperto imperatore arrivato al potere dopo una girandola di colpi di Stato. A ottobre inflissero una pesantissima sconfitta all'esercito imperiale. La via di Costantinopoli pareva aperta. È a questo punto che intervenne Venezia.

Il mercante va preso per la borsa

Appena arrivato al potere, Alexios aveva inviato in laguna i suoi ambasciatori: era interesse di Venezia evitare che i Normanni occupassero entrambe le sponde dell'Adriatico. Non fidandosi però solo di questa leva, decise di inzuccherare la sua proposta con un'offerta degna di Don Corleone, un'offerta che non si poteva rifiutare. Se i veneziani fossero venuti in soccorso dell'Impero, sarebbero stati ricompensati con una Crisobolla ancora più generosa di quella di Basileios II. Molto più generosa. L'istinto politico filoromano dei veneziani e l'interesse commerciale nell'insostituibile piazza di Costantinopoli portarono la dirigenza cittadina a «votare» a favore della guerra al fianco di Alexios I Komnenos.

Mentre dunque il Guiscardo e Boemondo marciavano su Costantinopoli, Venezia intervenne a Dyrrachion e impedì che rifornimenti giungessero agli eserciti normanni nei Balcani. La flotta veneziana diede ad Alexios quell'indispensabile boccata di ossigeno di cui aveva bisogno per riorganizzarsi. Fu una guerra durissima, in cui anche i veneziani pagarono un prezzo molto alto, venendo sconfitti su mare dai Normanni nel 1084, presso Corfù. La disfatta portò a un malcontento generale che culminò con la deposizione del doge Domenico Selvo, che si ritirò in un convento e fu sostituito da Vitale Falier. Nonostante le difficoltà, l'alleanza veneziano-romana riuscì però alla fine a trionfare.

Come era riuscito Alexios a convincere i veneziani a intervenire al suo fianco, proprio quando pareva che stesse perdendo la guerra? Il passaggio fondamentale fu la concessione della Crisobolla del 1082, forse il più importante documento della storia veneziana. Questo cruciale imperatore, dunque, oltre a mettere in moto le crociate, fu anche il responsabile dell'ascesa di Venezia al suo vero destino di potenza mediterranea. Ci trovo un forte parallelismo: come la Prima crociata fu un evento che inizialmente aiutò Costantinopoli, per poi invece creare solo grattacapi, così sarà per questo accordo, che aiutò Alexios a sconfiggere i Normanni, ma perseguiterà i suoi successori.

Nella nuova Crisobolla, l'imperatore concede uno stipendio e titoli della corte imperiale sia al doge sia al patriarca di Grado-Venezia, un grande onore per il tempo. Il cuore della concessione imperiale è però di natura economica: si restringono i diritti degli amalfitani – un tempo molto forti sulla piazza costantinopolitana – e si ampliano notevolmente quelli dei veneziani: «*doniamo loro dei magazzini che si trovano sul triangolo di terra che si chiama Perama... e tre scale d'approdo in quella medesima area*».

Questa parte dell'atto è molto rilevante perché segna la nascita del cosiddetto «quartiere veneziano» a Costantinopoli. Ai veneziani viene anche concessa una chiesa (che avrà clero latino) e tre grandi approdi nel porto del Corno d'Oro, equivalenti agli «slot» degli aeroporti moderni, ovvero luoghi dove poter scaricare e caricare le merci, fondamentali per ampliare i legami commerciali tra la Serenissima e la «Grande città», Costantinopoli. Dopo questo atto, la comunità veneziana a Nuova Roma finì per formare un vero e proprio «comune», con i suoi ufficiali, il suo clero, le sue leggi.

Ma non è finita: il piatto forte deve ancora arrivare. Leggiamo un altro passo della Crisobolla:

> *Concediamo loro di negoziare in ogni parte della Romania con ogni specie di roba, e cioè presso Laodicea marittima, Antiochia, Mamistra; Adana, Tarso, Attalia, Strobilo, Chio, Efeso, Focea, Dyrrachion, Vallona, Corfù, Bondiza, Modone, Corone, Nauplia, Corinto, Tebe, Atene, Negroponte, Demetriade, Thessalonica, Chrisopoli, Periterio, Abido, Redesto, Adrianopoli, Apro, Eracleia, Selembria e nella stessa Grande città*[51] *(...) non dovendo dare nulla per alcuna loro mercatura né a nome del* kommerkion *o altro dazio che si versa nelle casse dello Stato.*[52]

I veneziani, per il loro supporto nella guerra contro i Normanni, ottengono forse il vantaggio più importante di tutti: un'esenzione completa dalle tasse dovute allo Stato romano in quasi tutti i porti dell'Impero. Tasse che, ovviamente, tutti gli altri mercanti continueranno a pagare (che questi fossero amalfitani, pisani, genovesi e perfino romani).

Il *kommerkion* equivaleva al 10 per cento su ogni bene venduto, l'equivalente dell'IVA romana: esentare i veneziani dal suo pagamento era un colossale vantaggio commerciale che porterà, nel giro di pochi anni, al loro totale dominio nelle piazze mercantili dell'Impero romano, andando perfino a escludere i mercanti locali.

La Crisobolla del 1082 richiese certamente una lunga e complessa negoziazione, che non dubito fu conclusa ben prima che una sola nave veneziana intervenisse a Dyrrachion contro i Normanni. Si trattò – inutile girarci attorno – di un'umiliazione politica e ideologica dell'Impero romano, costretto peraltro a rinunciare a una sostanziosa fonte di reddito come il *kommerkion*. Ma si sa, in momenti disperati come furono i primi anni del regno di Alexios, gli Stati che vogliono sopravvivere debbono ingoiare anche l'orgoglio: Roma non era sopravvissuta per più di un millennio e mezzo grazie alla rigidità mentale, ma alla flessibilità delle sue istituzioni.

E l'alleanza fu un successo: i Normanni del Guiscardo furono sconfitti. Boemondo dovette accontentarsi del governo di Taranto, dove rimase a rimuginare contro Alexios, reo di avergli tolto quello che considerava essere il suo destino: regnare su Costantinopoli. Questo almeno fino a quando Boemondo non riuscì a salire sul treno della Prima crociata, finendo principe di Antiochia (ma questa è un'altra storia, che abbiamo già raccontato).

Credo che Alexios confidasse che i privilegi che i veneziani gli avevano estorto fossero in sostanza revocabili: la Crisobolla non era d'altronde una semplice «concessione» del sovrano ai suoi fedeli sudditi? Una volta che l'Impero si fosse ripreso dall'attuale debolezza, o che Venezia avesse dimostrato slealtà, un suo successore sarebbe potuto tornare sui suoi passi. In effetti, i futuri imperatori romani proveranno a rinegoziare gli accordi, ma dovranno fare i conti con la tenacità veneziana. Perché i nostri intraprendenti abitanti delle lagune, incamerati i loro privilegi, combatteranno con i denti per mantenerli, anche a costo di inviare a Costantinopoli una crociata con lo scopo ultimo di distruggere l'Impero romano.

Geopolitica crociata

I Normanni, con il cruciale aiuto di Venezia, furono di nuovo rintuzzati da Alexios nel 1107-1108, quando Boemondo (ora principe di Antiochia) provò a imbastire una «crociata» contro l'Impero romano. In questo, Venezia mantenne la sua parte dell'accordo, contribuendo in modo determinante alla ripresa imperiale.

Ciò non vuol dire che l'avvio delle crociate non fosse un evento spartiacque anche per il rapporto tra Nuova Roma e Venezia, perché lo fu: il XII secolo, il secòlo segnato più di ogni altro dal movimento crociato, sarà caratterizzato da uno strisciante deteriorarsi delle relazioni tra Venezia e l'antica madrepatria orientale.

Già con la Prima crociata la Crisobolla si dimostrò un'arma a doppio taglio per Venezia. Certo, avevano ottenuto l'agognato dominio della piazza di Costantinopoli, ma all'improvviso si ritrovarono con un movimento di pellegrini armati che aveva creato quasi dal nulla una nuova realtà geopolitica nel Levante. Nei regni crociati di *Outremer* si inserirono le città tirreniche, fino a quel momento non così rilevanti nei principali flussi commerciali orientali: Pisa e Genova, con la Prima crociata, divennero importanti potenze marinare anche nel Mediterraneo orientale. Il dominio crociato del Levante aprì ai rivali tirrenici di Venezia la porta che la città lagunare aveva loro chiuso in faccia a Costantinopoli.

In più c'era il problema del nuovo equilibrio di poteri: dove dominavano i mercanti veneziani, lì tradizionalmente era forte l'Impero romano. Ora però il Papa aveva inviato i «suoi» soldati a conquistare il Levante, e molte decisioni geopolitiche erano ormai prese a Roma, non a Nuova Roma. Dopo il 1054 e il grande scisma, il Papa vedeva sempre meno di buon occhio l'alleanza tra potenze cattoliche – come Venezia – e gli «eretici» Greci. Senza contare che la dichiarata distanza di Venezia dal mondo latino e la sua pervicace autonomia dai dettami pontifici non l'avevano resa una potenza molto popolare nella curia del papato riformato. Per Venezia, si apriva una nuova fase molto pericolosa: doveva navigare le acque agitate della politica europea, evitare di finire sugli scogli delle rivalità tra gli imperi e trionfare sui suoi rivali italiani. Per farlo, i veneziani finirono per divorziare da Costantinopoli.

Un nuovo mondo

Per fortuna di Venezia, come c'era da aspettarsi presto Genova e Pisa finirono per farsi la guerra per contendersi i nuovi mercati levantini, oltre che per il controllo della Corsica. Inoltre,

Outremer si ritrovò sempre più in difficoltà, tanto che già nel 1120 il re di Gerusalemme fu preso prigioniero dagli Arabi. Il doge Domenico Michiel sapeva che per il Papa il progetto di *Outremer* era ormai diventato cruciale alla sua stessa identità, figlio prediletto della predicazione papale: il prestigio della Repubblica di San Pietro era legato al successo dell'Impero coloniale latino nel Levante.

Nel frattempo, nel 1118, era morto Alexios I Komnenos, uno dei più importanti e capaci imperatori della storia romana. Per aver preso un Impero sull'orlo del collasso e avere soffiato un altro secolo di vita nelle sue vene – un secolo di relativa gloria –, direi che si merita di entrare nell'olimpo dei più significati imperatori della storia di Roma, e di Nuova Roma. Gli era succeduto suo figlio Ioannes II Komnenos. L'Impero romano a quella data era molto più sicuro di sé: aveva recuperato buona parte dei territori anatolici, e non aveva più così bisogno di ingraziarsi Venezia. Ioannes II rivoleva le sue tasse e voleva svincolarsi da una relazione tossica, ormai troppo squilibrata a favore della città lagunare. A tal fine, nel 1118 Ioannes decise di non rinnovare la Crisobolla del 1082, annullando i privilegi commerciali ottenuti dai veneziani.

Era una mossa che a Venezia fu presa come un vero e proprio tradimento ma che l'Impero reputò indispensabile per non trasformarsi in una sorta di colonia commerciale di Venezia, che si stava arricchendo a scapito dei forzieri imperiali. L'Impero doveva finanziare la sua difesa e la sua ritrovata macchina burocratica.

La combinazione di questi eventi sullo scacchiere mediterraneo, tra *Outremer*, papato e Nuova Roma, convinse il doge Domenico Michiel a riallineare geopoliticamente la posizione della sua città, avvicinandosi all'Occidente. Per farlo, San Marco sarebbe venuto in soccorso di San Pietro.

La crociata veneziana

Michiel decise – per prima cosa – di rompere con Ioannes: Venezia avrebbe mosso guerra contro l'Impero romano, con lo scopo di riavere i suoi privilegi: era la prima volta che avveniva ed era molto significativo, perché Venezia, pur allontanatasi progressivamente dal governo di Costantinopoli, non aveva mai dichiarato la sua totale indipendenza.

In seconda battuta, Michiel contattò il Papa per offrire aiuto alla «crociata», con la speranza di entrare nelle sue grazie. Da questo momento in poi, i veneziani saranno sempre felici di mostrarsi utili al movimento crociato, al patto di guadagnarci qualcosa. Infine, Venezia decise che non doveva più dipendere dalla sola piazza di Costantinopoli. Approfittando della lotta intestina tra Pisa e Genova, puntò a conquistarsi un nuovo pied-à-terre nel Levante. Con un capolavoro politico-militare, in una sola mossa Venezia otterrà tutti e tre questi obiettivi.

Nel 1122, la Serenissima allestì una grande flotta di settantadue navi da guerra, più altre navi da trasporto, forte di quindicimila marinai, in sostanza l'intera forza militare della Repubblica. Questa spedizione militare, poco conosciuta ma assai rilevante nella storia veneziana, è oggi detta dagli storici «la crociata veneziana», e si tenne tra la Prima e la Seconda crociata.

Tre piccioni con una fava

Con la «scusa» della crociata, il doge Domenico Michiel guidò la flotta all'assalto della *Romania*: dopo un'infruttuosa tappa a Corfù, a primavera del 1123 i veneziani saccheggiarono Chio, Lesbo, Rodi e Cipro – tutti territori imperiali. Il messaggio all'imperatore era chiaro: possiamo farti male, e lo facciamo anche con il beneplacito del Papa e sotto la protezione della «crociata»; la guerra contro Venezia ti costerà di più che restituirci i nostri privilegi commerciali.

Una volta recapitata la loro «lettera», i veneziani fecero vela per *Outremer*, in tempo per aiutare l'assedio crociato di Tiro, città libanese che era uno degli ultimi porti levantini ancora in mani musulmane. Grazie alla loro abilità navale, riuscirono a distruggere l'intera flotta egiziana dei Fatimidi, sopraggiunta in soccorso dall'Egitto. Senza più speranze di essere rifornita, Tiro fu costretta a cadere.

Venezia era giunta in Terrasanta per rispondere alla richiesta di soccorso dei protettori del Santo Sepolcro e per motivi di fede, ma – si sa – la fede non è mai un ostacolo per i buoni affari: in cambio dei suoi servigi, il doge ottenne dai riconoscenti crociati delle concessioni commerciali in Terrasanta simili a quelle che aveva avuto in *Romania*, più la proprietà diretta di un terzo della città di Tiro. Insomma, Venezia aveva strappato in *Outremer* una posizione commerciale che rivaleggiava con quella di Pisa e Genova.

Ma non era ancora finita! Sulla via del ritorno, la flotta veneziana saccheggiò di nuovo le terre imperiali, riducendo sistematicamente i forti sulle Isole Egee e nel Peloponneso. Per buona misura, i veneziani trafugarono un paio di santi orientali, utili per arricchire la propria collezione in laguna. Nel 1125 la spedizione del doge Domenico Michiel tornò trionfalmente in laguna, in quello che fu uno dei passaggi fondamentali dell'ascesa militare di Venezia. L'anno seguente, Ioannes II si trovò costretto a cedere: era impegnato su terra in diversi fronti – dove, tra l'altro, stava ottenendo anche notevoli successi –, non aveva tempo e risorse da sprecare per allestire una flotta capace di sfidare i veneziani sul loro «terreno». L'imperatore preferì ingoiare il rospo e riconfermò i privilegi concessi dal padre. La prima, vera guerra tra Venezia e l'Impero romano era finita.

Dal punto di vista dell'Impero, il danno era ormai fatto: Venezia aveva acquisito nuovi mercati nel Levante ed era entrata in concorrenza diretta – e presto spietata – con Genova e Pisa, con le quali guerreggerà nei prossimi secoli. Costantinopoli non era più l'unica fonte di reddito della città, cosa che la svincolava in parte dall'abbraccio con gli imperatori romani. Le due città, da sempre così legate, avevano separato i loro destini. Ma come sa qualunque avvocato matrimonialista, le peggiori litigi vengono dopo la separazione.

L'imperatore dei Latini

Manouel Komnenos era il quarto figlio di Ioannes II, un improbabile erede. Cosa che non gli impedì di succedere a Ioannes alla sua inaspettata morte, nel 1143. Nel farlo, sembra aver raccolto il manto del padre e del nonno: sarà l'ultimo grande imperatore di *Romania*, l'ultimo a guidare una grande potenza con il nome di «Impero romano».

Manouel era notoriamente un imperatore che capiva il modo di pensare dei «Latini», impiegandone molti nell'amministrazione e nell'esercito. Comprese che il rischio più grande per l'Impero era dato ormai proprio dalle crociate: il Papa, dopo l'aggressione normanna del 1081 e del 1107, aveva ribadito nel 1138 che i «re di Costantinopoli» erano degli scismatici e un obiettivo legittimo per una guerra santa, indegni perfino del titolo imperiale. Manouel voleva dunque trovare una via per conciliare le sensibilità dei suoi compatrioti e correligionari, determinati a non finire sotto il tallone del papato riformato, con le ambizioni del movimento crociato, che pretendeva che l'Impero romano finanziasse e supportasse militarmente *Outremer*. L'imperatore doveva mantenere un difficile equilibrio tra gli interessi dello Stato romano e le aspirazioni ideologiche dei Latini; pensò che il modo migliore fosse quello di dimostrare l'utilità di Costantinopoli nella guerra santa. Giunse a questa conclusione soprattutto dopo la disastrosa esperienza della Seconda crociata.

All'inizio del suo regno, infatti, *Outremer* piombò di nuovo in crisi: uno dei quattro Stati crociati – la contea di Edessa, in Siria – fu conquistato dai Musulmani, portando all'indizione della cosiddetta «Seconda crociata». Non ho descritto nel dettaglio la Prima, non lo farò per la Seconda, ma qui basti dire che questa spedizione fallì in ogni suo obiettivo, nonostante la profusione di impegno, denaro e soldati spesi da due grandi sovrani come Louis VII di Francia[53] e Konrad III Hohenstaufen,[54] duca di Swabia e re di Germania e Italia. Konrad, tra le altre cose, era lo zio di Frederick Barbarossa, che viaggiò anche lui in Oriente al seguito della crociata (non la sua ultima). La missione finì in un nulla di fatto per i Francesi e in un disastro militare per i Tedeschi, cosa che non era certo colpa di Manouel, ma questo non impedì al Papa e ai crociati di accusarlo del fallimento, reo di non aver sostenuto abbastanza la guerra santa occidentale. Credo che in quell'occasione Manouel si ripromise che non si sarebbe mai più ritrovato in una simile spiacevole posizione. Anzi, avrebbe sostenuto i crociati, dimostrando «l'utilità» dell'Impero romano. Più di ogni altra cosa, da questo momento in poi aspirò a essere ammesso nel «club» dei sovrani occidentali: se si faceva parte del club, si partecipava al governo della cristianità e si veniva trattati da pari. Viceversa, i sovrani «eretici» erano considerati un obiettivo legittimo dell'espansionismo militare latino.

L'ultima alleanza

A preoccupare Manouel erano anche i soliti noti, i Normanni, freschi del riconoscimento papale che aveva elevato il loro dominio a un vero e proprio regno, vassallo di San Pietro. I Normanni occuparono Corfù e allora, ancora una volta, Venezia e *Romania* si accordarono per rintuzzare le loro ambizioni, collaborando in un lungo assedio della fortezza isolana che portò alla resa dei Normanni.

Manouel, per ottenere la collaborazione veneziana, dovette però riconfermare la Crisobolla di papà Ioannes e nonno Alexios, estendendola anche a Creta e Corfù e allargando il quartiere veneziano a Costantinopoli. La colonia veneziana aveva infatti raggiunto una popolazione di circa diecimila persone,[55] un numero considerevole se si pensa che la stessa Venezia all'epoca non aveva più di sessantamila abitanti.

Più gli anni passavano, però, più Manouel si rendeva conto che non poteva legare l'Impero a una sola potenza marittima occidentale. L'intraprendenza degli italiani era utile, perché portava a un aumento dei traffici a Costantinopoli, con benefici anche per l'economia locale, ma i veneziani restavano una presenza detestata, nella loro arrogante indipendenza in terra imperiale.

A dir la verità, la goccia che fece traboccare il vaso fu la concorrenza di pisani e genovesi. Questo perché l'imperatore estese a questi ultimi le stesse condizioni offerte ai veneziani, permettendogli di insediarsi ufficialmente in città, con un quartiere loro dedicato di fianco a quello veneziano. La reazione dei lagunari fu violenta: attaccarono il nuovo quartiere genovese, ne devastarono le case e saccheggiarono tutte le ricchezze che vi erano contenute.

Ordine 66

In *Star Wars*, l'Ordine 66 è quello dato dall'imperatore – *pardon*, cancelliere – Palpatine per uccidere tutti i Jedi. Chissà che Lucas non si sia inspirato a Manouel I Komnenos.

Dopo l'attacco dei veneziani ai loro rivali italiani, Manouel era furioso: poteva considerarsi imperatore di Costantinopoli se permetteva agli italiani di combattersi tra loro nelle *sue* strade? Chiese ai veneziani di ricostruire quello che avevano distrutto e di rimborsare i genovesi. Quelli si rifiutarono, confidando nel fatto che, alla peggio, avrebbero inviato una flotta in Egeo come nel 1122, piegando l'Impero a più miti consigli.

Manouel, però, si sentiva in una posizione forte: a differenza del nonno, aveva ottenuto l'amicizia di Genova e Pisa. Nel frattempo, aveva costruito una possente flotta di duecento navi, che era considerata la principale forza navale del Mediterraneo orientale. Nuova Roma aveva riacquistato i suoi denti, e ora poteva mordere Venezia.

Ed è così che l'imperatore pianificò un attacco senza precedenti ai sudditi della Repubblica di San Marco. Inviò un ordine segreto in tutti gli angoli dell'Impero, con istruzioni precise ai suoi ufficiali: dovevano tutti agire lo stesso giorno concordato, il 12 marzo 1171. In una dimostrazione di romana efficienza burocratica, il segreto fu mantenuto in tutto l'Impero. Alla data convenuta, la trappola scattò: gli ufficiali imperiali si recarono nei porti, salirono sulle navi dei veneziani, impedendogli di partire e confiscando tutti i beni presenti nei loro magazzini. Tutti i residenti e mercanti veneziani di passaggio furono arrestati. Data la consistenza della colonia costantinopolitana, si ricorse anche a numerosi monasteri per «ospitarli» tutti. Solo poche navi riuscirono a sfuggire al blocco e a portare la devastante notizia in laguna.

L'Ordine 66 fu eseguito con romana efficienza, ma è innegabile che si trattò di un colossale errore di giudizio, perché gettò Venezia nelle braccia dei nemici dell'Impero senza che Manouel ne traesse alcun vantaggio. Si apriva un periodo di ostilità tra Venezia e Costantinopoli, che sarebbe terminato solo con il trionfo di una sull'altra.

Gli occhi di Enrico

Quando la notizia del disastro giunse a Venezia, in città fu subito lutto. L'opinione pubblica era imbufalita e costrinse il prudente doge Vitale II Michiel all'azione: per mesi a Venezia si costruirono navi con l'obiettivo di attaccare gli infidi Greci che avevano rinnegato ogni accordo, che avevano ferito gli interessi e l'orgoglio della Repubblica di San Marco, che avevano rubato le loro preziose mercanzie e il loro oro. La flotta salpò nel settembre del 1171, ma se i veneziani pensavano di replicare facilmente il trionfo della loro «crociata» del 1122... si sbagliavano di grosso.

L'*armada* entrò in Egeo e si basò a Chio. Mentre vi passavano l'inverno, sull'isola si diffuse una pestilenza. Manouel intanto brigava facendo finta di negoziare, guadagnando tempo e chiedendo ai veneziani di inviargli un'ambasciata, della quale faceva parte un certo Enrico Dandolo, allora un arzillo sessantenne, selezionato dal doge in persona per trattare con l'imperatore. Sbarcato a Nuova Roma, Dandolo detestò cordialmente l'esperienza.

A Costantinopoli infatti perse la vista, forse a causa di un litigio o di una rissa o per ordine dello stesso Manouel: impossibile a dirsi. Quel che è certo è che Enrico Dandolo, in tarda età, era cieco, e non per motivi naturali.

Comunque sia, era l'ultima volta che Enrico Dandolo vedeva la città con i suoi occhi, ma non sarebbe stata l'ultima volta che i Romani l'avrebbero visto con i loro: un giorno avrebbero maledetto il suo nome.

Venezia fa cilecca

L'ambasciata di Dandolo fallì quando si capì che Manouel aveva menato il can per l'aia: sapeva che i veneziani volevano trattare, e aveva sfruttato questo fatto a suo vantaggio, prolungando le negoziazioni finché non fu troppo tardi. A Chio i veneziani erano stati falcidiati dalla peste: la flotta imperiale ronzava nei dintorni, pronta a piombare loro addosso al primo cenno di debolezza. Ma i lagunari, con la solita prudenza, decisero di ritirarsi con la coda tra le gambe.

Manouel inviò al doge un messaggio di sfida, che ci è riportato dal suo principale storico, Kinnamos, e che è in un certo senso il testamento della rottura ormai verificatasi tra Venezia e Nuova Roma, due città legate dal destino fino a pochi decenni prima:

> *La vostra nazione si è comportata a lungo con grande impertinenza. Un tempo eravate dei vagabondi afflitti da abbietta povertà, almeno finché non vi siete alleati con l'Impero dei Romani. In seguito l'avete trattato con disprezzo e avete fatto del vostro meglio per consegnarlo ai suoi nemici, penso che ne siate consapevoli voi stessi. Ora, essendo stati legittimamente condannati e giustamente espulsi dall'Impero, nella vostra insolenza gli avete dichiarato guerra, voi che un tempo eravate un popolo senza neanche un nome che valesse la pena di riferire, voi che dovete tutto il vostro prestigio ai Romani. Avete pensato di poter affrontare la possanza dell'Impero romano con i vostri poveri mezzi, e per questo siete diventati lo zimbello del mondo. Perché nessuno, neanche i più grandi poteri della terra, può impunemente muovere guerra contro i Romani.*[56]

Il ritorno in laguna del doge Vitale II Michiel fu quanto mai diverso da quello del suo quasi omonimo Domenico Michiel, mezzo secolo prima: Domenico era tornato in trionfo dopo la vittoria nel Levante e dopo aver piegato i Romani, ora Vitale tornava a mani vuote, sconfitto dalla doppiezza dei «Greci» e senza aver avuto alcuna compensazione per i danni subiti.

I veneziani non perdonarono il doge, reo di aver umiliato l'onore veneziano. Mentre camminava sulla Riva degli Schiavoni, Vitale Michiel fu accoltellato da un assassino: troppe persone avevano perso del denaro in quel fiasco. Il nuovo doge, Sebastiano Ziani, capì che Venezia da sola non sarebbe riuscita a piegare Nuova Roma: la Serenissima aveva bisogno di alleati. Ci mise cinque minuti a guardarsi intorno e decidere di stringere un accordo con la vera nemesi dei Romani: i Normanni. Nel 1175, Venezia e i Normanni firmarono un trattato di pace e alleanza, cosa che mise subito Manouel sul chi va là: la città lagunare era disposta perfino a trattare con i suoi nemici storici pur di riavere indietro i suoi cittadini, e i suoi soldi.

Preoccupato da una potenziale guerra con Venezia e i Normanni, l'imperatore si mostrò pronto a rintavolare trattative con la città lagunare, ma ormai gli ultimi legami di amicizia tra le due grandi città mediterranee si erano sfilacciati fino al punto di rottura. Nel 1179 si raggiunse un freddo accordo di convenienza: dopo otto lunghi anni, i veneziani tenuti nelle prigioni imperiali furono liberati. Rimaneva però da regolare la questione del rimborso del danno subito, valutato da Venezia in ben 15 «centenaria», ovvero 1500 libbre d'oro, equivalenti a 108.000 monete d'oro, una somma enorme. Alla morte di Manouel Komnenos, l'Impero si rifiutava ancora sdegnatamente di rimborsare questo «debito». Nei decenni seguenti, ogni doge si adopererà per il «recupero crediti»: con le buone, o con le cattive.

Il re dei Greci

Nel frattempo Manouel era riuscito a ottenere che gli Stati crociati nel Levante riconoscessero la suprema autorità dell'Impero romano, dichiarandosi in sostanza suoi vassalli: *Outremer* era nei guai, sempre più nei guai, e l'Impero «bizantino» ormai sembrava l'unico Stato in grado di puntellarne le traballanti difese. Da un punto di vista pratico, non cambiava nulla, ma era un trionfo ideologico per Costantinopoli.

Per dimostrare le sue credenziali «crociate», Manouel decise di guidare una guerra all'assalto delle posizioni turche in Asia Minore, dichiarandola una vera e propria «guerra santa», in perfetto spirito crociato, e assoldando anche molti guerrieri occidentali. Come molti suoi predecessori, però, scoprì presto che i Turchi non erano una preda facile: subì una terribile sconfitta a Myriokephalon[57] nel 1176, cosa che minò la sua pretesa di porsi alla «guida» delle crociate. Quello stesso anno l'altro imperatore dei Romani – Frederick Barbarossa – veniva sconfitto a Legnano da una coalizione di comuni dell'Italia centro-settentrionale. Barbarossa comprese di aver perso la sua lunga guerra contro la «Lega lombarda» e intavolò trattative con i suoi avversari, primo tra tutti il Papa. Era un passaggio delicato della politica italiana, e Venezia riuscì a inserirsi nelle trattative.

Nel 1177, si svolse una grande conferenza nella città lagunare. Per i veneziani fu l'evento del secolo, visto che tutte le potenze italiane erano presenti: il Barbarossa, il Papa, i Normanni e i comuni della Lega lombarda. Queste potenze si incontrarono in laguna per firmare una pace generale, che riportò l'ordine in Italia. Fu un successo diplomatico colossale per la città lagunare: immaginatelo come una conferenza di Versailles medievale. Venezia, che aveva sempre guardato con distanza e sospetto a qualunque cosa oltre Mestre, sentendo più vicina la lontana Costantinopoli, aveva deciso di diventare in tutto e per tutto una città italiana.

Nel congresso di Versailles del XII secolo, ci fu un solo sovrano tra quelli coinvolti nelle ultime guerre italiane a non essere invitato: Manouel Komnenos, «il re dei Greci». Costui aveva brigato per decenni per farsi accogliere nei «club» occidentali, ma – dopo la sconfitta di Myriokephalon – questi ultimi erano tornati alla tradizionale posizione antiromana. Costantinopoli interessava agli occidentali solo se era forte, e Venezia si impegnò assiduamente per assicurarsi che l'imperatore romano fosse tagliato fuori da qualunque legame in Occidente.

La Prima crociata era stata lanciata ottant'anni prima per soccorrere i Romani, ma aveva finito solo per creare risentimento nei confronti di questi ultimi, considerati non abbastanza determinati nel loro supporto al progetto delle crociate, e anzi troppo focalizzati nel voler imporre la loro supremazia su *Outremer*. Venezia, la grande alleata sul mare di Costantinopoli, guardia e protezione nei confronti dell'invasore normanno, si era trasformata in un nemico dopo che Ioannes II e Manouel avevano tentato di limitarne l'influenza all'interno dell'Impero. In un secolo, il papato riformato di Gregorio VII aveva acquisito un immenso potere: aveva creato una colonia occidentale in Levante e aveva sfidato ogni tentativo degli imperatori tedeschi di arginarne il potere. Ora guardava a Oriente, a quei «Greci» che continuavano a rifiutare di sottomettersi al suo volere.

Se in futuro i Greci non si fossero dimostrati utili alla causa crociata, il papato era più che pronto a rovesciargli contro una tempesta di spade.

Il fatto è che l'ideologia degli occidentali aveva delegittimato la stessa esistenza dell'Impero romano: quelli lì non erano Romani, ma Greci, infidi di natura, senza lo zelo guerriero degli occidentali, gente effeminata, che non rispetta i giuramenti, che è sempre pronta a colpire alle spalle, che non conosce l'onore cavalleresco e non comprende la foga religiosa dei crociati. Peggio, erano degli scismatici in combutta con gli infedeli. D'altronde, si sa, i Greci sono perfino disposti a trattare con i musulmani, invece di combatterli.

E poi c'era Venezia: la figlia dell'Impero romano, la più «bizantina» delle città occidentali. Venezia era cresciuta in potenza e ricchezza grazie al legame con Nuova Roma. Gli accordi con Alexios Komnenos ne avevano fatto la più ricca città occidentale, dotata della più potente flotta del Mediterraneo. A causa dell'ostilità crescente dei Komnenoi, Venezia si era vestita di un nuovo abito occidentale e latino, ospitando il Papa e l'imperatore tedesco. La Serenissima avrebbe atteso il momento giusto per colpire, ma avrebbe perseguito con determinata cocciutaggine il suo obiettivo finale: riportare Costantinopoli nella sua orbita commerciale.

L'unica cosa che impediva agli occidentali di trasformare Costantinopoli in un bersaglio per una crociata era la forza militare – su terra e su mare – dell'Impero romano ricostituito da Alexios Komnenos che – inutile negarlo – nel 1177 era un avversario ostico, forse troppo ostico.

Per sfortuna dei Romani, proprio in questa congiuntura l'Impero stava per entrare in una delle sue cicliche crisi. Non ne sarebbe uscito intatto.

4
Non c'è tre senza quattro

Nel 1187, a dieci anni di distanza dalla conferenza di Venezia, una bomba piombò sulla cristianità: l'esercito crociato aveva sofferto una devastante sconfitta ai Corni di Hattin. Salah ad-Din Yusuf ibn Ayyub, meglio conosciuto con il nome italianizzato di «Saladino», aveva sfruttato la vittoria per prendere Gerusalemme, la capitale della «colonia crociata» dell'Occidente. Nel giro di pochi mesi, buona parte dei regni crociati cadde sotto il controllo del grande condottiero curdo. La reazione in Occidente fu immediata: ci fu una mobilitazione generale delle potenze occidentali, con l'obiettivo di riconquistare il Santo Sepolcro.

L'Occidente, nel corso del XII secolo, si era alquanto evoluto dai tempi della Prima crociata: allora il mondo dei «Franchi» era stato diviso e polverizzato e l'autorità regia era stata debole. Da allora, una serie di forti monarchi aveva in parte consolidato il potere nelle tre principali potenze regionali: il regno d'Inghilterra, con i suoi vastissimi domini sul continente, il regno di Francia e l'Impero. Quello che rese unica la Terza crociata è che tutti e tre i sovrani di questi regni, con moltissimi dei loro vassalli e conti, decisero di mettersi in marcia per affrontare Saladino: si trattava di tre formidabili e celeberrimi sovrani, tra i più famosi della storia europea, che una congiunzione astrale aveva portato contemporaneamente al potere: Richard I *Lionheart* d'Inghilterra,[58] Philippe Auguste di Francia[59] e Frederick Barbarossa, imperatore dell'Impero «romano» occidentale.

Per suprema sfortuna dei Romani, di fronte a questo terribile terzetto, l'unico sovrano che i «veri» Romani poterono contrapporre fu Isaakios Angelos. Se avete mai sentito parlare della dinastia degli Angeloi,[60] sapete che i Romani erano in un mare di guai.

La crisi del XII secolo

Chi conosce la storia romana, sa che attraversa ciclici periodi di crisi: il I secolo a.C., con la crisi della Repubblica, l'anarchia militare del III secolo, il crollo dell'Occidente nel V, l'invasione araba del VII, la sconfitta di Manzikert nell'XI secolo. Ora, a fine XII secolo, abbiamo una nuova crisi, sfortunatamente ad appena un secolo dall'ultima.

Manouel Komnenos aveva retto l'Impero per ventisette anni quando morì nel 1180. Le ragioni del seguente rapido collasso dell'autorità imperiale sono in parte «strutturali» e in parte dovute al caso, e alla personalità della nemesi di Manouel, ovvero Andronikos Komnenos.[61]

Iniziamo da quelle strutturali: per permettere la sua folgorante ripresa imperiale, Alexios I – il nonno di Manouel, imperatore ai tempi della Prima crociata – aveva dovuto innovare la *governance* dell'Impero. Aveva in un certo senso importato dall'Occidente alcune caratteristiche che rendevano flessibile e solida la società occidentale, anche se i loro sovrani erano deboli. In particolare, aveva creato una vera e propria aristocrazia, grazie alla fusione di più famiglie con pedigree imperiale in quella che divenne una famiglia di governo che finì per occupare tutti i vertici dello Stato. La famiglia imperiale, già numerosa, si estese attraverso complicati legami matrimoniali a buona parte delle potenze europee circostanti: era un immenso clan con più rami collaterali e alla cui testa sedeva un imperatore dei Komnenoi: Alexios, poi Ioannes, infine Manouel. La gestione dello Stato per vie familiari non era completamente nuova al mondo romano, ma non aveva mai raggiunto una tale rilevanza: praticamente tutti i governatori regionali erano imparentati con i Komnenoi. Questo indebolì il forte legame tra periferia e Costantinopoli, perché ormai le classi dirigenti locali si trovarono a essere governate da viziati principi assenteisti, e non riuscirono più a far carriera localmente, essendo tutte le cariche occupate dalla «famiglia».

Non solo, mutuando una pratica occidentale, gli imperatori romani decisero di affidare a membri della loro famiglia non solo il governatorato di una città o regione, ma l'intero flusso di cassa di quell'area: era il cosiddetto sistema della *pronoia*. In sostanza, invece di raccogliere le tasse nel fisco centrale, per poi pagare annualmente gli ufficiali locali, lo Stato affidava a questi ultimi la raccolta delle tasse di una regione specifica: una sorta di «federalismo fiscale» *ante litteram*. Pur con alcune similitudini, non si può dire che si trattasse di un «feudalesimo romano»: i contribuenti non erano servi del *pronoiaros* e il flusso di cassa restava formalmente proprietà dello Stato, ma non è che il «feudalesimo» occidentale muovesse i suoi primi passi in modo molto diverso.

Il sistema della *pronoia* rabbonì i potenziali ribelli all'interno del clan di governo e fu utilizzato dai Komnenoi per pagare i servigi di ufficiali dell'esercito, in molti casi anche di guerrieri «latini» al servizio dell'imperatore, che trovavano congeniale questo sistema, essendo più simile al vincolo vassallatico occidentale del precedente sistema burocratico romano. La *pronoia* era però detestata dai provinciali, perché ovviamente il *pronoiaros* aveva tutto l'interesse a «spremerli» per riempire le sue tasche, ben al di là di quanto un tempo i contribuenti avevano pagato direttamente allo Stato.

Inoltre, quando l'autorità centrale iniziò a indebolirsi, questo sistema fornirà una base di potere locale dalla quale lanciare ribellioni, permettendo a dei boiari di dichiararsi indipendenti, soprattutto quando l'esercito «centrale» dell'Impero divenne via via meno temibile. Il principale vantaggio dell'Impero romano rispetto agli occidentali – quello della sua solidità e unitarietà – andò quindi rapidamente erodendosi nei vent'anni che ci portano alla Quarta crociata.

Eppure, il declino di Nuova Roma non può spiegarsi solo per ragioni strutturali, perché senza una miccia le debolezze del sistema di governo dei Komnenoi non sarebbero forse mai venute alla luce. La miccia umana sarà Andronikos Komnenos, il cugino ribelle, al cui cospetto Harry della casata Windsor sembra uno scolaretto.

Casanova

Andronikos Komnenos, cugino di Manouel, è una delle più interessanti figure della storia romana. Dal vivo, deve essere stato una forza magnetica: a quanto pare, c'erano ben poche donne che sapessero resistere al suo fascino, era un uomo di un'avvenenza straordinaria. Si portò a letto una serie infinita di principesse e nobili, fu gettato in carcere da Manouel in più occasioni, riuscì a fuggire due volte di prigione. Più volte si mise al servizio dei nemici di Manouel, salvo poi essere perdonato. L'ultima volta che tornò all'ovile fu nel 1180, poco prima della morte di Manouel. L'imperatore, da grande patriarca del clan dei Komnenoi, volle risparmiargli la vita, e lo spedì a governare il Ponto. Andronikos non gli perdonò mai la sua generosità.

Pochi mesi dopo, alla morte del sovrano, si scatenò una lotta per la successione in nome e per conto del giovanissimo Alexios II, figlio di Manouel e di Maria di Antiochia. Mentre i Romani lottavano tra di loro, sia i Turchi che gli Ungheresi avanzarono sulle loro terre. Allora la dirigenza a Costantinopoli iniziò a guardare ad Andronikos come a una sorta di «statista» con grande esperienza di governo e che forse avrebbe potuto gestire la riottosa famiglia imperiale meglio di chiunque altro. Come si sbagliavano.

Andronikos tornò in città all'inizio del 1182, nella solita procedura di «elezione» impropria degli imperatori: quando Costantinopoli fece segno che intendeva appoggiarne la candidatura, Andronikos prese il potere e iniziò a regolare i conti. Era stato sostenuto in particolare dalle masse dei poveri e borghesi e, da bravo politico populista, sapeva esattamente cosa volessero i capibastone del popolo: l'occasione per derubare i riccastri italiani. Decise allora di inaugurare il suo regno permettendo alla popolazione della città di saccheggiare quello che restava dei quartieri italiani, popolati dai ricchi e detestati mercanti latini. I veneziani erano stati arrestati e depredati da Manouel undici anni prima, quindi il grosso della furia della folla si rovesciò sui loro principali rivali: pisani e genovesi. L'ambasciatore del Papa fu decapitato e la sua testa legata alla coda di un cane, sottolineando come l'odio che Andronikos scatenò sui Latini avesse un'importante, mal sopita, componente religiosa. L'effetto fu che, dopo aver perso Venezia, ora l'Impero avrebbe perso anche il favore di Genova e di Pisa, per non parlare del Papa.

Robespierre

Andronikos inizialmente fece finta di governare per nome e per conto del nipote, Alexios II, ma presto consolidò brutalmente il suo potere servendo ai suoi parenti la medicina che Manouel si era rifiutato di servire a lui: fece mettere a morte, in successione, praticamente l'intera famiglia del suo predecessore, assieme ai parenti acquisiti. Né risparmiò Alexios II, suo nipote: nel giro di qualche mese, il giovane erede al trono fu tolto di mezzo, strangolato.

Il regno di Andronikos fu caratterizzato dal terrore: spie ovunque, cospirazioni vere e presunte, arresti durante la notte, tribunali speciali e spettacolari punizioni che inclusero impalamenti, amputazioni, accecamenti e roghi. Questo non fece che ingraziarlo presso il popolino della capitale, che ormai detestava la classe dirigente formata dall'enorme famiglia allargata dei Komnenoi; anzi, molti apprezzavano la sua retorica antielitaria. Non che fosse solo retorica: a differenza dei politici populisti moderni, che si riempiono la bocca di paroloni antisistema senza però fare nulla a riguardo, a quanto pare il suo governo si sforzò attivamente di rendere lo Stato più «giusto», pagando di più i suoi ufficiali ma pretendendo che non spremessero i contadini per riempirsi le tasche, una pratica esacerbata dal sistema della *pronoia*.

Il problema fu che ormai molti pezzi dell'Impero erano sotto il controllo di quel che restava della classe dirigente dei Komnenoi che, di fronte alla violenza e alla politica anti-*establishment* di Andronikos, decise di perseguire una politica separatista. Questo fu il caso di Isaakios Doukas Komnenos, che si impadronì di Cipro e la governò come uno Stato indipendente, almeno fino alla Terza crociata, come vedremo. Molti altri «principi» della dinastia dei Komnenoi fuggirono all'estero, mettendosi al servizio dei nemici della *Romania*: ormai, nel sistema creato da Alexios Komnenos, l'interesse personale andava oltre l'appartenenza allo Stato: la politica assomigliava sempre di più a una faida familiare.

A condannare Andronikos, al solito, furono i sempre terribili Normanni, alla loro ultima invasione dell'Impero. Sfruttando il paravento legale di un nipote di Manouel Komnenos, l'Impero fu invaso dalla flotta normanna di Guglielmo II di Sicilia – il costruttore della magnifica basilica di Monreale, presso Palermo. I Normanni presero Dyrrachion – *comme d'habitude* – ma poi ebbero maggiore fortuna del solito nella loro marcia verso Costantinopoli: il 24 agosto 1185, un assalto via mare e via terra riuscì finalmente ad avere la meglio delle mura di Thessalonika,[62] la seconda città dell'Impero. Ne seguì un brutale saccheggio che fu in un certo senso la prova generale di quello che avrebbe subito la più importante città dell'Impero vent'anni dopo. La violenza che i «Greci» avevano inflitto agli italiani di Costantinopoli nel 1182 fu restituita con gli interessi: si contarono migliaia di morti, mentre i Normanni si scatenarono con particolare trasporto nella persecuzione del clero ortodosso, colpevole di essere «scismatico».

Il disastro di Thessalonika fu l'ultima goccia che fece traboccare il vaso. Andronikos scoprì, come molti politici moderni, che il favore del popolo può essere volubile e di solito non sopravvive di fronte a un disastro politico-militare. Da idolo, l'imperatore divenne causa di tutti i mali dell'Impero. Il segnale di cui avevano bisogno i suoi oppositori: ora occorreva solo trovare una bandiera intorno alla quale radunarsi, un candidato al trono che lo potesse spodestare.

L'improbabile bandiera in questione fu Isaakios Angelos, membro di una delle più importanti famiglie nobiliari della capitale, gli Angeloi. Il 12 settembre del 1185, Andronikos inviò i suoi sgherri con l'idea di eliminare tutti i suoi potenziali oppositori rimasti, tra i quali c'era Isaakios. Ma il nostro futuro imperatore montò a cavallo, assaltò i sicari di Andronikos e poi cavalcò rocambolescamente attraverso la città, chiamando la popolazione a raccolta mentre mulinava la spada ancora grondante di sangue. Si rifugiò nell'Hagia Sophia, dove fu acclamato imperatore da un popolo festante: al solito, il sistema della «monarchia repubblicana» romana funzionò a suo modo, deponendo un «tiranno» ed elevando un *parvenu* alla massima carica dell'Impero. In Occidente non sarebbe mai accaduto.

Quanto ad Andronikos, il suo regno del terrore era agli sgoccioli: avrebbe condiviso la fine di Robespierre. Fu catturato mentre provava a fuggire e fu riportato in città su un cammello, in una pantomima di trionfo. Condotto nel Foro di Costantino, dovette subire tutte le umiliazioni del repertorio medievale: gli fu tagliata la mano destra, gli furono strappati i denti e i capelli, gli fu cavato un occhio, tagliati i genitali e, tra molte altre sofferenze, gli fu gettata acqua bollente in faccia, per sfigurarne la proverbiale bellezza. Dopo questo bel trattamento, quello che restava del poveretto – ancora vivo – fu condotto all'ippodromo. L'imperatore fu appeso per i piedi e due soldati latini gareggiarono nel tagliuzzare il suo corpo, senza ucciderlo. Andronikos spirò tra mille sofferenze, dopo una lunga agonia. I suoi resti furono lasciati insepolti.

L'Angelo protettore

Dopo la morte di Andronikos, ancora una volta i Romani riuscirono a salvare l'Impero dall'aggressione normanna: Isaakios Angelos non aveva alcuna reale esperienza militare, ma ebbe il buon senso di affidarsi a un capace generale, Alexios Branas. I Normanni, presa Thessalonika, marciarono sulla capitale, ma Branas riuscì a frustrare il secolare sogno normanno di prendere Costantinopoli. Gli invasori furono sconfitti su terra e su mare, molti di loro furono presi prigionieri e morirono in cattività. Nonostante questo, le Isole Ionie rimasero in mani normanne, con sommo dispiacere dei veneziani, che al solito non vedevano di buon occhio la presenza normanna su entrambi i lati dell'Adriatico.

I Normanni inflissero un'altra sconfitta all'Impero quando il loro ammiraglio, Margarito di Brindisi, riuscì a catturare il grosso della flotta imperiale alla fonda a Cipro, mentre Isaakios provava a recuperare l'isola. Dopo questa disfatta, Isaakios decise di concentrarsi sull'esercito: era a corto di fondi e non poteva permettersi di ricostituire la flotta. L'imperatore tastò quindi le acque negoziali della laguna, cercando con Venezia un accordo che garantisse all'Impero la protezione «navale» della Serenissima, in cambio ovviamente di concessioni commerciali. Insomma, la stessa politica di Alexios I Komnenos.

I veneziani, lo avrete immaginato, avevano già pronto il dossier delle loro richieste: pretendevano di riavere tutti i privilegi commerciali concessi da Alexios – più qualcosa in più, si intende – e il rimborso di ogni singola moneta d'oro che avevano perso nella persecuzione di Manouel del 1172. Isaakios accettò tutto: concesse nuovi approdi commerciali nella capitale, espandendo il quartiere veneziano, si offrì di pagare le famose 1500 libbre d'oro di riparazioni a Venezia, pagandone sull'unghia 250 e promettendo di versare il resto in rate annuali, per sei anni. L'imperatore sapeva di non avere in realtà i fondi necessari, ma pensò che il pericolo fosse troppo grande: aveva bisogno di una flotta per proteggere la città in caso di assedio. A quanto pare, riuscì a radunare i fondi per due altre rate nel 1191 e nel 1193, ma alla sua deposizione (nel 1195) buona parte delle «riparazioni» erano ancora da pagare: probabilmente circa 800 libbre d'oro. Venezia troverà il modo di ottenere tutto il dovuto, e con gli interessi.

D'altronde, ormai c'era stato uno spostamento dei rapporti di forza tra Impero e Venezia: San Marco era più forte, l'aquila imperiale più debole. Isaakios fu costretto ad accettare un vero e proprio trattato di alleanza alla pari, impensabile ai tempi di Manouel. In cambio, Venezia si impegnava a non stringere alcuna alleanza con potenze «nemiche» dell'Impero (come i Normanni, o l'imperatore Barbarossa). Inoltre, la Serenissima avrebbe dovuto fornire una flotta compresa tra quaranta e cento navi, da unire a un identico impegno imperiale. Dal canto suo, l'imperatore avrebbe potuto arruolare come marinai i veneziani che vivevano nell'Impero. A tutti gli effetti, equivaleva a riconoscere che i veneziani ormai avevano un vantaggio determinante nella guerra navale, e che la forza navale dell'Impero veniva subappaltata a loro. Questa sistemazione mi ricorda in parte quella dei *foederati* Goti del V secolo: all'epoca, i Romani insediarono nell'Impero un gran numero di combattenti «barbari», da reclutare nell'esercito. La principale differenza è che qui gli «esperti» sono marinai, e non fanti e cavalieri.

Protetto in questo modo il fianco costiero (più o meno), Isaakios poté concentrarsi in campagne su terra, e lasciò languire quello che rimaneva della grande flotta imperiale di Manouel Komnenos, ormai inutile. Le flotte medievali, infatti, richiedevano una costante cura e ricostruzione, un impegno finanziario che l'Impero, assaltato su ogni fronte, non si poteva più permettere.

Fortunatamente, i veneziani non verranno meno in pochi anni ai loro patti e non condurranno una grande spedizione navale, carica di nemici dell'Impero, fino alle mura di Costantinopoli. Oppure no?

I Bulgari

Nel frattempo, la deriva dell'Impero continuava. Il primo Impero bulgaro era stato annichilito a inizio XI secolo da Basileios II, ve lo ricordate lo «sterminatore di Bulgari»?

Nella realtà, i Bulgari non furono affatto sterminati, furono invece assimilati nell'Impero, con la solita tolleranza romana. Continuarono a mantenere un'identità etnica separata nel quadro del governo imperiale, mentre fu tollerato l'uso della loro lingua slavica nell'amministrazione e nella Chiesa. L'identità bulgara non svanì mai del tutto e, anzi, andò a unirsi sempre di più con un'altra ancestrale identità balcanica, quella dei *Vlach* o Valacchi, gli abitanti latinofoni dei Balcani (che noi conosciamo come «Rumeni»). Nel corso del XII secolo, Bulgari e *Vlach* ebbero sempre più da ridire sullo stile di governo dei Komnenoi, ma finché l'Impero fu forte non se la sentirono di ribellarsi.

Quando Isaakios fu però costretto ad alzare le tasse per rispondere alle sue multiple crisi su tutti i fronti, *Vlach* e Bulgari trovarono nei fratelli Asen – Petar e Ivan – i capi di cui avevano bisogno. La rivolta si estese rapidamente, coinvolgendo tutti i territori tra i monti *Haemus* (i Balcani) e il Danubio, il cuore della moderna Bulgaria. Nonostante alcune campagne non del tutto inefficaci di Isaakios, sul finire nel 1187 l'imperatore fu costretto a firmare una tregua con il nuovo Stato bulgaro, riconoscendone *de facto* l'esistenza, nello stesso anno in cui stringeva l'accordo con la Serenissima. La data non è casuale: il fatto è che Isaakios aveva ben altri problemi dei quali preoccuparsi. Stava per arrivare l'operazione Barbarossa, di cui parleremo tra poco.

I Bulgari giocheranno un ruolo fondamentale sul finire della Quarta crociata: ad Adrianopoli, infliggeranno una tremenda sconfitta a un esercito «latino», che ricorda da presso il disastro di Valente contro i Goti. Di questo, però, parleremo nell'ultima parte del libro.

Operazione Barbarossa

E così abbiamo ricongiunto la storia romana con quella occidentale: siamo giunti al 1187, e al disastro dei crociati in *Outremer*. La Terza crociata – diretta conseguenza della caduta di Gerusalemme – fu forse la più vasta delle spedizioni armate dell'Occidente nell'Oriente romano e arabo. Questa colossale spedizione armata si divise in tre operazioni, ognuna capitanata da uno dei tre potenti sovrani occidentali. Di gran lunga la più imponente fu quella di Frederick Barbarossa, imperatore del Sacro Romano Impero. Quel che è peggio, per i Romani, fu che questa spedizione prese la via di terra dalla Germania ai Balcani, e quindi passò inevitabilmente per il territorio romano.

Isaakios Angelos comprese da subito che questa tempesta era qualcosa di assai peggiore di quanto l'Impero aveva dovuto affrontare durante le precedenti crociate, senza contare che la *Romania* era in una posizione assai più fragile. L'esercito che Barbarossa allestì in Germania sembrava avere tutta la forza necessaria per espugnare Costantinopoli, se questo fosse stato il desiderio dell'imperatore dei «barbari» occidentali. Già in passato i crociati avevano immaginato di prendere la città e poi mettere la sua proverbiale ricchezza al servizio del progetto crociato. Quale migliore base per le armate crociate, quale migliore fonte di finanziamento?

Quello che accadde in seguito è una rappresentazione plastica di come le crociate avessero avvelenato i pozzi tra cristiani occidentali e orientali. Nel panico per l'arrivo dell'immensa armata crociata – secondo le stime moderne, il più grande esercito premoderno ad aver attraversato i Balcani,[63] forte forse di ventimila cavalieri e ottantamila fanti –, Isaakios temette che Barbarossa si alleasse con i suoi nemici, come i Bulgari, gli Ungheresi e i Serbi. Il *basileus* si chiedeva se l'imperatore «tedesco» volesse sostituirlo con un sovrano latino o magari spartire i domini balcanici della *Romania*. Non erano preoccupazione assurde: è quello che faranno i Latini di lì a pochi anni.

Isaakios attuò quindi una politica di ostruzionismo, cercando di rallentare l'avanzata tedesca e, se possibile, deflettere la sua traiettoria lontano dalla capitale. Barbarossa, in realtà, voleva semplicemente marciare in direzione di Gerusalemme, ma l'ostilità romana lo convinse che forse era venuto il tempo di conquistare la Grande città dei «Greci», non foss'altro che per avere libero passaggio per la Terrasanta. Tra l'altro, nel campo crociato, si diffusero voci secondo le quali Isaakios e il Saladino avevano stretto un trattato di alleanza in funzione anti-crociata.

Fuori di sé per la furia, Barbarossa scrisse a suo figlio Heinrich, rimasto in Germania, chiedendogli di mobilitare le risorse dei porti imperiali in Italia – Pisa e Genova – in modo da muovere all'assalto di Nuova Roma sia via mare che via terra. Fece contattare il Papa per avere l'autorizzazione e il beneplacito a un attacco a Costantinopoli: per il bene della crociata, si intende.

Dopo questi rovesci diplomatici, Isaakios comprese che non c'era modo di resistere a Barbarossa, e si decise a trattare con l'imperatore dei Tedeschi: per sua fortuna, Frederick Barbarossa era onesto quando sosteneva di desiderare solamente il via libera per la Terrasanta: non aveva mire su Costantinopoli. Nel febbraio del 1190 si giunse a un accordo: Barbarossa attraversò l'Ellesponto – gli stretti dei Dardanelli – e non passò per la capitale romana. In cambio, ottenne rifornimenti e supporto logistico sulla via per Gerusalemme. Non che gli giovò: Barbarossa finì per morire annegato nell'attraversamento di un fiume dell'Asia Minore, nel giugno del 1190. L'intera vicenda però diede il via a una «leggenda» che si trova ancora, purtroppo, in molti libri di storia, quella dell'alleanza tra Isaakios e Saladino, con lo scopo di deviare o sconfiggere la Terza crociata.

L'alleato del Saladino

A dire la verità, un'alleanza tra Isaakios e Saladino è altamente improbabile: ha tutta l'aria di essere un'interpretazione latina del modo di pensare dei Romani. Infatti Isaakios, a quanto pare, negoziò un accordo con il condottiero curdo per riavere la custodia dei luoghi santi cristiani a Gerusalemme, da secoli una costante della politica estera romana: ricordo che fu l'Impero romano a ricostruire la chiesa del Santo Sepolcro nell'XI secolo. La parentesi «crociata» a Gerusalemme (dal 1099 al 1187) era stata un raro periodo in cui il clero ortodosso non aveva controllato i luoghi santi, al cui posto si era installato il clero latino.

Questi rapporti diplomatici furono interpretati dai crociati come un'alleanza «contro» i loro interessi, e contro la «Santa Chiesa romana», madre di tutte le Chiese. Dalla Prima crociata, i Romani erano stati accusati di non sostenere abbastanza le crociate; adesso, nell'ora del maggior bisogno per i Latini, gli occidentali iniziarono a ritenere che i «Greci» fossero un nemico alla pari degli infedeli saraceni.

Le prime conseguenze si videro già l'anno seguente: quando Richard I *Lionheart* giunse a Cipro con la flotta inglese, si impadronì dell'isola (già ribellatasi ad Alexios) e la concesse a un ex re di Gerusalemme, fondando un nuovo Stato crociato. Nelle intenzioni di Richard, Cipro sarebbe dovuta diventare una base di supporto di quello che rimaneva degli Stati crociati: era un'importante tappa di avvicinamento via mare alle città di Tiro, Antiochia e Acri, città che Richard conquistò nel 1191, dopo un lungo e sanguinoso assedio. Acri divenne la nuova (e ultima) capitale di *Outremer*.

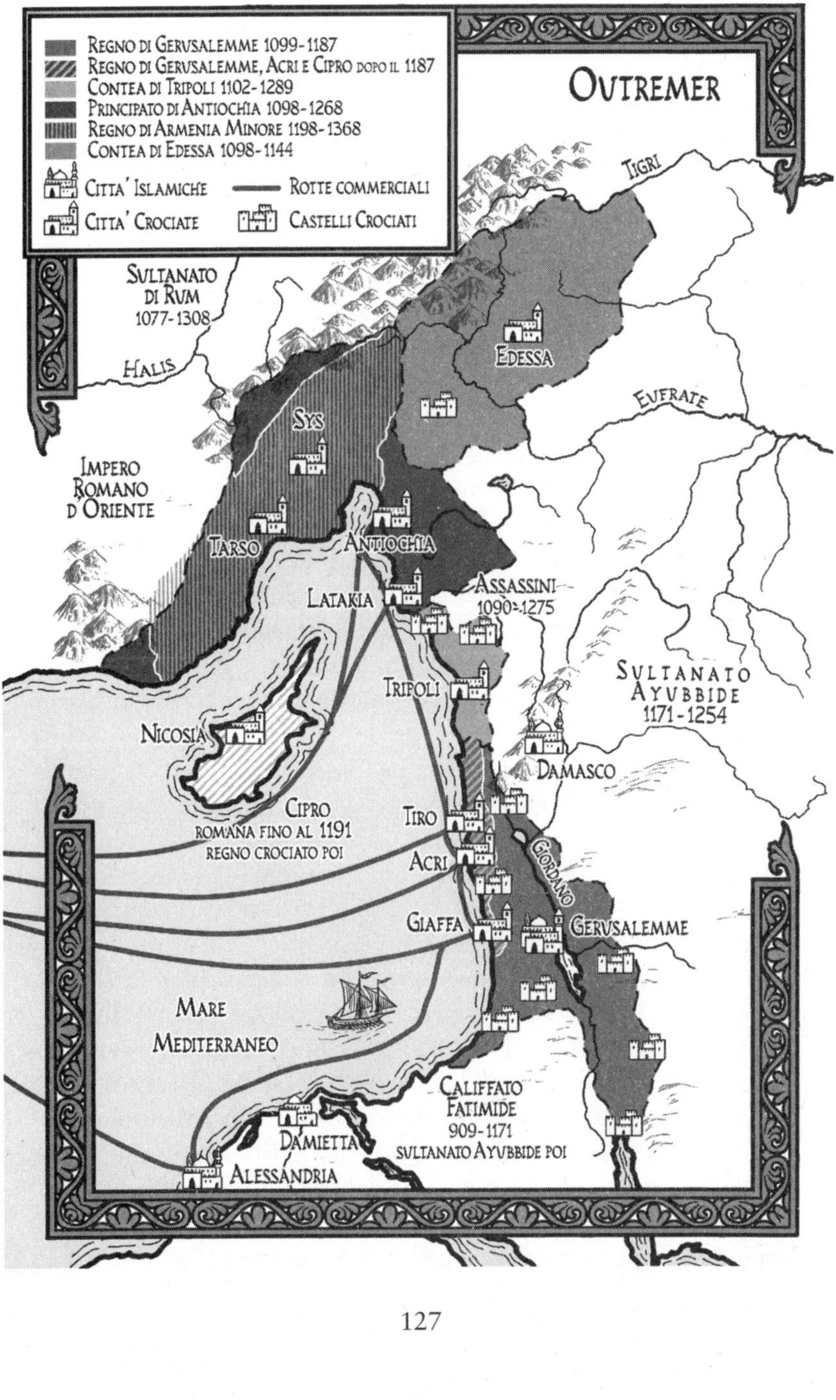
Regno di Gerusalemme 1099-1187
Regno di Gerusalemme, Acri e Cipro dopo il 1187
Contea di Tripoli 1102-1289
Principato di Antiochia 1098-1268
Regno di Armenia Minore 1198-1368
Contea di Edessa 1098-1144
Citta' Islamiche
Rotte commerciali
Citta' Crociate
Castelli Crociati
Outremer
Tigri
Sultanato di Rum 1077-1308
Halis
Edessa
Eufrate
Sys
Impero Romano d'Oriente
Tarso
Antiochia
Latakia
Assassini 1090-1275
Tripoli
Sultanato Ayubbide 1171-1254
Nicosia
Damasco
Cipro
romana fino al 1191
regno crociato poi
Tiro
Acri
Giordano
Giaffa
Gerusalemme
Mare Mediterraneo
Califfato Fatimide
909-1171
sultanato Ayubbide poi
Damietta
Alessandria

La Terza crociata fu solo un parziale successo per i crociati: Philippe Auguste, il re di Francia, litigò presto con Richard, d'altronde il suo principale rivale in Francia, e se ne tornò in patria per progettare la riconquista dei territori francesi dei Plantageneti. Richard restò in Terrasanta fino al 1192. Il resto della sua storia, che è molto affascinante e ha anche a che fare con il mito di Robin Hood, non ci interessa in questa sede.

L'eredità della Terza crociata fu l'innaturale «prolungamento» della vita utile degli Stati crociati in *Outremer* e l'ampliamento del fossato tra cristiani occidentali e orientali. Un'altra conseguenza fu che, da un punto di vista militare, i Latini ne trassero due lezioni: i travagli del Barbarossa e, di contro, l'arrivo in massa delle forze francesi e inglesi via mare avevano dimostrato che la via migliore per *Outremer* era quella che passava sulle onde: era più costosa, perché bisognava assoldare una grande flotta, ma il dominio latino sul Mediterraneo era ormai totale, soprattutto grazie alle vittorie di Pisa, Genova e Venezia contro le flotte arabe, per non parlare del collasso della flotta romana. Quanto alla seconda lezione, gli occidentali avevano compreso che la vera forza del Saladino era il suo controllo dell'Egitto: l'Egitto finanziava l'esercito che aveva preso Gerusalemme, solo sottraendo la valle del Nilo agli Arabi si poteva costruire un impero «crociato» in *Outremer* capace di respingere qualunque velleità di *reconquista* islamica. In base a queste due lezioni, la Quarta crociata sarebbe andata in Oriente via mare, e avrebbe scelto l'Egitto come suo iniziale obiettivo.

L'amore fraterno

Dopo il passaggio della Terza crociata, Isaakios tornò alla sua preoccupazione principale: provare a sconfiggere la «ribellione» dei Bulgari, alleati dei *Vlach* e, da poco, anche dei nomadi cumani. Sul finire del 1194, i generali di Isaakios subirono un'umiliante sconfitta per mano della coalizione bulgara nei pressi di Arkadiopolis, non molto lontano da Costantinopoli. Come era stato il caso della sua ascesa nel 1185, la sconfitta da parte di un nemico esterno fu la causa della caduta di Isaakios: si formò una congiura di nobili e ufficiali, intenzionati a deporlo.

Come veicolo per le loro ambizioni, le famiglie aristocratiche di Nuova Roma utilizzarono il fratello di Isaakios, ovvero Alexios Angelos. Isaakios fu arrestato, accecato e messo agli arresti domiciliari: a quanto pare, quest'inevitabile menomazione tormentò a lungo suo fratello Alexios, che si rifiutò di servire la stessa medicina a suo nipote, il figlio di Isaakios, anche lui di nome Alexios.

Giunti a questo punto, mi toccherà dare dei nomi diversi ai nostri Alexios perché – per nostra sfortuna – nel corso della Quarta crociata avremo ben tre «imperatori» con il nome di Alexios. Alexios III Angelos cambierà il suo nome in «Komnenos», per legarsi alla vecchia dinastia imperiale, con la quale era lontanamente imparentato. Alexios III Angelos per noi sarà quindi sempre Alexios III Angelos Komnenos. Quanto al figlio di Isaakios Angelos, questo giovane Alexios sarà semplicemente Alexios Angelos. Ricordatevi anche la differenza d'età: all'epoca della Quarta crociata, Alexios III era imperatore da quasi dieci anni, e aveva circa sessant'anni. Quanto ad Alexios Angelos, era ancora un ragazzo di poco più di vent'anni. E sì, avremo anche Alexios V, ma sveleremo il suo volto sono nel prosieguo della storia.

Cupio dissolvi

Alexios III decise di rovesciare la politica estera del fratello, in particolare per quanto riguardava uno degli alleati cruciali dell'Impero, che non era mai stato chiamato a intervenire ma al quale era stata subaffittata la sua difesa navale: Venezia.

Immagino che Alexios pensò che dipendere da una sola potenza navale «straniera» fosse molto pericoloso, e a dirla tutta lo era. Non c'erano i fondi per pagare le rate mancanti richieste dai veneziani, e Alexios decise semplicemente di interrompere i pagamenti. Onde prepararsi all'inevitabile reazione veneziana, intavolò trattative con Genova e Pisa, le mortali rivali di Venezia. Le due città marinare avevano preso a razziare i territori imperiali dopo la loro espulsione dalla città nel 1182, si erano anche date apertamente alla pirateria contro le navi imperiali, rendendo il placido Egeo un mare pericoloso. Alexios dovette rabbonire le due città tirreniche ampliando ulteriormente le loro concessioni, con l'effetto però di infuriare i veneziani. Ormai l'Impero era in balia delle potenze mercantili italiane.

A corto di opzioni, Alexios dovette tornare a trattare con i veneziani, offrendo nel 1198 una nuova Crisobolla: Venezia tornò a impegnarsi nella difesa navale dell'Impero, anche contro genovesi e pisani, e ottenne la conferma di tutti i privilegi passati. L'imperatore estese inoltre la giurisdizione dei giudici veneziani nella colonia di Costantinopoli, venendo ulteriormente incontro alle richieste della Serenissima.

Quello che Venezia non ottenne però fu il saldo del «debito» per i fatti del 1172. Quel problema, ormai vecchio di quasi trent'anni, rifiutava di scomparire da solo, perché i veneziani continuavano cocciutamente a battere cassa. Alexios non aveva di che pagarli, perché nel frattempo aveva dovuto versare una spaventosa tangente a una potenza molto più importante, l'imperatore dei Germani.

Eurotax

Dopo la morte di Barbarossa, gli succedette suo figlio Heinrich VI. Per sommo dispiacere del papato, che aveva passato secoli a far sì che non si formasse un potere capace di unificare l'intera penisola, Heinrich si propose di conquistare il regno dei Normanni, sul quale accampava diritti in quanto marito di Costanza d'Hauteville, principessa normanna. Heinrich costrinse Papa Celestino III a incoronarlo imperatore e nel 1194, conquistata la Sicilia, si fece incoronare re di Sicilia a Palermo. Con questa dimostrazione di potenza Hohenstaufen, ormai i due principali Stati italiani – l'Impero e il regno normanno – erano governati dalla stessa persona. Per il papato, fu un disastro.

Una volta sconfitti i suoi nemici italiani, Heinrich ereditò dal Barbarossa la passione per le crociate: nel 1197, iniziò a progettare una grande spedizione in Oriente che avrebbe finalmente completato il lavoro del padre, riconquistando Gerusalemme. Si tratta della cosiddetta «crociata tedesca»: non ha un numero perché, spero lo abbiate capito, in realtà le crociate sono state molte di più di quelle «ufficiali».

Per garantirsi il successo, Heinrich pensò che fosse ormai ragionevole costringere l'indebolito Impero «dei Greci» a contribuirvi finanziariamente alla sua crociata: inviò un messaggio ad Alexios III Angelos Komnenos, imponendogli di pagare una pesantissima «contribuzione» alle spese della spedizione, o di cedere in pegno tutti i territori conquistati dai Normanni nel 1185, compresa Thessalonika, la seconda città dell'Impero. D'altronde, Heinrich era o non era il re di Sicilia?

Alexios sapeva che un sovrano che controllava Pisa, Genova, la Sicilia ex normanna e l'immenso esercito tedesco non poteva essere né sconfitto né rallentato. Non trovò altra soluzione che pagare, almeno in parte, l'esorbitante richiesta di 5000 libbre d'oro (tre volte quanto chiesto dai veneziani). L'Impero impose una tassa speciale ai suoi sudditi, l'*Alamanikon*, la tassa degli Alemanni: mai, nella lunga storia imperiale, si era arrivati a una tale umiliazione.

Ma ci fu di peggio: Alexios fece riesumare buona parte delle tombe imperiali custodite nel mausoleo della chiesa dei Santi Apostoli; aperte le tombe, le corone e i gioielli degli antichi imperatori romani furono razziate per raccogliere oro e argento. A quanto pare, il bottino fu di 7000 libbre di argento e un ammontare imprecisato di oro. La civiltà romana era ormai costretta al disperato saccheggio dei suoi defunti sovrani pur di tenere a bada i Latini. In Occidente tutti ormai ritenevano i «Greci» dei deboli e pusillanimi che potevano essere comandati a bacchetta, sotto la pressione della minaccia militare. L'*Alamanikon* venne versato al sovrano tedesco a inizio 1197. Sei anni dopo un gruppo di occidentali armati discenderà su Costantinopoli, reclamando il pagamento dei loro «servigi».

Guelfi e Ghibellini

Heinrich VI non era destinato a prendere Gerusalemme. Anzi, non era proprio destinato a governare a lungo. In quello che fu l'ultimissimo colpo di fortuna dell'Impero romano prima del disastro, a settembre del 1197 Heinrich VI morì inaspettatamente mentre assediava una fortezza siciliana che si era ribellata al suo piuttosto tirannico governo. Lasciò un fanciullino di tre anni, un certo Federico che un giorno sarà lo *Stupor Mundi*. In Germania si accese una dura lotta alla successione: per l'elezione del nuovo sovrano, si contendevano la carica la fazione degli Hohenstaufen, duchi di Swabia e signori di Waibling[64] (da cui la fazione dei Ghibellini in Italia) e i loro oppositori Welfen (Guelfi), alleati del papato. In questo frangente, il papato sperava di rompere l'associazione tra Impero d'Occidente e regno di Sicilia, e il modo migliore di farlo era separare la corona tedesca da quella degli Hohenstaufen di Sicilia.

I due principali rivali per la corona tedesca erano Philipp di Swabia, figlio minore del Barbarossa, e Otto IV di Welf-Brunswick. Il primo aveva il supporto cruciale della maggior parte dei principi tedeschi, il secondo del papato e di Richard I *Lionheart*, che era suo parente: Otto era cresciuto in Inghilterra. Ne seguì una lunga guerra civile, che durò per ben dieci anni e che non ci interessa se non per un dettaglio: Philipp di Swabia. Ma ci torneremo nel prossimo capitolo.

Europa Universalis 1198

Siamo così arrivati al 1198, l'anno cruciale in cui inizia la storia della crociata dei traditori, la crociata dei veneziani, la crociata dei bugiardi, la crociata dei «pellegrini smarriti» sulla via di *Outremer*. Prima di gettarci nell'azione, vediamo come sono messi tutti e quattro i principali attori di questo dramma: l'Impero romano, la Repubblica di San Pietro, l'Europa dei Franchi e la Repubblica di San Marco.

L'Impero romano, credo sia chiaro, è in una grave crisi. La ripresa dei Komnenoi si è definitivamente conclusa. Un periodo di ribellioni e guerre civili ha delegittimato la classe politica al potere, portando a rapidi e violenti passaggi di potere dopo la morte di Manouel Komnenos. Il complicato scacchiere geopolitico si è rovesciato sui Romani, con invasioni esterne provenienti in contemporanea dai Normanni, dai Turchi, dalle città marinare italiane, dal rinnovato Impero bulgaro. Lo Stato ha provato a reagire, ma si è ritrovato con sempre minori territori e risorse finanziare per difendere quello che resta. La favolosa e proverbiale ricchezza di Costantinopoli non è ancora del

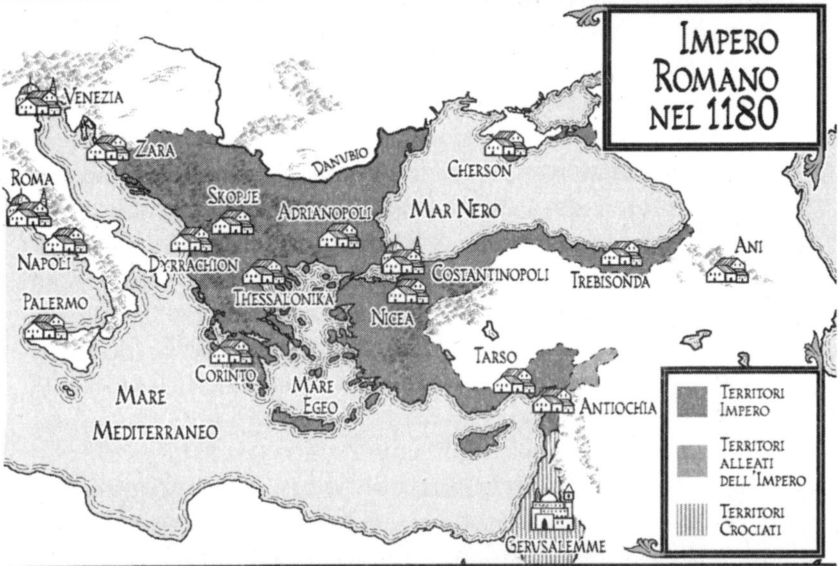
IMPERO
ROMANO
NEL 1180
VENEZIA
ZARA
DANUBIO
CHERSON
ROMA
SKOPJE
ADRIANOPOLI
MAR NERO
NAPOLI
DYRRACHION
COSTANTINOPOLI
TREBISONDA
ANI
PALERMO
THESSALONIKA
NICEA
TARSO
CORINTO
MARE
EGEO
MARE
MEDITERRANEO
ANTIOCHIA
GERUSALEMME
TERRITORI
IMPERO
TERRITORI
ALLEATI
DELL'IMPERO
TERRITORI
CROCIATI

IMPERO
ROMANO
NEL 1203
VENEZIA
ZARA
DANUBIO
CHERSON
ROMA
SKOPJE
BULGARIA
ADRIANOPOLI
MAR NERO
NAPOLI
DYRRACHION
COSTANTINOPOLI
TREBISONDA
ANI
PALERMO
THESSALONIKA
ATENE
NICEA
SULTANATO DI RUM
REGNO ARMENO
DI CILICIA
TARSO
CORINTO
MARE
EGEO
ANTIOCHIA
MARE
MEDITERRANEO
REGNO
DI CIPRO
TIRO
OUTREMER
GERUSALEMME
TERRITORI
IMPERO
TERRITORI
CROCIATI

tutto consumata, ma il flusso di cassa dalle province si è notevolmente ridotto. Di conseguenza, gli Angeloi hanno deciso di abbandonare la difesa sul mare, subappaltandola alla Repubblica di Venezia. Ribellioni locali sempre più gravi hanno minato la presa del centro sulla periferia.

Detto questo, l'Impero non è nuovo a crisi di questo tipo. Ai tempi di Alexios I Komnenos, le cose erano state decisamente peggiori: allora tutta l'Asia Minore era sotto la marea turca, i Normanni erano alle porte della capitale e da nord i nomadi della steppa razziavano tutti i Balcani. Per Costantinopoli, la fine non è certo vicina, non c'è nulla di inevitabile in quello che sta per accadere. Saranno il fato e le decisioni della dirigenza politica – romana e occidentale – a guidare la tragicommedia che sta per compiersi.

Quanto alla Repubblica di San Pietro, la sua lotta per l'indipendenza da qualunque potere laico continua: Frederick Barbarossa è stato contenuto grazie all'alleanza con i comuni italiani, ma suo figlio è riuscito a reimporsi sull'Italia, arrivando perfino a unire il regno normanno alla corona imperiale, un rischio enorme per l'indipendenza del vicario di Pietro: ora il papato si ritrova circondato da territori degli Hohenstaufen. Il suo obiettivo, da ora in poi, sarà evitare che il potere imperiale e quello regio di Sicilia si consolidino nuovamente nelle mani di un solo attore politico. Fortunatamente, tramite anche i suoi alleati, ci sono ben due pretendenti al trono imperiale e un infante re di Sicilia. Gli Hohenstaufen sono divisi e la loro autorità è contestata. Il prossimo Papa, eletto nel 1198, vorrà a tutti i costi mantenere questo *status quo*. Grazie ai cardinali elettori, il Papa in questione sarà uno dei più formidabili successori di san Pietro: Innocenzo III, al secolo Lotario dei conti di Segni. Non vi preoccupate, faremo la conoscenza di questa forza della natura sotto forma di Papa nelle prossime pagine.

Al di là di tenere l'Impero diviso e debole, e le mani dell'imperatore lontane dal regno di Sicilia, il papato ha un altro obiettivo fondamentale: proteggere la sua «colonia» orientale, *Outremer*, e recuperare Gerusalemme. Come ai tempi di Urbano II, con Innocenzo III l'affermazione della supremazia papale sui sovrani laici andrà mano nella mano con la difesa dell'impero crociato.

Nel mondo dell'Impero dei Franchi, o dei Latini, o se preferite nell'Europa feudale, i tre grandi regni dell'Occidente sono in una situazione complessa e confusa. L'Impero è piombato in una crisi e in una guerra civile che contrappone la fazione fedele agli Hohenstaufen a quella che invece supporta Otto IV di Welf-Brunswick. In Italia e in Germania, ci sono sostenitori dell'uno e dell'altro. Per Philipp, uno dei modi per trionfare sull'avversario sarà affermare con forza la vocazione «universale» dell'ufficio imperiale: suo fratello Heinrich VI e suo padre Frederick Barbarossa erano arrivati molto vicini all'imporre il loro volere sui riottosi «imperatori dei Greci», indegni di portare ancora orgogliosamente il titolo di «imperatore dei Romani». Cos'era quel piccolo, ridicolo Impero di fronte alla potenza dell'Occidente? Per Philipp, l'affermazione sui «Greci» può essere il viatico per imporsi anche su Otto di Welf e sul suo burattinaio a Roma.

In Francia, regna il caos: qui i due sovrani principali sono i due vecchi rivali della Terza crociata: Richard I *Lionheart* d'Inghilterra e Philippe Auguste di Francia. Quest'ultimo controlla in realtà solamente il cuore del regno: la zona intorno a Parigi, oltre ad avere alcuni potenti alleati tra i conti di Francia. È però determinato a recuperare il controllo dell'altra metà del suo regno, che ora è nelle mani del suo principale rivale.

Infine, nelle lagune dell'Adriatico settentrionale a governare Venezia è giunto un terribile vecchio: il sottile diplomatico della Repubblica Enrico Dandolo è stato eletto doge nel 1192, alla veneranda età di ottant'anni (circa). Dandolo aveva negoziato con Manouel Komnenos, con Andronikos Komnenos, con i Normanni, con i musulmani d'Egitto. È uno dei più affermati statisti di Venezia. Conosce a menadito sia l'Impero che la città di Costantinopoli, ha rapporti sul continente e con la politica italiana. Il nuovo doge non ha dimenticato l'oltraggio di Manouel, né lo ha mai perdonato. Per trent'anni ha tessuto una complicata tela diplomatico-militare con l'obiettivo di restituire a Venezia una posizione dominante, meglio se monopolista, all'interno dell'Impero romano. Non solo: pretende il pagamento di ogni singola perdita subita dai suoi cittadini nel 1171 per opera di Manouel Komnenos.

Da un punto di vista strategico, Venezia guarda con preoccupazione alla posizione di pisani e genovesi nell'Impero romano, e alla presenza ungherese in Adriatico. Nel 1183, infatti, Zara, una delle più importanti città della Dalmazia, si è ribellata alla Serenissima e ha chiesto l'aiuto del re d'Ungheria Bela III, che è riuscito a sottrarre al controllo veneziano anche le città dalmate più a sud, come Ragusa e Spalato.[65] Zara ha anche firmato un accordo di alleanza con Pisa, dando il via a una lunga guerra tra Venezia e lo schieramento Zara-Pisa-Ungheria. Per tre volte le flotte veneziane hanno provato a riprendere la città: nel 1183, nel 1187 e poi nel 1190, tutte spedizioni decise dal doge Orio Mastropietro, predecessore di Dandolo, tutte fallimentari. Enrico Dandolo deve trovare un modo di sbrogliare tutte queste pratiche lasciate aperte dal suo inefficace predecessore. Ma come farlo alla sua età, senza gli occhi, e con a disposizione solo le risorse militari di una semplice città-Stato, seppur potente? Cosa può Venezia contro Papi, re e imperatori?

Il bianco apre

La scacchiera è dunque pronta, i pezzi sono stati posizionati. Cavalieri bianchi e neri, re e regine, torri d'assedio e fanti carne da macello. Quello che manca è solo la prima mossa. A farla, sarà Lotario dei conti di Segni, uno dei più importanti Papi della storia.

Parte seconda
La crociata dei bugiardi

1
Una crociata a lungo attesa

Innocente solo di nome

L'8 gennaio 1198, Lotario di Segni venne eletto Papa: la sua non fu un'elezione normale. Lotario fu acclamato all'unisono dal clero romano, il primo giorno delle votazioni. Insomma, nessuno sembra aver avuto alcun dubbio, e non perché si trattava di un vegliardo: Lotario aveva appena trentasette anni, ed era un Papa giovanissimo, anche per i tempi. La sua elezione segnò l'inizio di un pontificato straordinario, caratterizzato da una forte affermazione del potere papale, ben al di là perfino di quanto sognato da Gregorio VII il riformatore.

Lotario di Segni nacque nel 1161 da una nobile famiglia laziale, i conti di Segni, che si accorse presto di avere tra le mani un giovane brillante, indirizzandolo immediatamente a una prestigiosa carriera di studi. Frequentò quindi le due principali università dell'Europa latina: studiò teologia a Parigi e diritto canonico a Bologna, sotto i più importanti intellettuali dell'epoca. Tornato a Roma a ventun anni, iniziò una fulminea ascesa alla gerarchia ecclesiastica romana: fatto cardinale a soli trent'anni, entrò presto nel governo della Repubblica di San Pietro.

Appena sette anni dopo morì Papa Celestino III, un Pontefice che non era riuscito a mettere a freno lo strabordante imperatore Heinrich VI. La curia sentì allora il bisogno di un Papa energico, giovane, senza alcuna ritrosia nell'imporre la supremazia papale su tutta la cristianità, che avesse l'intelligenza per affrontare il nido di vipere che era la politica europea. I cardinali pensarono che Lotario fosse il migliore antidoto alle pretese degli Hohenstaufen, indeboliti dalla morte dell'imperatore, spirato improvvisamente mentre si preparava a imbarcarsi per la sua crociata.

Lotario si mise subito al lavoro per riportare il Papato al centro della politica occidentale: avrebbe usato il martello della crociata e la scure della diplomazia papale, avrebbe diviso i suoi amici e riunito i suoi sostenitori. D'altronde, il *divide et impera* non era stata la strategia con cui Roma era diventata Roma?

La voce rauca, gli occhi che piangono

Nel suo lungo pontificato, Innocenzo III intervenne nelle questioni politiche e dinastiche di tutti i regni europei, tentando di mantenere l'equilibrio di poteri tra i vari sovrani dell'Occidente, in modo da farsi arbitro dell'Europa latina. Fu un sostenitore dell'autorità papale sopra quella temporale, affermando che il papa era il rappresentante di Dio in terra e quindi detentore del potere supremo. Per Innocenzo III, il potere papale era quello del Sole, mentre quello dell'imperatore era paragonabile a quello della Luna: non brillava di luce propria, ma riflessa. La fonte della legittimità politica in Occidente non poteva che essere la Chiesa romana.

A parte la Quarta crociata – di cui parleremo tra poco – nel suo lungo regno pontificale Innocenzo III raggiunse innumerevoli traguardi: bloccò l'ascesa imperiale di Philipp di Swabia, duellò contro il nuovo imperatore, Otto di Welf-Brunswick, un candidato «guelfo» che a suo dire si era montato la testa, per aprire infine la strada all'ascesa di Federico II (pentendosene poi amaramente). Innocenzo indisse crociate non solo a favore di *Outremer* – ben due! – ma anche contro gli eretici occidentali, in particolare contro gli Albigesi, crociata che fece strage in Francia meridionale. Durante il suo colossale pontificato, fece anche a tempo ad approvare l'istituzione dell'ordine francescano: san Francesco era suo contemporaneo. Impose importanti riforme al diritto canonico e riconquistò buona parte dei territori dello Stato pontificio, che erano stati occupati da Heinrich VI. In poche parole, siamo di fronte a uno dei più formidabili Papi della storia.

Appena seduto sul trono di san Pietro, nel 1198, tre erano i suoi pressanti obiettivi politici: affermare l'autorità della Chiesa sul suo patrimonio, impedire alle forze «ghibelline» di coalizzarsi come ai tempi di Heinrich VI e – *last but not least* – organizzare una nuova crociata per salvare *Outremer*. La colonia occidentale in Terrasanta era ancora appesa a un filo, limitata a una stretta fascia costiera, e questo da più di dieci anni, da quando Saladino aveva distrutto la potenza crociata ad Hattin, nel 1187. La Terza crociata, pochi anni prima, aveva impedito che il progetto naufragasse del tutto, ma non era riuscita a riconquistare il Santo Sepolcro, la meta più ambita in assoluto.

Per prendere due piccioni con una fava, Innocenzo III decise di fare tesoro dell'esperienza della Terza crociata. Era convinto che la partecipazione di tre teste coronate avesse nociuto al progetto crociato: d'altronde, l'unica crociata coronata dal successo (la prima) non aveva avuto bisogno di alcun sovrano. Soltanto la Santa Sede aveva l'autorità spirituale necessaria a riconquistare il Santo Sepolcro, la sua guida sarebbe stata più che sufficiente. Il Papa avrebbe fatto diretto appello ai nobili latini.

Per fortuna, grazie all'archivio epistolare di Innocenzo III, sappiamo esattamente quando e come fu lanciato l'appello per la Quarta crociata: era il 15 agosto del 1198, a pochi mesi dall'elezione pontificia di Lotario di Segni. Le sue parole non hanno perso nulla dell'originale carica emotiva:

> *In seguito al drammatico crollo del territorio di Gerusalemme, in seguito al deplorevole massacro del popolo cristiano, in seguito alla vergognosa invasione di quella terra sulla quale camminarono i piedi di Cristo e dove il nostro Signore si degnò (...) di operare la salvezza di tutti noi su questa terra, in seguito alla ignominiosa perdita della Vera Croce – sulla quale è avvenuta la salvezza del mondo – la Santa Sede Apostolica fu addolorata e allarmata da tale sciagurata calamità. A forza di gridare e gemere, la sua gola è diventata rauca e, per l'eccessivo pianto, i suoi occhi si sono quasi accecati.*[1]

Per rendere l'appello più efficace, la lettera di Innocenzo III include un'invettiva che gli «infedeli» musulmani indirizzerebbero ai cristiani, sfidandoli a dimostrare la veridicità del loro Dio:

> *Dov'è il vostro Dio, quel Dio che non può liberarsi dalle nostre grinfie? Ecco! Ora noi abbiamo profanato i vostri luoghi santi. Ecco! Ora abbiamo teso la mano verso le reliquie che più vi sono care! Sfidando la vostra determinazione, con la violenza abbiamo attaccato, invaso e conquistato quei luoghi santi in cui fingete che sia iniziata la vostra superstizione. Abbiamo già fiaccato e spezzato le lance dei Galli; abbiamo vanificato gli sforzi degli Inglesi;*[2] *di recente abbiamo bloccato, per la seconda volta, la potenza dei Tedeschi;*[3] *abbiamo domato gli orgogliosi Spagnoli.*[4] *E anche se avete provveduto a radunare tutte le vostre forze contro di Noi, finora non avete ottenuto alcun successo duraturo. Dov'è dunque il vostro Dio?*[5]

Si tratta di un messaggio attentamente calibrato per infervorare la profonda, combattiva religiosità della classe militare occidentale. Tanto che Innocenzo aggiunge: «*Come possiamo dunque, miei figli e fratelli, ribattere agli insulti degli insultatori?*». Domanda retorica: con la guerra.

Per far fronte agli infedeli, il Papa mobilita anche il potere militare della Chiesa. D'altronde, ogni abate e vescovo aveva a disposizione un certo numero di vassalli armati e gli stessi chierici potevano scendere direttamente in battaglia. Scrive il Papa:

> *Vi ordiniamo – cari fratelli arcivescovi e vescovi e i nostri diletti figli, gli abati, i priori e gli altri prelati delle chiese – di reclutare nel prossimo marzo un numero di guerrieri secondo le vostre disponibilità o, al posto di questi, una somma fissa di denaro.*

Quanto ai signori laici, il Papa sapeva che affidarsi all'ideologia guerriera del cavalierato occidentale e al fervore della guerra santa non sarebbe stato sufficiente: a fine XII secolo, per indire con successo una crociata, occorreva mettere sul piatto diverse carote. Da un punto di vista spirituale, l'appello di Innocenzo include l'offerta della totale remissione dei peccati in cambio di due anni di servizio militare in *Outremer*. L'indulgenza dei peccati era stata la grande motivazione della Prima crociata, un secolo dopo gli ormai smaliziati cavalieri occidentali chiedevano altri «benefit» prima di imbarcarsi, primo tra tutti la protezione sui debiti e dai creditori: la nobiltà europea era abituata a spendere e spandere, spesso ben oltre le sue possibilità e rendite. La maggior parte dei cavalieri occidentali erano indebitati fino al collo, ancor prima di partire per la crociata, una missione notoriamente ad alto rischio ed estremamente costosa. Innocenzo promette quindi la protezione papale sui patrimoni degli aspiranti crociati, garantendo che nessun debitore sarebbe stato privato dei suoi beni in caso di inadempienza nei pagamenti: una sorta di congelamento di tutti i debiti. Non solo, il Papa chiese ai vescovi di assicurarsi che ai debitori fossero rimessi tutti gli interessi dovuti sui loro prestiti, in particolare se sottoscritti dagli «usurai» ebrei.

Oltre a questo, nel suo appello c'è una grande novità: il riferimento alle città, per la prima volta considerate un attore importante della potenza militare occidentale. Già nella primissima missiva in preparazione della spedizione, Innocenzo III dichiara che uno dei due cardinali incaricati di organizzare la crociata – il cardinale Soffredo di Santa Prassede – sarà inviato a Venezia per predisporre un potenziale accordo di trasporto per *Outremer*: un prematuro indizio del ruolo svolto da questa città nella Quarta crociata.

Innocenzo termina la sua missiva dichiarando che, già nella seguente primavera del 1199, la crociata dovrà partire per la Terrasanta:

> *Dunque, che tutti si preparino affinché il prossimo marzo ogni città per sé stessa, unitamente a conti e baroni, secondo le possibilità di ciascuno, inviino a loro spese un certo numero di guerrieri (per la crociata).*[6]

Le cose andranno in realtà un po' diversamente.

Vai via, mercante di Chiese!

Per propagare questo messaggio in Francia, la terra dove c'erano più possibilità di arruolare un considerevole numero di crociati, Innocenzo incaricò un predicatore francese che aveva probabilmente conosciuto durante i suoi studi a Parigi: Foulques di Neuilly.[7] Nel suo ruolo, avrebbe dovuto infervorare gli animi dei nobili francesi, i più importanti sostenitori del movimento crociato: doveva essere, insomma, l'equivalente di Pietro l'Eremita durante la Prima crociata.

Innocenzo si focalizzò sulla Francia perché pensava che sui nobili tedeschi non ci fosse da fare affidamento: in questo momento, era in corso una guerra civile tra Philipp di Swabia e Otto di Welf-Brunswick, ma in generale il Papa non si fidava troppo dei Tedeschi. Molti di loro erano dei sostenitori ghibellini degli Hohenstaufen e non pochi avevano seguito Heinrich VI nelle sue guerre in Italia, nelle quali la Santa Sede era stata umiliata. Molto meglio confidare nei Francesi, che sembravano non avere problemi a riconoscere la supremazia del papato sull'autorità dell'imperatore, che non era il loro sovrano.

C'era però un solo, piccolo problema a proposito della Francia. Anche qui era in corso una vera e propria «guerra civile», anche se mascherata dal conflitto tra Philippe Auguste di Francia e Richard I *Lionheart* d'Inghilterra. In realtà, non si trattava di una guerra tra due nazioni, come parrebbe ai nostri occhi moderni, ma tra due dinastie «francesi»: i Plantageneti contro i Capetingi. Entrambe avevano autorevoli appoggi tra i nobili di Francia, che sostenevano o l'uno o l'altro.

Mentre Richard I *Lionheart* era impegnato in *Outremer* nel tentativo di salvare la colonia crociata dall'annientamento, Philippe Auguste di Francia ne aveva approfittato per sottrarre al suo rivale «inglese» un buon numero dei suoi domini francesi. Sulla via del ritorno, Richard era stato fatto prigioniero dall'imperatore Heinrich VI. Era stato liberato solo nel 1194, quando la posizione dei Plantageneti in Francia si era molto indebolita. Da allora, e per diversi anni, il re d'Inghilterra continuò a guerreggiare contro Philippe Auguste, cercando di recuperare le terre ereditate dal padre e dalla madre, la formidabile Éléonore di

Aquitania. Al 1198, la questione della rivalità tra le dinastie dei Plantageneti e dei Capetingi non era ancora stata risolta.

L'obiettivo di Innocenzo III era di portare la pace tra Philippe e Richard in modo da liberare i nobili francesi al seguito dei due re dal vincolo di vassallaggio e permettere loro di dedicarsi anima e corpo alla causa di *Outremer*. Sappiamo che il cardinale Pietro Capuano[8] visitò la corte di Richard, con risultati disastrosi: il re rigettò l'offerta di intermediazione della Santa Sede, sostenendo che il papato non aveva fatto nulla per aiutarlo quando i suoi diritti erano stati calpestati mentre *lui* combatteva in Terrasanta al servizio della Chiesa. Nella *Histoire de Guillaume le Maréchal* si narra di come Richard rovesciò su Pietro una valanga di insulti:

> *Esci di qui, signor traditore! Bugiardo, imbroglione, corrotto mercante di Chiese, e che non ti si veda mai più da queste parti!*[9]

Gli sforzi diplomatici della Santa Sede e la predicazione di Foulques di Neuilly furono alla fine un totale fallimento: la perdurante rivalità tra Richard e Philippe, i protagonisti della Terza crociata, bloccò l'arruolamento della Quarta. Nel 1199, Innocenzo III si vide costretto a scrivere un nuovo appello, abbassando i requisiti per l'indulgenza: per la remissione dei peccati, sarebbe bastato un anno di servizio militare in *Outremer*, non più due. Nonostante tutti gli sforzi degli ambasciatori della Santa Sede, nonostante le lettere inviate in tutto l'Occidente, il 1198 e buona parte del 1199 passarono senza che nessun nobile occidentale si unisse alla crociata. L'unico sovrano a rispondere all'appello, ma solo da un punto di vista simbolico, fu Emerik, re d'Ungheria, più che altro perché temeva (giustamente) che una certa città lagunare potesse usare la crociata ai suoi fini: chissà come mai!

La provvidenza

Forse le cose sarebbero rimaste in questi termini se Richard non fosse incappato in una freccia di balestra durante l'assedio del castello di Châlus-Chabrol, a sud di Limoges. Poche settimane dopo, il «Cuor di Leone» moriva per l'infezione causata dalla ferita: era il 6 aprile del 1199. Richard lasciava il suo «Impero» a cavallo della Manica senza figli ed eredi: aveva passato appena sei mesi del suo regno in Inghilterra, il resto tra la Francia e le crociate.

C'erano due principali candidati al trono d'Inghilterra, uno dei quali era John *Lackland* o «Senzaterra», il «re cattivo» del mito di Robin Hood, nonché fratello di Richard. Per dirimere la questione, iniziò una guerra civile, che indebolì la già precaria posizione inglese in Francia.

Richard aveva avuto tra i suoi alleati alcuni dei più importanti signori della Francia settentrionale, in teoria vassalli del suo rivale francese. Questi baroni sapevano bene di rischiare grosso: se Philippe Auguste avesse trionfato contro i Plantageneti, ci si poteva aspettare che si sarebbe vendicato contro di loro. Se, d'altro canto, fossero partiti per combattere nella crociata, le loro terre e i loro titoli sarebbero finiti sotto la protezione della Santa Sede. Quanto a loro, sarebbero stati per anni lontani dalle grinfie vendicative del re di Francia: una villeggiatura in Terrasanta iniziò a sembrare più appetibile di un soggiorno in patria.

Non a caso, tra i grandi feudatari che erano stati alleati di Richard, c'era il gotha di quella che sarà la leadership della Quarta crociata. Nel corso dell'estate, nobili e cavalieri fecero la spola tra i castelli e le corti del Nord della Francia: si diedero appuntamento in un luogo ben preciso, a un evento che – se non fosse storico – sembrerebbe uscito dalla penna di uno scrittore fantasy. Il fato della Quarta crociata si decise infatti a un torneo cavalleresco tenutosi nel novembre del 1199, a Écry, nella Champagne.

Due re per cugini

Chi studia lo scoppio della Prima guerra mondiale non può esimersi dal notare come le teste coronate europee del 1914 fossero un'unica, grande famiglia, un tempo presieduta dalla regina Vittoria, con la quale quasi tutti i monarchi europei erano imparentati. Le cose, settecento anni prima, non erano poi così diverse, anche se su scala inferiore. I protagonisti della storia di cui andremo a parlare erano tutti imparentati tra loro.

A Écry-sur-Aisne si incontrarono in particolare due dei più illustri nobili dell'epoca: Thibaud III di Champagne[10] e Louis di Blois,[11] signori di cruciali contee francesi che potevano considerarsi dei veri e propri proto-Stati, per lo più indipendenti dal re di Francia. Entrambi erano discendenti reali, imparentati sia con i Capetingi di Francia sia con i Plantageneti d'Inghilterra, in una rete inestricabile di parentele.

Il conte di Blois dominava la regione della valle della Loira ma, per via dell'eredità della moglie, era anche conte di Clermont-en-Beauvaisis, a nord di Parigi: era dunque il signore di un vasto dominio. Louis aveva ventisette anni ma aveva già avuto il battesimo del fuoco crociato: aveva seguito il padre nella Terza crociata, da giovanissimo.

Quanto a Thibaud di Champagne, la sua casata dominava una regione che era il più importante centro fieristico dell'Europa medievale. Non solo, assieme ai conti delle Fiandre, i conti della Champagne erano considerati le più autorevoli figure politiche del regno di Francia, dopo lo stesso re. D'altronde, la Champagne era una delle macchine da guerra dell'Europa latina: ospitava un nutrito numero di cavalieri e signori feudali. La massima carica militare della contea era il maresciallo, il consigliere militare del conte: questa carica, nel 1199, era ricoperta da Geoffroy di Villehardouin che – come vedremo – sarà una delle nostre fonti principali per i fatti della Quarta crociata.

Nel 1199 Thibaud di Champagne aveva solo vent'anni: era un ragazzo, ma possedeva già la nomea di ardito guerriero. D'altronde, proveniva da una famiglia con un lunghissimo pedigree crociato. I nonni, Luigi VII ed Éléonore di Aquitania, erano stati dei crociati. Suo padre, Henri I di Champagne, aveva partecipato alla Seconda crociata e ne aveva organizzata una personale nel 1179-1180. Suo fratello maggiore, Henri II, aveva condotto il contingente francese nella Terza crociata, prima dell'arrivo del suo sovrano, Philippe Auguste. In *Outremer*, Henri II era diventato uno dei principali sostenitori di Corrado del Monferrato alla carica di re di Gerusalemme. In quella sede, dunque, il casato del Monferrato e della Champagne avevano iniziato a stringere rapporti politici, che saranno utili nella nostra crociata. Ci torneremo.

Una volta eletto re con il supporto di Henri II, Corrado del Monferrato era però caduto sotto la lama di un assassino. Allora Henri II di Champagne era stato eletto suo successore al regno di Gerusalemme. Cinque anni dopo, nel 1197, Henri era finito a sua volta vittima di un bizzarro «incidente»: era caduto da un balcone, forse «accidentalmente», forse trascinato da un giullare di corte: si sa che i balconi sono pericolosi.

Sta di fatto che, alla morte di Henri II, la contea di Champagne era passata a suo fratello minore, Thibaud, che non ereditò solo il governo di un'importante regione della Francia, ma per certi versi il mantello crociato della famiglia. Ora, due anni dopo, si apriva per Thibaud la possibilità di seguire le orme del fratello in direzione della Terrasanta.

Appuntamento a Écry

I tornei cavallereschi erano molto diffusi in Europa settentrionale, erede del militarismo dei Franchi, ma erano quasi sconosciuti in Europa meridionale: il papato aveva provato in tutti i modi a vietarli, ma erano troppo popolari perché i nobili francesi vi rinunciassero. A fine XII secolo erano molto diversi dai tornei rituali del tardo Medioevo, dove si affrontavano cavalieri che, lancia in resta, partivano l'uno contro l'altro per disarcionarsi. Anche quel tipo di combattimento poteva essere pericoloso ma, a paragone della versione più antica, queste giostre cavalleresche erano un giochino da bambini. Nel XII secolo, invece, veniva delimitata un'area di diversi chilometri quadrati, nella quale due squadre si sfidavano in una vera e propria battaglia, il cui scopo era «catturare» gli avversari dopo averli costretti a gettare le armi. Più o meno tutto era permesso, salvo, in teoria, uccidere gli avversari, anche se molti morivano ugualmente a causa delle ferite procuratesi nei combattimenti simulati.

In queste occasioni si potevano fare molti soldi, perché i catturati dovevano riscattare le loro armi, e si poteva anche fare carriera: agli scontri partecipavano anche dei veri e propri «scout» che si occupavano di selezionare i più promettenti cavalieri squattrinati, potenziali vassalli per i propri signori. Insomma, quello che fanno gli scout del calcio quando visitano i tornei calcistici minori a caccia di talenti.

I tornei erano dunque il campo di allenamento in cui le abilità guerriere dei cavalieri latini venivano affinate e sviluppate, in un continuo e costante esercizio alla guerra che li rendeva i più temibili guerrieri della loro epoca. I Romani, lo ricorderete, avevano un esercito certamente più professionale, ma nessuno poteva sfidare la ferocia e il coraggio dei guerrieri occidentali.

Gli scontri erano accompagnati da grandi festini, nei quali si discuteva di tutto, anche di politica, come sempre accade quando si raduna sotto lo stesso tetto un gran numero di uomini potenti. Ed è in questo frangente che Thibaud di Champagne e Louis di Blois sentirono che era giunto il tempo di dare una svolta alla loro vita, alla politica francese e alla Quarta crociata: assieme, annunciarono la decisione di prendere la croce e partire per la Terrasanta. Non dubito il loro fervore crociato, ma c'è da dire che il loro nobile proposito aveva anche altri scopi: quanto a Thibaud, questi voleva quasi certamente riprendere il regno di Gerusalemme: dopo la morte, due anni prima, di Henri II di Champagne, il regno era finito nelle mani di uno dei nemici politici del fratello, il re di Cipro Aimery di Lusignan.[12] Quanto a Louis di Blois, da grande sostenitore di Richard I *Lionheart*, unirsi alla crociata gli permetteva di sottrarsi alla vendetta del trionfante Philippe Auguste, che negli stessi mesi stava avanzando sulle terre di un altro nobile del regno, il conte Baldwin delle Fiandre, forse il più importante signore di Francia.

Cioccolato, birra e patatine

I conti delle Fiandre avevano il pedigree crociato più nobile di qualunque altra casata nobiliare dell'Europa latina. Robert II delle Fiandre era stato uno degli eroi della Prima crociata, uno dei conquistatori di Gerusalemme. Altri conti si erano coperti di onore in *Outremer*: dal conte Charles le Bon al conte Thierry, che si recò in Terrasanta ben quattro volte, un vero record. Il predecessore del nostro Baldwin, il conte Philip delle Fiandre,[13] si era unito alla Terza crociata, ed era morto durante l'assedio di Acri, nel 1191, lasciandogli il titolo di conte.

Oggi le Fiandre sono in Belgio: di solito ci si riferisce con questo nome all'intera parte settentrionale del Paese dove vivo, quella che parla olandese. Curiosamente, per buona parte del Medioevo questa regione era però divisa: la maggior parte delle moderne Fiandre apparteneva all'Impero e quindi era soggetta a quel sistema politico, mentre la parte occidentale – le Fiandre propriamente dette – era formalmente nel regno di Francia: con «contea delle Fiandre», parliamo quindi di quest'area occidentale, corrispondente ai dintorni di Bruges e Gand in Belgio, oltre alla regione di Lille in Francia. Fino al 1191, la contea si era estesa perfino sulle terre del moderno Pas-de-Calais e dell'Artois, poco a nord di Parigi. Quando Baldwin era diventato conte, Philippe Auguste era riuscito però a sottrargli queste regioni, cosa che ne aveva fatto uno dei suoi più acerrimi rivali.

Per recuperarle, Baldwin aveva provato ad allearsi con Richard I *Lionheart*, ma la morte nel 1199 del «Cuor di Leone» lo aveva messo nei guai. Si era dunque ritrovato a far guerra al sempre formidabile Philippe Auguste, che riuscì a piegarne la resistenza battendolo nel gennaio del 1200, due mesi dopo il torneo di Écry.

A quel punto, per evitare ulteriori disfatte, anche Baldwin scoprì di possedere un forte «fervore» crociato: decise di prendere la croce assieme a sua moglie, Marie di Champagne che, sì, era la sorella di Thibaud di Champagne; ve l'ho detto che sono tutti una grande famiglia! Si unì alla crociata anche Henri, il giovane fratello di Baldwin, che all'epoca aveva ventiquattro anni. Sia Baldwin che Henri delle Fiandre erano destinati un giorno a diventare imperatori a Costantinopoli, per quanto possa sembrare improbabile a questa data.

Le fonti della crociata

Dunque, tre dei principali conti della Francia settentrionale – Louis di Blois, Thibaud di Champagne e Baldwin delle Fiandre – avevano annunciato il loro desiderio di partecipare alla crociata. Si trattava finalmente di uomini con una vera autorità politica, riconosciuta in tutta l'Europa latina: il Papa deve aver tirato un bel sospiro di sollievo, visto che fino a questa data il suo progetto era rimasto in un pericoloso limbo. Grazie al prestigio dei tre conti, nuove adesioni alla crociata iniziarono a fioccare da tutta la Francia settentrionale: si unirono anche dei vescovi con il loro seguito armato, come il vescovo di Troyes in Champagne e di Soissons nell'Île-de-France.

Con l'ingresso dei Fiamminghi, inoltre, si aprirono le porte anche di tutta la regione tra Parigi e le Fiandre, storicamente legata ai conti delle Fiandre e che era reduce dalla precedente crociata. Alla missione si aggiunse dunque una sfilza di nobili settentrionali, come il conte Hugh di Saint-Pol[14] e il conte Pierre di Amiens.[15] Entrambi ci interessano in quanto fonti della crociata: Hugh di Saint-Pol scrisse una lettera che con verve e dettagli inusuali descrive gli eventi della spedizione fino al luglio 1203; quanto a Pierre di Amiens, nel suo seguito c'era un povero cavaliere, tale Robert di Clari,[16] che detterà una fresca, franca, vivace e appassionante cronaca della crociata dal punto di vista del *miles*, il «soldato semplice», anche se nel suo caso si dovrebbe piuttosto parlare di «cavaliere semplice». La sua cronaca servirà da valido contraltare a quella di Geoffroy di Villehardouin, maresciallo della Champagne, che invece ci fornisce il punto di vista dei «grandi», dei baroni.

A completare il quadro delle nostre fonti principali, abbiamo Niketas Choniates,[17] il principale storico romano dell'epoca. A differenza dei Latini, che più che altro dettano le loro memorie a dei chierici, Niketas è un uomo di lettere. Si tratta di un amministratore laico di carriera – notare la differenza con la società occidentale! – educato all'università di Costantinopoli. All'epoca della crociata, era uno dei funzionari apicali dell'Impero: aveva ricoperto più cariche, tra le quali quella di *logothetes ton sekreton*, una sorta di ministro degli Esteri. Le osservazioni di Niketas sono taglienti, soprattutto nei confronti della supposta superiorità morale dei crociati; forniscono inoltre una messe di dettagli e storie personali, perché questa per lui è ben più che una storia da riportare con distaccato stile tucidideo: è ben consapevole di narrare la caduta del suo Stato, della sua civiltà, della sua amata città.

A queste fonti vanno aggiunte altre minori, come le lettere di Innocenzo III ai crociati, raccolte nel suo epistolario ufficiale, oltre a molte altre che troverete in bibliografia. Tra queste ho usato in particolare la *Devastatio Constantinopolitana*, una sorta di breve cronaca anonima che è molto accurata con le date e che ci offre ancora una volta il punto di vista della massa anonima dei partecipanti alla crociata. Insomma, per una volta non ci mancano i testimoni oculari di questi cataclismatici avvenimenti! D'altronde, la Quarta crociata fu un vero e proprio choc per tutto il mondo cristiano.

Kick-off meeting

Ora che si era raggiunto almeno il quorum minimo per considerarsi una vera e propria crociata, i baroni francesi decisero di radunarsi, a primavera del 1200, a Soissons, cittadina nei pressi di Parigi, il cui vescovo Nivelon si era aggregato alla missione. Come in tutti i progetti, la prima riunione non produsse alcunché: come sanno tutti i manager, il *kick-off meeting* (per dirla in lingua manageriale) di solito serve solo a presentarsi e a organizzare la seconda riunione. I crociati decisero di darsi appuntamento due mesi dopo a Compiègne, nelle stesse foreste dove un giorno i Tedeschi si arrenderanno agli alleati, alla fine della Prima guerra mondiale.

Ora, spero che abbiate capito come questa missione gloriosa, lanciata da Innocenzo III con grande fanfara, restasse comunque un affare piuttosto modesto. La Terza crociata – che, ricordiamolo, *non* era riuscita a riconquistare la Terrasanta – aveva coinvolto la maggioranza dei sovrani, conti e marchesi dell'Europa latina: erano partiti eserciti dalla Francia, dall'Inghilterra, dalla Germania, dall'Italia e da tutti gli altri Paesi europei. Nonostante il loro prestigio, come potevano sperare i conti di Fiandre, Blois e Champagne di riuscire dove avevano fallito i sovrani di Francia, Inghilterra e Germania?

La risposta è che, per ora, non ne avevano la più pallida idea. Però sapevano che non potevano permettersi di viaggiare via terra fino a *Outremer*. La via dei Balcani era troppo rischiosa: se Frederick Barbarossa, con il suo enorme esercito, aveva penato a passar di lì, certamente loro avrebbero avuto problemi ben più seri. No, con i loro numeri, se volevano raggiungere la Terrasanta, dovevano fare come Richard I e Philippe Auguste nel 1190: prendere nave in Europa e sbarcare direttamente in *Outremer*. Era sì più costoso che andare via terra ma anche più salutare.

Poi c'era la questione dell'obiettivo iniziale della campagna. Una volta in viaggio, i pellegrini comuni, tipo Robert di Clari, avrebbero voluto tirare dritti per Gerusalemme, la città santa dove era stato crocifisso Gesù: solo qui avrebbero espiato i loro peccati, rinverdendo i fasti di eroi come Godefroy di Bouillon e Boemondo di Taranto. Tutti i cavalieri volevano diventare degli eroi! Era il modo migliore per farsi un nome e tornare a casa carichi di denaro e gloria, e scarichi di peccati.

Ma i conti e i marescialli sapevano per esperienza che le cose non erano così semplici: con la forza delle armi avrebbero, forse, potuto conquistare Gerusalemme ma, senza un forte Stato a sostenere l'economia e l'esercito crociato, la città sarebbe caduta subito dopo, ripresa dalle soverchianti forze musulmane. No, Gerusalemme doveva essere solo l'obiettivo finale, il primo non poteva che essere un altro: l'Egitto.[18]

Conquistando l'importantissima valle del Nilo, i crociati avrebbero potuto mettere le mani sulla gallina dalle uova d'oro che aveva nutrito e finanziato gli eserciti del Saladino e dei suoi successori. L'Egitto era una fucina di soldi, allora come sempre fin dalla più lontana antichità, quando la sua conquista aveva risolto d'un colpo solo tutti i problemi finanziari degli imperatori romani. Per i crociati, l'Egitto era il granaio e salvadanaio di cui avevano bisogno per finanziare *Outremer*, che soffriva della scarsità delle risorse disponibili in Palestina e Siria. C'era un solo problema in questo piano: non si poteva dirlo ai soldati semplici. Se i baroni avessero confessato che la crociata aveva come obiettivo l'Egitto, avrebbero allontanato molte potenziali reclute, interessate solo al Santo Sepolcro. Nelle parole di Geoffroy di Villehardouin:

> *Si decise che saremmo andati al Cairo,*[19] *perché dal Cairo si poteva distruggere i Turchi più facilmente che da un'altra terra; ma, in pubblico, fu annunciato semplicemente che saremmo andati oltremare.*[20]

Tecnicamente *outremer* (oltremare) indicava sia la Terrasanta che, più genericamente, «una terra al di là del mare». Il modo migliore di mentire è sempre stato quello di dire una parziale verità; questa è solo la prima di innumerevoli bugie dei baroni crociati, tanto che alla fine credo che concorderete con me che questa missione si sarà guadagnata a pieno merito l'appellativo di «crociata dei bugiardi».

Decisi la destinazione e il mezzo di trasporto, restava la questione di come procurarsi un passaggio via nave per l'Egitto. Di tutti i crociati, solo i Fiamminghi avevano esperienza di mare, ma la flotta fiamminga non poteva certo portare tutti. Inoltre, passare dagli stretti di Gibilterra esponeva ad altri rischi, non ultimo quello di un incontro ravvicinato con le flotte arabe del Nord Africa. No, la via per *Outremer* passava per il Mediterraneo e i porti migliori sull'ex *Mare nostrum* erano quelli italiani. I crociati francesi decisero quindi che ognuno dei tre principali leader della crociata – i conti di Fiandre, Blois e Champagne – avrebbe nominato due ambasciatori da inviare in Italia: tra questi, per nostra fortuna, c'era lo stesso Geoffroy, che scrive:

> *(I baroni) si accordarono nel pensare che era a Venezia che avrebbero trovato il maggior numero possibile di vascelli, più che in ogni altro porto. Cavalcarono dunque in quella direzione, tappa dopo tappa, tanto che raggiunsero quella città la prima settimana di quaresima.*[21]

Si intende quindi a febbraio del 1201.

La migliore possibilità, escluse tutte le altre

Dunque, tra i tanti porti d'Italia, la scelta era caduta sulla città lagunare, la Repubblica figlia di Costantinopoli. Un tempo i crociati si sarebbero rivolti principalmente a Pisa e Genova, ben più zelanti sostenitori delle crociate, mentre Venezia era storicamente associata con Nuova Roma; le cose erano però cambiate negli ultimi decenni: la Repubblica dei dogi si era strategicamente riposizionata nello scacchiere mediterraneo. Da «alleata dei Greci», Venezia era entrata sempre di più nel gioco politico italiano, tra Papi e imperatori, cercando di collocarsi come «fedele seguace di San Pietro», a pieno diritto cittadina della civiltà latino-occidentale, che un tempo aveva tenuto a debita distanza.

Si era trattato di un voltafaccia di convenienza: Costantinopoli era debole, l'Europa latina era in ascesa. La Santa Sede ne era al corrente, tanto che Innocenzo III aveva un malcelato sospetto nei confronti di questa banda di mercanti spregiudicati, gente che professava la sua fede cattolica quando faceva comodo, ma poi tendeva a decidere di testa propria, checché ne pensasse l'attuale occupante del trono di san Pietro. Come la sua antica metropoli – Costantinopoli – Venezia sembrava mal tollerare qualunque potenza esterna, e questo non andava giù a un Papa imperiale come Innocenzo III. Quasi a voler confermare tutti i suoi sospetti, i veneziani, nel 1198, gli chiesero una dispensa per permettere il commercio con i «Saraceni», commercio che era stato tassativamente proibito dal Pontefice, soprattutto per quei prodotti che potevano essere usati dai musulmani nella loro guerra contro *Outremer*. In quella sede, consapevole dell'importanza di Venezia e del ruolo che avrebbe potuto avere nella «sua» crociata, il Papa concesse con riluttanza la dispensa, dovendo ammettere che, a differenza di altri popoli, era per loro difficile tagliare tutti i ponti con i musulmani, perché vivevano di commerci. Il Papa si inchinò alla necessità della *realpolitik*, ma era chiaro dove batteva il suo cuore.

Come abbiamo visto, Innocenzo sapeva che la crociata avrebbe raggiunto *Outremer* via mare, il che richiedeva l'ausilio di una delle principali potenze marittime dell'Occidente latino:

Venezia, Genova o Pisa. Il problema era che Genova e Pisa erano in guerra, di nuovo, invischiate nelle lotte per il controllo del regno di Sicilia, sul quale entrambe avevano mire di dominio commerciale. Innocenzo III provò a mediare tra le due città, ma senza successo; dunque rimaneva solo Venezia come potenziale partner navale della Quarta crociata. Come abbiamo visto, il Papa inviò un suo cardinale in laguna, per tastare il terreno. Quando i crociati misero piede a Venezia, la città era stata quindi già avvertita dell'opportunità che si prospettava e il suo formidabile doge aveva avuto il tempo di riflettere su come sfruttarla al meglio. Dandolo poteva essere privo della vista, ma ci vedeva lungo: ecco una grande occasione, come nel 1124, di usare una crociata a favore degli interessi di Venezia.

Come il Leone vede il mondo

E ora dobbiamo dunque abbandonare momentaneamente i nostri crociati francesi, o Papa Innocenzo III giù a Roma, e cercare di vedere il mondo dal punto di vista di Venezia e del suo doge.

Come ormai sappiamo, Venezia non era mai stata una potenza particolarmente attratta dalle crociate, salvo quando aveva potuto ricavarne un vantaggio geopolitico e commerciale. La gente che andava in crociata erano i pisani e i genovesi, che traevano dai commerci con *Outremer* una parte considerevole del loro volume di affari. Due terzi dei traffici veneziani, invece, erano con Costantinopoli e, di conseguenza, Venezia era sempre stata più interessata a quello che accadeva a Nuova Roma. Abbiamo visto nella precedente sezione come il XII secolo avesse però segnato una battuta di arresto nei buoni rapporti tra Impero e Venezia: Ioannes prima e Manouel poi avevano remato contro gli interessi veneziani, il secondo impadronendosi di tutti i beni della colonia veneziana sul Bosforo. Da allora, un'alleanza che era stata ben più di un rapporto di convenienza reciproca, ma quasi una comunità culturale all'interno del *commonwealth* romano, era diventata sempre più un semplice rapporto transazionale, senza che ci fosse particolare affetto da entrambi i contraenti.

Dal canto loro, negli ultimi decenni gli imperatori romani avevano più volte provato a sottrarsi dall'ingombrante abbraccio con Venezia, nel tentativo di districarsi da una relazione «tossica», che portava sì a sviluppare il commercio, ma al contempo risucchiava tasse e vitalità commerciale dalle vene dell'Impero.

L'attuale doge, Enrico Dandolo, nella sua lunga vita aveva avuto modo di negoziare con tutti gli imperatori che, dal suo punto di vista, avevano tentato di gabbare la Serenissima: Manouel e Andronikos Komnenos, entrambi massacratori di Latini, e poi i due deboli Angeloi, Isaakios e Alexios. Secondo Niketas Choniates, ai suoi tempi ormai i veneziani erano pronti a colpire l'Impero romano, sulla base di una lista molto realistica di lamentele:

> *I veneziani ricordavano gli antichi privilegi concessi dai Romani e non potevano sopportare di vederli trasferiti a vantaggio dei pisani. Era evidente che tra i veneziani montava l'ostilità contro i Romani, al punto che attendevano solo l'occasione più propizia per pareggiare i conti. Inoltre, Alexios, nella sua avarizia, si rifiutò di dare loro le duecento libbre d'oro che erano state promesse a riduzione del debito di millecinquecento libbre d'oro che l'imperatore Manouel aveva accettato di ripagare ai veneziani, come compensazione di quello che gli aveva confiscato quando li aveva fatti arrestare.*[22]

Chiarisco qualche punto di questo passaggio: l'imperatore Alexios III Angelos Komnenos, da quando era arrivato al potere nel 1195, aveva costantemente rimandato i pagamenti «dovuti» a Venezia come compensazioni per i danni subiti per mano di Manouel, in seguito «all'Ordine 66» del 1171. Non solo, aveva anche provato a estendere i privilegi commerciali concessi ai genovesi e ai pisani, ritenuti i migliori rivali di Venezia. Tutti questi fattori, nella mente di molti storici, avrebbero attratto l'inimicizia di Dandolo, sempre più determinato a mettere al loro posto i fastidiosi imperatori romani. Choniates, da parte sua, ritiene che il doge fosse il vero motore dell'odio dei crociati contro la città sul Bosforo:

Il doge di Venezia, Enrico Dandolo, era il peggiore degli orrori; un uomo mutilato nella vista e avanti negli anni, una bestia pericolosa, profondamente geloso dei Romani, un astuto imbroglione che si definiva il più saggio dei saggi ma che era follemente assetato di gloria, come nessun altro. Avrebbe preferito morire pur di permettere ai Romani di sfuggire alla pena che credeva si fossero meritati per il trattamento ingiurioso che avevano inflitto al suo popolo.[23]

Credo che Enrico Dandolo non avesse dimenticato né perdonato alcunché degli ultimi trent'anni di screzi tra Venezia e Nuova Roma. Sulla base di questi dati, non pochi storici lo considerano il principale responsabile della deviazione della crociata a Costantinopoli. Dello stesso parere anche Innocenzo III.

Eppure, a dispetto di tutte queste premesse, non sono della loro stessa opinione. All'arrivo dei crociati in laguna, non credo che Enrico Dandolo si sia detto: «Ah, ecco un'ottima occasione per conquistare Costantinopoli», e questo per valide ragioni. Nuova Roma era un'importanza piazza commerciale ancora dominata dai mercanti veneziani, malgrado l'espansionismo pisano-genovese: perché rischiare la profittevole posizione commerciale veneziana in una missione militare di conquista? Sarebbe stato contrario al *modus operandi* della prudente città lagunare, che preferiva semmai flettere i muscoli, anche trattare duramente con Costantinopoli, ma che non aveva mai voluto rompere con il suo principale cliente.

Pensò Dandolo che i crociati potessero essere un veicolo per portare Alexios III a più miti consigli? Forse. Impossibile però che già allora avesse previsto tutte le mosse successive: era un ottimo giocatore di scacchi, ma gli mancavano ancora delle informazioni per poter giungere a questa conclusione, come vedremo.

No, credo che Dandolo puntasse a più semplici obiettivi strategici, che avrebbe palesato poi nel corso della missione. Il re dell'Ungheria, lo ricorderete, aveva sottratto Zara ai veneziani, e Dandolo rivoleva questa fondamentale base militare sulla rotta che congiungeva Venezia a Nuova Roma. Ancora più importante, per il doge, era semmai l'eccessiva dipendenza veneziana dalla piazza di Costantinopoli. Per rafforzare il suo potere negoziale con Nuova Roma e per avere maggiore autonomia strategica, la Serenissima aveva bisogno di aprire nuovi, redditizi mercati orientali sui quali diversificare i suoi investimenti. Se dipendi da un fornitore, sei legato a doppio filo ai suoi destini, e hai meno potere contrattuale: avere più fornitori permette di prendere le misure della tua controparte, di strappare migliori condizioni di fornitura, minacciando realisticamente di portare il proprio *business* altrove.

Alessandria d'Egitto era la più ricca e importante piazza commerciale del mondo mediterraneo, assieme a Costantinopoli: si trattava del principale terminal della «via della seta». Questo celebre network di vie marittime e terrestri continuava a essere l'autostrada cardinale del commercio euroasiatico, anche se a quest'epoca ormai ci passava di tutto, tranne che la seta cinese (i Romani producevano dell'ottima seta). Eppure, a differenza di quanto si crede normalmente, il grosso dei traffici intercontinentali non passava per l'Asia centrale ma attraversava l'Oceano indiano, risalendo il Mar Rosso e giungendo in Egitto, in direzione dell'Europa. Dandolo era al corrente di tutto ciò: aveva visitato Alessandria nel 1174 e in quell'occasione aveva potuto meravigliarsi della potenza commerciale egiziana. Ecco come Guillaume di Tiro[24] descrive questo grande porto:

> *Alessandria è una città magnificamente posizionata per condurre un grande commercio. (...) Dal Nilo e dall'Alto Egitto, Alessandria riceve cibo di ogni tipo e in gran quantità oltre – a dire la verità – a qualunque altro tipo di merce. Se ci sono dei beni che scarseggiano nel Paese, questi sono portati via nave da altri Paesi, in quantità prodigiosamente abbondanti. Di conseguenza, si dice che Alessandria riceva più mercanzie di ogni altra città portuale.*[25]

La piazza di Alessandria era stata a lungo dominata dagli amalfitani e poi condivisa da tutte le grandi potenze marinare italiane, senza che alcuna tra queste avesse un vantaggio determinante sulle altre, come era il caso di Venezia a Costantinopoli. La città lagunare era però molto meno presente sui porti musulmani di quanto lo fossero Genova, Pisa e Amalfi: il 65% dei suoi traffici era con Costantinopoli, il 25% con *Outremer* e solo il 10% con Alessandria.[26]

Credo che Enrico Dandolo sapesse – e se non lo sapeva lo apprese rapidamente – che i crociati non intendevano navigare verso la Terrasanta e i porti di Acri o Jaffa, ma che volevano invece sbarcare direttamente in Egitto. Quale occasione migliore per entrambe le parti? Ai crociati interessavano il grano e la fertile valle del Nilo, Dandolo si curava solo della piazza mercantile di Alessandria: ecco una potenziale, perfetta divisione delle spoglie della spedizione,[27] ecco un obiettivo che poteva vendere all'opinione pubblica veneziana, nella certezza di minimizzare i rischi in caso di sconfitta e massimizzare i vantaggi in caso di vittoria, i principi che da sempre guidavano la politica estera della Serenissima. Questo perché, in caso di vittoria, Venezia avrebbe acquisito un enorme, profittevole mercato, in caso di sconfitta, non avrebbe dovuto rinunciare a un «cliente» particolarmente importante.

Il maresciallo e il doge

Geoffroy de Villehardouin giunse in laguna a febbraio del 1201, assieme ai suoi colleghi. Si deve essere imbarcato su una delle barche che da secoli solcano le acque lagunari: un sandalo, o un antenato della gondola. Di lì, attraversando lentamente la laguna, deve aver visto apparire d'un tratto di fronte a sé quella che era già la più straordinaria città d'Europa. A quei tempi era molto più di legno che di mattoni e marmo, aveva molti meno abitanti di quanti ne avrà nei secoli successivi, era ancora relativamente povera rispetto al suo splendore rinascimentale, ma era già una meraviglia di canali, barche, case affacciate sull'acqua. Rispetto a oggi, l'acqua era perfino più dominante, visto che c'erano molti più canali e isole e quasi tutti si muovevano in barca, e non a piedi. In Europa, non c'era nulla di lontanamente paragonabile a questa città senza strade, a questa fortezza senza mura.

Geoffroy e gli altri cinque ambasciatori furono condotti a Palazzo ducale, il complesso amministrativo della Repubblica che si trovava nello stesso luogo del magnifico edificio gotico che tutti amiamo, ma che all'epoca era molto diverso. Non ne conosciamo esattamente l'aspetto, ma sappiamo che l'originale castello in stile «bizantino» era stato riedificato in un grande, lussuoso palazzo, con lo scopo di ospitare la celebre conferenza di pace del 1177, che aveva messo fine alla guerra tra i comuni italiani e il Barbarossa. Il nostro maresciallo di Champagne ci dice solo che «era molto ricco e molto bello».

Secondo Villehardouin, Enrico Dandolo li avrebbe accolti riconoscendone le lettere di raccomandazione, provenienti «dalle più importanti persone che non portano una corona». I crociati avrebbero chiesto di presentare le loro proposte di fronte al consiglio ristretto del doge, la cosiddetta *Signoria*, composta dai suoi sei principali aiutanti, l'equivalente del governo della Repubblica. Il maresciallo della Champagne ci porta all'interno delle segrete stanze, o almeno ci riporta la versione «ufficiale» di queste trattative:

> «*Signore, noi siamo venuti da te dalla parte dei baroni di Francia che hanno preso il segno della Croce per vendicare la morte di Gesù Cristo e per conquistare Gerusalemme, se Dio lo vuole. E visto che i baroni sanno che non c'è un popolo altrettanto potente di voi e della vostra gente, vi pregano affinché Dio vi faccia avere a pietà la sorte di* Outremer *e la vergogna inflitta a nostro Signore Gesù Cristo. Vi pregano dunque affinché possiate fornire loro delle imbarcazioni da trasporto e una flotta da guerra.*»
> «*E in quale modo dovremmo farlo?*» *chiese il doge.*
> «*In qualunque maniera*» *risposero i messaggeri* «*che voi saprete raccomandare e consigliare loro, a condizione che possano farlo, e che possano permetterselo*».[28]

Tradotto: dicci tu il prezzo, e le condizioni. È probabile che gli ambasciatori misero sul tavolo dei negoziati la promessa di colossali privilegi commerciali in Egitto qualora l'impresa fosse stata coronata dal successo, ma Villehardouin non è intenzionato a parlarci di affari più «veniali»: ricordate sempre che il suo obiettivo è quello di ammantare di nobiltà l'intera spedizione crociata.

Enrico Dandolo non era il tipo che inizia a parlare senza aver attentamente soppesato ogni parola; ringraziò quindi gli ambasciatori e chiese loro di tornare otto giorni dopo: il tempo necessario per negoziare all'interno del governo veneziano la risposta da dare. A quest'epoca, Venezia non è una dittatura militare, non più, e il doge non è un monarca assoluto: i veneziani hanno costruito una civiltà tutta basata su deliberazioni prese da comitati, attraverso diversi passaggi istituzionali, in modo da coinvolgere le classi dirigenti e la popolazione nei meccanismi decisionali.

La *Signoria* avrebbe avuto d'altronde un bel da fare per valutare i costi, i rischi, i possibili vantaggi di una spedizione nel Levante: un passo falso, e Venezia rischiava di imbarcarsi in un'avventura che poteva rovinarne le finanze, o la posizione strategica di regina dei commerci mediterranei. La Repubblica non poteva permettersi un errore grossolano.

Il trattato di Venezia

Otto giorni dopo, la *Signoria* era pronta a fare la sua offerta ai cavalieri crociati. Cito le parole di Enrico Dandolo, come riferite da Geoffroy di Villehardouin:

> *Signori, vi diremo ora cosa abbiamo deciso, con la clausola che quanto offerto, per essere efficace, dovrà ottenere l'accordo del nostro Gran consiglio e dell'Assemblea del popolo; quanto a voi, considerate attentamente se potete sostenerlo!*
>
> *Costruiremo dei vascelli per trasportare 4600 cavalli, 9000 scudieri, 4600 cavalieri e 20.000 sergenti a piedi; a tutti questi cavalli e persone, conveniamo di fornire cibo per nove mesi; lo faremo al giusto prezzo, vale a dire quattro marchi per ogni cavallo e due marchi per ogni persona. Tutta questa flotta noi la manterremo a nostre spese per un anno a partire dal giorno in cui lasceremo il porto di Venezia, per servire Dio e la cristianità, in qualunque luogo questo sia. In totale, la somma che ci dovre-*

te è stata determinata in 85.000 marchi. E non è tutto: faremo ancora di più per voi, perché all'offerta aggiungeremo cinquanta galee armate per la guerra, alla condizione che – finché durerà la nostra società – tutte le conquiste che faremo, per terra e per mare, saranno divise a metà tra noi e voi. Ora riflettete, e diteci se potete far ciò che vi chiediamo![29]

Questa la versione di Geoffroy. Robert di Clari – che non era però presente all'incontro – ci informa che la richiesta originale dei veneziani era di 100.000 marchi,[30] ma che poi i crociati riuscirono a negoziare uno sconto, cosa che mi sembra più realistica, se ne so qualcosa di come vanno di solito queste cose. L'accordo riportato da Villehardouin è sopravvissuto in originale negli archivi veneziani, e quanto detto dal nostro maresciallo combacia esattamente con il documento superstite, sempre un buon segno dell'attendibilità di uno storico!

Nota: il marco era un'unità di peso prima che una moneta: equivaleva in sostanza a circa 250 grammi di argento. Volete un'idea molto approssimativa di quanto valesse un marco medievale? Una stima spannometrica basata sul potere d'acquisto è di circa 4000 euro moderni, insomma una bella cifra. In base a questo calcolo, il passaggio via nave offerto dai veneziani costava circa 16.000 euro per un cavallo e 8000 per una persona, che tutto sommato mi pare una cifra ragionevole, considerando che include un servizio annuale. Se il paragone regge, gli 85.000 marchi equivalgono a 340 milioni di euro. Niente male come contratto.

Detto questo, non era una richiesta particolarmente esosa: i genovesi, nel 1190, avevano firmato un contratto con i francesi per portarli in *Outremer*; in quell'occasione avevano chiesto 13,5 marchi per trasportare un cavaliere, due cavalli e due sergenti. Alle tariffe veneziane, un simile impegno sarebbe costato 14 marchi: a quanto pare, era il prezzo «di mercato».[31]

Il parlamento approva

Una volta riflettuto nottetempo sull'offerta, Geoffroy&Co approvarono quanto proposto dal doge. Ora l'accordo doveva essere confermato dagli organi istituzionali della Repubblica di Venezia.

Il primo passaggio fu forse quello più delicato: il contratto fu sottoposto alla *Quarantia*, un organo costituito dai quaranta consiglieri più importanti della Repubblica e istituito nel XII secolo, probabilmente circa trent'anni prima di questi eventi, quando la Repubblica aveva acquisito forme sempre più comunali e meno «monarchiche». A quanto pare, in *Quarantia* i consiglieri ebbero una discussione molto accesa,[32] nella quale il doge dovette sfruttare tutte le sue capacità politiche, «*usando tutta la sua saggezza e tutta la sua intelligenza, che erano considerevoli*» sostiene il Maresciallo. Alla fine, la *Quarantia* approvò, e così fece anche il *Maggior consiglio*, che all'epoca includeva cento rappresentanti delle più rispettabili famiglie veneziane, estratti tra coloro che non erano membri della *Quarantia*.

Per decisioni meno importanti, l'approvazione dell'élite del *Maggior consiglio* sarebbe stata sufficiente, ma una questione così delicata, così impattante sulla vita cittadina, così cruciale per i destini mercantili della città richiedeva un ulteriore passaggio. Secondo quanto riportato da Robert di Clari, infatti, l'intera città avrebbe dovuto abbandonare per un intero anno qualsiasi occupazione mercantile per concentrarsi nella costruzione e nell'equipaggiamento dell'immensa flotta richiesta dai crociati. Perfino per Venezia, una città abituata ad allestire grandi flotte, si trattava di un impegno colossale. Per non parlare dello sforzo umano per comporre l'equipaggio: avrebbe richiesto decine di migliaia di marinai, una gran parte della popolazione maschile adulta della città. In una città prudente, questo equivaleva a un'inaudita scommessa: tutte le *fiches* della roulette sul rosso. Impossibile prendere una tale decisione senza coinvolgere la cittadinanza, il popolo tutto. Ed è proprio quello che fece Enrico Dandolo. Ancora Villehardouin:

> *(Il doge) convocò diecimila persone nella chiesa di San Marco, la più bella che ci sia al mondo, e gli disse di ascoltare la messa dello Spirito Santo e di pregare Dio affinché li consigliasse a riguardo della richiesta che gli ambasciatori gli avevano fatto. (...)*

Quando la messa fu conclusa, il doge invitò gli ambasciatori a chiedere umilmente al popolo intero di accettare l'accordo che avevano sottoscritto. Questi entrarono allora in chiesa: a lungo furono scrutati dalla moltitudine, che non li aveva mai visti. Allora Geoffroy di Villehardouin, il maresciallo di Champagne, illustrò l'accordo (...): «Signori, i baroni più grandi e più potenti di Francia ci hanno inviato a voi, e vi supplicano di avere pietà di Gerusalemme, che subisce la schiavitù dei Turchi. Vi supplicano di accompagnarli a vendicare la vergogna di Gesù Cristo. Vi hanno scelti perché sanno che non c'è alcun popolo altrettanto potente sul mare, e ci hanno ordinato di gettarci ai vostri piedi e di non rialzarci finché non avrete accettato di avere pietà della terra d'oltremare!». Prontamente, senza indugio, i sei messaggeri si inginocchiarono, versando abbondanti lacrime. Allora il doge e gli altri iniziarono a gridare d'una sola voce, alzando le mani al cielo e gridando «lo accettiamo!». Si produsse un tale frastuono, che sembrava che la terra tremasse![33]

Spero apprezziate il capolavoro politico di Dandolo: sta facendo appello al patriottismo dei veneziani, che si vedono pregare da orgogliosi nobili d'oltralpe, quei cavalieri con il sangue blu che hanno sempre squadrato dall'alto in basso i mercanti e i faccendieri della laguna. Il doge sta solleticando il loro orgoglio e la loro profonda religiosità. I veneziani seguono il dio denaro, ma non per questo non si ritengono buoni cristiani: se si può far soldi aiutando la causa del Santo Sepolcro, perché tirarsi indietro? Per non parlare della scena dei sei cavalieri in ginocchio che piangono: dite la verità, non è così che vi immaginavate questi feroci guerrieri medievali? In realtà, come vedremo, le lacrime e i discorsi melodrammatici sono spesso utilizzati da questi omoni guerrieri per tentare di convincere altri omoni guerrieri. Insomma, saranno anche dei soldati, ma possono fare appello ai sentimenti. La fissazione di vedere nel pianto una cosa da «femminucce», indegna dei «veri uomini», è un'idiozia dei tempi moderni.

Comunque sia, con l'accordo ormai sottoscritto, crociati e veneziani si diedero appuntamento per la festa di San Giovanni dell'anno seguente, vale a dire il 24 giugno 1202: in tempo per partire, in teoria, per *Outremer* e giungervi prima dell'autunno. Come vedremo, però, a quest'epoca gli appuntamenti erano un po' come il codice dei pirati, più che altro una linea guida.

Quanto ai soldi, Villehardouin ci informa che i crociati presero in prestito 5000 marchi necessari ad avviare la costruzione della flotta, mentre Robert di Clari – al solito più concreto del maresciallo – ci dice che i messaggeri tornarono in Francia portandosi dietro un messaggero del doge, che richiese ai tre capi della crociata di consegnare sull'unghia altri 20.000 marchi: Venezia era onorata di fare affari con i crociati ma – come ogni buon muratore sa a perfezione – non si inizia a costruire niente senza un sostanzioso anticipo, in questo caso quasi il 30% del prezzo totale. Ottenuto l'anticipo, nelle parole di Robert di Clari, a Venezia iniziò quell'immenso lavoro che, per un intero anno, avrebbe concentrato su un singolo progetto tutte le energie della Serenissima:

> *Allora il doge fece gridare un suo bando per tutta Venezia: che nessun veneziano osasse andar a far alcun commercio (all'estero), ma che tutti aiutassero a costruire la flotta. Così fecero, e iniziarono a costruire la più grande flotta che il mondo avesse mai visto.*[34]

La banda dei malandrini

Non so voi, ma quando ho letto di queste vicende sono stato preso da curiosità e stupore. Di solito non pensiamo alla guerra – e alla guerra santa in particolare – come un contratto con specifiche condizioni e voci dettagliate. Non ci immaginiamo la crociata come una *joint venture* tra due parti che si spartiscono il bottino secondo chiare linee guida. L'intera procedura degli accordi tra baroni francesi e Venezia mi ricorda i contratti di una corposa commessa industriale, tipo l'acquisto di una flotta di aerei per un'importante compagnia di bandiera.

Quando studiamo una guerra moderna, tendiamo ad analizzare le tensioni geopolitiche, gli interessi di Stato, il movimento degli eserciti: se va bene, qualcuno si mette a calcolare la colossale logistica necessaria a sostenere lo sforzo bellico. Quando ci immaginiamo la guerra medievale, è tutto un muoversi di cavalieri attorno a dei castelli e campi di battaglia. Qui invece, siamo di fronte a un dozzinale autonoleggio per 33.600 persone e 4600 cavalli. Un noleggio che include condizioni specifiche di razzia, bottino e conquista. È quantomeno affascinante, perché offre una chiave di lettura diversa dell'intero mondo della guerra medievale.

A proposito del contratto, ho diverse domande senza risposta. La prima è: come arrivarono veneziani e crociati all'enorme cifra di 33.600 uomini da inviare in guerra in *Outremer*? Può sembrare una questione secondaria, ma invece diverrà quella cruciale, perché il contratto determinerà la direzione della crociata.

C'erano stati eserciti crociati più numerosi. Secondo stime attendibili, il Barbarossa aveva portato con sé nella Terza crociata un esercito forte di quasi centomila uomini, ma questa era stata l'intera potenza militare del più importante Stato occidentale, con un sovrano al massimo della sua gloria e che impegnò ogni singola risorsa disponibile nel suo regno. La Prima crociata, come la Quarta, non aveva coinvolto grandi sovrani, eppure aveva comunque condotto in *Outremer* tra i quaranta e i sessantamila uomini. Insomma, non era impensabile mobilitare numeri comparabili a quelli proposti dai crociati.

Quello che appare assurdo era pensare di riuscirci facendo leva solo su alcune contee della Francia settentrionale, ben sapendo che altre aree dell'Europa latina non si sarebbero facilmente unite alla spedizione. Geoffroy di Villehardouin era al corrente che l'Impero era coinvolto in una guerra civile, che il re di Francia e il re d'Inghilterra erano a loro volta in guerra, che gli Stati iberici erano impegnati nella *Reconquista*: senza l'improbabile partecipazione di uno dei grandi sovrani occidentali, era inconcepibile raccogliere una tale colossale armata. Eppure, Geoffroy&Co firmarono l'accordo senza fiatare, impegnando sé stessi e i propri sovrani al pagamento della monumentale somma di 85.000 marchi, o 340 milioni di euro del moderno conio. Una cifra enorme oggi, una cifra smisurata allora. E una somma, sia chiaro, che i crociati avrebbero dovuto corrispondere sull'unghia *prima* di imbarcarsi.

Ora, non credo proprio che il nostro maresciallo fosse un idiota: il suo ruolo era proprio quello di coordinare gli eserciti del suo signore. Era un esperto crociato, perfettamente in grado di calcolare quanti cavalieri ogni contea avrebbe potuto offrire per il pellegrinaggio armato. Questo mi lascia pensare che Geoffroy e gli altri ambasciatori gonfiarono volutamente la richiesta della flotta, sapendo di non riuscire probabilmente a mantenere gli impegni con i veneziani. Ho i miei sospetti sul nostro maresciallo che – come vedremo – sarà colui che coinvolgerà l'ultimo grande capitano della Quarta crociata che non abbiamo ancora introdotto, e che giocherà un ruolo fondamentale nel deviarne il corso a Costantinopoli. Non ho modo di provarlo, ma il mio sospetto è che Geoffroy sapesse già che non si sarebbero trovati gli 85.000 marchi, e che quindi si sarebbe dovuto andare a cercarli altrove.

Allo stesso tempo, sono certo che anche Enrico Dandolo dubitasse che i crociati avrebbero raccolto un esercito talmente numeroso. A differenza dei conti francesi, Dandolo governava una Repubblica, e una Repubblica di mercanti che aveva fatto fortuna negoziando in giro per il mondo e gestendo con prudenza – una buona dose di prudenza – le scarse risorse a sua disposizione. In un mondo di Imperi e grandi sovrani, Venezia poteva prosperare solo investendo con lungimiranza e avvedutezza, contrattando sempre le migliori condizioni possibili, garantendosi il massimo risultato con il minimo rischio.

Dandolo sapeva benissimo cosa sarebbe accaduto a un doge che arrecasse una grossa perdita ai mercanti della città: si faceva una brutta fine, il proprio nome trascinato nel fango. Era successo al suo recente predecessore, Vitale II Michiel, assassinato per non essere riuscito a prevenire e poi vendicare la catastrofe inflitta da Manouel Komnenos alla colonia veneziana sul Bosforo.

Dandolo prese quindi tutte le precauzioni del caso per far sì che Venezia avesse quanto gli era dovuto, a prescindere dal numero dei crociati. Questo perché credo che il doge sapesse benissimo che i crociati non avrebbero pagato 85.000 marchi a Venezia, non sull'unghia, non alla partenza della missione. Quando si sarebbero inevitabilmente trovati in ritardo con i pagamenti, Dandolo li avrebbe messi di fronte a un aut-aut: pagare subito, o ubbidire ai suoi ordini e desideri. Nelle parole di Donald M. Nicol:

> *Dal momento in cui Geoffrey di Villehardouin appose la sua firma sul contratto, la crociata fu dominata da Venezia. Come molti imperatori bizantini avevano appreso a loro spese, i veneziani non erano inclini a cancellare i debiti.*[35]

Sia il maresciallo che il doge, dunque, ci stanno probabilmente mentendo, sapendo di mentire. La grande flotta che Venezia allestirà non era forse destinata, sin dall'inizio, a prendere Alessandria. O meglio: si sarebbe diretta ad Alessandria se le improbabili previsioni di Geoffroy di Villehardouin si fossero avverate, ma in caso contrario? Non temete, sveleremo a mano a mano i piani di Villehardouin, di Dandolo e dei loro consociati.

Niente bottiglia di Champagne

Firmato il contratto nell'aprile del 1201, gli ambasciatori crociati tornarono in Francia. Geoffroy di Villehardouin era ormai vicino a casa quando udì voci preoccupanti: il suo signore era gravemente malato.

Thibaud di Champagne, nonostante la giovane età, era stato considerato il vero capo della nascente crociata. Quando Villehardouin tornò da Venezia, il conte era già sul letto di morte: fece appena a tempo a rallegrarsi del successo dell'ambasciata. Il 24 maggio del 1201, spirò a Troyes. Il Medioevo non perdona, né lo fanno i batteri senza antibiotici o i virus senza vaccino.

Thibaud lasciò una vedova, Blanche, e un figlioletto nato postumo, che prese ovviamente il nome del padre e che condurrà anche lui una crociata in *Outremer*, nel 1239-1240, continuando la tradizione di famiglia. Nel suo testamento, Thibaud lasciava un'importante somma per finanziare la crociata, in parte estorta alla comunità ebraica della Champagne come «tassa per la crociata». Questi fondi dovevano servire a pagare il passaggio dei cavalieri poveri che si fossero imbarcati a Venezia.

La morte del conte gettò la nascente crociata nel caos: era lui che avrebbe dovuto guidarla, oltre che offrire una gran parte dei fondi finanziari necessari a pagare i veneziani. La contea fu affidata a un consiglio di reggenti, cosa che avrebbe spinto molti nobili e cavalieri della regione a restare a casa, per meglio controllare la situazione politica. Un gruppo di nobili *champenois* offrì la guida della crociata al duca di Borgogna, assieme ai fondi lasciati da Thibaud, ma questi rifiutò di partecipare. Lo stesso fece il conte di Bar-le-Duc, cugino di Thibaud.

A questo punto, i crociati erano nei guai: avevano già impegnato una grossa somma, avevano sottoscritto un contratto vincolante e ora si ritrovavano senza capo. Si riunirono di nuovo a Soissons, nel luglio del 1201, radunando tutti i grandi che avevano deciso di partire per il pellegrinaggio, tra i quali i conti Baldwin delle Fiandre, Louis di Blois e Hugh di Saint-Pol. Urgeva la nomina di un nuovo comandante.

Restringendo la scelta agli attuali partecipanti, probabilmente la preferenza sarebbe andata a Baldwin delle Fiandre. Ma i crociati sapevano benissimo che avevano bisogno di qualcuno con una grande esperienza, più avanti con gli anni dei giovani conti in questione. Qualcuno che fosse in grado di attirare nuove reclute all'impresa, con un nome rispettato da tutti i crociati, con solide competenze militari e forti legami familiari in *Outremer*. La cosa strana è che questi orgogliosi cavalieri francesi finirono per scegliere un nobile che, a prima vista, parrebbe un improbabile capo di un contingente di nobili francesi. L'assemblea dei crociati decise di ricorrere a un italiano.

Il casato del Monferrato

È giunto il tempo di introdurre un convitato di pietra di questa storia: i signori del Monferrato. I marchesi del Monferrato discendevano da Aleramo, signore dell'omonima marca[36] ai tempi di Ottone I di Sassonia, nel X secolo. A quanto pare, Aleramo vantava una discendenza franca, forse persino dalla stessa famiglia che dominava la contea di Champagne e il ducato di Blois.

Ciò detto, ai tempi della Quarta crociata, questa era una storia vecchia di due secoli e mezzo. La marca di Aleramo, nell'XI secolo, si era divisa in due tronconi, uno dei quali era appunto il Monferrato, territorio che includeva un buon pezzo del Piemonte meridionale, anche se le città principali della regione – Asti e Alessandria – si sottrassero al dominio dei marchesi durante l'epoca comunale.

Il primo marchese a interessarci è il padre di colui che sarà il protagonista della nostra storia: Guglielmo V – questo il suo nome – fu marchese del Monferrato per una lunga era: dal 1137 al 1191. Tramite la moglie era imparentato con Heinrich IV e con gli Hohenstaufen, l'attuale dinastia imperiale, i legittimi signori dell'Italia centro-settentrionale. Il Monferrato era d'altronde un feudo dichiaratamente «ghibellino», sostenitore dei diritti imperiali in Italia, contro Papa e Comuni.

Guglielmo V del Monferrato andò ovviamente in crociata – la Seconda – come si confaceva a un nobile latino del XII secolo. Il marchese si infatuò del Levante e di *Outremer*, le terre orientali che si erano aperte all'Europa latina dopo la Prima crociata. Forse iniziò a immaginarsi orientali sogni di gloria, per rimediare alle tante sconfitte che i suoi «ghibellini» avevano subito in Italia. Ben quattro dei suoi figli – Guglielmo, Ranieri, Corrado e Bonifacio – si daranno al sogno delle crociate, nessuno finirà bene.

Ad aprire le danze crociate dei figli di Guglielmo V fu il maggiore, Guglielmo Lungaspada, che si recò in *Outremer* e qui sposò Sybilla di Gerusalemme, sorella del re, Baudouin IV, il re lebbroso che trovate in *Kingdom of Heaven*, film kolossal storico di Ridley Scott dedicato alle crociate. Il Lungaspada sarebbe probabilmente diventato re dopo l'inevitabile morte del re lebbroso, se non fosse morto lui stesso di malattia nel 1177. Lasciò comunque qualcosa al regno, visto che aveva fatto a tempo a produrre un erede: il futuro Baudouin V, re di Gerusalemme.

Tre anni dopo la morte di Guglielmo Lungaspada, fu la volta di un altro Monferrato: Ranieri. Grazie ai buoni rapporti di babbo Guglielmo V con Manouel, Ranieri del Monferrato sposò una principessa dei Komnenoi: Maria Komnena, figlia di Manouel. I due si sposarono nel 1180, l'anno in cui poi morirà Manouel. L'imperatore, come dote, offrì a Ranieri la *pronoia* della città di Thessalonika (Salonicco). Nonostante la *pronoia* non fosse un «feudo» all'occidentale, Ranieri prese a ritenersi da allora «signore» di Thessalonika, la seconda città dell'Impero, un fatto che rimarrà nella testa di suo fratello Bonifacio, come vedremo. Non solo! Manouel Komnenos diede al genero il titolo di *kaisar* o cesare, appena inferiore a quello portato dall'imperatore romano, che in greco era *basileus*. Ranieri cambiò perfino il suo nome nel più «romano» Ioannes, diventando quindi un potenziale successore al trono imperiale, grazie al suo titolo e all'unione con Maria Komnena.

La morte di Manouel, pochi mesi dopo, aprì una durissima e mortale gara su chi avrebbe gestito la reggenza per conto del giovane Alexios II, figlio di Manouel. Alla fine, a prendere il potere fu il feroce Andronikos Komnenos che fece firmare al giovanissimo Alexios II la condanna a morte della madre Maria di Antiochia, della cugina Maria Komnena e di suo marito Ranieri. Pare che la morte di Ranieri spezzò il cuore di papà Guglielmo V del Monferrato, che era ancora vivo in Piemonte.

Morto Ranieri, l'erede designato del marchesato era Corrado, secondogenito di Guglielmo V. Corrado divenne *de facto* marchese nel 1185, perché il padre si rimbarcò per *Outremer*, dove andò a sostenere i diritti del nipote, Baudouin V di Gerusalemme, figlio del suo primogenito Guglielmo Lungaspada. A Costantinopoli, nel frattempo, Andronikos aveva fatto la fine del tiranno e Isaakios Angelos era diventato imperatore. Isaakios decise di rinverdire i legami tra Costantinopoli e i marchesi del Monferrato, casato di un piccolo marchesato, ma con un peso specifico ben superiore al territorio controllato. Nel Levante, i marchesi erano preziosi alleati grazie ai loro importanti legami politico-dinastici con la colonia crociata di *Outremer*.

A seguito di questi ragionamenti, Isaakios propose a Corrado di sposare sua sorella Theodora Angelina, e Corrado accettò. Una volta sbarcato a Costantinopoli, ricevette il titolo di *kaisar* portato da Ranieri, secondo fratello della dinastia a riuscirci nel giro di sette anni. Nei due anni seguenti, Corrado sostenne il traballante trono di suo cognato, venendo coinvolto nelle lotte intestine dell'Impero romano, ma la sua posizione divenne sempre più instabile in virtù dell'associazione con il debole Isaakios e per essere un «latino» ai vertici del potere romano. Quando fu indetta la Terza crociata, in seguito alla conquista di Gerusalemme da parte del Saladino, saltò su una nave genovese e partì per la Siria: qui venne a sapere che Baudouin V e suo padre Guglielmo erano stati catturati dal Saladino dopo la disfatta di Hattin e la caduta di Gerusalemme.

Corrado riorganizzò quello che restava di *Outremer* – in sostanza il porto di Tiro – e riuscì a difendere la città in attesa di rinforzi dall'Europa. Saladino aveva nel frattempo messo sotto assedio la città, minacciando di eliminare Guglielmo V del Monferrato se suo figlio Corrado non avesse consegnato Tiro. Al che avrebbe risposto: «*Legalo a un palo e sarò io il primo a tirare una freccia su di lui, visto che è ormai un vecchio e non vale più nulla*». E Guglielmo di rimando: «*Corrado, caro figlio mio, difendi bene la città!*».[37] Corrado davvero tirò sul padre, senza però ucciderlo, sotto gli occhi di un incredulo Saladino.

Eppure, la strenua difesa di Corrado alla fine pagò, perché nel 1191 iniziarono ad affluire le flotte crociate, al seguito di Philippe Auguste e Richard I *Lionheart*. Il marchese del Monferrato fu coinvolto nel complicatissimo gioco politico di *Outremer*: basti dire che fu subito candidato a diventare re di Gerusalemme da parte del re di Francia che – neanche a dirlo – era suo cugino, mentre Richard I favoriva un altro candidato al trono, Guy di Lusignan, colui che aveva condotto i crociati al disastro della battaglia di Hattin e che aveva sposato Sybilla di Gerusalemme, la vedova di Guglielmo Lungaspada del Monferrato. L'ho detto o no che praticamente è tutta un'unica famiglia?

Per consolidare il suo potere a Gerusalemme, Corrado decise allora di sposare Isabella di Gerusalemme, sorella di Sybilla. La cosa assurda era che sia Corrado sia Isabella erano già sposati, oltre a essere imparentati: insomma, questo scandaloso matrimonio era doppiamente bigamo e incestuoso, dettaglio che non impedì la sua celebrazione nel santo regno di Gerusalemme. Era, d'altronde, un matrimonio squisitamente politico, volto a fare di Corrado il legittimo sovrano di *Outremer*. Da allora il nostro marchese del Monferrato iniziò *de facto* ad agire come re, mentre a Guy di Lusignan fu offerto il premio di consolazione del nuovo «regno di Cipro», creato dai crociati su un'isola che legittimamente apparteneva all'Impero romano, e che gli era stata sottratta da Richard I. I crociati ormai risolvevano i loro problemi politici e dinastici a spese dell'Impero romano. Non sarebbe stata l'ultima volta.

Assassin's Creed

A fermare Corrado, alla fine, fu la spada di un Assassino. E no, non sto parlando di un semplice assassino, ma proprio di un membro dell'ordine degli Assassini, o *Ḥashashiyan*: se vi sentite in un gioco di *Assassin's Creed*, beh... non vi sbagliate. Questi sono proprio gli assassini che hanno ispirato la celebre serie ludica! Corrado, assassinato nel 1192, lasciò una figlia, la giovanissima Maria del Monferrato, nata dalla sua unione con Isabella di Gerusalemme. All'alba della Quarta crociata, dunque, Maria era una potenziale pedina da usare per riportare il regno di Gerusalemme sotto la dinastia piemontese.

Dopo la morte di Corrado, in Piemonte il titolo di marchese passò al fratellino di Guglielmo Lungaspada, Ranieri e Corrado: vale a dire Bonifacio del Monferrato, ultimo rampollo di Guglielmo V «il vecchio». Bonifacio ereditò il prestigio di un padre e di tre fratelli impegnati nella politica del Levante, tutti e quattro erano stati o tra i più importanti leader di *Outremer*, o dell'Impero romano, o di entrambi. Il Monferrato, come vedete, giocava decisamente in serie A, nonostante il territorio da serie C.

Da marchese, Bonifacio fu un fedele alleato ghibellino dell'imperatore Heinrich VI Hohenstaufen, che nel 1194 discese in Italia e conquistò il regno di Sicilia sottomettendo il papato dell'imbelle Celestino III, il predecessore di Innocenzo III. Bonifacio fu al fianco della politica levantina di Heinrich, che impose l'*Alamanikon* al povero Alexios III Angelos e organizzò una crociata per riconquistare *Outremer*. Insomma, il suo coinvolgimento nella politica orientale predata il suo ingresso nella Quarta crociata, anche se personalmente ancora non si era recato nel Levante.

La morte inaspettata dell'imperatore in Sicilia nel 1197, mentre si preparava a imbarcarsi per *Outremer*, lo colse però impreparato: nei tre anni seguenti, dovette venire a patti con le città di Asti e Alessandria, e con il resto dei Comuni lombardi, per lo più guelfi. Nella guerra civile scoppiata per la successione al trono tedesco, Bonifacio era un convinto sostenitore di Philipp Hohenstaufen, duca di Swabia – capo dei Ghibellini –, contro le aspirazioni di Otto di Welf-Brunswick, sostenuto invece da Papa Innocenzo III.

Insomma, al 1201, quando morì Thibaud di Champagne, Bonifacio di Monferrato aveva dietro di sé una lunghissima serie di fratelli, parenti acquisiti e connessioni attraverso l'Europa, il Levante e perfino l'Impero romano. Sua nipote era l'erede del regno di Gerusalemme e poteva accampare pretese su Thessalonika, «ereditate» dalla *pronoia* del fratello Ranieri, un'ottima scusa per un'avventura militare in Oriente. Tramite suo fratello Corrado, poteva dire di essere anche imparentato con gli Angeloi, in particolare con il deposto Isaakios I e suo figlio Alexios Angelos. A questo si aggiungevano la sua età e la sua esperienza: a differenza dei giovanotti che si erano fatti crociati al torneo di Écry, lui era un uomo fatto e finito, con una decennale esperienza in guerra.

Infine, il marchese era celebre come grande patrono delle arti: alla sua corte si parlava un dialetto piemontese che era quasi indistinguibile dal provenzale usato dai poeti *troubadour*, la lingua volgare più prestigiosa all'epoca. Uno dei cantori della sua corte era Raimbaut de Vaqueiras, che lo seguirà in *Romania* e che celebra il suo patrono così:

> *Alla tua corte regnano tutti i migliori costumi: la munificenza, la compagnia delle signore, gli abiti eleganti, le magnifiche armature, le trombe, i canti, le viole e le canzoni; all'ora di cena giammai ti piacque di lasciare qualcuno all'uscio della tua porta.*[38]

Riassumendo, Bonifacio avrebbe potuto portare alla crociata prestigio, esperienza e una sconfinata rete di conoscenze e favori. È con il suo ingresso in scena che la trama di complicità attraverso l'Europa si fa più fitta. Eppure, senza un patrono a perorare la sua causa, difficilmente sarebbe diventato il capo della crociata: la sua «discesa in campo», per usare un termine caro al Silvio nazionale, è dovuta a un uomo che evidentemente gli era molto vicino: Geoffroy di Villehardouin.

La discesa in campo

Nel corso della riunione a Soissons – nella quale l'ordine del giorno era la scelta del capo della crociata – il maresciallo di Champagne fece il nome di Bonifacio di Monferrato. Geoffroy intuì che Bonifacio avrebbe allargato la crociata, portandosi dietro una serie di connessioni interne al Sacro Romano Impero, un'area che finora era rimasta ai margini del progetto. È perfino possibile che Geoffroy abbia incontrato Bonifacio sulla via del ritorno da Venezia – il Monferrato si trovava lungo la strada che aveva preso, il Moncenisio – ma, nel caso, il nostro storico ha prudentemente omesso il fatto: non è da escludersi che la «congiura» sia nata addirittura allora. Quale congiura, vi chiederete? Ah, ci torneremo.

Sta di fatto che i baroni crociati mandarono a chiamare Bonifacio, pregandolo di raggiungerli in Francia. L'astuto marchese subodorò l'affare: da subito si decise a sfruttare la superba occasione che il fato gli aveva concesso. Costretto da una lunga serie di tragedie familiari e dalla temporanea sconfitta del suo partito ghibellino a restare in un angolo del Piemonte, percepì che questa era l'occasione per tornare sul grande scacchiere internazionale, e sul palcoscenico della storia.

Prima di raggiungere i «pellegrini», Bonifacio si recò deferentemente da suo cugino, il re di Francia – immagino non vi stupisca sapere che fosse suo cugino. Poi a Soissons ricevette formalmente l'incarico, che accettò facendo finta dimostrazione di umiltà, come si conviene in questi casi. Narra Geoffrey di Villehardouin:

(I baroni) fecero la richiesta al marchese e lo pregarono, in nome di Dio, di prendere la croce e di ricevere il comando dell'armata, rimpiazzando il conte Thibaud di Champagne e ricevendo i suoi fondi e i suoi uomini. Caddero ai suoi piedi, piangendo; a sua volta, Bonifacio si inginocchiò e disse che l'avrebbe fatto volentieri.[39]

A questo punto Bonifacio, da bravo politico, iniziò a mettere in moto la macchina delle sue connessioni personali. Come prima mossa, si recò nel cuore del potere dei Cistercensi, un ordine di monaci che era centrale allo sforzo finanziario e militare delle crociate: grazie al lavoro di Bernard di Clairvaux,[40] l'ordine si era rafforzato per tutto il XII secolo, arrivando a contare più di cinquecento abbazie, che si estendevano dalla Palestina alla Spagna, dalla Norvegia alla Sicilia. Il 13 settembre di ogni anno a Cîteaux, in Borgogna, si teneva l'assemblea annuale dei Cistercensi, alla quale Bonifacio partecipò nel 1201 in qualità di capo della Quarta crociata, accompagnato da Pietro di Lucedio, abate cistercense. Assieme, fecero appello al clero e ai nobili della regione, chiedendo loro di prendere la croce e ottenendo l'adesione di tre importanti abati cistercensi,[41] oltre a un buon numero di nobili borgognoni.[42]

Messo in cascina il supporto di questa cruciale potenza politico-militare, Bonifacio decise di virare verso nord: non sarebbe tornato in Monferrato, ma avrebbe trascorso l'inverno in Germania. Non voglio però svelarvi ancora dove, e con chi: lasciamo che la «congiura» rimanga segreta ancora per un po', e anzi vediamo cosa accadde nella primavera seguente, quando i crociati si misero in viaggio per la loro grande avventura.

Morte a Venezia

Morte a Venezia, il capolavoro di Thomas Mann, è ambientato in gran parte al Lido di Venezia, l'isola che oggi è l'appendice cinematografica e balneare del centro storico. Il Lido è una delle isole che separano il mare aperto dalla laguna. Al tempo della Quarta crociata, la sua parte settentrionale era chiamata «isola di San Nicola» o San Niccolò, per dirla alla veneziana.

Si tratta di un'isola che avrà un ruolo molto rilevante in questa storia, perché fu qui che Enrico Dandolo decise di spedire i crociati che arrivavano alla spicciolata a Venezia, e non per motivi balneari.

Il fatto è che Dandolo aveva accettato il contratto con i crociati ben consapevole che era meglio avere un potere di «leva» per assicurarsi il pagamento della somma pattuita: tipo mettere i crociati su un'isola dalla quale non potevano uscire senza l'ausilio delle navi veneziane, dove l'unica fonte di cibo sarebbero stati i veneziani e da dove quindi non potevano rappresentare una minaccia per il centro realtino. A pensar male si fa peccato – direbbe il divo Giulio – ma il più delle volte si azzecca.

Per tutta la primavera del 1202, al Lido continuarono ad affluire contingenti di cavalieri crociati, con i loro scudieri e seguaci. La buona parola di Bonifacio – e del suo signore Philipp di Swabia – convinse anche un buon numero di vescovi, abati e nobili tedeschi a unirsi alla spedizione, che rimase però a trazione francese.

Roberto di Clari ci dice, in poche parole, quelli che erano i sentimenti dei piccoli cavalieri come lui alla partenza per il «pellegrinaggio armato»:

> *Dopo che fu passata la Pasqua, tutti partirono. Un gran numero di padri e madri, di sorelle e fratelli, di mogli e figli provarono un grande dolore a veder partire i loro cari.*[43]

Uno dei principali ambasciatori della crociata, che vedremo all'opera nei difficili negoziati che abbiamo di fronte, era Conon di Béthune, cavaliere e poeta *troubadour*. Questi scrive:

Ah, mio amore, quant'è difficile partire!
Dovrò fare di necessità virtù, o mia signora,
la migliore ad essere mai amata e servita.
Che Dio, nella sua misericordia, mi riporti da Lei,
così sicuramente come è certo che parto con grande dolore.
Ahimè! Cosa dico? Non è vero che la lascio!

Perché anche se il mio corpo va a servire Nostro Signore,
il mio cuore resta interamente al suo servizio.[44]

Non c'è da stupirsi che tante lacrime fossero sparse alla partenza dei crociati. Era un mestiere molto pericoloso: i tassi di mortalità erano spaventosi, tra il 35% e il 50% di chi partiva non faceva più ritorno.[45] A parte la Prima crociata, nessun'altra era stata finora coronata da successo.

I rischi non erano solo personali, ma anche finanziari: la maggior parte dei crociati, se ne usciva vivo, spesso tornava in rovina. Si calcola che un cavaliere dovesse spendere quattro volte il suo reddito annuale per pagarsi una crociata, e la sua famiglia doveva avere abbastanza risorse a casa per sostenersi in caso della – probabile – morte del crociato.[46] Il passaggio via mare, i rifornimenti, le armi: tutto questo costava caro, molto caro. I crociati dovevano finanziare il loro pellegrinaggio ipotecando o vendendo una buona fetta delle loro terre o facendo spaventosi debiti, che avrebbero potuto ripagare solo se fossero sopravvissuti – punto primo – e, soprattutto, se la missione avesse concesso loro un sostanzioso bottino – punto secondo. Nei prossimi passaggi, tenetelo sempre a mente: al di là di quanto i crociati dovranno ai veneziani, ricordatevi che sono costretti a guadagnare un bel gruzzolo, pena la potenziale rovina della loro intera famiglia. Conquistare il Santo Sepolcro, ottenendo la remissione dei peccati, era una delle preoccupazioni principali dei crociati, se non la principale, ma le questioni finanziarie non erano mai distanti dai loro calcoli.

Salvate il soldato Ryan

Calcoli che si dimostrarono immediatamente sbagliati, almeno per quanto riguardava il contratto con i veneziani. Perché solo uno dei due contraenti aveva mantenuto gli accordi, vale a dire la Serenissima, che in un anno aveva costruito una flotta davvero magnifica, carica di ogni materiale necessario alla spedizione, pronta a trasportare oltremare un grande esercito crociato. Cito Robert di Clari:

> *Quando i pellegrini furono tutti riuniti a Venezia, videro la possente flotta che vi era stata costruita: i grandi vascelli da trasporto, i dromoni da guerra, gli huissiers per il trasporto dei cavalli, le galee. Ne furono tutti meravigliati, così come della grande ricchezza che era accumulata in città.*[47]

Notate i tipi di navi: le navi da trasporto (o *nefs*), i dromoni o galee e gli *huissiers*. Robert chiama *nefs* le grosse imbarcazioni da trasporto che potevano portare centinaia di passeggeri, stipati alla bene e meglio nelle loro rotondeggianti pance. Erano di solito lunghe sui quaranta metri, larghe dieci, con una forma tozza e rotondeggiante che le faceva sembrare grasse. Avevano due torri a poppa e prua che si alzavano di circa dodici-quindici metri sul livello del mare, come un palazzo di quattro piani, mentre gli alberi arrivavano a circa trenta metri di altezza. La più grande delle navi da trasporto veneziane della Quarta crociata – soprannominata *Mondo* – poteva addirittura portare mille passeggeri nelle sue cavernose interiora, altre navi come la *Paradiso* e la *Pellegrino* erano così alte che i castelli a poppa e prua potevano raggiungere le torri delle mura di Costantinopoli.

Questo non voleva dire che fossero navi spaziose: gli uomini erano stipati in aree che non erano molto più grandi di un metro per due. Erano insomma l'equivalente di un aereo *lowcost*, con la differenza che gli sfortunati passeggeri erano costretti a trascorrervi cinque o sei settimane in attesa dello sbarco in *Outremer*. Pensateci quando prenderete, come me, il vostro volo Ryanair di due ore! Cito qui lo storico Jonathan Phillips:

> *Il rumore del legno e lo schioccare delle vele, l'odore del sale e del sudore, la prossimità forzata con così tante persone debbono aver prodotto un'esperienza incredibilmente intensa.*[48]

Quanto alle galee, queste erano invece le navi da guerra della flotta. La lunghezza non era dissimile dalle navi da trasporto, ma erano molto più strette e sottili: circa trentacinque metri di lunghezza e quattro e mezzo di larghezza. Erano anche più basse e scattanti. I rematori, divisi su circa venticinque banchi, spingevano le galee con remi lunghi otto metri, azionati da una coppia di vogatori. Queste navi avevano un equipaggio di circa centocinquanta uomini, tra ufficiali, marinai (di solito centootto) e guerrieri. In guerra, il più importante vantaggio di queste imbarcazioni era la velocità: sfruttando la forza delle braccia, le galee potevano fare scatti anche della rapidità di dieci nodi, circa diciotto chilometri all'ora. Si trattava di un'evoluzione medievale delle antiche triremi, in sostanza la colonna portante delle marine mediterranee fin dall'antichità.

Infine, avrete notato che non ho tradotto il termine francese usato da Robert di Clari per indicare il terzo tipo di navi: le *huissiers* erano navi specializzate nel trasporto dei cavalli, in italiano si può tradurre con «usciere». La cavalleria era l'arma segreta degli eserciti crociati, ma il trasporto dei cavalli era un affare molto delicato, che richiedeva navi speciali. Questa tipologia di nave era stata sviluppata dai Romani a Costantinopoli, sotto il nome di *chelandion*, per poi essere esportata a Venezia (per ironia della sorte, sarà una delle armi usate per saccheggiare Nuova Roma). Un *huissier* di solito poteva trasportare appena trenta cavalli e permetteva di caricare gli animali con una tecnica ingegnosa, sospendendoli dal ponte superiore con brande e carrucole, in modo che potessero appena poggiare gli zoccoli sul pavimento del ponte inferiore: questo perché il continuo rollio delle navi rischiava di ferirli o azzopparli. Per i cavalli deve essere stato un viaggio scomodo, ma era un enorme impegno anche per gli uomini, senza contare il sovraccarico dei viveri per uomini e animali.

In aggiunta, questa nave aveva anche un'arma segreta, un formidabile accorgimento militare: era stata concepita per portare un attacco anfibio di cavalleria, cosa che la rendeva l'asso nella manica della formidabile cavalleria latina. Sulla fiancata o a prua, l'*huissier* possedeva un ampio portellone che, a pieno carico, di solito si trovava sotto la linea di galleggiamento. In caso di sbarco, la nave veniva condotta a spiaggiarsi il più vicino possibile alla riva, poi il portellone veniva abbassato direttamente sulla spiaggia: da una rampa apposita si potevano scaricare nell'acqua bassa i cavalieri, armati di tutto punto e già in sella ai cavalli. Si trattava di una tecnologia che era l'equivalente medievale delle navi da sbarco della fanteria corazzata nella Seconda guerra mondiale. Quindi, sì, quando vi immaginate lo sbarco di questa cavalleria crociata, siete per una volta autorizzati a visualizzare una scena di *Salvate il soldato Ryan* in salsa medievale. Come vedremo, i crociati utilizzeranno con devastante efficacia questa innovativa tecnologia militare.

Secondo le stime di John Pryor,[49] basandosi sulle informazioni disponibili sulla tipologia dei vascelli e l'equipaggio, si arriva a stimare circa cinquanta galee da guerra, una quarantina di grandi navi tradizionali da trasporto e ben centotrenta *huissiers* per il trasporto dei cavalli. Quanto all'equipaggio, per manovrare una tale colossale flotta era necessario mobilitare circa trentamila marinai, più o meno la metà di tutta la popolazione adulta dell'intera Repubblica di San Marco e non distante dal numero dei crociati attesi per la missione. Non c'è da stupirsi che i veneziani chiedessero la metà del bottino della crociata!

Gambe corte o nasi lunghi?

Se i veneziani avevano quindi mantenuto la loro parte dell'accordo, lo stesso non poteva dirsi dei crociati. Perché presto ci si rese conto che non si sarebbe mai raggiunta la quota di soldati crociati predefinita dal contratto. Questo era dovuto a più fattori.

Una parte dei crociati si mise in viaggio per *Outremer* via mare, direttamente dalla propria patria: si trattava in particolare della fanteria fiamminga, guidata da alcuni vassalli di Baldwin delle Fiandre. I Fiamminghi erano tra i pochi «pellegrini» a possedere una flotta, e parve normale mobilitarla per lo sforzo della Quarta crociata. Sulla flotta fiamminga, al cui comando c'era Jean di Nesle, il castellano di Bruges, furono caricate molte provviste e materiali da guerra; poi fu inviata verso gli stretti di Gibilterra, con l'ordine di raggiungere gli altri crociati a Venezia.

Oltre ai Fiamminghi, molti altri crociati francesi non giunsero mai a Venezia. Il fatto era che un gran numero di cavalieri e signori di Francia non comprendevano perché avrebbero dovuto raggiungere il porto in Adriatico, avendo a disposizione delle alternative (magari più economiche). È probabile che alcuni di loro fossero consapevoli del «contratto» capestro sottoscritto da Geoffroy, che vincolava i crociati a pagare una somma fissa, a prescindere dal numero dei partecipanti radunati in laguna: se, infatti, i crociati fossero stati la metà di quanto pattuito con i veneziani, il costo per persona sarebbe raddoppiato. Piuttosto che finire per pagare più della quota di base per il trasporto verso *Outremer*, questi crociati ritennero più prudente viaggiare verso la Siria con i propri mezzi: molti si recarono al porto di Marsiglia, comprando il passaggio dalle navi mercantili qui presenti.

In questo, le bugie dei vertici crociati si ritorsero contro di loro: avevano detto di voler combattere in *Outremer*, pur sapendo che il loro vero obiettivo era l'Egitto. Molti cavalieri li presero però sulla parola: se la missione era destinata a raggiungere *Outremer* per poi attaccare Gerusalemme, perché passare per Venezia e non andare invece direttamente in Palestina? D'altronde, si sa, le bugie sono di due tipi: quelle con le gambe corte e quelle con le crociate fallite.

I conti non tornano

Sta di fatto che, a fine giugno, i crociati iniziarono a comprendere che le cose stavano prendendo una bruttissima piega. Perfino Louis di Blois, arrivato a Piacenza, decise di restare alla larga dalla laguna: meglio libero in pianura padana che in un'isola-prigione veneziana.

Louis di Blois era però uno dei tre supremi leader francesi della crociata, la sua assenza da Venezia sarebbe stato un colpo mortale. Geoffroy di Villehardouin fu allora spedito a Piacenza e, dopo molte preghiere e negoziati, il conte di Blois accettò di unirsi agli altri capi crociati al Lido di Venezia, nel loro raccogliticcio accampamento di tende, non senza protestare. Qualche settimana dopo, a fine luglio, arrivò anche, con tutta calma, sua «maestà» Bonifacio, il marchese del Monferrato.

Eppure, nonostante i nuovi arrivati, i conti continuavano a non tornare (anche perché molti «conti» non erano proprio arrivati). Nessuno dei nostri cronisti ci dice esattamente il numero dei crociati, ma Robert di Clari sostiene che c'erano solo mille dei quattromila cavalieri attesi, e meno della metà dei fanti. A spanne, in base alle stime lette, direi che i crociati erano probabilmente tremila tra cavalieri e scudieri e circa otto-novemila fanti. In totale, un terzo di quanto era stato pattuito con i veneziani.

Nell'accampamento c'erano il nostro Robert di Clari e anche l'anonimo autore della *Devastatio Constantinopolitana*, forse un impiegato tedesco al servizio di un chierico che si era unito alla crociata. L'anonimo sembra avercela in generale con tutti i capi della crociata, responsabili a più riprese di mettere in pericolo la vita dei soldati semplici, di mentire sui veri obiettivi, di rubare loro la giusta parte del bottino. In questo frangente, la *Devastatio* ci informa che sull'isola di San Nicola scoppiarono – era prevedibile – delle epidemie, e che il cibo era venduto dai veneziani a costi esorbitanti:

> *Qui, piantate le tende, attesero di essere trasportati dalle calende di giugno alle calende di ottobre.*[50] *Un sestario*[51] *di grano veniva venduto per cinquanta soldi. Tutte le volte che piacque ai veneziani questi decretarono di lasciare i pellegrini confinati sulla suddetta isola. Di conseguenza i pellegrini, quasi come prigionieri, erano a tutti gli effetti dominati dai veneziani. A causa di tutto ciò, si sviluppò una grande paura tra gli uomini comuni. Molti tornarono a casa; molti altri raggiunsero la Puglia e da lì attraversarono il mare. Una minoranza rimase a Venezia, tra questi si diffuse un'epidemia, con un alto tasso di mortalità. Il risultato fu che difficilmente i morti potevano essere sepolti dai vivi.*[52]

Va detto che Robert di Clari narra di condizioni migliori, forse riflettendo l'esperienza di qualcuno che comunque faceva parte della piccola nobiltà, essendo un cavaliere: ci riferisce che Dandolo non fece mai mancare le vettovaglie ai crociati. Probabile che la verità stia nel mezzo, come al solito.

Un ulteriore problema era che questa massa di miseri crociati continuava a dovere 85.000 marchi d'argento a Venezia, ma invece di doverne dividere il costo per 33.600 persone, ora toccava spartirlo tra 12-13.000, in effetti triplicando il prezzo del biglietto.

Secondo Robert di Clari, il doge avrebbe detto allora ai crociati:

> *Signori, non siete stati corretti con noi, perché – dopo che i vostri ambasciatori avevano concluso un accordo con me e il mio popolo – ho dato ordine che per tutta la nostra terra non si facesse alcun mercato, né altro lavoro, ma che ciascuno aiutasse a costruire questa flotta. E a questo tutti i veneziani si sono consacrati ogni giorno, senza guadagnare alcunché per un anno e mezzo: in virtù di ciò, il mio popolo ha perso molte occasioni di guadagno. Dunque, i miei uomini vogliono – e io concordo – che voi paghiate quello che ci dovete, fino all'ultimo soldo. Altrimenti, sappiate che non lascerete quest'isola finché non avrete pagato il dovuto, e non troverete nessuno che venga a portarvi di che bere e mangiare.*[53]

Ho come la sensazione che Enrico Dandolo, tutto sommato, avesse previsto tutto. Aveva sospettato che i crociati non avrebbero raggiunto i numeri pattuiti, ma aveva comunque costruito una magnifica, immensa flotta, mettendo i crociati di fronte al fatto compiuto: erano *loro* a non aver mantenuto i patti e ora i veneziani li tenevano per la giugulare, per non dire di peggio.

Dandolo impose dunque l'aut-aut che aveva ideato fin dall'inizio: o pagavano in anticipo quanto pattuito (fino all'ultimo marco) o potevano sognarsi di lasciare vivi la bell'isola del Lido di Venezia. Anche la villeggiatura, a lungo andare, stanca.

Sono ragionevolmente certo che questo fosse il piano del doge sin dall'inizio, sin dalla primavera del 1201, ed è il motivo che spinse i veneziani ad approvare un progetto talmente costoso e rischioso. Venezia si era procurata un'armata che ora avrebbe utilizzato per i *suoi* fini. Se i crociati avessero voluto liberarsi dal suo abbraccio, avrebbero dovuto piegarsi ai suoi voleri.

C'hai un euro?

Per provare a pagare l'enorme somma dovuta ai veneziani, i crociati fecero una colletta tra coloro che si ritrovavano «ospiti» al Lido ma riuscirono comunque a raccogliere meno della metà di quanto era dovuto: i capi della crociata si indebitarono fino al collo, prendendo a prestito dai templari e dai banchieri veneziani. Secondo i miei calcoli, considerate che 25.000 marchi erano stati già consegnati in anticipo, a Venezia i crociati riuscirono a raggranellare, tra colletta e prestiti, appena 26.000 marchi, per un totale di 51.000 marchi pagati. Ne mancavano ancora 34.000, una voragine incolmabile per i pochi crociati arrivati in laguna.[54]

Al di là dei problemi finanziari, però, c'era un'altra questione che preoccupava i baroni a capo della crociata: vista la scarsità di partecipanti, non avevano abbastanza uomini per conquistare Alessandria, figurarsi l'intero Egitto. E senza conquiste, non ci sarebbe stato neanche alcun bottino. Niente bottino, nessuna speranza di pagare i propri debiti personali, men che meno quelli contratti con i veneziani. I baroni crociati squadravano negli occhi la loro rovina finanziaria.

Come sostiene Anthony Kaldellis,[55] l'esercito crociato aveva ormai un solo asset a disposizione, una sola freccia al suo arco: l'aggressione militare. Avevano una flotta che era l'invidia del mondo mediterraneo, certamente la più potente a disposizione degli Stati cristiani e musulmani. Erano meno del convenuto, ma comunque si trattava di un esercito potente che, ben indirizzato, poteva garantire un buon bottino. L'unico problema era che l'obiettivo che si erano dati originariamente era irraggiungibile. Ne occorreva uno nuovo.

Il doge e la Croce

Dunque, riassumiamo: i veneziani volevano usare l'esercito crociato per i loro fini, i baroni crociati puntavano a massimizzare il bottino e minimizzare il rischio di finire infilzati da una spada nemica. Vediamo come gli eventi proseguono con questi due obiettivi in mente.

Ora, la presenza dei crociati al Lido era scomoda per i veneziani, che continuavano a rifornirli di cibo e a sostenere la loro presenza in città. L'estate passava velocemente, e non si trovava un accordo. In inverno, la tendopoli crociata sarebbe diventata un posto invivibile e i soldati avrebbero chiesto o di tornare a casa, facendo fallire la crociata, o di essere accolti in città, cosa inaccettabile per i veneziani, per evidenti ragioni di sicurezza. I capi dei crociati erano determinati, assolutamente determinati, a continuare la spedizione: da ora in poi, il loro principale obiettivo sarà di tenere unito questo relativamente piccolo esercito. I baroni avevano bisogno di una forza militare in grado di conquistare qualcosa, e quindi ottenere il bottino che serviva loro per ripagare i propri debiti e – Dio volendo – magari anche completare la promessa di raggiungere *Outremer* e combattere contro gli infedeli.

Per ora, la soluzione era tirare un calcio alla lattina e rimandare il *redde rationem*. Si doveva trovare un luogo dove l'esercito potesse passare l'inverno senza pesare troppo sulle casse veneziane e sulle vuote tasche dei crociati: ci voleva, insomma, una città che finanziasse a costo zero la spedizione. Per prendere due piccioni con una fava, il sempre abile Enrico Dandolo suggerì quale poteva essere il luogo perfetto: l'ossessione dei veneziani, la città di Zara. In realtà, credo che avesse considerato l'opzione di deviare la crociata su Zara sin dalla primavera precedente.

Abbiamo già visto come Zara si fosse ribellata a Venezia. La Serenissima aveva tentato più volte di riconquistarla, scontrandosi però con la protezione offerta dal re d'Ungheria, uno dei più importanti sovrani dell'epoca. Venezia da sola non aveva la forza di riconquistare la città dalmata, ma con l'ausilio dei crociati sarebbe stato certamente più semplice. Presto fatto: Dandolo propose ai crociati di aiutarlo a riprendere la «ribelle» città dalmata, in cambio i veneziani avrebbero prorogato la scadenza del debito al 1203. Perché i veneziani non rimettono mai i debiti, al massimo ne posticipano il pagamento. I crociati accettarono ma, al solito, il doge doveva vendere l'accordo ai suoi, presentandolo di nuovo alla grande assemblea popolare in San Marco. Qui però Dandolo non parlò affatto di Zara, ma concentrò tutta l'attenzione della cittadinanza veneziana sull'alleanza tra la Serenissima e i crociati per il soccorso della Terrasanta.

Leggiamo Villehardouin:

> *Prima che la messa fosse conclusa, il doge di Venezia (...) montò sul pulpito e parlò al popolo, dicendo: «Signori! Voi siete in compagnia dei più importanti uomini del mondo, che si sono radunati per la più grande delle avventure della storia. Io sono un uomo vecchio e stanco, e avrei bisogno di riposo, senza considerare la mia infermità. (...) Nonostante questo, se voi accetterete che io stesso prenda la croce per preservarvi e dirigervi, mentre mio figlio resterà qui in città al mio posto, proteggendo la città, io andrò a morire con voi e con i pellegrini in Terrasanta».*[56]

Prendendo la croce Dandolo – da semplice contraente di un accordo con i crociati – diventava lui stesso un crociato e si inseriva di diritto nel consiglio dei potenti che avrebbe preso tutte le decisioni. Alla fine, quando la flotta prenderà il mare, a partire saranno circa quindicimila veneziani e poco meno crociati: a differenza di questi ultimi, divisi in più signori, i veneziani avranno un unico capo, il terribile vecchio della politica lagunare, un arzillo novantenne senza la vista, ma che vedeva più lungo di tutti i suoi contemporanei. Enrico Dandolo è destinato a diventare il vero leader della crociata.

La scena dell'anziano doge che desidera partire in crociata, con lo stesso fervore di un cavaliere francese, sembra aver causato una commozione generale a Venezia e spinto molti semplici cittadini a prendere la croce. Molti altri invece furono arruolati nella flotta, attraverso una procedura di sorteggio che, a detta di Robert di Clari, ricorda da vicino quella degli americani ai tempi del Vietnam: circa la metà dell'intera popolazione veneziana fu estratta a sorte, e si preparò a imbarcarsi sulle navi.

In tutta questa storia, ed è un altro capolavoro politico di Dandolo, la dirigenza veneziana non fece trapelare al popolino o alla soldataglia crociata che la flotta non sarebbe partita alla volta di *Outremer* ma di Zara. Veneziani e pellegrini non sarebbero andati a conquistare un posto in paradiso – non subito, almeno –, ma avrebbero rivolto le loro spade contro altri cristiani.

A quest'epoca, in realtà, i baroni avevano già deciso la destinazione finale, ma non erano ancora pronti a confessarla: si trattò di un'altra bugia lungo la strada bugiarda che porta a Costantinopoli. D'altronde, se i capi avessero confessato i loro propositi, molti crociati si sarebbero probabilmente rifiutati di imbarcarsi, mentre in questo modo furono messi di fronte al fatto compiuto e – come vedremo – anche in quel caso molti di loro si rifiutarono di combattere.

Rimetti a noi i nostri debiti

Innocenzo III venne a sapere dai suoi agenti a Venezia che veneziani e crociati avevano deciso di attaccare Zara, città che apparteneva all'unico sovrano che aveva ufficialmente preso la croce: Emerik, re d'Ungheria. Orripilato, scrisse immediatamente ai capi della Quarta crociata, minacciando un'automatica scomunica in caso di attacco a qualunque città cristiana: dovevano invece partire al più presto per *Outremer*, senza deviazioni dettate da crucci finanziari o dai magheggi dei veneziani.

Eppure, nonostante fosse ben consapevole che l'esercito crociato era costretto a questo corso d'azione a causa dei suoi debiti, il Papa non contribuì alla loro estinzione, e questo anche se il legato papale, Pietro Capuano, aveva visitato la laguna in luglio, avendo tutto il tempo a disposizione per ottenere dei prestiti da parte della curia romana.

Va detto che – e fu qualcosa di veramente innovativo – Innocenzo III provò a raccogliere dei fondi straordinari destinati alla crociata, lo fece intimando ai vescovi di pagare una tassa pari al 2,5 per cento di tutte le rendite delle terre ecclesiastiche.[57] Il problema era che il Papa non era un sovrano romano, con una burocrazia preposta alla riscossione delle tasse e un esercito in grado di imporre il volere statale in caso di ribellione; il Papa doveva accontentarsi di una minuscola burocrazia e un controllo ancora labile degli episcopati regionali, e ovviamente nessun esercito. I ricavi della sua tassa «straordinaria» furono molto inferiori alle aspettative, e il grosso prese la via della Terrasanta in forma di elemosine per il regno di Gerusalemme, mentre quasi nulla arrivò ai crociati radunati a Venezia.

Se non erano però i vescovi europei a finanziare la missione, la Chiesa romana avrebbe potuto mettere i suoi stessi fondi. Il Papa controllava vasti introiti che riceveva dalle terre italiane sotto il suo diretto controllo. Innocenzo III però, nelle parole di Anthony Kaldellis, si rifiutò di assumersi la responsabilità fiscale del guaio che aveva causato.[58] Forse perché pensò che non fosse suo compito, forse perché credette che il giuramento dei crociati fosse un incentivo sufficiente a comportarsi rettamente, forse perché ritenne di avere comunque l'autorità per dirigere la crociata attraverso i suoi emissari. A mio parere, era convinto che i crociati non avrebbero mai osato disobbedire a un esplicito ordine del successore dell'apostolo, del capo della cristianità, del sole che illumina con la sua luce tutti i sovrani laici d'Europa. A forza di propagandare il mito della «supremazia papale», le persone acculturate come Innocenzo III erano arrivate a credere alla loro stessa propaganda. Il Papa avrebbe avuto un doloroso, brusco risveglio, e i suoi tentativi di indirizzare la crociata sarebbero stati tutti degli spettacolari fallimenti.

Verso l'infinito, e oltre

Alla fine, concluso il nuovo accordo tra veneziani e crociati, era tempo di partire. Ecco come Robert di Clari descrive la partenza della grande missione crociata, a inizio ottobre 1202:[59]

> *Allora presero il mare. Ciascuno dei grandi signori aveva la sua nave da trasporto per sé e i suoi vassalli, e il suo huissier per portare i suoi cavalli. Quanto al doge di Venezia, lui aveva con sé cinquanta galee interamente a sue spese. Quella sulla quale era imbarcato era dipinta tutta di colore rosso vermiglio e trasportava una grande tenda di seta, dello stesso colore. A prua suonavano quattro trombe d'argento, e dei tamburi facevano un gioioso frastuono. Tutti, che fossero chierici o laici, piccoli o grandi, erano ricolmi di gioia per la partenza, visto che non avevano mai visto né sentito parlare di una flotta comparabile o altret-*

tanto potente. I pellegrini fecero montare tutti i preti e i chierici sui castelli delle navi, e questi intonarono Veni, creator spiritus. *Tutti, potenti e gente comune, piangevano per l'emozione e la felicità. Quando la flotta uscì dal porto di Venezia le navi, i dromoni e le barche da trasporto, oltre a molti altri vascelli, erano così numerosi che sembrò lo spettacolo più bello che ci fosse mai stato dalla creazione del mondo (...). Quando raggiunsero il mare, i crociati tesero le loro vele e issarono le insegne e le bandiere dei loro signori sui castelli delle navi; sembrava a conti fatti che il mare non fosse altro che un formicolio di vele, riempito com'era di navi che pilotavano nelle acque, ricolmo di quell'allegria che tutti esibivano.*[60]

La Quarta crociata aveva finalmente sciolto le vele, prendendo il mare e iniziando a muovere i primi passi verso il suo destino. Quale fosse, non lo sapevano i poveri cavalieri e i soldati semplici amici come Robert di Clari o come l'autore della *Devastatio Constantinopolitana*. Forse non ne erano al corrente neanche tutti i potenti.

2
I dirottatori

La carica contro i Dalmati

La grande flotta crociata, dopo una breve sosta a Pola, giunse di fronte a Zara, in Dalmazia, il 10 novembre del 1202, quando ormai si era agli ultimi scampoli della stagione di navigazione del Mediterraneo: raramente le flotte prendevano il mare d'inverno, visto che era molto pericoloso. Lungo la via i veneziani ebbero modo di dispiegare la potenza della flotta e dell'esercito crociato, usandolo per intimorire le città dalmate, ristabilendo il loro pieno controllo su tutto l'alto Adriatico. Cito la *Devastatio Constantinopolitana*:

> *(I veneziani) forzarono la sottomissione di Trieste e Muggia e costrinsero tutta l'Istria, la Dalmazia e la Sclavonia a pagare loro tributo.*[61]

Enrico Dandolo stava già mettendo a frutto il suo investimento nella Quarta crociata.

Quanto a Zara, l'arrivo a novembre segnalava che i crociati e i veneziani non avevano alcuna intenzione di riprendere il mare: quello doveva essere il luogo dove far svernare l'armata, a spese della città «ribelle» che aveva osato abbandonare Venezia per il regno d'Ungheria: gli abitanti della città compresero immediatamente cosa volesse dire. Per Dandolo, la città dalmata era sempre stata uno dei crucci del suo dogato, perché si era anche alleata con i pisani, i maggiori rivali di Venezia nel XII secolo. Grazie al supporto di Zara, i pisani avevano avuto l'ardire di mettere piede in Adriatico. Ora, finalmente, il doge aveva i muscoli necessari a rettificare questa situazione inaccettabile per il Leone di San Marco.

La città era ben fortificata, ma i crociati la circondarono su mare e su terra: la flotta ruppe la catena che proteggeva il porto, un preludio di quello che sarebbe accaduto a Costantinopoli. Una volta entrate nella baia, le navi sbarcarono l'esercito. I crociati iniziarono a costruire macchine da guerra, allestendo i campi per l'assedio, tra la costernazione degli abitanti di Zara, che avevano già respinto più di un attacco veneziano ma che ora si ritrovavano contro la potenza militare del mondo transalpino a supporto delle capacità marinare dei loro storici avversari.

Il giorno di San Martino, l'11 novembre, iniziò l'assedio. Curiosamente – e vi consiglio di tenerlo a mente – Bonifacio del Monferrato non era con l'esercito, nonostante fosse in teoria il suo comandante in capo. Come mai, proveremo a intuirlo tra poco. Geoffroy di Villehardouin, sempre reticente a parlare chiaro quando c'è di mezzo la probabile ragione della deviazione della crociata, allude a misteriosi «affari» che lo avevano trattenuto a Venezia.

Nel frattempo, a Zara ci si era resi conto che non era prudente provare a resistere a una tale armata: i notabili della città si erano recati alla tenda del doge Dandolo, proponendo una resa nella quale gli abitanti avrebbero dovuto cedere tutte le loro case e i loro beni all'alleanza crociato-veneziana, avendo salva la vita. Uno scambio piuttosto abituale in casi come questo. Dandolo rispose che avrebbe portato la proposta di fronte al consiglio della crociata. Mentre si preparava a farlo, però, vennero a galla le prime pericolose divisioni in seno alla crociata, anzi le seconde, se si considerano i tanti che si rifiutarono di andare a Venezia, annusando la trappola e dirigendosi con i loro mezzi direttamente in *Outremer*. Non tutti erano infatti a favore dell'attacco a Zara: la maggioranza della truppa sopra ogni altra cosa desiderava combattere contro gli infedeli in *Outremer* e sognava di concludere il pellegrinaggio nel cuore del Santo Sepolcro, a Gerusalemme. Tutte queste faccende di Venezia,

Zara e dintorni per loro erano solo una distrazione, un'infelice conseguenza del contratto capestro stretto con la Serenissima. Tra costoro c'erano anche importanti nobili che magari non facevano parte della ristretta cricca che prendeva le decisioni rilevanti, ma che ci tenevano a far valere le proprie opinioni.

Comunque sia, l'opposizione – come chiameremo questa fazione da ora in poi – fece sapere ai cittadini di Zara che non avevano alcuna ragione di preoccuparsi. Mai i crociati avrebbero dato l'assalto a una città cristiana, semmai dovevano guardarsi solo dai veneziani, che però già più volte avevano sconfitto in passato. In base a questa informazione, Zara decise che tutto sommato non era necessario arrendersi: un errore fatale, perché la città credette ai crociati sulla parola, senza sapere che questi rappresentavano solo una parte dell'intera armata. Immagino che l'opposizione intendesse scoprire il bluff di Enrico Dandolo e dei vertici crociati: non avrebbero mai osato attaccare una città cristiana, sotto la protezione dell'unico sovrano che aveva preso la croce. Oppure no?

La via per l'inferno è lastricata di buone intenzioni

A Zara non erano arrivati solo i crociati, ma anche dei legati del Papa, con la lettera di Innocenzo III che gli intimava di non attaccare la città dalmata, pena la scomunica. Nel loro primo atto di aperta ribellione ai voleri papali, la dirigenza dei crociati decise di nascondere la lettera e non renderla pubblica. Non erano venuti fin qui per traccheggiare, ma per conquistare.

Nel «parlamento» della crociata, com'è definito dai nostri cronisti, si scatenò allora una violenta discussione. Da una parte, c'erano il doge e i suoi alleati tra i «potenti», per esempio Baldwin delle Fiandre, Louis di Blois e Geoffroy di Villehardouin. Questo partito «baronale» e «filo-veneziano» era d'accordo ad attaccare la città, visto che si era rifiutata di arrendersi spontaneamente. In realtà, la loro posizione era probabilmente dovuta al fatto che i veneziani li tenevano per la collottola: Enrico Dandolo fece più volte presente che, qualora i crociati non avessero assaltato Zara, era pronto a mollarli lì in ambasce, a cercarsi da soli la via di casa o di Gerusalemme.

Dall'altra parte, c'erano molti nobili e chierici che erano rimasti inorriditi dalle decisioni dei baroni: volevano davvero iniziare il loro pellegrinaggio verso la Terrasanta assaltando una città cristiana, contro l'esplicito volere del Pontefice? L'abate di Vaux, uno dei cistercensi che si era unito alla crociata con i suoi vassalli armati, fu uno dei più strenui oppositori in assemblea. Al suo fianco c'erano Simon di Monfort[62] ed Enguerrand di Boves.[63] L'opposizione dichiarò che non avrebbe disubbidito al Papa, rischiando la scomunica. Dopo la conquista di Zara, tutti e tre abbandonarono l'accampamento crociato, unendosi al re di Ungheria per trascorrere lì l'inverno, in attesa di poter passare in Siria la primavera seguente, dai porti pugliesi non controllati dai veneziani.

La vicenda di questi nobili, che portarono con sé centinaia se non migliaia di pellegrini, in un certo senso dimostra cosa avrebbero potuto fare i crociati se avessero deciso di risparmiare Zara: re Emerik d'Ungheria si sarebbe probabilmente offerto di pagare loro le spese di trasporto in *Outremer*, in cambio di non vedere indebolita la sua posizione in Adriatico, lasciando Zara nella sua orbita. Questo era stato infatti il motivo che l'aveva spinto a prendere la croce: Emerik aveva subito sospettato che una crociata «trasportata» da Venezia avrebbe fatto una «pausa tecnica» a Zara.

Dall'oro al vile metallo

Nel frattempo, i cittadini di Zara avevano appeso alle mura delle grandi bandiere con la croce, quasi a voler affermare la loro cristianità e il loro attaccamento al movimento crociato. Poco male, i crociati decisero di attaccare lo stesso. Ecco come descrive l'assalto alla città la *Devastatio Constantinopolitana*:

> *(I crociati) assediarono Zara da ogni lato, sia su terra che su mare. Eressero più di 150 catapulte e manganelle, così come scale, torri di legno e numerosi altri strumenti di guerra. Costruirono anche mine per far crollare le mura. Quando i cittadini di Zara videro tutto questo, consegnarono la città il quindicesimo giorno di assedio, con il risultato che ogni cosa – salvo le loro per-*

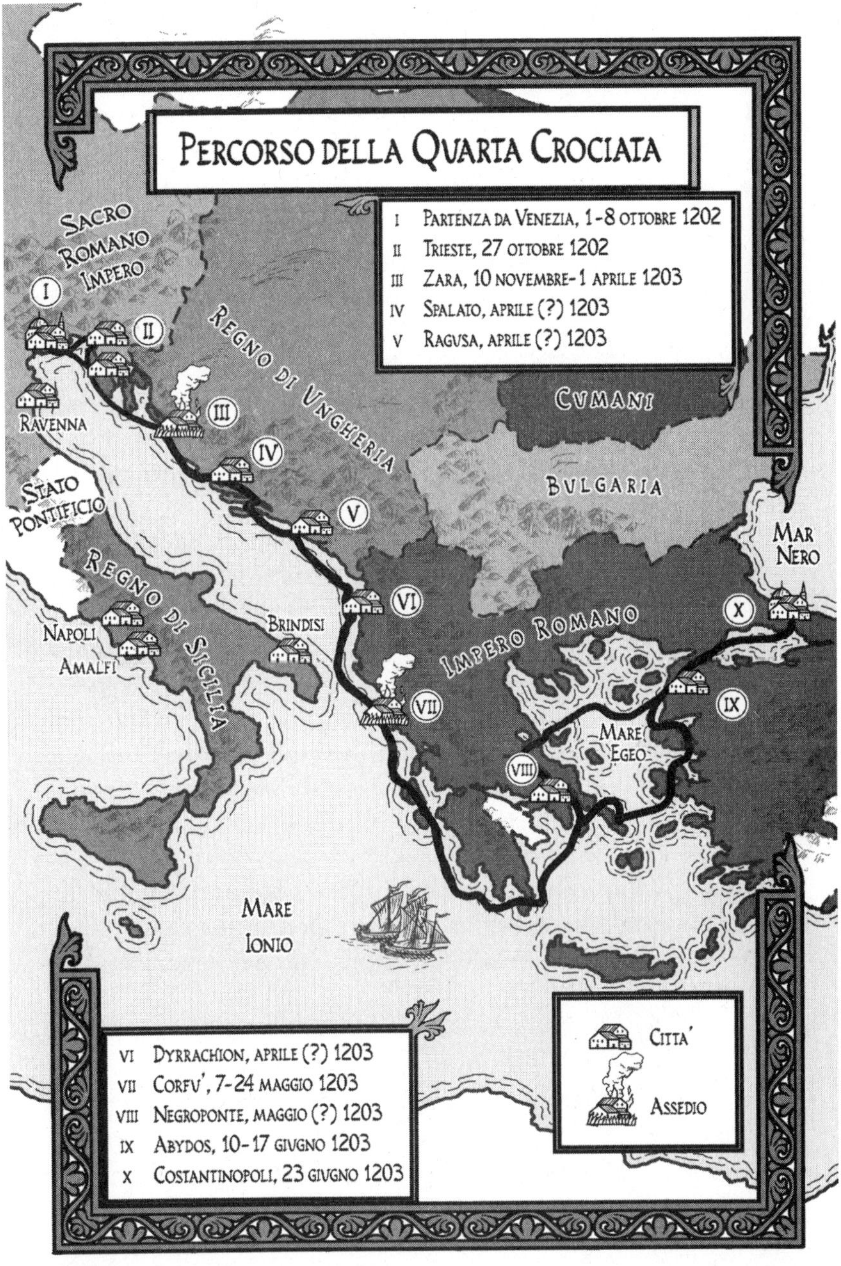

Percorso della Quarta Crociata
I Partenza da Venezia, 1-8 ottobre 1202
II Trieste, 27 ottobre 1202
III Zara, 10 novembre-1 aprile 1203
IV Spalato, aprile (?) 1203
V Ragusa, aprile (?) 1203
Sacro Romano Impero
Regno di Ungheria
Cumani
Bulgaria
Ravenna
Stato Pontificio
Mar Nero
Regno di Sicilia
Napoli
Amalfi
Brindisi
Impero Romano
Mare Egeo
Mare Ionio
VI Dyrrachion, aprile (?) 1203
VII Corfu', 7-24 maggio 1203
VIII Negroponte, maggio (?) 1203
IX Abydos, 10-17 giugno 1203
X Costantinopoli, 23 giugno 1203
Citta'
Assedio

sone – fu messo nelle mani del doge di Venezia. Il doge riservò metà della città per sé e i suoi, e l'altra metà la diede ai pellegrini. Tutti saccheggiarono la città senza pietà.[64]

Il sacco fu brutale e violento. Quando si calmarono le acque, i veneziani si insediarono nella parte della città prospiciente il porto e il resto dei crociati invece occupò la parte più interna. Gli abitanti di Zara, quelli che non erano stati violentati e uccisi durante l'assedio, furono costretti ad abbandonare le loro case. Alla partenza dei crociati, i veneziani smantelleranno Zara pietra su pietra, per impedirne la ricostruzione.

Quando Innocenzo III venne a sapere che la «sua» crociata aveva appena saccheggiato Zara, contro i suoi precisi ordini, andò su tutte le furie. La lettera che inviò ai crociati trasuda d'indignazione da ogni poro. Ecco solo l'incipit:

Ai conti, ai baroni e a tutti i crociati, senza alcun saluto:[65] *ci addoloriamo e ci affligge non poco sapere che invece di offrirvi, come siamo abituati, la grazia della remissione dei peccati e la promessa della vita eterna, ora ci troviamo a negarvi la consolazione dei nostri saluti e la protezione della benedizione dell'Apostolo. Perché – ecco – il vostro oro si è trasformato in vile metallo e il vostro argento si è quasi completamente arrugginito.*[66]

Più avanti, il Papa, senza mai discolpare i crociati, sembra attribuire la parte più importante della responsabilità a quegli infidi commercianti, quei malevoli impiccioni dei veneziani:

Avendo l'apparenza di non andare a Gerusalemme, ma piuttosto di scendere in Egitto, mentre andavate a Gerusalemme scendeste invece a Gerico e per questo vi imbatteste in una banda di ladri.[67]

Innocenzo ce l'ha soprattutto con il loro spregevolmente astuto doge, che sospetta di aver ordito l'intera faccenda, ben conoscendo la sua perenne brama di mettere le mani su Zara. Ora, in qualche modo, Dandolo era riuscito a convincere i suoi nobili «pellegrini» a fare il suo sporco lavoro. Nella lettera, il Papa conclude dicendo che i crociati possono scordarsi la remissione dei peccati alla fine del loro «pellegrinaggio». Anzi, sono tutti scomunicati.

Il peccatore e l'impenitente

I baroni erano consapevoli di incorrere nella furia del Papa, tanto che, mentre erano acquartierati a Zara per l'inverno del 1202-1203, inviarono a Roma un'ambasceria, guidata dal vescovo Nivelon di Soissons, che perorò la loro causa presso il Pontefice. Dal canto suo, Enrico Dandolo si rifiutò categoricamente di chiedere perdono. Il doge riteneva che Zara si fosse ribellata al suo legittimo governo: aveva semplicemente subito le normali conseguenze delle sue azioni. Sebbene film e romanzi vogliano convincerci del contrario, anche nel Medioevo c'erano chiare leggi di «guerra», alcune azioni erano giustificate e giustificabili, altre no: punire una città ribelle rientrava nel primo caso. Conquistare violentemente una città senza ragione alcuna era invece un'aggressione ingiustificata, che poteva portare a sanzioni da parte della Chiesa o a problemi diplomatici nel consesso europeo. Dandolo non voleva minimamente dare l'impressione che le sue azioni fossero ingiustificate, né pensava che lo fossero.

Gli ambasciatori dei crociati tornarono a Zara con la risposta del Papa, che ci è giunta attraverso un'altra lettera dell'epistolario pontificio, che conferma la scomunica dei veneziani. Quanto ai crociati, Innocenzo III offre il suo perdono, accettando le giustificazioni offerte: in particolare, la necessità di tenere unita la crociata, considerato il debito incorso dai crociati con i veneziani. Tuttavia, il Papa condiziona l'annullamento della scomunica al giuramento da parte dei crociati di seguire d'ora in poi *alla lettera* le istruzioni del legato papale presso l'armata crociata, il cardinale Pietro Capuano, che però partì presto per la Siria, rimanendo nella vana attesa del loro arrivo.

Quanto ai futuri passi della missione crociata, nella sua missiva Innocenzo III conferma altre importanti istruzioni, che deve aver già comunicato in precedenza ma che per noi sono per la prima volta esplicitate in modo chiaro:

> *Voi dovete guardarvi da simili azioni in futuro: non dovrete né invadere né violare le terre dei cristiani, in nessun modo, a meno che con malizia questi ostacolino il vostro viaggio o nel caso sopraggiungesse una differente ragione per la quale foste costretti a tale corso di azione, nel qual caso dovrete affidarvi alla guida della Sede Apostolica.*[68]

Sono ordini assai meno rigidi di quanto possa apparire a prima vista: Innocenzo non proibisce tassativamente un attacco ad altre potenze cristiane ma le subordina alla guida di Pietro Capuano, che però, come abbiamo appena detto, sparisce di scena, lasciando le mani libere ai baroni.

Quanto agli «ostacolatori», non si capisce a chi si riferisca Innocenzo III: chi avrebbe potuto ostacolare la flotta crociata? In primavera avrebbero certamente lasciato Zara, potendo navigare direttamente verso l'Egitto o *Outremer*. Per quale ragione potevano essere «ostacolati» da una potenza cristiana? Tanto più sapendo che, da Zara e fino a *Outremer*, c'era una sola potenza cristiana alla quale Innocenzo poteva far riferimento: l'Impero romano, che controllava i porti del basso Adriatico, come Dyrrachion (Durazzo) o le Isole Ionie. Anche se a prima vista non è evidente, in fondo le vaghe istruzioni di Innocenzo III sembrano autorizzare l'uso della forza contro l'Impero romano, e questo sulla semplice base di un non meglio precisato «ostacolo» alle forze crociate.

Da questa lettera, e da molti altri dettagli, sono arrivato alla conclusione che Innocenzo III sapesse molto di più di quanto lasci trasparire. Spesso gli storici lo hanno considerato quasi un passeggero involontario nella missione che porterà alla distruzione e disarticolazione dell'Impero romano. In realtà, non è del tutto vero. Quando Innocenzo III scrive questa lettera, ormai da più di un anno sa che c'è chi lavora alacremente per portare la «sua» crociata a Costantinopoli, e non sembra fare tutto il possibile per evitarlo.

Quella che Innocenzo III non poteva non conoscere, infatti, era una vera e propria cospirazione che forse risale ai tempi in cui la crociata era ancora in gestazione. Allacciate dunque le cinture, e cerchiamo di ricostruire l'origine della congiura di Hagenau. Per farlo, dobbiamo innanzitutto parlare dei principali congiurati: Philipp di Swabia, Bonifacio del Monferrato e Alexios Angelos.

The fugitive

Iniziamo da quest'ultimo: per farlo, riportiamo gli orologi al 1201, l'anno in cui Geoffroy di Villehardouin negoziò con Enrico Dandolo l'originale contratto della Quarta crociata, l'anno in cui morì il suo primo leader, Thibaud di Champagne.

Siamo nell'Impero romano, nei tristi anni del governo di Alexios III Angelos Komnenos, AAK per gli amici. Forse ricorderete come Alexios III fosse giunto al potere esautorando il fratello, Isaakios Angelos, che era stato deposto e accecato. Secondo Niketas Choniates, l'imperatore era però afflitto da rimorso:

> *(Alexios) aveva un forte rimorso di coscienza perché aveva agito illegalmente contro suo fratello, temeva di condividerne il destino e temeva la giustizia vendicatrice di Dio, che incessantemente vigila sugli affari dei mortali; di conseguenza, soffriva di sincera contrizione.*[69]

La conseguenza principale del suo rimorso fu forse una delle cause della sua caduta, perché la famiglia di suo fratello Isaakios II Angelos non aveva abbandonato il sogno di tornare al potere. E qui occorre allargare lo sguardo al resto del clan degli Angeloi.

Isaakios II Angelos era sposato con una principessa ungherese, Margit, figlia di re Bela III d'Ungheria e sorella di Emerik, il patrono di Zara. Margit era considerata una vera bellezza del suo tempo, una dama scaltra e intelligente. L'imperatrice era finita agli arresti domiciliari con il marito Isaakios: come vedremo, entrambi avranno un ruolo da giocare nella storia della

Quarta crociata. Nel caso di Margit, posso anticipare che è destinata a incrociare Bonifacio del Monferrato.

Prima di Margit, da un precedente matrimonio, Isaakios aveva avuto tre figli, due dei quali sono di nostro interesse. L'unico maschio era nato prima dell'ascesa al trono di Isaakios, non era quindi considerato «porfirogenito», nato nella porpora del palazzo imperiale. Può sembrare un dettaglio secondario, ma non lo è: nella tradizione romana i «porfirogeniti» erano candidati naturali al trono, mentre gli altri figli dovevano guadagnarsi la carica imperiale. Il rampollo di Isaakios si chiamava Alexios Angelos, lo stesso nome dell'imperatore, ahimè. Sono consapevole che avere tutti questi Alexios non aiuta, ma il prestigio di Alexios Komnenos – l'imperatore che aveva salvato la *Romania* negli anni bui del dopo Manzikert – aveva portato a una vera e propria alluvione di nobili rampolli con il suo stesso nome.

Isaakios aveva avuto anche due figlie, una delle quali, Irene Angelina, era finita in Occidente, sposa dell'ultimo re normanno di Sicilia. Alla data della Quarta crociata, dopo la morte del primo marito, era ormai la moglie di Philipp Hohenstaufen di Swabia, uno dei candidati al trono di Germania, quello che noi chiamiamo il Sacro Romano Impero. Dunque, le case regnanti dei due «Imperi» della cristianità, quello occidentale e quello orientale, erano di nuovo unite da un legame matrimoniale. Potete star certi che l'ambizioso Philipp di Swabia aveva tutto l'interesse a sfruttare questa parentela.

Dopo l'ascesa al potere di Alexios III, l'accecato Isaakios Angelos era stato imprigionato dal fratello, ma in una prigione molto confortevole, una sorta di arresti domiciliari in un palazzo dall'altro lato del Bosforo rispetto a Costantinopoli. Narra Niketas Choniates:

Isaakios aveva una vita confortevole, e nessuno veniva denunciato se prendeva una nave per andare a visitarlo. Chiunque volesse farlo, specialmente della razza latina, poteva raggiungerlo. Isaakios venne informato di piani segreti volti a rovesciare Alexios, inviò dunque delle lettere alla figlia Irene, che condivideva il letto matrimoniale con Philipp, che allora era il re dei tedeschi, sol-

> *lecitando che fosse vendicato in quanto suo padre; dalla figlia giunse la risposta, consigliandogli cosa fare.*[70]

È possibile che Niketas riferisca solo delle voci, ma non è affatto irragionevole quanto riporta, soprattutto alla luce di ciò che accadde subito dopo, e che ha tutta l'aria di una congiura. Infatti, non si sa sulla base di quali pressioni, Alexios III Angelos Komnenos ebbe la malaugurata idea di scarcerare l'omonimo nipote, Alexios Angelos, permettendogli di vivere una vita sorvegliata ma libera. È probabile che il giovane Alexios abbia quindi preso contatto con gli agenti del cognato Philipp di Swabia e della sorella Irene Angelina, allo scopo di organizzare la sua fuga dall'Impero romano.

A settembre del 1201, l'imperatore prese con sé il ragazzo in una campagna militare in Tracia contro uno dei tanti ribelli che si erano sollevati contro il suo governo, in quei tristi anni prima della Quarta crociata. In modo rocambolesco, il giovane Alexios Angelos riuscì a darsela a gambe, quasi certamente aiutato dai suddetti agenti di Irene Angelina. Il principe raggiunse una nave pisana alla fonda nel porto di Damokraneia[71] e, nel giro di poche settimane, sbarcò ad Ancona, complice un taglio di capelli «alla latina» e un nascondiglio ben orchestrato sulla nave.

Di qui, si diresse dritto in Germania, alla corte di Philipp di Swabia a Hagenau, nei pressi di Strasburgo, dove giunse poco tempo prima del Natale del 1201.

Dite la verità: quando pensate ai «Bizantini» e agli Hohenstaufen ve li immaginate molto distanti tra loro, non è facile figurarsi questo intreccio di legami. Sembra incredibile che un principe romano potesse trovare rifugio alla corte dell'altro Impero europeo. State certi che Philipp di Swabia non si sarebbe fatto mancare l'occasione che gli aveva concesso il fato: ora aveva tra le mani un'ottima pedina: un papabile, potenziale erede del trono di Costantinopoli.

Roma, vecchia e nuova

Alexios III Angelos Komnenos non ebbe il cuore di mettere a morte suo fratello Isaakios neanche dopo che il nipote gli sfuggì sotto il naso, benché il padre avesse probabilmente complottato per assicurargli la fuga. D'altronde, l'imperatore aveva anche altri problemi. Come rispondere a una mezza dozzina di crisi militari in ogni angolo dell'Impero o alle lettere di quell'arrogante vescovo della «vecchia Roma», che sembrava non volerlo lasciare in pace.

Dopo aver dichiarato la sua grande crociata nel 1198, infatti, Innocenzo III aveva avviato una stretta corrispondenza con l'imperatore, con lo scopo di assicurarsi il sostegno dell'Impero romano al suo progetto preferito. Nelle sue missive, il Papa in sostanza gli chiedeva due cose: riportare la sua Chiesa nell'abbraccio della Chiesa madre romana e ottenere il suo sostegno per la crociata. Innocenzo era ben consapevole che l'imperatore non avrebbe potuto inviare eserciti in *Outremer*, tantomeno avrebbe potuto aiutare i Latini con la sua inesistente flotta, subappaltata da anni ai veneziani. In Occidente si continuava però a credere che Costantinopoli fosse una gallina dalle uova d'oro. Solo pochi anni prima, lo ricorderete, Alexios III era stato costretto a pagare l'*Alamanikon* all'imperatore Heinrich VI: se l'imperatore poteva supportare Heinrich, perché non la sua sacra «missione» cristiana volta a recuperare il Santo Sepolcro?

La risposta di Alexios arrivò nel febbraio del 1199, mesi prima del torneo di Écry: l'imperatore si considerava un buon cristiano e avrebbe dato la sua vita per riconquistare il Santo Sepolcro, ma la riteneva una questione da affidare a Dio, che evidentemente non aveva ancora perdonato i peccati dei cristiani, tanto gravi da aver condotto alla perdita di Gerusalemme nel 1187. Tradotto: non è il momento giusto di indire una crociata. D'altro canto, sul fronte dell'unione delle Chiese, Alexios proponeva di convocare un concilio ecumenico di tutta la Chiesa universale, come si faceva un tempo, fino al IX secolo: offriva perfino di tenerlo in Occidente, rompendo con una tradizione millennaria (tutti i precedenti concili si erano svolti in Oriente).

La risposta di Innocenzo III fu inviata a Costantinopoli alle idi di novembre del 1199: il Papa era profondamente irritato per le vuote parole che Alexios aveva pronunciato a favore di una crociata. Quanto al concilio, qui si dimostra il tipico dialogo tra sordi nel caso dei negoziati tra Roma e Nuova Roma: per il Papa, la Chiesa di Roma era «la testa e la madre di tutte le Chiese» e quindi le si doveva obbedienza, non serviva alcun concilio di Chiese orientali e occidentali per stabilire l'unione tra le due: non c'erano due Chiese, ma una sola, quella romana. Piuttosto, la Chiesa di Costantinopoli era da considerarsi scismatica e quindi doveva tornare nell'abbraccio della «Chiesa madre». Innocenzo termina la missiva con parole durissime e minacciose:

> *Ci auguriamo che le cose non finiscano in modo diverso, cosa che non possiamo credere per un momento! Altrimenti saremo costretti a procedere sia contro di te – che puoi obbedirci se così decidi di fare – sia contro la Chiesa dei Greci.*[72]

Si tratta di parole sinistre che dimostrano come sin dalla genesi della Quarta crociata, Innocenzo III fosse ben disposto a usarla come arma con cui colpire l'imperatore romano e il suo scismatico patriarca. O che almeno era disposto a brandirla come realistica minaccia.

La risposta alle pretese di Innocenzo III arrivò da parte di Ioannes X Kamateros, patriarca di Costantinopoli. Il patriarca affermò che la Chiesa di Roma si era arrogata il titolo di «madre di tutte le Chiese», un titolo assurdo, a suo avviso: poteva il Papa indicare in quale versetto e capitolo della Bibbia c'era scritto qualcosa del genere? Quanto a Pietro, beh... questi apparteneva a tutta la cristianità, non certo solo a Roma. Anzi, se c'era una Chiesa madre, questa non poteva che essere Gerusalemme. Riguardo all'unione delle Chiese orientali e occidentali, era una questione dottrinale, da discutere in un concilio ecumenico; Costantinopoli non aveva alcuna intenzione di «sottomettersi» a Roma. Per il patriarca di Costantinopoli, Roma stava cercando di usurpare la guida della Chiesa universale che, da lunghissima tradizione cristiana, era invece affidata alla cosiddetta «pentarchia» dei cinque patriarcati, e comunque alle decisioni collegiali dei vescovi nei concili ecumenici della Chiesa.

Un dialogo tra sordi, appunto, dalle gravi conseguenze: i nobili crociati erano al corrente che Roma desiderava «ricondurre» la Chiesa «greca» alla sua «naturale» sottomissione a Roma. Erano quindi fiduciosi che il Papa gli avrebbe perdonato molto, se solo avessero potuto portargli su un piatto d'argento l'obbedienza della Chiesa greca al suo volere.

Ioannes Kamateros conclude così la lettera:

> *Se quanto abbiamo scritto in qualche modo può spiacere a sua santità, ci dispiace, ma non possiamo divergere dalla verità, anche se una terribile minaccia incombesse su di noi.*[73]

Il patriarca aveva compreso che rifiutare le pretese di «supremazia papale» era estremamente pericoloso, ora che una nuova crociata si andava radunando in Occidente. I Romani, però, non erano abituati a rinunciare alla loro dignità e indipendenza in cambio della sicurezza.

La congiura[74]

Nel frattempo, in Champagne era morto il conte Thibaud e – come abbiamo visto – Geoffroy di Villehardouin si era molto speso per far sì che a capo della crociata fosse nominato Bonifacio, marchese del Monferrato. Dopo l'assemblea a Cîteaux del settembre del 1201, vi ho narrato di come Bonifacio non fosse tornato in Italia, ma si fosse invece recato in Germania. È giunto il momento di svelare l'identità del suo ospite.

Si trattava nientemeno che di Philipp Hohenstaufen, duca di Swabia, che accolse il marchese del Monferrato nella sua residenza di Hagenau,[75] in Alsazia, invitandolo a trascorrervi il cuore dell'inverno e il Natale del 1201. Nello stesso castello, vi ricorderete, da poche settimane era arrivato il giovane Alexios Angelos, che si era ricongiunto con sua sorella Irene Angelina. Questo improbabile trio di «aspiranti» sovrani (di Gerusalemme – Bonifacio, di Costantinopoli – Alexios, e di Germania – Philip) avrebbe trascorso assieme l'intero inverno tra il 1201 e il 1202. Ora, è perfettamente plausibile che i tre uomini e Irene Angelina trascorressero le corte e fredde giornate invernali intenti a giocare a burraco o a sfidarsi in noiose partite di tombola. Qualora ci credeste, ho un anfiteatro da vendervi a Roma.

Da come andarono le cose, mi pare evidente che in quella sede si tramò una vera e propria congiura. Il fato aveva dato a uno dei vassalli di Philipp di Swabia il comando della Quarta crociata: un'occasione da sfruttare per avanzare gli interessi degli Hohenstaufen, quella di mettere il cognato di Philipp sul trono dell'Impero dei «Greci». Non è semplice intuire gli altri suoi disegni: forse voleva gettare sul tavolo delle trattative con Innocenzo III l'unione tra Costantinopoli e Roma, per piegare il Papa a incoronarlo imperatore. Una delle condizioni del suo appoggio ad Alexios Angelos fu proprio l'unione delle Chiese.

Quanto ad Alexios – il giovane, imbelle, inesperto Alexios Angelos –, questi voleva vendicarsi dello zio, liberare dalla prigionia il padre e la madre e «riconquistare» il trono che, nella sua mente, gli spettava di diritto. Bonifacio voleva invece rinverdire gli onori dei fratelli, che erano stati *kaisar* dell'Impero romano e perfino re di Gerusalemme. Con il piacere di Dio, il marchese era determinato a fare perfino di meglio.

Dei tre, quelli al timone erano Bonifacio e Philipp, mentre Alexios Angelos sarà l'utile idiota che farà da foglia di fico degli interessi dei più anziani e scaltri signori latini. Quali fossero le loro intenzioni divenne presto chiaro, quando, già a febbraio del 1202, Alexios si mise in viaggio per Roma, nonostante fosse il cuore dell'inverno. Evidentemente, aveva molta fretta e intendeva ottenere qualcosa dal Papa in previsione dell'assemblea dei crociati prevista per quella primavera a Venezia. Sappiamo di quest'incontro tra Alexios Angelos e il Papa grazie all'ultima lettera che Innocenzo III invia ad Alexios III Angelos Komnenos, che era preoccupato delle voci captate nelle corti occidentali dai suoi sempre efficienti agenti segreti. L'imperatore si era insospettito: iniziava a temere una trappola occidentale contro il suo governo, mentre ufficialmente la Quarta crociata aveva ancora come obiettivo quello di viaggiare via nave direttamente verso *Outremer*.

Ma lasciamo che sia Innocenzo III a dirci cosa avvenne, nella sua lettera datata 16 novembre 1202, ovvero nei giorni in cui i crociati assediavano Zara:

> *All'illustre imperatore di Costantinopoli,*[76]
> *Abbiamo cortesemente e appropriatamente ricevuto la Vostra imperiale lettera, con gli ambasciatori di vostra maestà. Abbiamo considerato attentamente quelle questioni che questi stessi ambasciatori ci hanno sottoposto, nonché quanto contenuto nella stessa lettera (...) in particolare a proposito del fatto che l'esercito dei cristiani che si appresta a venire in aiuto della Terrasanta si proponga invece di invadere le terre di Vostra maestà e usare le sue armi contro i cristiani. Ci è parso consono al nostro ufficio di richiamare i pellegrini, allontanandoli da tali piani, per timore che essi finiscano per insudiciarsi con il massacro dei cristiani, commettendo un'offesa davanti a Dio e indebolendosi al punto da non essere poi in grado di attaccare i nemici di Cristo.*[77]

Da questa lettera apprendiamo dunque che Innocenzo III e Alexios III erano al corrente di un complotto per deviare la crociata a Costantinopoli ben prima che si palesasse alla luce del sole a inizio 1203, durante il soggiorno a Zara. Come sempre in politica, prima che un piano diventi pubblico, c'è un lungo periodo di gestazione nel quale chi sa e deve sapere è già ben informato, mentre l'opinione pubblica è ancora all'oscuro.

In base a quanto è possibile ricostruire, Alexios III deve aver inviato i suoi ambasciatori a Roma nell'estate del 1202, mentre i crociati si radunavano a Venezia, con l'obiettivo di assicurarsi che il papato non volesse usare la Quarta crociata contro Nuova Roma. Quindi l'imperatore era stato già informato che «qualcuno» lavorava alacremente per raggiungere questo obiettivo. Sospetto che avesse iniziato a temerlo sin da quando suo nipote Alexios Angelos era riuscito a «fuggire», rifugiandosi presso Philipp di Swabia e la sua consorte Irene Angelina, a settembre del 1201. I suoi sospetti devono essere stati confermati nella loro gravità quando venne a sapere che Alexios Angelos aveva visitato il Papa a Roma a febbraio del

1202 – il viaggio a cui ho fatto accenno sopra. Leggiamo ancora un passo della lettera di Innocenzo III:

(Dai vostri ambasciatori) ci è stato suggerito inoltre che non dovremmo prestare aiuto o favore al soprannominato duca di Swabia, aiuto che gli permetterebbe di guadagnare un regno in un modo o in un altro. (Ci avete rammentato) l'ostilità che la sua famiglia[78] *ha dimostrato nei confronti della Chiesa romana, sin dai tempi dell'imperatore Frederick (Barbarossa), così come in quello dei suoi figli.*[79] *Non è un corso d'azione che ci sia difficile da seguire, visto che abbiamo sottoposto lo stesso Philipp all'ignominia della scomunica.*[80]

Da queste parole capiamo che Alexios III aveva dunque proposto un'alleanza al Papa, per impedire l'ascesa politica del comune nemico Philipp di Swabia, erede della potente fazione degli Hohenstaufen. Si percepisce come Alexios tema che Philipp abbia ambizioni sia sull'Impero occidentale che su quello orientale, ma Innocenzo III ribatte che non ha alcuna intenzione di avallarle. A tale proposito, ho il sospetto che il Papa non abbia accolto con favore la nomina a capo della «sua» crociata di Bonifacio del Monferrato, sostenitore di Philipp.

Poche righe oltre, Innocenzo ci informa che il giovane Alexios Angelos è giunto mesi prima a Roma, e che ha presentato una petizione per avere il sostegno della Santa Sede nella riconquista del suo trono. Con un semplice tratto di penna, il Papa avrebbe potuto indirizzare verso il Bosforo la crociata che andava radunandosi a Venezia. Eppure – ed è un passaggio cruciale – Innocenzo informa l'imperatore che non ha accolto le richieste del principe fuggiasco:

Il suddetto Alexios è venuto parecchio tempo fa a Roma. Alla nostra presenza, e a quella dei nostri fratelli e di molti nobili romani, egli presentò una grave denuncia nei vostri confronti, sostenendo che voi avete preso ingiustamente il trono di suo padre, facendolo ignobilmente accecare e mettendo entrambi in prigione (...). Dopo avergli dato risposta come ci sembrava appropriato, se ne partì e tornò rapidamente dal succitato Philipp, suo cognato.[81]

Dunque, andando a ritroso, questi sono i passaggi logici da tenere a mente: a settembre del 1201 Alexios Angelos fugge in Germania, a Natale si forma la «congiura di Hagenau», a febbraio del 1202 Alexios e Bonifacio vanno a Roma, pregando Innocenzo di dare la sua benedizione alla deviazione della crociata a Costantinopoli, ma il Papa si rifiuta di farlo. Il primo tentativo di arruolare Innocenzo III alla crociata contro i Romani è fallito. Ma non temete, la congiura non demorderà così facilmente.

La tela del ragno

In seguito a questo primo fallimento, Bonifacio e Alexios Angelos tornarono verso nord: Alexios da Philipp e sua sorella Irene, in Germania, mentre Bonifacio si diresse a Pisa e Genova, due città che conosceva molto bene. Qui provò a fare da paciere delle eterne controversie tra le due rivali tirreniche: ne deriva quasi l'impressione che stesse cercando un'alternativa a Venezia, senza successo. Fallito questo tentativo, se ne tornò a casa, brevemente, per poi ripartire alla volta di Venezia, dove arrivò a luglio del 1202.

La sua girandola in giro per l'Europa era finita – per ora – ma i suoi piani per deviare la crociata erano appena iniziati, e presto l'avrebbero di nuovo condotto lontano. Perché, se il Papa era sordo al suo progetto, forse si poteva fare un appello diretto ai crociati che andavano riunendosi a Venezia. Sappiamo da Geoffroy di Villehardouin che Alexios Angelos, dopo essersi consultato con Philipp, discese nuovamente in Italia, nell'estate del 1202:

(Alexios) venne a Verona, in Lombardia.[82] *Decise di prendere un alloggio in città, qui trovò molti pellegrini e gente che andava all'adunata dell'esercito. Allora, quelli che l'avevano aiutato a scappare da Costantinopoli, e che l'accompagnavano, gli dissero: «Signore, ecco si raduna un'armata a Venezia, nelle vicinan-*

ze, composta dalle migliori genti e dai più arditi cavalieri del mondo, diretti a Outremer. Supplicateli dunque di avere pietà di voi e di vostro padre, voi che siete stati così ingiustamente diseredati. Se vorranno aiutarvi, fate allora tutto quello che vi chiederanno». Allora Alexios disse che era un buon consiglio, e che lo avrebbe fatto molto volentieri. Scelse dunque i suoi ambasciatori e li inviò al marchese del Monferrato, che era il capo dell'esercito.[83]

Visto? I baroni della crociata presero contatto con Alexios già nell'estate del 1202, mentre erano a Venezia, con Bonifacio del Monferrato a fare realisticamente da garante della «congiura di Hagenau» nei confronti degli altri baroni, come Baldwin e Henri delle Fiandre, Louis di Blois, Geoffroy di Villehardouin e Hugh di Saint-Pol. Già allora Alexios deve aver offerto ai crociati laute ricompense per i loro servigi, proponendo loro, in sostanza, una via d'uscita dal contratto capestro sottoscritto con Venezia. Il ragno Hohenstaufen aveva trovato una nuova via per raggiungere la sua preda: fare diretto appello all'esercito dei crociati.

I baroni e la congiura

A questo punto valutiamo gli interessi dei baroni in quella difficile estate del 1202, mentre erano ancora spiaggiati al lido di Venezia. Dare manforte alle pretese di Alexios avrebbe assicurato bottino e finanziamenti. Considerate che, prima di partire, tutti questi gentiluomini si erano indebitati fino al collo. *Outremer* non garantiva la certezza di rilevanti guadagni, non senza la possibilità di saccheggiare prima le ricchezze dell'Egitto (ormai fuori portata a causa delle ridotte dimensioni della loro armata). Di converso, il servizio a Costantinopoli poteva portare a lauti guadagni, soprattutto se si poteva spremere come un limone un giovane imperatore-fantoccio elevato al trono con l'ausilio delle spade latine. D'altronde, Alexios III non aveva pagato profumatamente Heinrich VI per non essere attaccato da una crociata, appena pochi anni prima? Perché i Romani non avrebbero dovuto aprire i loro forzieri per *questa* crociata?

L'ostacolo più grande era che questo piano era sì vantaggioso per gli scopi dei baroni, ma non per la massa dei crociati. Il grosso dei guerrieri che andava radunandosi in laguna non aveva alcun interesse a combattere per Alexios, né desiderava andare a Costantinopoli, e nemmeno attaccare l'Egitto. Era Gerusalemme che sognavano, il Santo Sepolcro, il luogo del loro pellegrinaggio armato. Come convincerli della bontà del loro progetto?

Infine, dal punto di vista dei baroni, c'era il Papa: si sarebbe certamente infuriato se avessero dirottato la «sua» crociata, occorreva offrirgli una ricompensa altrettanto allettante della riconquista di Gerusalemme.

Quello di cui i baroni avevano bisogno era un'offerta che non si può rifiutare, che garantisse allo stesso tempo la loro buona reputazione nei confronti del Papa, la fedeltà dell'esercito, la remissione dei loro debiti e – perché no? – anche la possibilità di combattere gli infedeli, una volta sistemata la situazione a Nuova Roma. Inviarono dunque dei messaggeri al vero burattinaio, Philipp di Swabia, per fargli capire che avevano la necessità di trovare un'allettante esca da gettare in pasto alla soldataglia e a Innocenzo III. Tutto questo è scritto tra le righe del resoconto di Geoffroy di Villehardouin, che riferisce la risposta dei baroni agli approcci diplomatici di Alexios:

> *Noi comprendiamo bene quello che dite. Invieremo dunque dei messaggeri a re Philipp, dovunque si trovi. Se Alexios verrà in soccorso della nostra missione a Outremer, allora noi lo aiuteremo a nostra volta a riconquistare quello che è stato ingiustamente tolto a lui e a suo padre.*[84]

Tradotto: quanto offri, Alexios, per i nostri servigi? Mi raccomando, l'offerta deve valere la pena del nostro aiuto!

Venezia e la congiura

Prima però di pensare a come portare la crociata a Costantinopoli, c'era un'altra questione da regolare. Bonifacio, la *longa manus* di Philipp, avrebbe avuto bisogno dei veneziani per trasportare la crociata in territorio imperiale, ed è qui che deve aver già approcciato, ben prima di partire per Zara, il doge dei veneziani: Enrico Dandolo.

È possibile che Dandolo fosse a conoscenza della congiura già ai tempi in cui fu sottoscritto l'originale trattato con i crociati, ad aprile 1201. Mi pare però improbabile, perché a quella data Alexios Angelos era ancora prigioniero a Costantinopoli. Come abbiamo già visto, per i veneziani l'Egitto era un obiettivo più interessante di Nuova Roma, e questo nonostante Alexios III Angelos Komnenos sembrasse intenzionato ad affrancarsi dai veneziani, spingendo all'apertura nei confronti di pisani e genovesi.

Tuttavia, la liberazione di Alexios e il supporto di Philipp di Swabia cambiava questi calcoli. Con l'aiuto dei crociati e degli Hohenstaufen, il rovesciamento del governo di Alexios III non sembrava più fuori portata. D'altronde, l'obiettivo di Dandolo, in questa fase, non deve essere stato quello della brutale conquista di Nuova Roma, ma di un più prudente e realistico cambio di regime, che fosse più malleabile agli interessi veneziani. Mi immagino come Bonifacio gli vendette il dirottamento: il nuovo imperatore sarebbe stato costretto a ripagare il debito che i veneziani richiedevano da decenni, dai tempi in cui Manouel Komnenos aveva «nazionalizzato» le loro attività economiche. Non solo: era l'occasione per costringere il nuovo governo a escludere i rivali pisani e genovesi dalla piazza costantinopolitana. I vantaggi erano potenzialmente interessanti e i rischi in realtà limitati: Alexios III era impopolare, come testimoniano le rivolte che continuavano a scoppiare contro di lui. Una robusta spinta e il suo governo sarebbe caduto.

In più, mentre passava l'estate, Enrico Dandolo comprese che l'esercito che si andava radunando al Lido non sarebbe mai stato in grado di conquistare l'Egitto, l'obiettivo iniziale. Insomma, il rischio di un intervento egiziano era aumentato, mentre si era fortemente ridotto quello di una missione a Costantinopoli, grazie alla presenza di Alexios Angelos in Italia.

Dunque, quando Geoffroy di Villehardouin sostiene che solo nel 1203 i veneziani furono coinvolti nel progetto di Bonifacio del Monferrato e di Alexios Angelos... non credetegli. Al più tardi, nell'estate del 1202 si era giunti a un accordo di massima per deviare la crociata verso l'Impero romano, dopo la tappa a Zara. Il doge, ben prima di partire da Venezia, sapeva che la missione sarebbe stata dirottata a Costantinopoli. Ovviamente, non era disposto a farlo gratis. E qui rientra in campo Alexios Angelos.

La mano del Papa po' esse piuma...

Ottenuto un preliminare avallo veneziano, i congiurati passarono al Papa, che si era opposto a inizio anno a qualunque deviazione della «sua» crociata. Ancor prima di partire per Zara, i crociati inviarono a Roma il cardinale Pietro Capuano – sempre lui –, la *longa manus* papale che invece si dimostrava essere sempre di più uno strumento di Bonifacio e compagnia. Lo apprendiamo, ancora una volta, dalla lettera di Innocenzo III ad Alexios III, nella quale il Papa ci informa che il cardinale si era presentato a Roma per cercare di convincerlo ad attaccare l'Impero romano.

Questa lettera è datata al novembre del 1202: i crociati, dunque, a fine estate del 1202 tornarono alla carica con Innocenzo III, chiedendo la sua benedizione per una deviazione della crociata, richiesta però rimbalzata nuovamente dalla Santa Sede. O almeno, questo è quello che il Papa sembra far credere ad Alexios III:

> *Quando i vostri ambasciatori sono giunti a Roma, li informammo che (...) avevamo già preso una decisione che dovrebbe giustamente farvi piacere, nonostante molti possano ritenere che non dovremmo dimostrare il nostro favore verso richieste fatteci in vostro nome, visto che la Chiesa greca dimostra scarsa obbedienza e devozione verso la Sede Apostolica. (...) L'Impero di Costantinopoli*[85] *– dai tempi del vostro predecessore Manouel, di onorata memoria – non si è in verità mai meritato una tale attenzione, visto che ha sempre risposto con le parole e non con i fatti alle nostre richieste, e a quelle dei nostri predecessori. Nonostante questo, abbiamo deciso di perseguire una politica di*

accomodamento e gentilezza, pensando che – quando avrete riflettuto su quanto abbiamo fatto per voi – sarete portati a correggere quello che voi e i vostri predecessori avete imprudentemente negletto.[86]

In parole povere, Innocenzo sostiene di non dover nulla all'Impero dei Romani, ma di aver comunque agito nel suo interesse, impedendo ai crociati di muovergli guerra. Non che faccia tutto questo gratis, anzi. Impedendo un attacco diretto, dimostra buona volontà nei confronti dell'imperatore, ma flette anche i muscoli. Per ora il Papa ha scelto di non colpire Alexios, ma questi farà bene a rigare dritto, o può sempre cambiare idea. La minaccia è velata, ma chiarissima:

Con zelo dovreste occuparvi di queste questioni, per quanto permettano le vostre energie, così che voi possiate estinguere questo fuoco e lasciare che bruci lontano da voi, in modo che non abbia in qualche modo a raggiungere i vostri territori.[87]

Insomma: fate quanto vi chiede la Santa Sede, perché la mano di Innocenzo *po' esse piuma, ma po' anche esse fero.*

Questa la posizione nei confronti di Alexios III. Quanto ai crociati, il Papa mantenne l'ambiguità necessaria a rimandare la questione a un secondo momento. Quell'inverno inviò delle istruzioni che sembrano fatte apposta per avere l'apparenza di una proibizione, senza esserlo davvero. Le ho già riportate, ma ricordiamole, perché è importante:

Voi (...) non dovrete né invadere né violare le terre dei cristiani, in nessun modo, a meno che si dia il caso che questi ostacolino con malizia il vostro viaggio o nel caso sopraggiungesse una differente ragione per la quale foste costretti a tale corso di azione, nel qual caso dovrete seguire la guida della Sede Apostolica.

Sono istruzioni che lasciano ampio spazio all'interpretazione dei crociati. Il Papa non aveva concesso a Bonifacio del Monferrato e compagnia una vera e propria *carte blanche*, ma non era andato lontanissimo dal farlo. Ritenere che la Santa Sede non abbia responsabilità per quello che sta per accadere mi pare un po' ingenuo.

Ci farò un'offerta che non si può rifiutare

Nel frattempo, i crociati erano partiti per Zara, ma Bonifacio restò indietro «per regolare alcuni affari», ricordate? Quali fossero, è facile da intuire: mentre i crociati assediavano Zara, Bonifacio aggiornava Philipp Hohenstaufen e Alexios Angelos sui suoi progressi: i veneziani potevano essere della partita, al giusto prezzo. Il Papa era ambivalente, ma forse poteva essere convinto a non impicciarsi della faccenda, se non aveva lo stomaco per sostenerla. La questione più pressante era offrire qualcosa di allettante ai «soldati comuni»: molti di loro non avevano alcun interesse a combattere per conto di Alexios Angelos.

Ora che questi passaggi sono chiari, è tempo di tornare alla nostra narrazione. Dove eravamo rimasti? Alle settimane seguenti all'assedio di Zara.

Quindici giorni dopo la presa della città dalmata, Bonifacio del Monferrato degnò l'esercito crociato della sua presenza. Il marchese aveva scansato qualunque rischio di scomunica perché, a differenza degli altri crociati, non aveva partecipato all'assedio e al sacco di Zara. Due settimane dopo, il primo gennaio del 1203, gli ambasciatori di Philipp arrivarono dalla Germania, portando la proposta dell'imperatore e di Alexios Angelos. In gran segretezza, e senza informare della cosa le truppe, i baroni si riunirono per valutare il da farsi.

Leggiamo ancora Geoffroy di Villehardouin:

> *I baroni e il doge si riunirono in un ostello dove era alloggiato quest'ultimo, allora gli ambasciatori presero la parola e dissero: «Signori, re Philipp ci ha inviato da voi, riferendoci questa proposta (...): vi invierà il fratello di sua moglie, e lo rimetterà nelle mani di Dio, e delle vostre. Visto che marciate con il Signore e per i diritti e la giustizia, e avete il potere di farlo, dovreste restituire il maltolto a chi è stato ingiustamente diseredato. Se farete così, (Alexios) concluderà con voi il più prestigioso e il più*

> *vantaggioso dei contratti, con l'obiettivo di riconquistare* Outremer.
> *Innanzitutto, se Dio vi accorderà di restituirgli la sua eredità, (Alexios) riporterà tutto l'Impero della Romania all'obbedienza di Roma, dalla quale è separato da molto tempo. Inoltre, (Alexios) è al corrente che avete speso tutto il vostro denaro per comprare il vostro passaggio per* Outremer, *cosa che vi ha lasciato sul lastrico. Si offre quindi di donarvi duecentomila marchi d'argento, oltre a viveri sufficienti per sostenere tutti coloro che marciano nell'armata, piccoli e grandi; inoltre, (Alexios) andrà anche lui in guerra con voi al Cairo, in Egitto, o ovunque voi vogliate portare la vostra armata. Vi accompagnerà con diecimila dei suoi uomini e questo servizio durerà un anno. Finché sarà in vita, (Alexios) manterrà a sue spese una forza di cinquecento cavalieri che contribuiranno a difendere* Outremer»[88].

Questo è quindi il trattato che fu proposto ai vertici crociati. Come vedete, ogni bisogno è stato coperto: il Papa avrà la sottomissione di Costantinopoli alla dottrina della supremazia papale, nelle forme e nelle modalità affermate dal papato nel corso dell'XI e poi XII secolo. Con i duecentomila marchi promessi, i veneziani sarebbero stati ripagati della quota ancora non corrisposta dai crociati – trentaquattromila marchi – e avrebbero avuto altri centomila marchi come metà del «bottino». Quanto ai crociati, avrebbero ricevuto sessantaseimila marchi, sufficienti per pagare i debiti contratti per partecipare alla crociata, più un margine di guadagno. Venezia ne sarebbe uscita ricca, i crociati avrebbero evitato il lastrico.

Infine, con l'ausilio di diecimila soldati romani, un attacco all'Egitto diventava ragionevole, dopo aver sistemato le faccende a Costantinopoli, si intende. A quel punto, tra veneziani, crociati e Romani si sarebbe giunti all'originale cifra di circa trentacinquemila soldati da lanciare alla conquista del Paese del Nilo. Tutti felici.

I nostri cronisti «crociati» non ci dicono quale fu l'ulteriore compenso offerto a Enrico Dandolo per il supporto alla causa di Alexios Angelos: non crediate per un secondo che il semplice pagamento delle cifre di cui sopra fosse sufficiente ad assicurarsi il suo sostegno. Ritengo verosimile che sul piatto fu messo il pagamento delle riparazioni dei fatti del 1171 (le confische di Manouel a danno dei veneziani), ma è probabile che l'offerta includesse anche l'espulsione di genovesi, amalfitani e pisani dal porto di Costantinopoli. Altrimenti non si spiegherebbe come mai la colonia pisana di Costantinopoli combatté furiosamente per impedire ai crociati di infrangere le difese della capitale dei Romani.

Come testimoniato dallo stesso Villehardouin, fu presumibilmente Philipp a formulare la proposta da offrire ai crociati, proposta che poi presentò al povero Alexios Angelos, indicandogli dove firmare. O almeno, credo che le cose andarono così: se Alexios Angelos avesse avuto un po' di sale in zucca o un minimo di autonomia decisionale, non avrebbe mai apposto la sua firma all'atto che condannava il suo regno ancor prima che iniziasse.

Infatti, fatto contento il papato, Venezia, i crociati e perfino re Philipp, l'unico Stato che sarebbe uscito devastato da un accordo di questo genere era quello che i crociati si impegnavano a conquistare: l'Impero romano. L'Impero ai tempi di Manouel avrebbe forse avuto i fondi per privarsi di duecentomila marchi d'argento, una cifra enorme, ma questo era al di là delle forze del mutilato, impoverito, devastato impero di Alexios III Angelos Komnenos. Per non parlare dell'unione con Roma, inaccettabile per il popolo e il clero romano. Qualunque imperatore romano che avesse accennato a simpatizzare per la Chiesa occidentale sarebbe diventato istantaneamente impopolare, figurarsi un sovrano giunto al potere con il sostegno delle armi latine. Infine, un Impero assediato da Turchi, Bulgari e città marinare italiane come poteva mai permettersi di inviare diecimila soldati in *Outremer*?

In effetti, quanto imposto da Philipp ad Alexios era un contratto capestro studiato per vincolare l'Impero romano e trasformarlo in una *dépendance* coloniale dell'Occidente latino o, nella più sinistra delle interpretazioni, per fornire un *casus belli* il giorno in cui fosse stato inevitabilmente disatteso. Anche nel Medioevo, imporre a un futuro sovrano romano un accordo che non potrà mai rispettare è un modo per assicurarsi di avere una scusa per deporlo.

Per i baroni crociati, tutto questo era musica per le loro orecchie. Il piano sembrava perfetto: con la loro potenza militare e con un pretendente al trono romano, potevano presentarsi sotto le mura di Costantinopoli e ottenere immediato sollievo finanziario, una volta spodestato zio Alexios l'usurpatore. Poi si aprivano più opzioni: si poteva sfruttare il sistema politico romano a servizio del movimento crociato, come se fosse il salvadanaio di *Outremer* e delle loro tasche. Si poteva anche usarlo come fonte inesauribile di soldati da gettare nella fucina della guerra contro gli Arabi. Oppure... si poteva pensare a soluzioni più drastiche, ipotizzando un nuovo Impero coloniale latino nel Levante romano.

A differenza di quanto ci voglia far credere Geoffroy di Villehardouin e dopo di lui molti storici, questa non è dunque la storia di Alexios Angelos che arruola un esercito crociato per riconquistare il trono paterno. Si tratta invece di una storia vecchia di almeno un secolo. Nelle parole di Anthony Kaldellis:

> *Riecheggia i tentativi di Roberto il Guiscardo, o Boemondo da Taranto, o Guglielmo II di Sicilia. Come a quei tempi, un gruppo di signori della guerra di origine occidentale aveva messo gli occhi sulle ricchezze di Costantinopoli, e voleva usare un pretendente al trono dei Romani per legittimare un attacco contro la Romania: l'unica differenza è che questa volta funzionò.*[89]

Un soggiorno al mare

Alla fine, dodici capi crociati firmarono l'accordo con gli inviati di Philipp, tra cui Bonifacio del Monferrato, Baldwin delle Fiandre, Louis di Blois, Hugh di Saint-Pol e – ovviamente – Enrico Dandolo per i veneziani. Ma se i grandi baroni erano uniti nel piano di «dirottamento» della crociata, lo stesso non poteva dirsi per il resto dell'esercito. L'opposizione era determinata a non accettare alcuna deviazione dalla meta originaria, l'*Outremer*. Villehardouin la mette così:

Sappiate che allora il cuore delle persone non era in pace, perché uno dei partiti faceva ogni sforzo affinché l'armata si separasse, mentre l'altro non voleva che mantenere la sua unità.[90]

Dal punto di vista del partito «baronale», gli «oppositori» erano dei pericolosi scismatici, gente che voleva diluire il potere della crociata, dividendola in più rivoli (e, Dio lo sa, il loro numero era già limitato in partenza). Secondo gli «oppositori», invece, i baroni stavano cercando di tenere unito l'esercito per portarlo dove quasi nessuno di loro voleva recarsi, in modo da usare le loro spade, il loro sangue, la loro forza militare per comprarsi un ruolo politico a Costantinopoli paragonabile alla loro ambizione. Ma la maggior parte dei pellegrini era lì per raggiungere il Santo Sepolcro, non per aiutare qualche barone a fare carriera.

Quando giunse la primavera del 1203, e l'ora di rimettersi in moto, i baroni decisero di conservare l'ambiguità della missione: erano già certi della direzione da prendere, ma non volevano ancora confrontare l'opposizione, non dopo le defezioni seguite al sacco di Zara. Pertanto, si decise semplicemente di inviare la flotta a Corfù,[91] all'imboccatura dell'Adriatico. Intorno al 20 aprile del 1203, il grosso dell'esercito iniziò a partire alla volta delle Isole Ionie. Nel frattempo, chi tra gli oppositori poteva abbandonò la crociata: alcuni fuggendo via terra e cercando di attraversare le terre degli Slavi, altri noleggiando navi mercantili di passaggio,[92] un gruppo riuscì a imbarcarsi su navi dirette ad Ancona.[93] La flotta fiamminga che era partita quasi un anno prima alla volta del Mediterraneo era nel frattempo arrivata a Marsiglia. Il conte Baldwin inviò istruzioni chiedendogli di fare *rendez-vous* con la flotta veneziana al porto di Modon, nel sud del Peloponneso, con la chiara intenzione di arruolarli nell'invasione dell'Impero dei Romani. La cosa divertente è che, a questa notizia, i marinai fiamminghi decisero di disubbidire al loro signore. Invece di andare in Grecia, puntarono dritto in Siria, sbarcando in *Outremer*. Nessuno di loro voleva avere nulla a che fare con l'attacco alla *Romania*. Trovo comica e allo stesso tempo tragica questa diserzione di massa: la dice lunga su come perfino il grosso dell'armata crociata percepisse l'intera faccenda come «un crimine». Non tutti però riuscirono a svincolarsi: la maggior parte dei pellegrini era alle dipendenze di questo o quel signore, che pagava la spedizione, ed era legata alle loro decisioni.

Questo fuggi fuggi generale è comunque significativo, perché illustra i pericoli che i baroni avrebbero dovuto affrontare per convincere i loro uomini a seguirli. La crociata era già sopravvissuta a diversi rovesci: la morte di Thibaud di Champagne, la scarsità degli uomini radunati a Venezia, la crisi finanziaria seguente, le defezioni dovute all'assedio di Zara, la scomunica papale. Ora l'attendeva la sua crisi più dura, perché a Corfù ci sarebbe stata una vera e propria tornata elettorale tra i pellegrini, con una sorta di referendum sulla scheda: Costantinopoli sì, Costantinopoli no.

Referendum a Corfù

Prima di partire per Corfù, all'insaputa della maggior parte dell'esercito – che però sospettava qualcosa – i baroni mandarono a chiamare Alexios Angelos, chiedendogli di raggiungerli sull'isola ionica. Bonifacio del Monferrato rimase a Zara in sua attesa, mentre il grosso dell'armata viaggiava per Corfù. Insomma, il solito comportamento duplice della crociata dei bugiardi.

A maggio del 1202, Alexios Angelos giunse a Zara. Qui salì con Bonifacio su una nave veneziana e si mise in viaggio per raggiungere l'armata crociata. Lungo la via, le navi veneziane fecero scalo a Dyrrachion, dove i notabili locali accettarono di riconoscere Alexios Angelos come loro legittimo sovrano, un buon auspicio per il prosieguo della missione, anche se gli abitanti di una città romana sull'Adriatico non potevano certo sperare di resistere a lungo contro la forza congiunta di Venezia e della Quarta crociata.

Quando Alexios si riunì ai crociati a Corfù, la Quarta crociata chiese ai Romani del posto lo stesso atto di sottomissione imposto a Dyrrachion, ma questa volta la guarnigione della possente fortezza isolana si rifiutò categoricamente di arrendersi o di riconoscere Alexios. La città fu messa sotto assedio.

Nell'attesa che caratterizza ogni assedio, i nostri crociati iniziarono a discutere sul da farsi. Penso abbiate ormai capito che i baroni – i grandi come Bonifacio del Monferrato, Baldwin di Fiandre e Louis di Blois – avevano una decisiva influenza sulla crociata, potevano anche vantarsi di guidarla, ma in realtà l'esercito in questione restava un esercito di volontari, che prestava servizio di suo buon grado e che, in qualunque momento, poteva togliere la «fiducia» al governo o anche semplicemente abbandonarlo al suo destino. Se i capi crociati avessero potuto dare ordini, schioccando le dita, attendendosi di essere obbediti, lo avrebbero fatto. Ma non era così che funzionavano le cose in questa curiosa assemblea di pellegrini armati. I baroni dovevano convincere i crociati a seguirli a Costantinopoli, e questo era tutto un altro paio di maniche. Di fronte alle pressioni dei «padroni», il grosso della truppa decise perfino di formare un «sindacato» dei pellegrini più poveri, degli operai della crociata.[94]

Leggiamo a proposito la *Devastatio Constantinopolitana*:

> *Quando i soldati semplici appresero che dovevano viaggiare verso la terra dei Greci, si riunirono e – dopo aver stretto un patto tra di loro – decisero di giurare che non sarebbero mai andati lì.*[95]

Di fronte all'assemblea di tutti i soldati, Alexios Angelos presentò le stesse condizioni concordate con i baroni: il trattato di alleanza, le laute sovvenzioni, la sottomissione a Roma. Tutto in cambio del loro aiuto a «recuperare» il trono sottrattogli dallo zio. A questo punto scoppiò il finimondo.

Molti urlarono che non era quello l'obiettivo della crociata. Per esempio, ecco come ricorda questi eventi il conte Hugh di Saint-Pol, che li narra a un suo amico in Francia, Robin di Bailleul, in una lettera datata luglio 1203:

> *Sorse allora un bel po' di disaccordo nel seno dell'armata, e ci fu un enorme tumulto e fracasso. Tutti urlavano che dovevamo affrettarci per Acri e non c'erano più di dieci persone che parlava-*

no a favore del viaggio a Costantinopoli. Tra questi c'erano il conte delle Fiandre, io stesso, Mathieu di Montmorency,[96] *il maresciallo di Champagne,*[97] *Conon di Béthune,*[98] *Miles le Brébant,*[99] *Jean Foisnon,*[100] *Renier di Trith,*[101] *Macaire di Sante-Menehould,*[102] *Manasses de l'Isle*[103] *e Anselme di Cayeux.*[104] *Con lucidità, fecero presente all'intero esercito che il viaggio a Gerusalemme era inutile e dannoso per tutti, visto che eravamo al verde e a corto di provviste, e nessuno di noi poteva mantenere al suo servizio i cavalieri e i soldati che lo seguivano, o poteva pagare per le macchine da guerra necessarie alla campagna.*[105]

Eccoci di nuovo alle questioni finanziarie al centro dei pensieri dei crociati. D'altronde, lo stesso Hugh di Saint-Pol sa bene di aver sfiorato il disastro finanziario. La prima cosa che dice all'amico è quanto sia preoccupato per i suoi debiti:

La notte precedente il giorno in cui la città si arrese a noi, ero caduto in una tale povertà che dovetti scambiare il mio cappotto per del pane, anche se ero riuscito a mantenere i miei cavalli e le mie armi. Per fortuna, ora sono sano e salvo, sono ricco e molto onorato da tutti. Ciò nonostante, sono piuttosto in ansia per le mie terre e i miei prestiti perché, se tornerò a casa (a Dio piacendo), tornerò gravato di molti debiti, ed è nel mio interesse che vengano saldati dalle mie terre.[106]

Insomma, i nostri crociati sono tutti sull'orlo del tracollo finanziario: senza il patronato di un sovrano ricco come l'imperatore romano, presto saranno tutti sul lastrico. Hugh di Saint-Pol e gli altri baroni sono ben consapevoli che non si fanno le nozze con i fichi secchi, o le crociate senza soldi. Hanno bisogno di andare a Costantinopoli, o i loro debiti contratti in patria non si ripagheranno da soli.

Il punto è che, a parte questa dozzina di persone influenti, il resto dell'esercito crociato era tutto meno che entusiasta di intervenire al fianco di Alexios Angelos: i soldati semplici del «sindacato» non erano oppressi da una montagna di debiti come i loro padroni, e comunque per loro la parte «spirituale» della crociata contava decisamente di più di quella finanziaria. Cito Robert di Clari, che mette in bocca questo sfogo a un anonimo oppositore della deviazione a Costantinopoli:

> *E allora! Che dovremmo andare a fare a Costantinopoli? Noi dobbiamo terminare il nostro pellegrinaggio o almeno il nostro progetto di andare al Cairo o ad Alessandria; la nostra flotta non è stata ingaggiata che per un anno, e ora la metà di quell'anno è già passata!*[107]

La flotta veneziana, infatti, da contratto era stata noleggiata per un solo anno, da ottobre 1202 a ottobre 1203. Deviare la crociata a Costantinopoli era un azzardo, visto che si era già a maggio: rischiavano di non potersi permettere il passaggio verso *Outremer*. A tale osservazione, i baroni risposero in questo modo:

> *E che faremmo dunque al Cairo o Alessandria, visto che non abbiamo né i viveri né i soldi per recarci lì? Non sarebbe meglio, prima di metterci in viaggio per l'Egitto, di procurarci i viveri e il denaro di cui abbiamo bisogno, in modo da non finire come dei morti di fame? Potremmo averne dei grandi vantaggi, ancor più considerando che l'imperatore si offre di accompagnarci in* Outremer, *oltre che mantenere la flotta a sue spese per un altro anno.*[108]

In questo arduo dilemma, i chierici giocarono un ruolo fondamentale. Vescovi e abati erano stati forse accecati dalla prospettiva di riportare all'ubbidienza cattolica la «scismatica» Chiesa «greca»:

> *Allora i pellegrini chiesero ai vescovi se sarebbe stato un peccato andare a Costantinopoli: questi risposero che – lontano dall'essere un peccato – sarebbe invece stata un'opera molto caritatevole.*[109]

Come vedremo, il clero cattolico sarà sempre in prima fila nel giustificare l'aggressione crociata contro gli «eretici» greci.

Nonostante le pressioni di baroni e vescovi, il grosso dell'opposizione sindacale non si smosse dalle sue posizioni, anzi decise di lasciare platealmente l'assemblea dell'esercito, facendo un vero e proprio Aventino in un'altra località dell'isola: con i baroni restò meno della metà della truppa. In tal modo, il «sindacato» dimostrò di avere i numeri che i baroni invece non avevano. Geoffroy di Villehardouin cita i nomi dei principali «scissionisti», tra i quali c'erano anche persone importanti come Pierre di Amiens – il signore di Robert di Clari –, Eudes le Champenois di Champlitte,[110] Guy, il castellano di Coucy,[111] Ogier di Saint-Chéron[112] e molti altri signori di piccoli castelli. Come avrete notato, il maresciallo della Champagne, portaparola dei baroni, non nasconde il dissenso.

Secondo Geoffroy, il proposito degli «scissionisti» era di prendere contatto con Gautier di Brienne, un nobile della Champagne che aveva preso la croce nel 1199, con il suo signore Thibaud di Champagne, ma che si era recato in Italia meridionale per cercare di prendersi quel regno, ancora nel caos dopo la conquista a mano armata di Heinrich VI. Gautier di Brienne aveva come principale rivale la reggenza del giovanissimo re Federico di Hohenstaufen, futuro *Stupor Mundi*.

Nel maggio del 1203, Gautier di Brienne era a Brindisi, intento a fare la guerra alla reggenza, con il supporto del Papa. Gli «scissionisti» della Quarta crociata pensarono che Gautier avrebbe potuto facilmente inviare una flotta a Corfù, imbarcandoli sulle sue navi e portandoli in Italia. E poi chissà? Magari avrebbero potuto aiutare Gautier a conquistare l'Italia meridionale, guadagnandosi i soldi necessari per tornare in patria e ripagare i loro debiti.

Era un piano audace, ma fattibile, e i baroni lo sapevano. Quel che è peggio, dal loro punto di vista, era che non potevano fare a meno degli scissionisti. Senza metà di quello che restava dell'esercito crociato – ormai ridotto a meno di diecimila uomini, più il contingente veneziano – i baroni non avrebbero mai conquistato Costantinopoli, o alcunché d'altro. Chi restava, insomma, si sarebbe ritrovato con una montagna di debiti da pagare sia ai veneziani sia ai loro creditori in patria: in breve, sarebbero stati rovinati. Non era un'opzione: Geoffroy di Villehardouin ci narra che l'intera dirigenza della Quarta crociata decise di andare a implorare gli «scissionisti», in una tragicomica scena nella sua coreografica melodrammaticità. Perché abbiamo già visto che i cavalieri medievali non disdegnano versare lacrime quando serve:

> *Allora tutti i baroni andarono in una vallata dove gli oppositori tenevano la loro assemblea, e si portarono dietro il figlio dell'imperatore*[113] *oltre a tutti i vescovi e abati dell'esercito. Quando arrivarono lì, discesero da cavallo (...) e si gettarono a terra, ai piedi degli oppositori. Si misero a piangere, dicendo che non si sarebbero rialzati prima che questi avessero giurato di non abbandonare la crociata. A quella vista, (gli oppositori) si riempirono di compassione e versarono a loro volta lacrime di tenerezza alla vista dei loro signori, dei loro parenti e dei loro amici che si erano gettati ai loro piedi. Dissero allora che ne avrebbero discusso tra loro, e si allontanarono.*[114]

Il parlamento degli scissionisti discusse a lungo sul da farsi: la decisione deve essere stata sofferta. Alla fine, il sindacato pose due condizioni chiave per deviare la missione a Costantinopoli: per prima cosa, i crociati sarebbero rimasti a Nuova Roma non più di un mese, dopodiché chiunque avrebbe avuto tutto il diritto di lasciare l'esercito, senza che i baroni si potessero opporre. Questa condizione fu criticata dai baroni, che giudicarono poco prudente annunciare ai «Greci» la durata della loro missione a Nuova Roma, perché questo li avrebbe spinti a resistere il più a lungo possibile, sperando di vedere l'esercito crociato squagliarsi al sole. Gli scissionisti furono però inamovibili, e i baroni giurarono.[115]

Inoltre, come seconda condizione, anche se il successo gli avesse arriso a Costantinopoli, l'esercito crociato sarebbe rimasto sul Bosforo fino a non oltre il giorno di San Michele (29 settembre 1203), dopodiché i baroni avrebbero dovuto permettere loro, sotto giuramento, di prendere il mare, e anzi avrebbero dovuto fornire le navi necessarie a passare in Siria.[116] Questa seconda clausola sembra essere stata pensata per avere il tempo di usare quello che rimaneva del contratto con i veneziani, che scadeva a ottobre.

Ottenute le due garanzie, gli scissionisti decisero di approvare la missione a Costantinopoli, nella speranza o certezza che sarebbe stata una breve deviazione, di appena qualche mese, e che comunque entro l'inverno del 1203 sarebbero stati in *Outremer*, per iniziare il loro anno di servizio alla causa crociata. Ovviamente, i baroni non avevano alcuna intenzione di mantenere i patti.

Un mosaico a Ravenna

Come molti sanno, Ravenna è una delle mie città preferite. Un giorno, visitando l'interno di una delle sue chiese meno conosciute – San Giovanni Evangelista, costruita nel V secolo da Galla Placidia – mi sono imbattuto in mosaici che ora so essere piuttosto celebri: erano parte della pavimentazione della chiesa realizzata nel 1213, pochi anni dopo la Quarta crociata. Sono uno dei rari esempi di opere d'arte che celebrano questa crociata in un'Europa che, in generale, sembra essersene alquanto vergognata. È assai probabile che furono realizzati in seguito alla narrazione di marinai che combatterono per conto dei veneziani, e che erano stati arruolati nell'area del vecchio esarcato.[117] Lo sappiamo perché riportano in modo vivido il punto di vista dei guerrieri veneziani sulla crociata, molto diverso da quello di Geoffroy di Villehardouin o Robert di Clari, perché si concentrano sulla guerra sul mare. Quel che è più importante, quando i mosaici furono realizzati, i libri dei due storiografi crociati non erano ancora stati scritti: sono quindi tra le nostre più antiche testimonianze della conquista di Costantinopoli[118] e predatano la versione «ufficiale» (per lo più quella di Villehardouin).

I mosaici rappresentano – *spoiler alert* – i crociati che conquistano violentemente Nuova Roma, ma non solo. Uno di essi riporta una scena molto interessante che raffigura un giovane – sembrerebbe essere Alexios Angelos – che riceve dal Papa un documento: forse l'autorizzazione papale ad attaccare Costantinopoli?

Ora, sappiamo benissimo che il Papa non concesse mai, esplicitamente, questa autorizzazione. Eppure, non è probabilmente quello che il doge Dandolo fece intendere ai marinai veneziani, e si può dedurlo dalla combinazione dei mosaici ravennati con le storie veneziane scritte in seguito alla crociata, come la *Historia ducum venetorum* del 1229 o *Les estoires de Venise* di Martin da Canal, scritta tra il 1267 e il 1275. Qui, il ruolo di Venezia è molto diverso da quanto riportato in altre fonti più vicine ai fatti, come appunto Geoffroy di Villehardouin, Robert di Clari e Niketas Choniates. Nelle cronache veneziane, si sostiene che Venezia sarebbe intervenuta a Costantinopoli su richiesta della Santa Sede: la Serenissima avrebbe in sostanza messo Alexios Angelos sul «suo» trono su «invito» del Papa. La deviazione a Costantinopoli, lungi dall'essere un crimine, era piuttosto un motivo di vanto per i veneziani.

Come poterono i veneziani arrivare a pensare di essere «dalla parte» di Innocenzo III, quando questi li aveva chiaramente scomunicati e – come vedremo – finirà per proibire con ordine tassativo l'intervento a Nuova Roma? Per rispondere al quesito, dobbiamo analizzare le ultime fasi delle trattative tra crociati e papato, e comprendere fino a che punto veneziani e crociati mentirono pur di indirizzare la crociata nella direzione voluta.

Costantinopoli val bene una messa

Ricorderete che Innocenzo III scrisse ai crociati a febbraio del 1203, mentre erano a Zara, denunciando le loro azioni durante l'assedio della città dalmata ma accettando di perdonarli, a patto che da quel momento in poi seguissero le sue istruzioni. Quanto ai veneziani, li aveva platealmente scomunicati.

Ma nessun problema! Bonifacio del Monferrato era consapevole che, se la scomunica dei veneziani fosse diventata pubblica, la crociata si sarebbe dissolta nel vento: come potevano i «pellegrini» continuare il loro santo «pellegrinaggio» su navi di scomunicati? Bonifacio e gli altri baroni decisero quindi, senza alcun rimorso, di occultare la lettera papale, nascondendone il contenuto ai soldati semplici – crociati e veneziani – per il tempo necessario ai loro piani. Per una volta, non dobbiamo sforzarci di interpretare quello che avvenne, visto che Bonifacio confessò tutto a Innocenzo III, scrivendogli una lettera da Zara, proprio nel momento in cui stava per imbarcarsi verso Corfù e Costantinopoli, ben al di là della *longa manus* papale. La lettera deve essere giunta a Roma intorno a inizio giugno, quando i crociati erano già in mare verso la capitale dei Romani. Ecco cosa c'è scritto:

> *Al santo padre e signore, Innocenzo, Supremo pontefice grazie alla Divina Provvidenza, i cui piedi il marchese del Monferrato è pronto a baciare in segno di sottomissione.*
> *La lettera di Sua Santità è stata ricevuta dai baroni dell'armata crociata, e questi hanno accolto con soddisfazione l'assoluzione papale offerta dal venerabile Pietro, cardinale della chiesa di San Marcello e legato della Sede Apostolica. Grazie a quanto dettomi dai baroni, ho appreso che – in seguito all'affare di Zara – la Sede Apostolica ha inviato una lettera di scomunica ai veneziani, per mezzo dello stesso messaggero di cui sopra. Temendo e, anzi, essendo certo che tale lettera, se presentata a tutti in questo momento e in questo luogo, avrebbe condotto all'istante alla dissoluzione e al congedamento dell'esercito e ricordando il vostro monito (...) ho deciso di seguire quanto mi è stato consigliato: ovvero di nascondere per il momento la lettera, almeno finché potessi ottenere da voi un nuovo parere e mandato in merito.*[119]

Bonifacio sembra avere un certo rimorso per aver espressamente ignorato e nascosto una lettera ufficiale del Papa, al punto che i suoi colleghi baroni ne inviano un'altra di raccomandazione, per sostenere la sua decisione. Eppure non si può ignorare che il capo della Quarta crociata, la crociata di Innocenzo III, concluse che l'alleanza tra Venezia e crociati fosse più importante del parere del Papa. Da questo scambio, dunque, apprendiamo che la massa dei marinai veneziani non sapeva di essere stata scomunicata, e nemmeno ne era a conoscenza la maggior parte dei crociati.

Armi di distrazione di massa

Non sapremo mai con certezza cosa avvenne nell'accampamento veneziano, né quello che i baroni crociati dissero agli scissionisti per convincerli a tornare sui loro passi. Da tutte le informazioni che ho a disposizione, comprese le dichiarazioni dei diretti interessati, mi sembra evidente che, da bravi politici, Enrico Dandolo, Bonifacio del Monferrato e compagnia mentirono a più riprese ai loro seguaci, per indirizzarli verso la meta prescelta.

Mi ricorda per certi versi la propaganda utilizzata esattamente ottocento anni dopo, nel 2003, dall'amministrazione Bush per giustificare l'ingresso in guerra degli Stati Uniti contro l'Iraq di Saddam Hussein: allora, il governo statunitense martellò l'opinione pubblica sulle colpe di Saddam, sui suoi (inesistenti) legami con gli attentatori dell'11 settembre, sulla presenza di armi di distruzione di massa in Iraq. Mentì, sapendo di mentire, con il fine di ottenere il consenso dei cittadini, cercando di convincerli a salire sulla loro barca e a seguire i loro veri obiettivi: abbattere Saddam, imporre un regime favorevole agli interessi occidentali in Iraq, accedere agli immensi depositi petroliferi dell'Iraq. Questi erano tutti obiettivi dell'amministrazione Bush ben prima che si creassero le condizioni politiche per raggiungerli, ma all'opinione pubblica americana fu gettata in pasto la necessità di «eliminare le armi di distruzione di massa».[120]

Nella storia, la propaganda è sempre stata necessaria, in ogni tempo e luogo: occorre convincere l'opinione pubblica a passi che, poco tempo prima, considerava immorali, impossibili, costosi, dannosi o estremamente pericolosi. La Quarta crociata, pur nella distanza del tempo e degli eventi, non è dissimile. Cosa cercavano i baroni crociati, se non un cambio di regime a Costantinopoli, per imporre il loro candidato, il loro fantoccio occidentale? Cosa volevano, se non la possibilità di utilizzare le risorse dello Stato romano per i loro fini, sia personali sia – con un'interpretazione generosa – a favore del movimento crociato e della sopravvivenza di *Outremer*? Il regime di Alexios III Angelos Komnenos era stato dipinto come illegittimo e illegale, una tirannide da abbattere. Occorreva «liberare» i Romani, dandogli un sovrano «legittimo». Non solo: per la propaganda latina, l'Impero romano era un nemico dell'alleanza occidentale dell'Europa latina, la Nato medievale. Costantinopoli era inoltre disposta a tutto pur di non sottomettersi ai voleri di Washington, *pardon*, della Santa Sede. Ancor peggio, i «Greci» non erano forse sospettati di collaborare con il nemico numero uno, gli infedeli arabi nemici dei crociati? Non erano alleati di Al Qaeda-Saladino?

Alla fine, la strisciante delegittimazione dell'Impero romano lo aveva trasformato in un legittimo bersaglio. Gli interessi dinastici, finanziari e personali dei baroni crociati avevano fatto il resto. Con questo cocktail tossico di bugie, mezze verità, conflitti di interesse, la crociata era stata infine dirottata dall'originale obiettivo verso una direzione che sarebbe sembrata assurda anche solo pochi mesi prima, così come nessun americano voleva invadere l'Iraq nell'agosto del 2001.

L'ultimo atto

Fuori tempo massimo, a giugno del 1203, mentre i crociati erano già in mare per Costantinopoli, Innocenzo III inviò un ultimo disperato appello alla crociata. La lettera nella quale Bonifacio del Monferrato confessava apertamente le sue menzogne sembra aver finalmente scosso le certezze del Pontefice. Comprendendo appieno fino a che punto i baroni e il doge erano disposti a giungere pur di deviare la crociata a Costantinopoli, il Papa inviò, fuori tempo massimo, un chiaro ordine che proibiva senza giri di parole qualunque guerra contro i Romani:

> *Nessuno di voi dovrebbe avventatamente pensare che gli è permesso occupare o depredare la terra dei Greci, in ragione della loro supposta scarsa obbedienza alla Sede Apostolica o perché l'imperatore di Costantinopoli usurpò l'impero. (...) In verità, per quanto lo stesso imperatore e il popolo a lui legato abbiano sbagliato in questa o in altre questioni, giudicare i loro crimini non è affar vostro. Non era a questo fine, o appunto per vendicare queste ingiurie, che assumeste l'emblema della Croce, ma piuttosto per vendicare il disonore recato al Crocifisso.*[121] *È a*

> *questo che vi siete intenzionalmente promessi. Per questa ragione vi inviamo un avvertimento, un'esortazione e un'ingiunzione, istruendovi per mezzo di questa Apostolica lettera, affinché non vi illudiate e vi facciate ingannare. Ché sotto la maschera della pietà non compiate quelle azioni – dio non voglia! – che porteranno alla perdizione delle vostre anime. Piuttosto, mettendo da parte le inutili occasioni e le finte crisi, dovete navigare in aiuto della Terrasanta e vendicare l'ingiuria fatta alla Croce (...). In caso contrario, poiché non possiamo né dobbiamo farlo, non vi promettiamo in alcun modo la grazia della remissione dei vostri peccati. Inoltre, vogliamo che voi consideriate i termini del nostro divieto: sotto minaccia di scomunica vi abbiamo proibito di invadere o violare le terre dei cristiani, a meno che vi impediscano perfidamente il viaggio (...). Vi avvertiamo di non contravvenire a questo divieto con leggerezza.*[122]

Inoltre Innocenzo III ordina a Bonifacio di rendere pubblica, senza ulteriori indugi, la lettera con la quale ha scomunicato Dandolo e i veneziani:

> *Per evitare, tuttavia, che le colpe del doge e del popolo veneziano conducano al vostro castigo, ci auguriamo e anzi vi ordiniamo di presentare loro la nostra lettera, che doveva essere stata già prodotta e che sappiamo essere ancora in vostra custodia.*[123]

Il Papa sembra ancora pensare che siano i veneziani i principali colpevoli delle «devianze» dei crociati: teme che ci sia qualcuno – Enrico Dandolo – che «inganna» i nobili crociati. In più, pare non riuscire ancora a capacitarsi che i «suoi» puri guerrieri della croce, i suoi combattenti della vera fede, i suoi pellegrini senza macchia e senza paura non hanno alcuna intenzione di recarsi in *Outremer* e che invece intendono fare di testa propria, seguendo i loro interessi personali e non i dettami del Pontefice.

Questa lettera, datata intorno al 20 giugno, non giunse a Corfù prima della partenza dei crociati. Se li raggiunse poi a Costantinopoli, arrivò dopo una serie di eventi ben al di là della volontà papale, quando ormai le conseguenze delle azioni dei crociati avevano già preso il sopravvento. Con una serie di menzogne e sotterfugi, Bonifacio, Dandolo e i baroni francesi avevano ottenuto quello che volevano: la guerra contro i Romani. Non sarebbe stata certo una lettera papale a fermarli. I baroni della crociata avevano infine deciso che il vecchio adagio si applicava anche a sé stessi: sempre meglio chiedere perdono che permesso.

3
La croce e San Marco

Il 24 maggio del 1203, i crociati abbandonarono Corfù e si diressero a Costantinopoli: la flotta fece tappa sull'isola di Eubea, al largo della Grecia, dove si divise: uno squadrone puntò dritto su Abydos, sugli stretti dei Dardanelli, mentre Bonifacio e Alexios Angelos si dirigevano all'isola di Andros, dove i locali cittadini romani furono costretti a consegnare dei rifornimenti per l'esercito crociato, riconoscendo Alexios Angelos come loro sovrano.

Le due flotte riuscirono poi a navigare senza problemi fino ai Dardanelli, quasi a dimostrare la protezione divina della loro missione, senza aver perso neanche una nave e con l'aiuto propizio di un tempo clemente. Una volta giunti nella zona del Mar di Marmara, le navi crociate ottennero l'effetto più ricercato in guerra: la sorpresa. Nessuno a Costantinopoli pareva aver preparato la regione alla guerra. Visto che si era in giugno, il raccolto del grano era in corso e i crociati ebbero vita facile nello spaventare i locali, requisendo tutti i viveri di cui avevano bisogno: un imperatore più prudente avrebbe forse dato ordine di mettere il prima possibile in salvo il grano maturo, riparandolo dietro le mura cittadine.

Alexios III non era però uno stupido, come abbiamo visto, e aveva temuto che la crociata fosse dirottata a Costantinopoli, ma in inverno aveva ricevuto garanzie da Innocenzo III: nessuna armata crociata sarebbe giunta nel territorio romano, parola di Pontefice. Con questo non voglio certo scagionare del tutto l'imperatore: non avrebbe dovuto fidarsi di Innocenzo III, ma se il Papa stesso si era sorpreso di vedere i suoi ordini disattesi dai crociati, è probabile che fu colto alla sprovvista anche l'imperatore, che ormai considerava i successori di san Pietro come sovrani onnipotenti in Occidente.

A Calcedonia, e non per un concilio

Quando la flotta crociata si fu radunata in un unico squadrone, le navi attraversarono il Mar di Marmara giungendo al cospetto della capitale dei Romani.

L'arrivo della flotta crociata fu una grande sorpresa anche per Niketas Choniates, un politico e amministratore di lungo corso, con esperienza in politica estera, figurarsi per il popolino. La popolazione della capitale si precipitò sugli spalti delle mura, a guardare con un misto di orrore e sbigottimento lo spettacolo di duecento navi occidentali che sbarcavano un'intera crociata alle loro porte. Da parte loro, i crociati rimasero senza fiato di fronte alla maestosità di Costantinopoli, la regina di tutte le città. Ecco come Robert di Clari commenta lo stupore di entrambi:

> *Quando gli abitanti di Costantinopoli videro questa flotta così magnifica, la contemplarono sbalorditi, montando sulle mura e sulle case per osservare quella meraviglia. Quanto a quelli che erano dentro la flotta, loro restarono a bocca aperta per la grandezza della città, così lunga e così larga, e dal loro canto furono colpiti dalla più completa ammirazione.*[124]

La flotta dovette passare a poche centinaia di metri dalle torri della città, dopodiché si diresse verso Calcedonia, celebre sede del Quarto concilio ecumenico e porto asiatico direttamente dirimpettaio di Costantinopoli. Altre galee da guerra dei veneziani si diressero invece a Skutari, sempre sulla sponda asiatica ma più a nord sul Bosforo.

Dopo una resistenza simbolica dei locali, i crociati poterono occupare Calcedonia. Nelle parole di Niketas Choniates:

> *I romani che comparvero sulle colline vicine si fermarono lungo la riva e scagliarono frecce contro le navi da guerra, ma inutilmente, poiché la maggior parte di queste non riuscì a coprire la distanza e cadde in mare. Un altro contingente vegliava a nord intorno a Damatrys per monitorare le cariche dei cavalieri latini. Ma ancora una volta non fu realizzato nulla di utile: non fecero alcun tentativo di attaccare il nemico.*[125]

A Calcedonia, i crociati e requisirono altro grano appena raccolto dai contadini nei dintorni e si sistemarono nei palazzi e nelle case della cittadina asiatica. Era il 23 giugno del 1203.

Ultimatum a Saddam

Alexios provò a reagire a questi inaspettati eventi uscendo dalla città e schierando il suo esercito, ben più numeroso di quello crociato, sul lato europeo del Bosforo, per impedire ai crociati di attraversare facilmente lo stretto. Purtroppo per lui, non disponeva come un tempo della grande flotta romana che era stato il vanto di Manouel. Alla fonda nel porto del Corno d'Oro, l'imperatore aveva solo pochi dromoni da guerra malconci protetti dalla pesante catena che ne difendeva l'imboccatura, nessuno dei quali era attrezzato con il «fuoco romano» che tante volte aveva aiutato la marina imperiale, soprattutto nella difesa della città. Con quelle magre forze non poteva certo sfidare la flotta della principale potenza navale del Mediterraneo. I crociati avevano, sul mare, piena libertà d'azione.

Ricorderete infatti che, sin dai tempi di suo fratello Isaakios, la difesa navale dell'Impero era stata subappaltata proprio a quei veneziani che stavano ora assalendo Costantinopoli. A questo proposito, sottolineerei – se ce ne fosse bisogno – il carattere particolarmente vergognoso del tradimento veneziano degli accordi sottoscritti con i Romani: i veneziani avevano ottenuto importantissimi privilegi in cambio della promessa di difendere Costantinopoli sul mare, e ora non solo non erano accorsi in sua difesa, ma avevano usato quelle stesse navi per sbarcare un esercito crociato sulle rive del Bosforo. Anche nel Medioevo il prestigio degli Stati era spesso legato alla loro affidabilità nei contratti, negli impegni, nei rapporti diplomatici: Venezia non avrebbe mai osato rompere un patto del genere se la controparte fosse stata una potenza dell'Europa latina. L'alterità dei Romani, invece, li rendeva vittime sacrificali, perché non facevano parte del «club».

Al di là della sleale condotta veneziana, la politica degli Angeloi di far affidamento sulla flotta della Serenissima per la difesa navale dell'Impero aveva dimostrato tutta la sua inadeguatezza. Certo, vi erano stati costretti a causa della crisi che attanagliava l'Impero dal 1180, ma ciò non toglie che fosse stata una politica disastrosa per la sicurezza dell'Impero, che era molto più vulnerabile sul mare che sulla terraferma, come vedremo presto.

Consapevole sia della sua debolezza sia, comunque, della precaria condizione dei crociati, Alexios non abbandonò la via negoziale e inviò in ambasciata uno dei cavalieri latini al suo servizio, un «lombardo», quindi un italiano. Il suo discorso di fronte ai capi crociati è un delizioso esercizio di diplomazia. Narra Geoffroy di Villehardouin:

> *Signori, l'imperatore Alexios vi fa sapere che è non v'è dubbio che voi siate le migliori persone che ci sono al mondo, o che voi veniate dal migliore Paese che ci sia, ma si domanda con meraviglia cosa vi porti nella sua terra e nel suo regno, visto che voi siete cristiani e lo è anche lui. Infatti, gli era stato assicurato che aveste preso la croce per recuperare la Terrasanta d'*Outremer*, la Vera Croce e il Santo Sepolcro. Se siete a corto di denaro e rifornimenti, l'imperatore condividerà volentieri con voi le sue ricchezze e i suoi viveri, ma voi dovete partire immediatamente dalle sue terre. Non desidera farvi alcun male, eppure ne ha il potere: sappiate che anche se aveste dieci volte il numero di soldati che possedete, se volesse nuocervi non potreste sopravvivergli ma sareste uccisi e sconfitti.*[126]

Il discorso del cavaliere lombardo mi sembra autentico nel modo in cui mette a nudo l'ipocrisia dei crociati e anche perché, come si fa in diplomazia, l'imperatore propone da un lato, con scaltrezza, una via d'uscita dignitosa per tutti, offrendo il pagamento di una tangente, dall'altro sventola la minaccia dell'intervento militare. Carota e bastone.

La risposta dei crociati fu affidata a Conon di Béthune, che non ci girò troppo intorno: non erano giunti lì per ricevere del denaro e un po' di viveri, come avevano fatto le prime tre crociate. Nossignore: erano lì perché volevano un cambio di regime, e non se ne sarebbero andati prima di averlo ottenuto. Saddam, in definitiva, se ne doveva andare. Che è tra l'altro la stessa richiesta che fece Bush nel 2003, ottocento anni dopo la Quarta crociata. Cito sempre Geoffroy di Villehardouin:

> *Questa nella quale (i crociati) sono entrati non è la terra dell'imperatore, visto che la possiede ingiustamente e nel peccato, contro Dio e contro la giustizia. Questa terra appartiene a suo nipote che è qui tra noi, e siede sul suo trono, il figlio di suo fratello Isaakios. Se Alexios III vuole chiedere a suo nipote la grazia e la misericordia, restituendogli la corona e l'Impero, noi pregheremo Alexios Angelos di perdonarlo e di dargli quanto serve per vivere riccamente. Quanto a noi, se voi non tornerete con una risposta positiva alla nostra richiesta, non siate talmente incauti da presentarvi qui un'altra volta.*[127]

Era una posizione già concordata dai crociati, come ci riferisce Hugh di Saint-Pol nella sua celebre lettera:

> *Avevamo discusso in anticipo, privatamente tra di noi, e avevano deciso che in nessun caso avremmo concesso ai messaggeri dell'imperatore di parlamentare con noi, non prima che Alexios III avesse abdicato al trono imperiale. Vedi, non volevamo che i Greci ci adescassero e ammorbidissero con i loro doni.*[128]

Quella di Conon era una dichiarazione che aveva tutta l'aria di un ultimatum, di quelli che si danno per causare una guerra, e non per prevenirla. I crociati sapevano benissimo che Alexios non era disposto a cedere tutto quello che aveva, non senza combattere.

Vota Alexios, vota Alexios, vota Alexios

Nel sistema politico romano, come abbiamo visto, in casi come questi si tenevano delle elezioni improprie, volte a testare la «fiducia» che il popolo e i potenti avevano nel governo imperiale. A differenza dell'Europa latina, che basava la legittimità a governare quasi esclusivamente sul diritto divino e sulla regolare successione dinastica, nell'Impero romano vigevano ancora le tradizioni della «monarchia repubblicana» fondata da Augusto. Erano il popolo, l'esercito e il senato a creare gli imperatori.

Nei quasi mille anni di storia imperiale, questo aveva portato a un curioso sistema politico: l'Impero era scalabile, a determinate condizioni. Una ribellione poteva scoppiare in provincia in qualunque momento, portando il candidato al trono sotto le mura cittadine. Entrambi i contendenti, sia chi occupava il palazzo imperiale, sia chi assediava la città, erano perfettamente coscienti che Costantinopoli non poteva essere conquistata con la forza, e quindi tutti attendevano di conoscere il responso del popolo. Se la città decideva di resistere, l'imperatore restava in carica e l'esercito assediante, dopo qualche giorno, consegnava il capo dei ribelli al legittimo sovrano, come capro espiatorio della rivolta. Se invece la città sceglieva di aprire le porte all'oppositore, non c'era molto che l'imperatore in carica potesse fare. Questo processo si era ripetuto più volte nel corso del tempo, a volte con il trionfo per l'imperatore, a volte con un cambio di regime (per esempio, di recente, durante le ribellioni di Andronikos Komnenos e Isaakios Angelos). Era raro che gli ufficiali e i soldati pagassero caro la loro «ribellione», che era appunto vista più come una parte normale del processo politico. Una votazione, insomma.

Ora, tutto questo era ben noto a Enrico Dandolo, o a Bonifacio del Monferrato, esperti di politica romana. I due «capi» della crociata sapevano che un pretendente al trono poteva ottenere il favore della città, e in quel caso risparmiare a loro un bel po' di fastidi. Le probabilità non erano alte, ma poteva valere la pena tentare.

I veneziani allestirono quindi un dromone, sul quale fecero

montare Alexios Angelos. Lo portarono in vista delle mura. Degli araldi si presentarono sulla tolda e, rivolti alla popolazione che osservava attenta il curioso spettacolo, annunciarono:

> *Ecco il giovane principe, il vostro legittimo sovrano! Sappiate che siamo venuti non per farvi del male, ma per proteggervi e per difendervi, se voi farete quanto è dovuto. Perché Alexios III è un illegittimo usurpatore del trono e governa nel peccato, contro Dio e contro la giustizia.*[129]

Insomma, i crociati intimarono ai Romani di votare per Alexios e contro Alexios, vale a dire contro il loro attuale sovrano, Alexios III, e a favore del nipote, Alexios Angelos. Non vi stupirà sapere che i Romani votarono per Alexios, nel senso che scelsero l'Alexios che avevano sottomano: il diavolo che conoscevano e non il diavolo che attaccava la loro città con l'ausilio di un esercito di nemici, di eretici Latini, di barbari occidentali. Nessuno, sugli spalti o a terra, fece segno di gradire il giovane principe, anzi lo ricoprirono di insulti.

Non credo che la cosa stupì Dandolo, che non doveva essersi fatto grandi illusioni a proposito della popolarità del giovane Alexios, ma i nostri cronisti crociati sembrano essere stati presi in contropiede: erano convinti che i cittadini di Costantinopoli avrebbero abbattuto il governo dell'usurpatore, riconoscendo la giustezza delle loro ragioni e accettando il loro punto di vista. D'altronde, ancora oggi gli occidentali si stupiscono quando i «nativi» non mostrano spirito di collaborazione, quando non sembrano accettare la superiorità della loro civiltà abbattendo il «tiranno» e mettendosi in casa il loro «legittimo governante», ovviamente filo-occidentale.

Stenderemo i crociati sul bagnasciuga

La pantomima della processione imperiale di Alexios pose fine agli scambi diplomatici. Crociati e Romani si prepararono alla guerra.

Il 5 luglio, tutto era pronto e la flotta reimbarcò l'esercito nelle sue viscere, con lo scopo di attraversare il Bosforo. Dopo le numerose defezioni, sulle navi non dovevano esserci più di quindici-ventimila combattenti in tutto, divisi equamente tra veneziani e pellegrini crociati. Eserciti ben più numerosi avevano infranto i denti sulle mura di Costantinopoli, tornando a casa con il naso sanguinante. *Se* tornavano a casa.

I crociati, però, avevano dalla loro qualcosa che i precedenti assalitori della città non avevano mai avuto: il dominio sul mare. Questo permetteva loro di controllare il Bosforo, o il «braccio di San Giorgio», come lo chiamavano nella loro lingua. Per portare l'assalto alla città, i Latini dovevano conquistare il Corno d'Oro, la ridotta di Costantinopoli, il suo porto militare protetto dalla pesante catena che poggiava sulle mura cittadine (dove oggi c'è il palazzo del Topkapi) e che si collegava alla possente torre di Galata sul lato opposto.

All'epoca, sembra che Galata non fosse ancora protetta da una sua cinta muraria, come sarà nel 1453, l'anno in cui i Turchi presero la città. La sponda europea era però difesa dall'esercito romano: arcieri, soldati e cavalieri. Qui tutte le narrative dei crociati concordano sui fatti, ma mi piace seguire Hugh di Saint-Pol, che scrive a caldo, pochi giorni dopo la battaglia:

> *Ci confessammo e confidammo in Dio e nel suo supporto nella nostra impresa. Poi, ci schierammo nelle nostre linee di battaglia e, armati di tutto punto, ci imbarcammo sulle navi, sui trasporti e sulle galee, che erano più di duecento, senza contare barche e chiatte. Quando, in verità, sbarcammo sulla sponda opposta, tutti i Greci che si erano radunati per impedire il nostro sbarco, per grazia di Dio, si ritirarono a tale distanza che riuscivamo appena a raggiungerli con un tiro d'arco.*[130]

Perché i Romani non riuscirono a stendere i crociati sul bagnasciuga? Il fatto è che la flotta crociata aveva un accorgimento che faceva leva sul principale punto di forza dei Latini: la loro formidabile cavalleria corazzata. Vi ricorderete che gli *huissiers* erano delle navi speciali, costruite per potersi avvicinare il più possibile alla linea dei flutti, con un portellone che poteva essere aperto direttamente sulla spiaggia, facendo discendere i cavalieri sull'acqua bassa o sulla sabbia della costa. Nelle parole di Villehardouin:

> *Era un bel mattino, un po' prima del levarsi del sole. L'imperatore Alexios ci attendeva sull'altro lato con una grande armata e un nutrito seguito. Ogni* huissier *era legato a una galea, per attraversare più facilmente. (...) Appena poterono, i cavalieri saltarono direttamente nel mare, fino alla cintura, armati da capo a piedi, con gli elmi allacciati e le lance in mano. Discesero in acqua anche i sergenti, gli arcieri e i balestrieri più coraggiosi di ogni compagnia, lì dove toccarono la riva. (...) Allora i crociati cominciarono ad aprire le porte degli* huissiers, *gettarono fuori i ponti, e rilasciarono i cavalli. I cavalieri montarono sulle loro cavalcature, le truppe si inquadrarono nell'ordine di battaglia.*[131]

I Romani provarono a resistere sul bagnasciuga, ma questa spettacolare dimostrazione del potere militare latino fu troppo anche per loro: erano pagati per combattere, non per morire senza motivo. Nessuno voleva trovarsi nei paraggi quando i cavalieri occidentali fossero piombati su di loro, una pesante massa di acciaio quasi impenetrabile ai colpi nemici: in quest'epoca, era noto che cento cavalieri ben addestrati e ben armati potevano vincere intere battaglie contro migliaia di fanti. Dagli *huissiers* stavano discendendo più di mille cavalieri, con i loro scudieri a cavallo: molto meglio combatterli da dietro le mura teodosiane che in campo aperto.

L'esercito latino riuscì dunque a occupare gran parte di Galata, a nord del Corno d'Oro. C'era però un punto focale che rimase in mani romane: la grande torre sulla quale poggiava la possente catena a chiusura del Corno d'Oro, il punto chiave per dominare l'intera insenatura. La flotta veneziana, infatti, non poteva entrare in questo specchio d'acqua riparato senza rompere e abbassare la catena, e rimaneva quindi nel Bosforo, alla mercé delle correnti dello stretto o di un attacco nemico. Se i Latini avessero voluto lanciare un attacco coordinato alla città, avrebbero dovuto obbligatoriamente conquistare la torre e il Corno d'Oro, ma la fortificazione era protetta coraggiosamente da un pugno di difensori, molti di loro mercenari occidentali al servizio dell'imperatore: danesi e inglesi su tutti – la famosa guardia variaga[132] – oltre a un nutrito contingente di pisani e genovesi. Le colonie delle altre grandi città italiane erano ben consapevoli che sarebbero stati spazzati via qualora i veneziani avessero trionfato, e prestarono man forte alla difesa della città.

Quella notte la guarnigione della torre resistette. La battaglia per la torre di Galata continuò a furoreggiare per ben tre giorni,[133] mentre i soldati dell'Impero romano tempestavano di frecce i crociati. Alla fine, una massiccia sortita dei difensori causò molte perdite tra variaghi e italiani, al punto che furono costretti a fuggire verso il mare, dove molti furono uccisi, o annegarono. La torre capitolò poco dopo, e allora venne finalmente spezzata la grande catena che da secoli proteggeva il porto di Nuova Roma. Dagli spalti della città, Niketas Choniates assistette a questo drammatico spettacolo e ci riporta con parole di vivido orrore il punto di vista dei Romani:

> *Fu uno spettacolo straordinario vedere i nostri fuggire, dopo una breve resistenza. Alcuni furono uccisi, altri furono catturati, altri provarono a fuggire dalla torre di Galata discendendo la grande catena, come se fosse una corda, in modo da raggiungere le nostre navi. Molti però persero la presa e precipitarono in mare. Dopodiché, la catena fu spezzata e l'intera flotta nemica poté entrare nel porto. Quanto alle nostre navi, alcune furono sopraffatte dal nemico, altre furono costrette a riva dopo aver subito molti danni (...). Il male prese allora molte forme, in modalità che mai prima di allora riuscirono a entrare nel cuore dell'uomo.*[134]

La flotta crociata penetrò nel Corno d'Oro: quella romana non esisteva più, Galata era perduta. I Latini erano padroni del campo e ora solo le mura teodosiane si frapponevano tra i barbari occidentali e l'inerme popolazione della capitale dei Romani.

Il non assedio

In genere, con una normale città europea i nostri crociati avrebbero posto uno stretto assedio per impedire qualsiasi rifornimento e costringerne la resa: d'altronde, erano venuti lì per quello. C'era solo un piccolo problema: Costantinopoli era una metropoli immensa, gigantesca, dove vivevano più di trecentomila anime. Secondo Geoffroy di Villehardouin, i crociati avevano appena gli uomini per assediare *una* delle porte della città, men che meno l'intero circuito delle mura.

Cinquecento anni prima, il califfato arabo aveva inviato centomila guerrieri e una sconfinata flotta per assediare Nuova Roma, e avevano fallito. I crociati avevano una frazione di questi numeri: l'esercito di «terra» dei pellegrini francesi non contava più di sei o settemila uomini, dopo le molte defezioni a Zara e a Venezia. I veneziani, sul mare, erano di poco superiori. Con questi numeri, non potevano permettersi un assedio convenzionale. In più, avevano fretta: come ricorderete, i baroni avevano promesso all'opposizione interna di restare a Costantinopoli per non più di un mese. I crociati erano arrivati il 23 giugno, e il giorno dopo la caduta di Galata era già il 9 luglio. Tic toc, tic toc.

Inoltre, con una città come Costantinopoli, un normale assedio non poteva funzionare: la città era rifornita di ogni ben di dio, ed era capace di resistere per mesi senza patire la fame o la sete: ciclopiche cisterne distribuite in tutta la città custodivano un mare d'acqua potabile, i granai erano pieni e i Romani, senza un blocco totale, erano in grado di far entrare rifornimenti via mare o via terra, o perfino con la pesca. No, un lungo assedio era fuori questione: era più probabile che finissero affamati gli assedianti. L'unica alternativa era l'assalto diretto. Come però avevano scoperto a loro spese Goti, Unni, Russi, Persiani e Arabi, le mura di Costantinopoli, con la loro tripla linea difensiva, sembravano fatte apposta per impedire a chiunque di mettere piede in città.

Alla vista delle inespugnabili difese della città, i crociati devono essersi in parte scoraggiati. Ma i più esperti tra loro, soprattutto i veneziani, ne conoscevano i pochi punti vulnerabili. Rispetto ad altri attaccanti del passato, i Latini avevano dalla loro due vantaggi, nonostante il loro contingente fosse ridicolmente inadeguato rispetto all'impresa che si prefiggevano. Il primo era che non si presentavano (non ancora) come una forza determinata a conquistare e saccheggiare la città: all'interno di Nuova Roma, ci si poteva illudere che, in caso di vittoria, i Latini avrebbero semplicemente imposto un cambio di governo, una prospettiva impopolare ma non per questo catastrofica. Se i Romani fossero stati sconfitti, si potevano attendere delle conseguenze, come una maggiore dipendenza dall'Occidente da parte del nuovo governo di Alexios Angelos... ma non avevano di fronte, almeno in apparenza, una sfida esistenziale alla loro sopravvivenza come era stato per l'assedio del califfato nel 717: allora gli Arabi erano determinati a cancellare dalla faccia della terra quello che restava della civiltà romana. I Latini, di converso, erano sì odiati, il papato era disprezzato, ma erano pur sempre cristiani con un potenziale, legittimo imperatore romano al seguito. Nei giorni seguenti, i Romani si batteranno strenuamente per difendere la loro capitale, ma avranno sempre nel retrocranio la nozione che la sconfitta non vuol dire la fine della loro civiltà. Non ancora.

Il secondo e più importante vantaggio per i crociati era la flotta veneziana: la possente potenza marinara di Venezia era riuscita a violare l'area protetta del Corno d'Oro e ora si trovava di fronte le meno formidabili mura marine. Non solo: i crociati potevano sfruttare il combinato disposto della loro potenza su terra e mare in un preciso angolo della città, l'area delle Blacherne. Quello che rendeva questa zona particolarmente vulnerabile era che si trattava di un cuneo con tre lati: il primo erano le mura di Eraclio, il secondo era aperto al resto della città e l'ultimo si affacciava sul Corno d'Oro. Qui, e solo qui, veneziani e crociati avrebbero potuto portare l'assalto su terra e su mare, usando tutta la forza a loro disposizione. Inoltre, le Blacherne erano state l'ultima aggiunta al territorio cittadino, incorporata solo dopo il 626 e il grande assedio di Avari e Persiani. Qui l'imperatore Eraclio aveva fatto costruire un prolungamento delle mura teodosiane, poi rafforzate e ampliate dai Komnenoi, ma questa linea difensiva era stata realizzata con una qualità inferiore rispetto all'originale progetto del V secolo; pertanto sembrava un obiettivo più malleabile del resto del possente circuito. A maggior ragione perché quel settore delle mura ospitava anche uno dei due palazzi imperiali: in caso di sfondamento, in poco tempo i crociati si sarebbe potuti impossessare del palazzo delle Blacherne e imporre l'incoronazione di Alexios Angelos.

A paragone con le imprese militari di Arabi e Avari, l'assalto crociato può sembrare una cosa risibile: dell'intera città i crociati avrebbero attaccato un solo piccolo quartiere, un angolino della sua immensa estensione, sperando di passare. Più che un assalto, era un tiro di dadi, un «o la va o la spacca». Se i crociati fossero stati respinti un paio di volte al massimo, difficilmente avrebbero avuto la forza di continuare il loro non-assedio, finendo piuttosto assediati a loro volta e tagliati fuori dal mondo circostante. E in quel caso, non dubito che sarebbero venuti a patti con l'imperatore. Alexios III aveva dunque un solo compito: resistere abbastanza a lungo da costringere i crociati ad abbandonare la loro improbabile impresa e a tornare sul tavolo delle trattative.

Non ci fu sempre da vergognarsi

Dopo aver conquistato Galata, i crociati si impadronirono del ponte che attraversava il Corno d'Oro, e che era stato danneggiato dai Romani per prevenirne l'uso. I genieri latini lo ripararono notte tempo, così che il 9 luglio l'armata poté iniziare a costruire l'accampamento nei pressi delle Blacherne. Ancora Hugh di Saint-Pol:

> *Sistemammo le nostre tende tra il palazzo imperiale – che è detto delle Blacherne – e il palazzo di Boemondo.*[135] *Eravamo così vicini alle mura che le nostre frecce potevano raggiungere il tetto e le finestre del palazzo imperiale, mentre le frecce dei Greci cadevano tra le nostre tende. Difendemmo il nostro accampamento con delle spesse tavole di legno e lo circondammo di una palizzata. Fatto questo, iniziammo a costruire le nostre macchine di assedio e le nostre petriere*[136].[137]

Mentre i francesi si accampavano di fronte alle Blacherne, la flotta veneziana andò preparando l'assalto alle mura del Corno d'Oro. Enrico Dandolo fece costruire dei ponti sospesi agganciati agli alberi delle navi più grandi, a circa trenta-quaranta metri dalla tolda. Questi ponti volanti erano la vera arma segreta dei veneziani: erano abbastanza larghi da portare fino a quattro soldati affiancati, armati di tutto punto. Le navi avrebbero dovuto accostarsi il più possibile alle mura, gettare il loro ponte sulle merlature per poi inviare i *marines* veneziani all'assalto. A supporto dell'offensiva, tutte le navi da trasporto furono dotate di catapulte e mangani, con i quali tempestare dal mare le mura dell'Impero romano.

Mentre fervevano i preparativi, i Romani non lasciarono i crociati in pace, ma provarono a intralciarli il più possibile con delle sortite. Sebbene Niketas Choniates non fosse un grande estimatore di Alexios III, da lui considerato un incapace e imbelle, riferisce che l'imperatore provò tutte le normali tecniche di disturbo di un assediante:

> *L'imperatore si comportava come uno spettatore degli eventi in corso, tanto che salì negli alti «appartamenti dell'imperatrice dei tedeschi», come vengono chiamati. I suoi parenti e amici più stretti radunarono una forza di cavalleria e un piccolo contingente di fanteria per poi uscire a intervalli, in modo da dimostrare che la Città non era del tutto priva di difese. Nell'impulso del momento, entrambe le parti si lanciavano in cariche di cavalleria, gli uni contro gli altri, anche più volte al giorno. I cavalieri romani gareggiavano con i cavalieri latini nel lancio del giavellotto, con l'eccitazione e lo zelo generati dal coraggio; in quei giorni, non ci fu sempre da vergognarsi per come combattevano.*[138]

Oltre alla cavalleria, si sfidarono anche le rispettive forze di artiglieria, lanciando massi che piombavano sul palazzo imperiale o tra le tende degli assalitori. Una delle sortite romane provò a catturare e distruggere le macchine da guerra latine; i crociati riuscirono a fatica a respingere l'azione offensiva. In poche parole, nulla sembrava ancora deciso.[139]

Insomma, nella testimonianza di Niketas è possibile cogliere l'amarezza di un testimone dei fatti, che sa come va a finire la storia ma che è ancora capace di percepire a tratti la grandezza dei Romani, prima che arrivi l'onda a seppellire Atlantide.

Il giorno più lungo

Dopo una settimana di inconcludenti scaramucce, i crociati erano pronti, su terra e su mare. La data prescelta per l'assalto era il 17 luglio, giorni prima della scadenza del «mese costantinopolitano» concordato con gli oppositori. Quella sera, tutti andarono a dormire tremebondi, senza sapere cosa aspettarsi l'indomani.

Su terra, i crociati erano organizzati in sette *corps de bataille*, o battaglioni, come descritti da Geoffroy di Villehardouin. Il primo era comandato da Baldwin delle Fiandre e costituiva l'avanguardia dell'esercito, con i migliori arcieri e balestrieri, ed era formato quasi esclusivamente da fiamminghi. Il secondo era agli ordini del fratello di Baldwin, Henri delle Fiandre, oltre a due cavalieri francesi: Mathieu di Walincourt[140] e Bauduoin di Beauvoir,[141] era più variegato con anche molti cavalieri dell'Île-de-France. Il terzo battaglione era guidato da Hugh di Saint-Pol, sì, proprio l'autore della lettera che è una delle fonti principali di questi eventi. Era il corpo di battaglia dei Piccardi e includeva un'altra delle nostre fonti, Robert di Clari, al seguito di Pierre d'Amiens. Il quarto corpo di battaglia comprendeva i cavalieri della Loira, con al comando Louis di Blois, era uno dei battaglioni più forti. Quanto al quinto, era composto dai cavalieri della Champagne: guidato da Geoffroy di Villehardouin e da Mathieu di Montmorency, contava molti altri sostenitori del dirottamento a Costantinopoli.

Questi cinque battaglioni erano il vero martello dell'esercito: come avrete notato, erano tutti cavalieri francesi del Nord, tra Champagne, Fiandre (allora considerata Francia), Piccardia, Loira e la zona di Parigi. Gli ultimi due battaglioni erano considerati di riserva: il sesto era quello dei Borgognoni, dalla Francia centrale, mentre il settimo e ultimo era l'unico costituito da veri «stranieri»: ovvero i cavalieri del Sacro Romano Impero. Era guidato da Bonifacio del Monferrato e radunava abati e cavalieri tedeschi, oltre che i «Lombardi», gli italiani che si erano arruolati con Bonifacio.

Per l'assalto alle mura, i crociati decisero di inviare tre battaglioni: quelli di Baldwin delle Fiandre, di Louis di Blois e di Bonifacio del Monferrato: forse perché erano i tre comandanti più importanti della crociata, immagino che Bonifacio volesse essere tra i primi a entrare in città.[142] Gli altri quattro corpi di battaglia difendevano il perimetro dell'esercito, per evitare aggressioni nella retroguardia. L'assalto fu violento: per tutta la mattinata, i cavalieri latini provarono a sfondare e, grazie all'ausilio di una mina, una delle torri perimetrali fu fatta crollare e i crociati riuscirono perfino, al prezzo di molte perdite, a piazzare alcuni uomini sulle mura, prima di essere fatti a pezzi dalla guardia variaga, accorsa in rinforzo ai difensori.

Ecco tre versioni dei fatti, dal punto di vista crociato e da quello dei Romani!

Hugh di Saint-Pol:

> *I nostri lanciarono i loro attacchi via terra. Con scale poste sulle mura, riuscirono a scalare le mura e a piantarvi i loro stendardi. Inoltre, i genieri scavarono un tunnel sotto un muro e riuscirono a far crollare una torre.*[143]

Geoffroy di Villehardouin:

> *A forza i crociati montarono sulle scale, ben quindici riuscirono a guadagnare le mura e combatterono a corpo a corpo con le spade e le asce. Ma quelli all'interno ricevettero dei rinforzi e rigettarono senza difficoltà gli assalitori. Catturarono quattro dei nostri, che portarono davanti ad Alexios: l'imperatore ne fu estasiato. L'assalto dal lato dei Francesi fu così respinto, e ci furono anche molti feriti, cosa che preoccupò non poco i baroni.*[144]

Niketas Choniates:

> *L'orrenda battaglia che seguì fu irta di grida su tutti i lati. Le truppe pesantemente armate dei crociati – che circondavano l'a-*

riete – sfondarono il muro e riuscirono ad accedere a uno dei passaggi interni che scendevano al mare, in un luogo chiamato «la Passerella dell'imperatore». Qui furono però coraggiosamente respinti dagli alleati dei Romani: dai pisani e dai barbari armati di ascia.[145] *I crociati dovette tornarsene indietro, feriti.*[146]

Sembra che Alexios III, temendo più i cavalieri francesi dei veneziani, avesse schierato contro i crociati le sue migliori forze: nel momento chiave, la guardia variaga riuscì ad avere la meglio sul pugno di assalitori che era riuscito a montare sulle mura di Costantinopoli che, ancora una volta, dimostrarono il loro valore. Perfino la sezione più debole, quella attorno alle Blacherne, era comunque un ostacolo insormontabile per i metodi ossidionali del Medioevo; un altro nemico riuscirà ad averne ragione solo dopo l'invenzione dei cannoni e con il supporto di un esercito soverchiante.

Se la crociata, dunque, non avesse conquistato il Corno d'Oro, la questione si sarebbe conclusa qui: Costantinopoli era inespugnabile con un assalto via terra, nel 1204 come in tutti i nove secoli precedenti. Ma la Quarta crociata era riuscita lì dove tutti gli altri nemici di Roma avevano fallito: aveva il pieno dominio del mare. Mentre i cavalieri latini venivano fatti a pezzi, i veneziani avevano lanciato la loro possente flotta all'attacco delle mura. Ed è su questo fronte che ora ci volgeremo.

La bandiera di San Marco

Alexios aveva dunque sottovalutato la forza dei veneziani, e questo fu un grave errore. Mentre i crociati combattevano contro la guardia variaga, Dandolo aveva dato il segnale d'assalto e le navi veneziane si erano accostate alle mura marine di Costantinopoli, sempre sul lato delle Blacherne. Le navi erano protette da pelli di bue, per renderle resistenti al fuoco che veniva lanciato dai difensori della città. Da ambo le parti, le catapulte scagliavano pietre, con fracasso e devastazioni, mentre gli assalitori cercavano di accostare alle mura i loro ponti volanti. Dopo più tentativi, in diversi punti i veneziani riuscirono ad agganciare le mura romane. Secondo Geoffroy di Villehardouin,

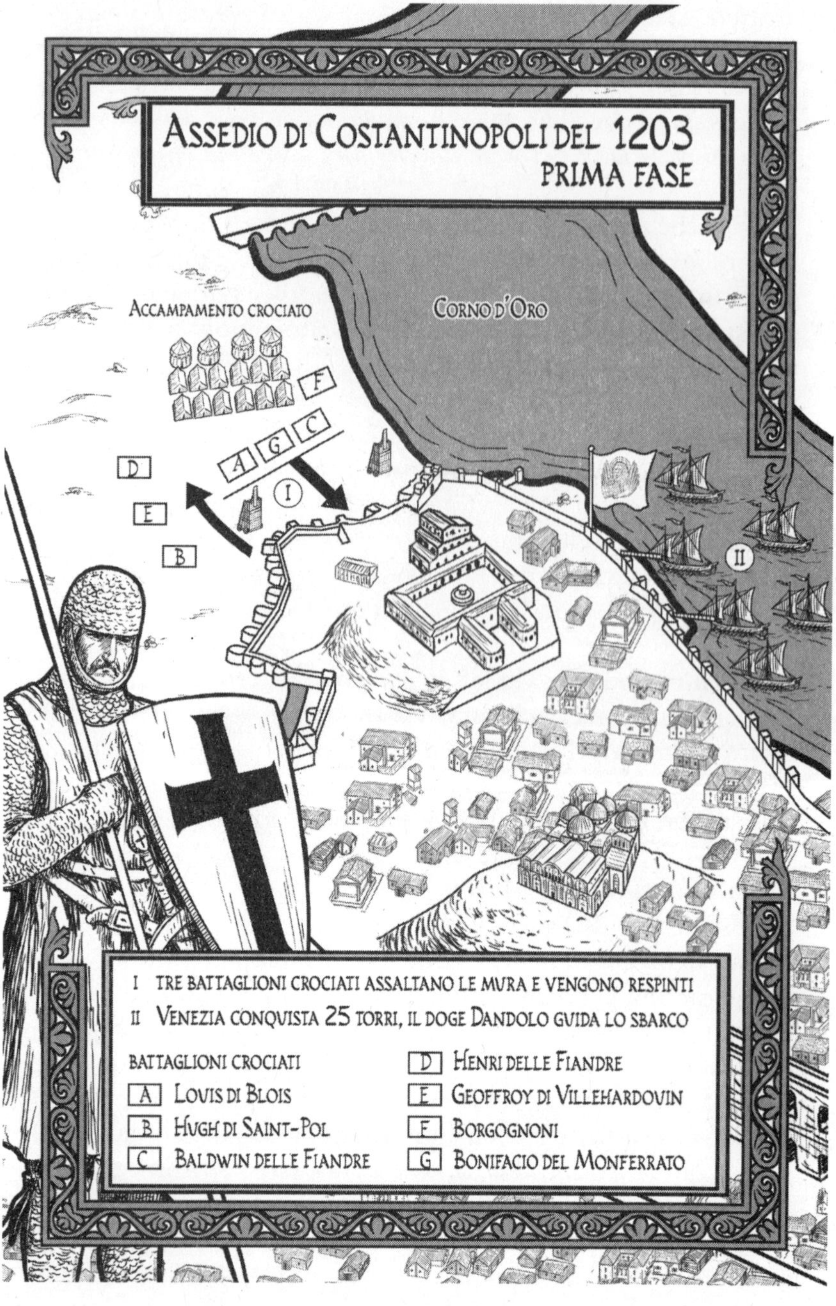
ASSEDIO DI COSTANTINOPOLI DEL 1203
PRIMA FASE
ACCAMPAMENTO CROCIATO
CORNO D'ORO
F
A
G
C
D
E
B
I
II
I TRE BATTAGLIONI CROCIATI ASSALTANO LE MURA E VENGONO RESPINTI
II VENEZIA CONQUISTA 25 TORRI, IL DOGE DANDOLO GUIDA LO SBARCO
BATTAGLIONI CROCIATI
A LOUIS DI BLOIS
B HUGH DI SAINT-POL
C BALDWIN DELLE FIANDRE
D HENRI DELLE FIANDRE
E GEOFFROY DI VILLEHARDOUIN
F BORGOGNONI
G BONIFACIO DEL MONFERRATO

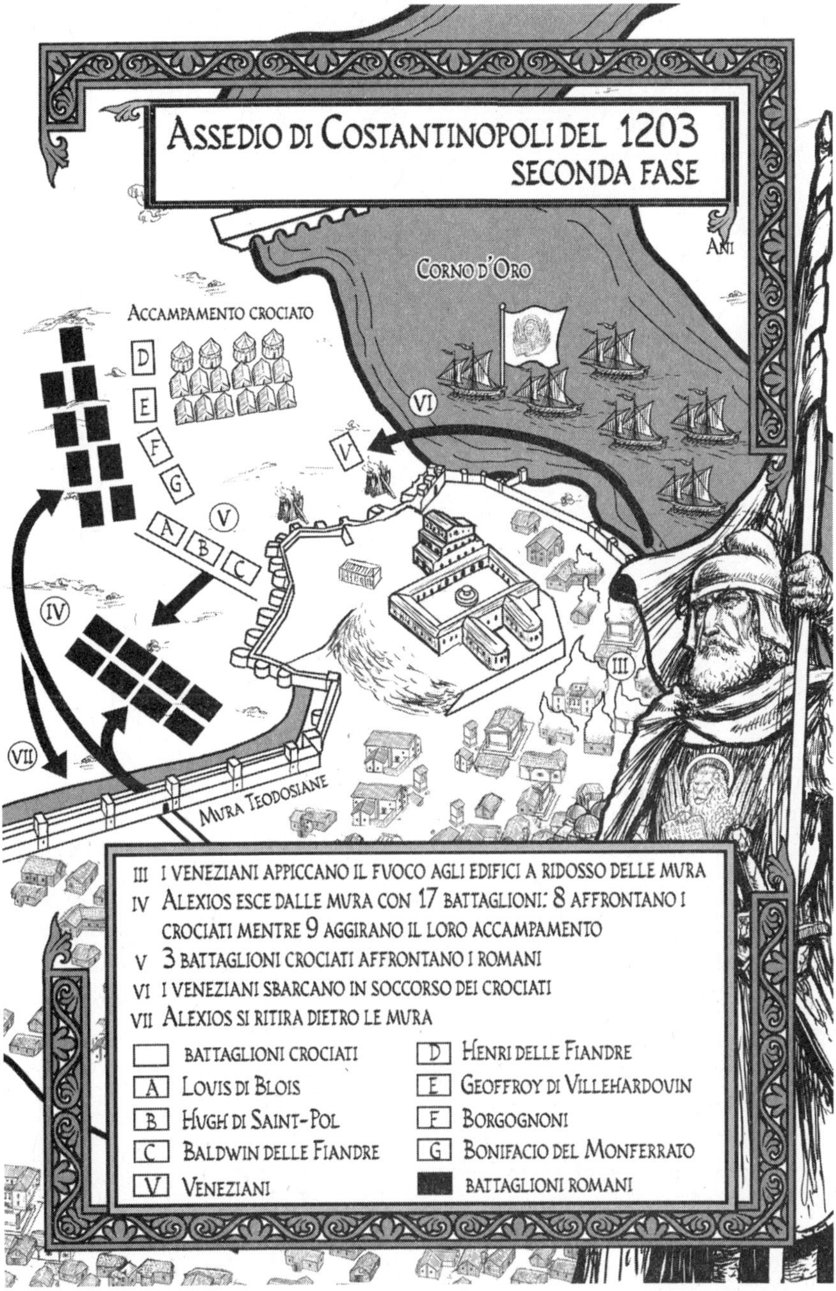
ASSEDIO DI COSTANTINOPOLI DEL 1203
SECONDA FASE
CORNO D'ORO
ACCAMPAMENTO CROCIATO
MURA TEODOSIANE
III I VENEZIANI APPICCANO IL FUOCO AGLI EDIFICI A RIDOSSO DELLE MURA
IV ALEXIOS ESCE DALLE MURA CON 17 BATTAGLIONI: 8 AFFRONTANO I CROCIATI MENTRE 9 AGGIRANO IL LORO ACCAMPAMENTO
V 3 BATTAGLIONI CROCIATI AFFRONTANO I ROMANI
VI I VENEZIANI SBARCANO IN SOCCORSO DEI CROCIATI
VII ALEXIOS SI RITIRA DIETRO LE MURA
BATTAGLIONI CROCIATI
A LOUIS DI BLOIS
B HUGH DI SAINT-POL
C BALDWIN DELLE FIANDRE
V VENEZIANI
D HENRI DELLE FIANDRE
E GEOFFROY DI VILLEHARDOUIN
F BORGOGNONI
G BONIFACIO DEL MONFERRATO
BATTAGLIONI ROMANI

c'era un tale frastuono che sembrava che la terra e il mare fossero percorse da un terremoto. In questo caos, molte delle navi veneziane non avevano il coraggio di sbarcare i loro soldati a terra, ai piedi delle torri, mentre, più in alto, alcuni dei loro connazionali provavano ad attaccare le mura dalle passerelle, pericolosamente sospese nel vuoto a quaranta metri da terra. Come nel caso dei crociati a terra, l'attacco sembrò sul punto di essere respinto.

È in questo frangente che ci fu una delle scene più celebri della storia veneziana, forse la più importante decisione che trasformò la Quarta crociata in un successo per le armi crociate. Si era infatti al momento della verità, in quegli attimi che possono svoltare le sorti di una battaglia. Quasi a simboleggiare la sua importanza in tutta la missione, fu il doge a prendere l'iniziativa, segnando il fato di Nuova Roma.

Enrico Dandolo aveva infatti compreso che l'assalto dalle passerelle non era sufficiente: occorreva sbarcare i soldati a riva e sostenere l'assalto dal basso e dall'alto, montando le mura con le scale. Come detto, i suoi però titubavano, temendo un massacro.

Nessun problema! Il loro doge novantenne, cieco come una talpa, con le membra deboli, afflitto dalla gotta, avrebbe dimostrato loro di che pasta era fatto un vero guerriero. Seguiamo ancora il maresciallo della Champagne:

> *A questo punto, debbo riferire di uno dei più straordinari atti di coraggio mai realizzati da un uomo. Il doge di Venezia, che era un vegliardo perseguitato dalla gotta e per giunta cieco, era dritto sulla prua della sua galea, armato da capo a piedi, con il gonfalone di San Marco di fronte a lui. Urlò degli ordini ai suoi, chiedendogli a gran voce di sbarcarlo sotto le mura, o sarebbero stati guai. La galea allora toccò terra, e Dandolo costrinse i suoi a scendere dalla nave ammiraglia, mentre portava con sé il gonfalone di San Marco. Quando i veneziani videro che la galea del loro signore era sbarcata prima di tutti, ciascuno si sentì disonorato e tutti si precipitarono a terra.*[147]

Il terribile vecchio si piazzò lì, sotto le frecce, le pietre e la pece bollente dei nemici. Mentre i Francesi si ritiravano sconfitti, i veneziani, ringalluzziti dal coraggio del loro doge, portarono a terra le scale, le affiancarono alle mura, iniziarono a scalarle e, in un batter d'occhi, riuscirono a guadagnare la cima combattendo ferocemente contro i difensori. L'attacco dal basso e dall'alto sfondò infine le difese e, nel giro di poco tempo, il gonfalone di San Marco ondeggiava orgogliosamente al vento da una delle torri di Costantinopoli, mentre altre ventiquattro torri venivano conquistate dai veneziani. In un clamoroso gioco del destino, Venezia – la più romana delle città italiane, la più bizantina dei poteri latini, la figliol prodiga di Costantinopoli – era stata la prima potenza al mondo a poter sventolare i suoi colori sulle mura dell'Impero romano.

Brucia l'Impero dei Romani

Mentre i Francesi venivano respinti, Alexios aveva lasciato che i veneziani conquistassero le sue mura. Dopo una mattinata di scontri, comunque, la situazione era quanto mai fluida: nulla, per i Romani, era ancora perduto.

I veneziani, dal canto loro, temevano un contrattacco romano, sapendo che i loro colleghi erano stati respinti. Pertanto, per difendere le posizioni appena guadagnate, decisero di ricorrere al terrore: vedendo che il vento soffiava verso la città, appiccarono un incendio alle case più vicine al tratto di mura da loro conquistato, in modo da mettere il fuoco tra loro e un eventuale contrattacco.

Narra Niketas Choniates:

> *Era uno spettacolo pietoso da vedere quel giorno, che richiese fiumi di lacrime per controbilanciare gli ingenti danni dell'incendio. Tutto fu ridotto in cenere, dalla collina di Blacherne al Monastero di Evergetes, e la corsa del fuoco raggiunse il distretto chiamato Deuteron.*[148]

In sostanza, l'intero settore nord-occidentale della città era in fiamme, circondando sulla sua alta collina il palazzo imperiale di Alexios III Angelos. Cinquanta ettari di case, monasteri, palazzi, chiese, giardini e monumenti finì in un enorme rogo, che minacciava perfino il palazzo imperiale.

L'imperatore sapeva che doveva fare qualcosa per impedire che la giornata finisse in un vero disastro: se i crociati francesi si fossero uniti ai veneziani, potevano forzare le mura ed entrare in città. Per prevenirlo, occorreva sfidarli sul campo, prima che fosse troppo tardi. Ordini furono urlati frettolosamente ai corrieri dell'imperatore: tutti i battaglioni disponibili dovevano presentarsi alle porte della città, e prepararsi a sfidare i crociati in campo aperto.

Leggiamo di nuovo le testimonianze dei nostri cronisti, a partire da Niketas Choniates:

> *Permettendo al conflitto di raggiungere le mura (una cosa che fino ad allora non era mai successa), era come se l'imperatore non si fosse reso conto che essere previdenti è meglio di ravvedersi, che è meglio anticipare piuttosto che essere anticipati dal nemico, che il corpo non può guarire se soccombe a una malattia eccessivamente grave. Alexios marciò dunque fuori dal palazzo, seguito da molti cavalieri e dalla fanteria di alto lignaggio, un reggimento scelto che era il fiore all'occhiello della Città e che si era affrettato a radunarsi attorno a lui. Quando le forze di terra dell'avversario improvvisamente videro questo enorme schiera di Romani, essi rabbrividirono.*[149]

E davvero i Latini rabbrividirono, cosa confermata anche da Geoffroy di Villehardouin, Hugh di Saint-Pol e Robert di Clari. Secondo Robert, l'esercito romano era composto da almeno diciassette battaglioni, contro i sette dei crociati. I Francesi, di fronte alla possibilità di annichilimento, sfiorarono il panico:

> *L'imperatore fece uscire dalla città tutte le persone a piedi che potevano portare le armi, e li fece schierare da una parte all'altra delle mura, tra queste e il campo dei Francesi. Questi, quando si videro circondati da quei battaglioni romani, ne furono spaventati, e si organizzarono allora in sette corpi con un totale*

di settecento cavalieri. Non c'erano più cavalieri di così, anzi cinquanta di loro erano rimasti a piedi.[150]

Da questa testimonianza, sappiamo che la crociata era ormai ridotta a qualche migliaio di soldati appiedati e settecento cavalieri. Un numero ridicolmente limitato. È probabile che l'imperatore dei Romani avesse con sé almeno dodici-quindicimila uomini, se non di più, che poi era l'abituale guarnigione della città in caso di assedio. Certo: i formidabili cavalieri latini erano considerati di qualità migliore, ma la sproporzione era evidente. Anche secondo Hugh di Saint-Pol, le cose si mettevano male per i Latini. I crociati si resero conto che l'unica speranza era la follia, perché ormai la prudenza non era consigliabile. L'unica difesa era la loro fama di guerrieri feroci, l'unica possibilità di salvezza era l'attacco.

Il marchese del Monferrato restò a guardia dell'accampamento con quattro battaglioni, mentre Louis di Blois, Hugh di Saint-Pol e Baldwin delle Fiandre avanzarono contro il nemico, baldanzosi e spregiudicati. I tre battaglioni di cavalieri erano seguiti da diverse compagnie di soldati appiedati, tutti serrati in ranghi stretti, in modo da non sopravanzarsi l'uno con l'altro, quasi a farsi coraggio nel marciare sconsideratamente contro un esercito che li avrebbe potuti ingoiare con un solo boccone.

Alexios, nel frattempo, aveva mandato quasi metà della sua armata ad aggirare i Francesi, in modo da afferrarli in una morsa: una basilare, comprensibile tattica in caso di schiacciante superiorità numerica. Era rimasto con nove battaglioni di cavalieri più la fanteria, secondo Robert di Clari almeno tremila cavalieri e un numero ben maggiore di fanti; e non si tratta di semplice esagerazione crociata, anche Niketas Choniates ci conferma che l'esercito romano era ben più numeroso di quello crociato.

Di fronte a questi rischi, perfino Baldwin delle Fiandre avrebbe avuto un tentennamento, almeno secondo Robert di Clari: il conte fiammingo avrebbe ordinato ai suoi di fermarsi e tornare indietro verso la relativa protezione della loro palizzata. Ma Hugh di Saint-Pol e Pierre d'Amiens si sarebbero coperti di gloria (ricordiamo che Robert è nel loro battaglione) tenendo il campo e continuando ad avanzare, imperterriti, incitando i commilitoni a fare lo stesso; per non essere da meno, anche gli uomini di Baldwin avrebbero ripreso l'avanzata.

Dagli spalti delle mura e dalle finestre del palazzo imperiale delle Blacherne, la popolazione della città, anche donne e ragazze, assistevano alla battaglia, mentre le forze dei Romani e dei barbari Latini si fronteggiavano l'uno contro l'altro. Quando i cavalieri crociati arrivarono a distanza di tiro dalle forze di Alexios, furono tempestati dai balestrieri romani.

La notizia che i Francesi erano a rischio di essere sopraffatti giunse anche al quartier generale di Enrico Dandolo, che era risalito sulla sua ammiraglia. Di fronte alla possibilità di una disfatta, il doge riportò il gonfalone di San Marco sulle navi, ordinando di lasciare le mura così faticosamente conquistate e accorrendo in soccorso dei crociati. Portò con sé una parte dei suoi uomini, quelli che riuscì a radunare in tutta fretta. Non ancora sufficienti, credo, a salvare i crociati dalla sconfitta, se Alexios avesse attaccato.

La volontà di Dio

E qui arriviamo alla seconda, determinante svolta di una giornata drammatica. Sembra infatti che Alexios III Angelos Komnenos non avesse mai avuto intenzione di dare battaglia, convinto che la sola vista del suo esercito avrebbe spinto i crociati a desistere dall'attacco. Secondo Niketas Choniates, l'imperatore non era altro che un codardo che era stato forzato dai suoi generali a scendere in campo. Di fronte alla prima difficoltà, l'imperatore si tirò indietro.

Ecco come Hugh di Saint-Pol narra la stupefacente sorpresa che attendeva i tre battaglioni crociati che avanzavano contro l'esercito romano:

> *Quando i Greci videro che eravamo coraggiosi e tenaci e che andavamo avanti uno dopo l'altro e in formazione e che non potevamo essere sopraffatti o distrutti, giustamente ne furono terrorizzati e confusi. Ritirandosi davanti a noi, quel giorno non osa-*

> *rono combatterci. E dovresti sapere che in tutto il nostro contingente non eravamo più di cinquecento cavalieri e altrettanti scudieri,*[151] *e con noi non c'erano più di duemila fanti, visto che la maggior parte dei nostri proteggeva l'artiglieria e le nostre macchine d'assedio.*[152]

Duemilacinquecento uomini avevano convinto l'imperatore a ritirarsi. Purtroppo, non ci è dato di entrare nella testa di Alexios III, nel modo di pensare di un *basileus* prudente e pacifico, tormentato dalle sue insicurezze, da un regno che era stata una processione di disastri ai quali aveva provato a mettere una pezza, invano. Quello che sappiamo è che, di fronte all'incosciente coraggio dei cavalieri latini, l'imperatore perse il *suo* coraggio. Forse temette il tradimento dei suoi, che si sarebbero potuti unire ai crociati acclamando Alexios Angelos. Forse semplicemente non era fatto per una battaglia. Forse pensò che, con un tale vantaggio numerico, era comunque meglio combattere in cima a un muro che in campo aperto. Forse era davvero un codardo. Sta di fatto che diede ordine ai suoi di tornare in città, nella costernazione generale: quasi sembra di poter sentire le grida di scherno e rabbia provenienti dalle mura teodosiane. La popolazione di Nuova Roma accolse il suo imperatore con improperi e accuse di codardia, non sempre comunicate nel modo più gentile. Quanto ai crociati, di fronte al miracolo, decisero di continuare ad avanzare, colpendo la retroguardia del nemico mentre cercava di rientrare in città e facendone strage. Robert di Clari riporta un divertente scambio di battute tra soldati semplici francesi e veneziani.

Iniziano a parlare i veneziani:

> «*Ah, siano rese grazie alla nostra fede! Abbiamo sentito dire che vi battevate contro i Greci ed eravamo molto preoccupati per voi, e siamo dunque venuti per soccorrervi!*»
> «*In verità, grazie a Dio, noi ce la siamo cavata, perché abbiamo marciato contro l'imperatore, e lui non ha osato affrontarci. Cos'è invece avvenuto dalle vostre parti?*»
> «*Ah, se sapeste! Noi abbiamo menato un grande assalto e siamo*

entrati scalando le mura. Abbiamo messo a fuoco la loro città, tanto che una gran parte di essa è andata a fuoco!».[153]

Non vi pare un realistico scambio di opinioni tra soldati? Riassume bene gli eventi tumultuosi di quella straordinaria giornata. Adoro Robert di Clari, sembra quasi di leggere un corrispondente di guerra.

Alexios Angelos Komnenos, terzo del suo nome

Quando gli abitanti di Costantinopoli videro rientrare il loro grande esercito, indietreggiando senza combattere, in città si scatenò il pandemonio. Alle Blacherne, i notabili della città, i senatori, i capi dell'esercito e i capibastone del popolo rumoreggiarono a lungo contro Alexios, reo di aver attratto su di loro la disgrazia della crociata. Accusandolo di vigliaccheria, molti gli dissero senza mezzi termini che o affrontava in campo aperto, l'indomani, 18 luglio, le forze dei crociati, o i notabili avrebbero offerto la corona a suo nipote. Come al solito, a Costantinopoli c'era sempre la possibilità di «votare» per un nuovo governo, e Alexios sapeva che fine facevano i perdenti.

L'imperatore cercò di rassicurare tutti: nessun problema, domani attaccheremo i nemici. Guiderò io stesso l'esercito. Non abbiate paura, questa volta andremo fino in fondo e vinceremo. Nel frattempo, però, da bugiardo degno dei cavalieri crociati, Alexios III organizzava quello che gli serviva per la fuga: raccolse mille libbre d'oro, gioielli, preziosi, quanto poteva raggranellare il più rapidamente possibile. Prese pure con sé una figlia nubile, che poteva ancora offrire in matrimonio in cambio del supporto di qualche maggiorente. Poi, nel cuore della notte, abbandonò la città al suo destino, assieme a un gruppetto di fedelissimi.

Niketas Choniates commenta così il regno di Alexios III:

Alexios regnò otto anni, tre mesi e dieci giorni. Nelle questioni di guerra, si comportò come ho descritto, e non si può dire che fosse molto migliore nell'amministrazione della cosa pubblica (non che io sostenga che fosse del tutto incline a trascurare i suoi

> *doveri). Detto ciò, in altre aree non meritava disprezzo. Superava tutti nella mitezza dei suoi modi: non era inaccessibile, né respingeva chicchessia con ferocia, con sguardo altezzoso e ringhiando, ma chiunque volesse farlo poteva approcciarlo e rivolgergli una petizione e, a volte, si poteva anche contraddirlo senza che egli imponesse restrizioni nel parlare. Ignorava sia i calunniatori che gli adulatori.*[154]

Il giudizio dello storico «bizantino» è tutto sommato perfino ingeneroso: in realtà, Alexios fu molto diligente nel cercare di frenare la decadenza dell'Impero, anche se da un punto di vista militare non era decisamente all'altezza dei suoi compiti. Aveva forse le qualità di un buon imperatore in tempi di pace, per sua sfortuna si ritrovò sommerso nella peggiore tempesta che i Romani subivano dall'invasione degli Arabi. Nel momento più difficile, il suo tentennamento fu fatale – per sé e per la sua città.

In definitiva, non era l'uomo giusto al posto giusto e posso anticipare che i suoi ultimi anni non lo redimeranno. Perché questa non è l'ultima volta che incontreremo il nostro imperatore fuggiasco, e la sua storia non finisce qui.

4
Il cieco, l'imbelle e il Sopracciglione

Il cieco

Nessuno aveva ben compreso cosa fosse accaduto il giorno prima: i veneziani avevano conquistato le mura, ma poi le avevano abbandonate. I Francesi erano stati respinti dalle mura teodosiane, ma poi erano rimasti padroni del campo di battaglia. Non si poteva dire che i Romani avessero perso, ma il loro imperatore si era dato alla fuga, non proprio un segno di vittoria.

Eppure, come spesso succede, le conseguenze di una battaglia sono di solito più importanti del fatto d'arme in sé. All'indomani del grande scontro che non aveva deciso ancora nulla, la città di Costantinopoli, la Regina del mondo, si ritrovò improvvisamente senza imperatore. In un certo senso, il governo precedente si era «dimesso» e ora era necessario «formare» un nuovo governo. L'opzione più semplice sembrava ovvia: cedere al ricatto dei crociati e incoronare il «loro» candidato, Alexios Angelos. La città, però, non era ancora caduta e non aveva perduto tutte le speranze, nonostante il caos in cui l'aveva gettata la fuga di Alexios III Angelos Komnenos.

A lungo i politici romani discussero il da farsi. A questo proposito, siamo fortunati ad avere Niketas Choniates, visto che il nostro *logothetes* era uno dei massimi ufficiali della città e fu pertanto coinvolto in tutti i febbrili negoziati che infuriarono appena fu chiaro che l'imperatore se l'era data a gambe levate.

> *Chi viveva nel palazzo delle Blacherne considerava la fuga di Alexios come un evento calamitoso e intollerabile. C'era una ge-*

nerale, confusa costernazione per il disastro imminente, perché tutti credevano che non ci fosse niente e nessuno che potesse impedire o scoraggiare l'attacco dei Latini accampati fuori le mura; se avessero portato un assalto armato alla città, sarebbero certamente penetrati al suo interno. Visto che i notabili sospettavano di tradimento i parenti di Alexios,[155] *oltre ai suoi amici intimi e all'imperatrice Euphrosyne,*[156] *questi non gli offrirono il trono; poiché però non potevano resistere alla feroce portata degli eventi, si rivolsero a Isaakios, il fratello di Alexios III. Schiaffeggiati dalle onde tempestose degli eventi, costoro videro nel prigioniero del palazzo la loro ultima speranza. L'eunuco Konstantinos Filosseniti, il ministro delle casse imperiali, riunì la guardia variaga*[157] *e discusse con loro sul da farsi. Si assicurò il supporto di una fazione che concordava che Isaakios riassumesse rapidamente le redini dell'impero. (...) Dunque, colui che era stato accecato fu incaricato di vigilare su ogni cosa e fu condotto per mano a salire sul trono imperiale.*[158]

Choniates ironizza sul primo imperatore romano della storia che, dopo aver perso la vista, fu ricondotto al trono imperiale: come può vigilare sull'Impero un cieco? Come può far da guida colui che deve essere guidato per mano a sedersi sul trono? I Romani ritenevano che qualunque menomazione squalificasse dalla carica imperiale, soprattutto la cecità. In questo drammatico frangente, anche questo pregiudizio fu accantonato, e Isaakios II Angelos tornò a occupare il trono che il fratello gli aveva sottratto otto anni prima.

Era una mossa disperata volta a mantenere almeno un barlume di indipendenza, per dimostrare ai «conquistatori» che c'era già un governo al potere in città, che non potevano imporre il loro volere. Detto questo, quella di Isaakios Angelos sarebbe sicuramente stata un'amministrazione più favorevole agli interessi dei crociati, ma almeno non doveva la sua elevazione al solo potere militare dei Latini, come sarebbe successo se i notabili si fossero recati all'accampamento crociato per incoronare Alexios Angelos.

In sostanza, i Romani potevano ancora illudersi di aver scelto «spontaneamente» di rivolgersi di nuovo a Isaakios, il loro vecchio imperatore. Era una foglia di fico, ma è quanto riuscirono a pensare in quella disperata circostanza. In parte, mi ricorda come l'Italia avesse provato a detronizzare Mussolini e installare Badoglio, sperando di ingraziarsi gli Alleati per poter raggiungere un accordo leggermente più favorevole di una semplice capitolazione.

L'imbelle

La mattina del 18 luglio, nell'accampamento crociato la maggior parte dei guerrieri era esausta per la battaglia del giorno precedente. Nessuno però si faceva alcuna illusione, e tutti si preparavano a un nuovo round, almeno finché non arrivarono gli ambasciatori del nuovo regime ad annunciare che i crociati, in qualche modo, avevano vinto. La notizia fu accolta da un immenso giubilo, rasentante l'incredulità: ecco che tutti i loro sforzi erano stati ricompensati. Nell'accampamento, tutti pensarono a una sola spiegazione possibile: *Deus vult*. Di fronte a una missione che pareva impossibile, Dio aveva protetto la loro causa e aveva concesso loro la sua benedizione, permettendogli di trionfare sui Romani. Nelle parole di Villehardouin:

> *Quando il giovane Alexios apprese la notizia, la comunicò a Bonifacio del Monferrato che convocò tutti i baroni. Quando furono tutti a parlamento sotto un padiglione, il figlio di Isaakios gli narrò cosa era accaduto. Sarebbe impossibile descrivere la loro gioia: non credo che mai al mondo nessuno abbia provato più grande letizia. Tutti quanti lodarono con grande trasporto Nostro Signore. Si dimostrò vero il detto che «niente può nuocere a colui che Dio vuole aiutare».*[159]

La notizia si sparse nell'accampamento crociato come un colpo di fucile. Tra i festeggiamenti generali, i capi della crociata riflettevano sull'accaduto: i «Greci» non avevano acclamato Alexios Angelos, il «loro» candidato, ma suo padre Isaakios. I Romani tentavano ancora di mantenere una certa indipendenza. I baroni ritenevano che fosse indispensabile valutare questo nuovo governo nei fatti, impegnandolo a rispettare, alla lettera, gli accordi capestro sottoscritti da Alexios Angelos. Non erano giunti fin lì per ricevere una pacca sulla spalla dal padre cieco di Alexios.

I crociati decisero quindi di inviare quattro ambasciatori a palazzo: due «pellegrini» e due veneziani, tra i quali c'era il nostro prezzemolo: proprio lui, Geoffroy di Villehardouin. I negoziatori si presentarono alla porta che avevano invano provato a violare il giorno precedente. In questo caso, la porta si aprì di fronte a loro e i variaghi che li avevano combattuti ferocemente poche ore prima erano lì schierati in picchetto d'onore per scortarli nel breve tragitto che conduceva al palazzo delle Blacherne. Qui, nella sala del trono, i crociati trovarono Isaakios, i notabili dell'Impero e l'imperatrice, Margit d'Ungheria, anche lei liberata dalla sua prigionia. Villehardouin sottolinea come fosse una gran signora e una bella dama, il cui destino è legato a quello dei crociati.

Anche in quest'occasione la voce diretta di Geoffroy di Villehardouin è una fonte preziosa: certo, tira l'acqua al suo mulino, ma è un testimone oculare che può portarci dentro le stanze del potere. Lascerò a lui la parola, in modo da seguire la trattativa tra Isaakios e i crociati:

> *Gli ambasciatori arrivarono di fronte all'imperatore, che li ricoprì di onori, così come fecero anche tutti gli altri presenti. Dissero quindi che volevano parlargli in privato, riferendo le parole di suo figlio e dei baroni dell'armata crociata.*

In sostanza, Villehardouin sostiene che sia più prudente parlare in privato con l'imperatore, perché sa bene che quanto sta per chiedere – un vero e proprio ricatto – non sarebbe ben accetto al pubblico dei notabili romani, costringendo magari Isaakios a prendere posizioni di principio, per difendere l'onore romano e non apparire debole. Continua il nostro storico:

> *Allora l'imperatore si alzò e li condusse in una stanza dove c'erano lui, sua moglie, il suo cancelliere, il suo interprete e i quat-*

tro ambasciatori. D'accordo con gli altri, Geoffroy il maresciallo della Champagne parlò per tutti, illustrando l'affare in questione. «Signore» disse «tu vedi che servizio noi abbiamo reso a te e tuo figlio e come noi abbiamo mantenuto i patti che avevamo stretto con lui. Allo stesso modo, egli non potrà entrare in città finché non avrà mantenuto gli accordi che ha preso con noi. A te dunque egli chiede, in qualità di figlio, di confermare il patto che ha concluso con noi.»[160]

Tradotto dal messaggio diplomatico: abbiamo tuo figlio in ostaggio, non lo «rivedrai» (si fa per dire) finché non avrai confermato il trattato di Corfù. Il resto dello scambio è talmente realistico che ho pochi dubbi sull'autenticità delle parole usate:

«Quali sono stati dunque gli accordi tra di voi?» chiese l'imperatore. «Quelli che vi enumererò» fece l'ambasciatore. «Prima di tutto, si dovrà mettere tutto l'Impero di Romania sotto l'obbedienza di Roma, come era d'altronde un tempo. Dopodiché, dovrete donare duecentomila marchi d'argento alla nostra armata, oltre a viveri per un anno, sia per i baroni che per i soldati semplici. Dovrete inoltre accompagnarci alla terra del Cairo con diecimila soldati a cavallo e a piedi (...), con la vostra flotta e a vostre spese,[161] *e mantenere queste forze laggiù per almeno un anno. Infine, dovrete mantenere in* Outremer *una forza di cinquecento cavalieri, a vostre spese e per tutta la durata della vostra vita. Questi sono gli accordi che vostro figlio ha giurato di mantenere, sottoscrivendo contratti ai quali sono stati apposti i dovuti sigilli. Si tratta di patti conclusi con noi e con Philipp di Germania, il quale ha sposato vostra figlia.*[162] *Questo è l'accordo che desideriamo che voi confermiate.»*[163]

La minaccia era implicita: confermate o saranno guai, sia per Alexios che per la città. L'imperatore rimase in un silenzio scioccato, per poi rispondere: «*È certo che queste condizioni sono molto pesanti, e non vedo come possano essere mantenute*». Isaakios era consapevole che l'Impero non aveva i fondi, i soldati e l'autorità per imporre al suo popolo questi obblighi, che lo avrebbero di fatto reso una colonia occidentale. Era però al suo primo giorno di «regno», non aveva un supporto stabile nell'«elettorato» cittadino e si ritrovava con un invitto esercito nemico alle porte: in queste condizioni, non se la sentì di fare la guerra, e non posso dargli torto. L'imperatore cieco, che era sopravvissuto alla feroce tirannia di Andronikos Komnenos e alla rivolta del fratello, fu costretto ad accettare. Conclude Geoffroy di Villehardouin: «*Il padre confermò gli impegni che si era assunto il figlio, attraverso una bolla d'oro con i suoi sigilli*».[164]

Niketas Choniates commenta così questo umiliante trattato, nel quale per la prima volta l'Impero romano si ritrovò a obbedire a un esercito straniero accampato fuori delle sue mura:

> *Non fu negato ai Latini nessuna delle stravaganti promesse di fornire gloria e guadagno. Facendo di tutto per assicurarsi l'ascesa al trono paterno, Alexios Angelos, un ragazzo sciocco, ignorante degli affari di Stato, non comprese nessuna delle questioni in gioco né rifletté per un momento sul temperamento dei Latini, gente che odiava i Romani. Avendo acquistato il suo ingresso in Città mediante il rovesciamento della maestà imperiale, fu ritenuto degno di sedere sul trono con il padre come co-imperatore.*[165]

Come romanizzare una francese

I crociati, nei giorni seguenti, poterono entrare in città e omaggiare assieme ai Romani la nuova coppia di imperatori che avevano contribuito a installare sull'alto seggio imperiale: Alexios Angelos fu formalmente incoronato imperatore, diventando quindi Alexios IV, il secondo imperatore Alexios (di tre) di questa storia. Sbrigata la faccenda, con grandi celebrazioni e feste, i crociati si diedero al turismo. Si aggirarono in questa sproporzionata, meravigliosa, esotica città con il passo e l'alterigia dei conquistatori che ancora non erano. Ovunque passassero, gli autoctoni ringhiavano la loro ostilità ai Latini, ma questi non se ne curavano: avevano dimostrato agli imbelli orientali di essere forti, e questo bastava.

Alcuni nobili francesi si recarono presso la casa di Agnes di Francia, la sorella di Philippe Auguste, l'attuale re di Francia:

chissà cosa avrebbe potuto raccontare di come si viveva in mezzo a una banda di scismatici greci. Ma cosa ci faceva una principessa francese a Costantinopoli? Agnes era arrivata in città quando era una bambina, andando in sposa al figlio di Manouel – Alexios II Komnenos, poi messo a morte da zio Andronikos. Dopo un breve, infelice matrimonio con lo stesso Andronikos, era andata in sposa a un nobile romano, Theodoros Branas. I crociati si stupirono di apprendere che Agnes non parlava più il francese, interloquendo con i Latini con l'aiuto di un interprete, e anche di malavoglia: la principessa francese si era ormai «romanizzata». Come gli altri Romani, sembra che Agnes detestasse ciò che avevano fatto alla città, e si era solo agli inizi della discesa agli inferi della Quarta crociata.

I nuovi arrivati erano così odiati che gli imperatori si resero conto che si rischiava seriamente un tumulto della popolazione locale, cosa che avrebbe inevitabilmente portato a una spirale di violenza. Alexios e Isaakios chiesero ai crociati di andare ad alloggiare a Galata, al di là del Corno d'Oro, nella speranza che mettere uno specchio d'acqua tra Latini e Romani avrebbe evitato conflagrazioni. Si sbagliavano.

Ungoliant

Il problema per Isaakios e Alexios IV era che ora dovevano pagare l'esercito che li aveva «gentilmente» aiutati a riprendere il trono. C'era un solo piccolo dettaglio: le casse del fisco erano vuote per tutte le ragioni già dette: pezzi dell'Impero erano stati persi ai crociati, ai Bulgari e ai Turchi; molte altre regioni erano in aperta ribellione; negli ultimi anni le spese erano state colossali, tra campagne per ristabilire l'ordine e le tangenti pagate all'imperatore Heinrich VI per avere il privilegio di non essere attaccati. Dove trovare altri fondi, quando per pagare l'*Alamanikon* Alexios III aveva dovuto saccheggiare le tombe imperiali?

Inizialmente, gli imperatori si procurarono l'oro di cui avevano bisogno sequestrando le ricchezze dei loro oppositori, ma non poteva certo bastare. Allora i Romani furono costretti a ricorrere alle ricchezze che restavano a disposizione: i fondi dei privati e, *horribile dictu*, anche quelli delle chiese. Leggiamo Niketas Choniates:

> *I Latini ritenevano che le somme ricevute fossero come una goccia nel mare ed erano sempre assetati di libagioni come copioso è il Mar Tirreno (perché nessuna nazione al mondo ama il denaro più di costoro, né ci sono uomini più famelici e ansiosi di correre a un banchetto). Allora, in totale violazione della legge, gli imperatori decisero di ricorrere alle cose più inviolabili. Questa è la ragione, io credo, per la quale lo Stato romano fu poi totalmente sovvertito e scomparve. Poiché mancavano i soldi, infatti, venne ordinato di saccheggiare i sacri templi del Signore. Che orrendo spettacolo: le sante icone di Cristo consegnate alle fiamme dopo essere state fatte a pezzi con le asce e buttate via, solo per rimuovere con noncuranza i loro ornamenti; con assoluta indifferenza venivano requisiti i venerabili sacri vasi, che furono fusi e ceduti alle truppe nemiche, come se si trattasse di comune argento e oro. L'imperatore non era affatto irritato da questa furiosa follia contro i santi, e nessun altro protestò, per timore. Nel nostro silenzio – per non dire insensibilità – non differivamo in alcun modo da quei pazzi, dunque diventammo corresponsabili e, in conseguenza di questi fatti, tutti noi abbiamo avuto a soffrire, vivendo il più calamitoso dei mali.*[166]

Anche Niketas, con tutta la sua educazione laica, giunge alla conclusione che la sfortuna piombata sulla sua città sia dovuta all'ira divina: i Romani, con i loro peccati, con la loro scarsa devozione alle sacre icone e alle loro chiese, hanno attratto su di loro il disastro finale, l'onda che presto sommergerà la loro Atlantide.

Nonostante tutto, Costantinopoli era ancora una città opulenta, ma a poco a poco veniva spogliata delle sue ricchezze per nutrire la bestia affamata dei Latini, una belva che sembrava voler divorare tutto l'oro e l'argento della città. Anzi, più che nelle tasche dei cavalieri crociati, l'argento finì in quelle dei veneziani, perché i Romani non riuscirono a raggranellare più di 100.000 marchi d'argento, dei quali 50.000 andarono ai veneziani come loro quota del bottino, più altri 34.000 in quanto pagamento del loro debito pregresso per il passaggio in *Outremer*, il debito che Dandolo aveva solo posticipato per l'intervento a Zara. Ai cavalieri crociati non rimasero dunque che 16.000 marchi circa, troppo pochi per coprire i costi che avevano già sostenuto nel prendere la croce, non abbastanza per giustificare i rischi della missione e a malapena una goccia nell'oceano dei loro debiti. I crociati, insomma, avevano bisogno di più soldi. Molti di più.

Dopo questi pagamenti, comunque, il governo di Alexios e Isaakios si trovò di nuovo punto e a capo, perché non riceveva un soldo di tasse dalle province. Gli imperatori romani avevano potuto mantenere la loro fama di ricchissimi sovrani grazie alla straordinaria macchina del fisco imperiale, capace di tosare sistematicamente tutte le terre del loro Impero. Al contrario, gli occidentali, con la loro primitiva burocrazia, non erano in grado di gestire un'efficiente tassazione dalla caduta dell'Impero romano d'Occidente.

Il problema era che i nuovi imperatori, all'inizio di agosto del 1203, non controllavano null'altro che Costantinopoli, mentre tutte le terre dell'Impero erano o in aperta ribellione verso il governo centrale o attendevano di conoscere il corso degli eventi, non inviando le tasse al fisco prima di sapere se il nuovo fragile regime di Isaakios avrebbe avuto i muscoli per affermarsi. Infatti c'era più di un imperatore «legittimo»: Alexios III Angelos Komnenos era fuggito, non era morto. Il fratello di Isaakios aveva stabilito un governo in esilio in Tracia, bloccando qualunque flusso di cassa verso Costantinopoli. La capitale, in sostanza, era isolata.

Come se ciò non bastasse, ad aumentare le tensioni tra Latini e Romani c'era la questione dell'unione delle Chiese: per i crociati, l'indispensabile foglia di fico che avrebbe garantito la loro posizione *vis-à-vis* con Innocenzo III. Sotto dettatura dei crociati, a fine agosto Alexios IV dovette scrivere al Papa, annunciando la sua elevazione al trono al fianco del padre. Nella lettera, il figlio di Isaakios comunicava che presto la Chiesa di Costantinopoli si sarebbe sottomessa a Roma. Questo era il prezzo che i crociati sapevano di dover pagare a Roma per non essere scomunicati, e anche questo prezzo intendevano pagarlo al costo dell'indipendenza dei Romani. Ecco un passaggio del testo originale:

> *Spontaneamente ho promesso, e confermo devotamente oggi sotto giuramento della religione cristiana, che noi avremmo umilmente riconosciuto il capo ecclesiastico di tutta la cristianità, vale a dire il Romano Pontefice, il successore cattolico di Pietro, Principe degli Apostoli (...). Nella presente lettera, promettiamo la nostra devozione a te e ai tuoi successori canonicamente eletti, come i nostri predecessori imperiali fecero fin dall'antichità.*[167]

Si tratta di una completa resa di Nuova Roma, che mai prima d'allora aveva riconosciuto di essersi sottoposta all'autorità del Pontefice. La lettera di Alexios fu accompagnata da una missiva da parte dei baroni crociati, che tentava di spiegare tutte le loro azioni – compreso l'aver ignorato le istruzioni papali di non attaccare Costantinopoli – per il «buon fine» di riportare la Chiesa «greca» sotto l'autorità del vero e unico Pontefice. Come nel caso della conquista dell'America, l'ambizione e l'avidità possono essere avvolte in una tunica religiosa: i crociati erano mossi soprattutto da motivi pratici e finanziari, ma ammantare le proprie spregiudicate azioni di una finalità sacra serviva a legittimare il loro comportamento. Nel 1204, come nel 1492, i coloni europei giustificarono la loro «colonizzazione» come un'occasione per conquistare nuove anime alla fede cattolica. Per esempio, così scrive Hugh di Saint-Pol nella sua lettera che risale proprio a queste settimane estive del 1203:

> *Per quanto riguarda il motivo principale che ci ha spinto a catturare Costantinopoli, te ne illustrerò uno di gran lunga migliore e più glorioso delle ambizioni di Alexios Angelos. Vale a dire che, in questa vicenda, abbiamo portato avanti l'opera di Gesù Cristo al punto che, con il suo aiuto, la Chiesa d'Oriente, l'imperatore e tutto il suo Impero si sono riuniti con il loro naturale capo: il Romano Pontefice, riconoscendosi figli della Chiesa*

Romana, come avveniva nell'antichità. (...) Lo stesso patriarca,[168] *che desidera e applaude questo passo, supplica di recarsi alla Sede Apostolica per ricevere lì il pallio del suo ufficio. Su questa questione il patriarca e l'imperatore ci hanno prestato assieme un sacro giuramento.*[169]

In realtà, il patriarca Ioannes Kamateros era stato forzato a questo corso d'azione dalla situazione politica: d'altronde, appena l'anno precedente spergiurava il contrario nelle sue salaci risposte a Innocenzo III. La questione dello «scisma» tra Chiesa orientale e occidentale non poteva essere risolta così semplicemente: il clero della capitale inorridì al solo pensiero di dover giurare fedeltà alla Chiesa di Roma, né si poteva dire che questa mossa fosse popolare tra i cittadini della capitale, che non volevano accettare la sottomissione dell'Impero romano a un vescovo occidentale, sovvertendo milleduecento anni di tradizione politica romana.

Certo, i Romani avrebbero potuto accettare l'umiliazione della loro Chiesa di fronte a Roma, avrebbero potuto forse tassarsi di più, spogliarsi di maggiori ricchezze, ma che prezzo dareste voi alla vostra dignità? Che prezzo agli oggetti che ritenete più importanti per la vostra identità? Quale prezzo alla vostra fede, se ne avete una? Oggi, per salvare l'Italia, vendereste i suoi monumenti più celebri al miglior compratore? Sareste disposti a privarvi dell'eredità dei vostri cari? Cosa pensereste voi, se il primo ministro dell'Italia lo fosse diventato con le armi e il supporto di una potenza straniera? Per molti Romani, tutto quello che stava accadendo in quella terribile estate del 1203 era un'inspiegabile e inenarrabile tragedia: la città, certo, non aveva sconfitto gli invasori, ma neanche era stata conquistata con le armi. Perché allora i suoi dirigenti la svendevano senza avere la spina dorsale di difenderla? Molti nel popolo consideravano la «nuova» coppia imperiale come dei traditori, gente che si copriva di inutili titoli in cambio di un trono comprato al prezzo della loro indipendenza e dignità, mentre a comandare veramente erano dei cavalieri barbari accampati fuori le mura. La pentola a pressione iniziò a riempirsi di vapore.

Il patto con il demonio

Il povero imbelle Alexios IV provò a trovare una soluzione a questi dilemmi, accelerando la crisi. Decise di scommettere ancora di più sul supporto dei crociati, visto che non poteva contare su quello dei suoi connazionali. D'altro canto, i baroni occidentali erano a loro volta di fronte a una scelta: rimesso Alexios sul trono, in teoria i crociati sarebbero dovuti partire per *Outremer*. Non erano queste le condizioni che gli «scissionisti» avevano estorto ai baroni, ovvero che sarebbero rimasti a Costantinopoli lo stretto necessario e comunque non più di un mese?

I baroni, ovviamente, non avevano alcuna intenzione di ripartire: avevano appena messo le mani su una gallina dalle uova d'oro, era fuori questione abbandonarla. Quanto ai veneziani, il loro contratto con i crociati terminava a fine settembre: da quella data, qualcuno doveva impegnarsi a pagare i servigi navali di Dandolo e compagnia, che – lo avrete capito – non erano tipi da lavorare gratis. In realtà, sospetto che entrambi volessero trovare una scusa per restare a Costantinopoli, continuando a succhiarne le risorse come delle sanguisughe e cercando di puntellare l'attuale regime romano, che forniva la legittimità politica per la vampirizzazione dell'Impero. Il problema era che i baroni sapevano benissimo che la maggior parte dei «pellegrini» crociati non vedeva l'ora di raggiungere *Outremer*, in modo da ottenere la remissione dei peccati grazie al servizio militare in Terrasanta. L'orologio continuava a segnare tic toc.

Come risolvere la questione? Semplice: Alexios «propose» ai crociati di pagare di tasca sua la flotta veneziana, noleggiandone i servigi per un altro anno, fino a settembre 1204, perché non fossero costretti a partire già nell'autunno del 1203 alla volta di *Outremer*. Non solo: Alexios si offrì anche di pagare loro una somma non precisata, per ogni mese di permanenza a Costantinopoli, fino a Pasqua del 1204, quando avrebbero potuto prendere le navi per passare in *Outremer*. In cambio, i crociati avrebbero dovuto sostenere il suo traballante regime, accompagnandolo in giro per l'Impero per affermare la sua autorità sulle province: così facendo, Alexios IV avrebbe riavviato il flusso di cassa verso la capitale, che poi l'imperatore avrebbe girato in sostanza ai crociati.

Alexios Angelos, ancora una volta, aveva messo la sua incolumità al di sopra del benessere del suo Impero, ma non credo che avesse molte alternative: i Romani lo odiavano e non vedevano l'ora di farlo fuori. Ragazzi, questo è quello che succede quando arrivate al potere con il sostegno di un esercito nemico.

Quanto a Enrico Dandolo, Bonifacio del Monferrato, Louis di Blois, Baldwin delle Fiandre e gli altri capi della crociata, questi avevano trovato una soluzione ai loro problemi finanziari, ma avevano fatto di nuovo i conti senza l'oste. Perché i soldati che facevano da muscoli alle loro pretese ne avevano avuto abbastanza di restare ai loro servigi: tutti erano contenti del successo ottenuto in quello che un giorno sarebbe stato ricordato come il loro primo assedio di Costantinopoli, ma ora volevano che si rispettassero i patti. Chiedevano di essere sciolti da ogni vincolo per poter andare in *Outremer*. Villehardouin la mette in questi termini:

> *Allora un grave dissidio scoppiò in seno all'armata, come era stato il caso di molte altre volte, il disaccordo venne da quella parte dell'armata che aveva già protestato a Corfù. Ricordarono agli altri i giuramenti che erano stati prestati allora e gli dissero: «Dateci i vascelli, come avevate giurato di fare, perché intendiamo andare in Siria!»*.[170]

Si aprì allora un nuovo round di negoziati all'interno dell'armata crociata: i baroni fecero presente che, senza i fondi di Alexios IV, la flotta veneziana, a scadenza di contratto, sarebbe dovuta partire all'inizio dell'inverno, una stagione tutt'altro che propizia per combattere. Perché non attendere la primavera, approfittando della «generosità» dell'imperatore che si offriva di estendere di un anno il contratto con i veneziani a sue spese? Erano obiezioni ammantate di buon senso e, alla fine, i baroni l'ebbero di nuovo vinta. L'esercito restò a Costantinopoli, al servizio della dirigenza crociata e di Alexios IV. La partenza fu rimandata alla primavera seguente.

Ora, sono certo che – anche in questo caso – i baroni non furono onesti: ho come l'impressione che, arrivata la primavera, avrebbero trovato una nuova scusa per restare a Costantinopoli. Più rimanevano lì, più aumentava il loro potere, più potevano pensare di infiltrare e dominare il sistema politico romano. Per loro fortuna, saranno i Romani a toglierli d'impiccio, creando le perfette condizioni per riaprire le ostilità: a primavera, la crociata non sarebbe andata da nessuna parte.

Nuovo governo, nuovi guai

Bonifacio del Monferrato e Henri delle Fiandre erano stati assoldati per aiutare il governo imperiale, e questo fecero: lasciarono la grande città nell'estate del 1203, iniziando una processione attraverso le province, accompagnati dall'imperatore Alexios IV (o il contrario, se preferite). Questa era in realtà una tradizione imperiale: dopo un periodo di caos, il governo centrale doveva ribadire la sua autorità facendosi vedere nelle terre circostanti, dimostrando di possedere ancora tutte le leve del potere. Solo allora la macchina dello Stato si sarebbe rimessa in moto per consegnare a Costantinopoli le tasse faticosamente pagate dai provinciali.

La «cavalcata» dell'imperatore andò anche bene, con diverse regioni prospicienti alla capitale che si chinarono al volere di Alexios IV. Quanto ad Alexios III Angelos Komnenos, l'imperatore in fuga fu costretto ad abbondare Adrianopoli in Tracia, dove si era rifugiato, rimettendosi sulla strada: alla fine ristabilirà una base a Mosynopolis lungo la via Egnatia, a metà strada tra Thessalonika e Costantinopoli e a distanza di sicurezza dalle armi latine: qui continuerà a cercare di tessere alleanze per ributtare a mare i barbari occidentali.

Quanto ad Alexios IV, a detta di Niketas Choniates, ovunque venisse accolto da imperatore, ordinava di requisire tutto l'oro e l'argento disponibile per consegnarlo ai Latini. Tuttavia, l'appetito dei guerrieri occidentali non pareva saziabile:

> *Queste truppe desideravano sempre attingere a quei ruscelli d'oro, eppure, come coloro che sono morsi da un serpente veleno-*

so il cui veleno provoca una sete intensa, bevevano ma non potevano essere dissetati.[171]

Non so se notate la differenza tra il raffinato stile poetico del colto Niketas Choniates e i ben più grezzi racconti dei cronisti crociati.

Le città della Tracia decisero di sottomettersi ad Alexios IV soprattutto perché temevano il risorgente Impero bulgaro. I Bulgari si erano ribellati all'Impero romano durante il regno o, meglio, il primo regno di Isaakios Angelos, intorno al 1190. Dopo quindici anni di rivolta, a guidarli era il minore dei due fratelli che avevano acceso la rivolta iniziale: questi era Ioannitsa, detto *Kalojan*, che vuol dire «il buon Giovanni». Kalojan aveva già visto come girava il vento e aveva aperto negoziati con la Santa Sede per ottenere una corona «latina» dalla Santa Sede, in cambio dell'abbandono dell'abituale allineamento religioso dei Bulgari con Costantinopoli. Kalojan era però molto impopolare tra i Romani della Tracia, che subiva il peso delle sue razzie, cosa che spinse gli abitanti della regione a sottomettersi al regime romano-crociato di Costantinopoli, abbandonando l'imbelle Alexios III. Più a oriente, invece, le città della Grecia e della Macedonia, per non parlare dell'Asia Minore, restavano dubbiose sul da farsi. La situazione politico-militare dei Balcani rimaneva fluida e, sul finire dell'estate del 1203, Alexios IV era ben lungi dall'aver ristabilito il pieno controllo di Costantinopoli sulla maggior parte delle province imperiali.

La perdita del controllo

Mentre consolidava il suo potere su alcune province, il nuovo regime perdeva il controllo della capitale. Ai colonizzati, infatti, è raro che piaccia diventare una colonia. La pentola a pressione continuava a riempirsi di vapore.

Narra Niketas Choniates:

Le cose ormai non procedevano in modo equo: il popolo scontento, come un mare vasto e sconfinato sferzato dal vento, ribolliva di insurrezione. Nel frattempo, il governo munse quelli che erano ritenuti molto ricchi, non in quanto occorreva per fare il burro, ma per placare la fame vorace dei Latini.[172]

A nessuno piace pagare le tasse, ma almeno in parte ci si può consolare al pensiero che servano per finanziare dei servizi di interesse pubblico, che all'epoca corrispondevano in sostanza all'esercito, ai tribunali e poco altro. Ormai, però, nell'Impero romano le tasse non foraggiavano più lo Stato, ma un'armata di stranieri.

In un contesto già critico, si aggiunse l'intolleranza etnica. I Romani detestavano i Latini, perché avevano invaso la loro patria, i loro mercanti si erano accaparrati le migliori case e i migliori affari, e ora guardavano dall'alto in basso i «Greci». A questo sentimento si univa una generale xenofobia contro gli occidentali, l'invidia che sempre accompagna l'ostentata ricchezza di ricchi e mercanti. Sta di fatto che ancora una volta si scatenò una rivolta xenofoba contro i Latini che da tempo vivevano a Costantinopoli, e che spesso vi erano perfino nati: a soffrirne non furono tanto i cavalieri crociati appena arrivati, ma dei forestieri che vivevano nelle grandi «colonie mercantili» da tempo insediatesi sul Corno d'Oro, per lo più costituite da italiani.

In un giorno imprecisato di agosto, la popolazione romana si raggruppò nei pressi dei quartieri italiani: una rivolta così organizzata era ovviamente impossibile senza uno stretto coordinamento politico da parte di più fazioni: non è dato sapere chi ci fosse dietro, ma quel che è noto è che il popolo della capitale dava ormai segni di forte autonomia decisionale, anche dal volere imperiale. Più volte, negli ultimi anni, aveva forzato la mano del governo. Bande organizzate di facinorosi avevano formato dei veri gruppi di potere, riuniti attorno a potenti «uomini comuni» con forti appoggi politici tra le gilde e le fazioni del circo.[173] Questi «capibastone» del popolo sembrano aver avuto il potere di indirizzare la folla della capitale, senza chiedere il permesso del governo o dei «grandi». Comunque sia, la folla decise di attaccare i forestieri, senza fare discriminazioni tra i veneziani – colpevoli di aver portato sul Bosforo la flotta nemica – e gli amalfitani o i pisani, che invece avevano difeso la città. Niketas lamenta soprattutto l'attacco agli amalfitani, i più integrati nella cultura romana, al punto da essere quasi indistinguibili dai locali.

I pogrom anti-occidentali furono talmente violenti che tutti i «coloni» italiani decisero di mettersi in salvo attraversando il Corno d'Oro e trasferendo armi e bagagli a Galata, presso i correligionari Latini. Secondo Villehardouin, e non è una cifra improbabile, i rifugiati furono circa quindicimila, dei quali diverse migliaia erano abili guerrieri o marinai, cosa che andò a tutto vantaggio dei crociati: si riducevano le forze a disposizione dei Romani, aumentavano quelle dei Latini. I pisani, in particolare, non avrebbero più contribuito alla difesa della capitale dei Romani, passando ai nemici.

Molti italiani fremevano al pensiero di vendicarsi di coloro che li avevano depredati. Assaltare l'intera città era fuori questione, ma una spedizione punitiva contro un'altra minoranza odiata? Quella poteva starci, anche per recuperare un po' delle ricchezze abbandonate sull'altro lato del Corno d'Oro. La crociata era stata indetta per combattere i musulmani: come potevano dunque i crociati accettare che degli infedeli maomettani vivessero fianco a fianco ai «pellegrini»?

Come ormai sapete, l'Impero romano aveva raggiunto da tempo un accordo con le potenze musulmane: i Romani controllavano le chiese di Gerusalemme, in cambio permettendo l'esistenza di alcune moschee a Costantinopoli, dove nelle preghiere del venerdì si doveva invocare il nome della potenza che controllava la città santa, in questo caso la dinastia di Saladino, gli Ayyubidi. Questo era stato l'accordo prima dell'arrivo dei crociati in Terrasanta, nel 1099, e così era tornato a essere nel 1187, dopo la riconquista musulmana di Gerusalemme.

Il 19 agosto 1203, i Latini attraversarono il Corno d'Oro e assaltarono la moschea più importante della città, un edificio vulnerabile perché all'esterno delle mura marine: era in questa posizione per servire la vasta comunità mercantile araba di Costantinopoli, stabilitasi attorno al porto. Forse vi si può scorgere anche un'eco dell'ostile competizione tra mercanti italiani e «saraceni».

Comunque sia, i Latini – soprattutto pisani, genovesi e crociati particolarmente convinti della necessità di mettere a morte gli infedeli – attraversarono il Corno d'Oro e iniziarono a massacrare i musulmani, impegnandosi anche nella distruzione della moschea. Alla vista di queste violenze, i Romani decisero che – tra Latini e Arabi – preferivano schierarsi con i secondi e vennero in soccorso dei musulmani, per prevenire il pogrom. Si scatenò allora una battaglia urbana e le cose iniziarono a volgere contro i Latini. Allora, come i veneziani avevano già fatto il 17 luglio, gli assalitori decisero che, per proteggere la loro ritirata di fronte alla soverchiante popolazione costantinopolitana, il modo migliore era alzare una barriera di fuoco tra sé e i Romani. O almeno questa è la più probabile delle versioni.

La moschea si trovava in «centro», nella zona sul Corno d'Oro più vicina alla Hagia Sophia, al palazzo imperiale, ai grandi Fori della città. Il fuoco, alimentato dal vento e dal caldo agostano, iniziò a crescere e crescere, senza che nessuno riuscisse a controllarlo. Alla fine, si trasformò in un orribile mostro affamato che si nutriva dell'anima della città, divorando qualunque cosa si frapponesse al suo passaggio. La tempesta di fuoco si estese dal Corno d'Oro giù fino al Mar di Marmara, tagliando in due la capitale e devastandone il centro monumentale: le fiamme distrussero il Foro di Costantino, il più grande di tutti, che non sarebbe mai più stato ricostruito: ancora oggi a Istanbul, lì dove sorgeva, si può ammirare la «colonna bruciata», tutto quello che resta della più bella piazza cittadina. Le fiamme colpirono anche l'ippodromo e giunsero a poca distanza dall'Hagia Sophia, che si salvò per miracolo. Niketas Choniates ci riporta il dramma, dal punto di vista dei Romani, di una città tagliata in due da un invalicabile muro di fuoco:

> *Le fiamme si estendevano da mare a mare*[174] *tanto che la Città sembrava ormai separata da un grande abisso o da un fiume di fuoco che scorreva nel suo ventre. Ciò rendeva rischioso anche il ricongiungimento delle famiglie, a meno che non si attraversasse la città per mezzo delle barche. La maggior parte degli abitanti furono allora spogliati dei loro beni mentre le fiamme av-*

viluppavano i tanti che venivano colti di sorpresa; anche coloro che avevano trasferito i propri beni in altri rifugi non riuscirono a recuperarli. L'incendio, seguendo un andamento tortuoso, muovendosi a zig-zag, diramandosi in più direzioni e ritornando al punto di partenza, distrusse qualunque cosa. Guai a me! Quanto spaventosa fu la perdita di quei magnifici, bellissimi palazzi, pieni di ogni diletto, ricolmi di ricchezze e da tutti invidiati![175]

Secondo Choniates, il fuoco era così alto e potente che si alzava ben al di sopra delle case e riuscì persino a bruciare una nave in mare, grazie alle scintille che riempivano l'aria. Geoffroy di Villehardouin, invece, ci narra l'orrore dei crociati che, alla vista dell'immane tragedia, compresero che non ci sarebbe più stata pace tra «Greci» e Latini:

Non saprei chi mise malignamente fuoco alla città, ma quel fuoco fu così grande e terribile che nessuno poteva né pensare di spegnerlo, né men che meno di ridurlo. Davanti a quello spettacolo, i baroni dell'esercito, che erano alloggiati dall'altro lato del Corno d'Oro, ne furono fortemente angosciati e provarono un'immensa pietà nel guardare quelle magnifiche strade preda delle fiamme, nel vedere crollare e affondare le grandi chiese e gli enormi palazzi; impossibile pensare a un più grande disastro. (...) Il fuoco durò sette giorni, senza che nessuno riuscisse a spegnerlo. Quanto ai danni: l'argento e la ricchezza che furono distrutti non si possono contare, né il numero di donne e uomini che furono bruciati vivi.[176]

Il fuoco dell'agosto del 1203 è forse l'evento che più contribuì alla distruzione della grande città dei Cesari, ben più del sacco dei crociati e anche della conquista turca. Quasi duecento ettari di città andarono a fuoco, tra cinquanta e centomila persone persero la casa, se non la vita. Ora, non era la prima volta che la città bruciava: l'Hagia Sophia era stata ricostruita nel VI secolo, ai tempi di Giustiniano, in seguito a un altro terribile incendio, causato dalla rivolta di Nika che aveva provato ad abbattere quell'ambizioso, energico e dittatoriale imperatore. Ma allora l'Impero era forte e ricco e, con il tempo, la città era rinata più bella e più grande. Se l'Impero fosse sopravvissuto, non dubito che la parte centrale della capitale sarebbe stata riedificata, anche se magari in forme meno monumentali. Non era destino che ciò accadesse: nessuno mai ricostruirà il cuore monumentale di Costantinopoli, quel che restava era destinato a popolarsi al massimo di giardini e di case più modeste.

Quando pensate ai prossimi avvenimenti, quindi, ricordatevi che i Romani non sono stati solo attaccati dai loro correligionari occidentali, umiliati nella loro indipendenza e sottoposti a forme di rapina organizzata. Un terzo di Costantinopoli è finito in cenere, ci sono decine se non centinaia di migliaia di profughi senza casa, la tensione si taglia con il coltello in una città che, più di ogni altra cosa, detesta i Latini e non vede l'ora di avere come governante qualcuno, chiunque, che sia in grado di rimettere gli arroganti invasori al posto loro. Villehardouin ha ben presente come l'incendio fu un punto di non ritorno:

> *E fu così che si installò la discordia tra Greci e Franchi, perché da allora le relazioni non furono più strette o amichevoli come prima, senza che si sapesse chi incolpare, cosa che fu una disgrazia per gli uni e per gli altri.*[177]

Degli ospiti scortesi

L'11 novembre 1203 Alexios IV tornò dalla sua processione-cavalcata nelle province, dopo tre mesi terribili in cui in città la tensione era salita, esplosa e poi bruciata in un falò dei sogni di convivenza tra Latini e Romani. In questa fase, a quanto pare, suo padre Isaakios si ritirò dalla vita pubblica, consultando indovini e lasciando che fosse il figlio a governare con quel poco di autorità che gli restava. Forse sentiva avvicinarsi la fine.

Dopo il «successo» della cavalcata imperiale, un rigagnolo di tasse iniziò a fluire verso il fisco, insufficiente però a saldare i debiti accumulati con i Latini: Alexios doveva ancora pagare centomila marchi della sua iniziale promessa fatta a Corfù, più i regolari stipendi per i «servigi» dei crociati alla sua causa, che ammontavano probabilmente a qualcosa come diecimila marchi al mese. Ho quasi pena per il ragazzo, sballottato tra opzioni una peggiore dell'altra: se avesse continuato a foraggiare i crociati, si sarebbe alienato le poche residue speranze di restare vivo e vegeto. Se invece avesse tagliato il cordone ombelicale che lo legava ai Latini, avrebbe rischiato comunque di essere rovesciato e messo a morte dai suoi connazionali, o di vedere il suo trono attaccato dai Latini. Purtroppo, temo non avesse una via d'uscita ai suoi problemi. La vita del traditore della patria non è mai facile.

Tra i suoi principali consiglieri, c'era un certo Alexios Doukas, membro di una delle più importanti famiglie romane: per fortuna, aveva un soprannome simpatico, perché non posso chiedervi di ricordarvi un altro Alexios. Tutti lo chiamavano infatti *Mourtzouphlos*, che vuol dire «Grande sopracciglio» o «Sopracciglione», questo perché i due sopraccigli si univano in un'unica linea boscosa che attraversava l'intero viso. Imprigionato ai tempi di Alexios III Angelos Komnenos, dopo il trionfo crociato Mourtzouphlos era stato rilasciato, venendo promosso al grado di *protovestiarios* (o ministro delle finanze). Era a capo della fazione che più premeva per resistere agli odiati Latini e che, in gran segreto, era probabilmente in contatto con gli aizza-popolo che avevano scatenato la folla contro le colonie italiane, portando alla sequenza di eventi che aveva causato il grande incendio di Costantinopoli.

Alexios IV, sballottato da tutti i lati, alla fine decise che, se doveva rischiare, preferiva provare a stare dalla parte del suo popolo. Forse giunse a questa conclusione perché si rese conto che non avrebbe mai avuto i fondi necessari a foraggiare i suoi ingombranti «ospiti». Cercò di non rompere del tutto, riducendo progressivamente le sovvenzione dei Latini, per poi interromperle.

Chi più era interessato allo *status quo* erano Enrico Dandolo e Bonifacio del Monferrato: avevano entrambi scommesso molto su Alexios Angelos, contando che continuasse a comportarsi da bravo burattino come gli era stato insegnato. Quando Alexios smise di pagare i Latini, Bonifacio e Dandolo si consultarono con gli altri capi crociati e decisero di inviare sei ambasciatori dall'imperatore, tra i quali il sempiterno Geoffroy di Villehardouin, ormai diplomatico affermato, oltre a Conon di Béthune e Milon le Breban. È interessante notare come il maresciallo non faccia mai il nome degli ambasciatori veneziani: pare che i cavalieri francesi comunicassero quasi esclusivamente con il doge, che coprono tutti di lodi sperticate, e molto poco con gli altri veneziani, che invece rimangono anonimi. Gli ambasciatori, come sempre un'equa rappresentanza di crociati e veneziani, giunsero a cavallo fino alle porte del palazzo delle Blacherne, dove li attendava la corte romana al gran completo. Tutto come ai tempi dell'elevazione di Isaakios, a sottolineare la solennità dell'evento. Si era probabilmente all'inizio di dicembre del 1203.

Seguiamo di nuovo la narrazione del nostro maresciallo della Champagne, che riferisce le parole di Conon di Béthune, incaricato di parlare per tutti:

> *Sire, noi siamo venuti da te da parte dei baroni dell'esercito e del doge di Venezia. Questi vogliono ricordarvi il grande favore che si sono prodigati a farvi, come tutti sanno e come è evidente. Avete loro giurato, voi e vostro padre, di mantenere tutti gli accordi sottoscritti, e hanno delle carte a testimoniarlo. Eppure, voi non avete mantenuto i vostri impegni. (...) Se li manterrete, loro ne saranno molto felici; ma, se non lo farete, sappiate che da ora in poi non vi considereranno più come loro signori né loro amici, ma che impiegheranno ogni mezzo in loro possesso per ottenere ciò che gli è dovuto, in ogni modo possibile.*[178]

Qui siamo di fronte alla tipica incomprensione tra crociati e Romani: i primi formulano la loro richiesta con il modo di pensare feudale, da vincolo vassallatico. Signore e vassalli si impegnano reciprocamente, il primo a offrire protezione e benefici, i secondi a offrire un servizio. Le mancanze da un lato portano alla dissoluzione del vincolo: dunque, le mancanze di Alexios IV «permetterebbero» ai crociati di muovergli guerra, in quanto signore inadempiente.

Per i Romani, invece, il rispetto e la deferenza dovuti a un imperatore sono un bene inalienabile: minacciarlo è equivalente al sacrilegio. I Romani hanno una concezione più moderna dello Stato, che non è fatto di vincoli personali tra signore e vassalli. La *Res publica* è un'entità che trascende i singoli. Non si deve rispetto all'uomo, ma al suo ruolo: Alexios IV sarà anche un imperatore improbabile e incapace, ma a lui si deve la deferenza che si deve alla carica, un po' come noi oggi tendiamo a guardare al presidente della Repubblica come a un garante dell'unità della nazione. Poi c'era la questione della forma: i crociati sono abituati a un mondo in cui le minacce possono essere portate apertamente, contro quasi chiunque. Per i Romani, qualunque richiesta al sovrano deve essere ammantata di deferenti ossequi, ogni velata minaccia ricoperta di strati e strati di eufemismi. Se volete un esempio di come minacciare un imperatore, rileggetevi quello che Innocenzo III scrisse ad Alexios III, sostenendo che se non fosse stato «attento» il fuoco appiccato lontano avrebbe potuto anche raggiungerlo. Un'efficace minaccia alleggerita con espressioni di cortesia e metafore.

Di conseguenza, le aperte minacce di Conon di Béthune scandalizzarono i notabili romani: come osavano questi impertinenti Latini, questi barbari occidentali, rivolgersi all'imperatore dei Romani come si fa con un mercante che non rispetta un contratto? Come osavano sfidarlo nel suo stesso palazzo? Ancora Villehardouin:

Il tumulto nella sala fu enorme. I messaggeri si voltarono, e corsero verso la porta, montando sui cavalli. Una volta che la ebbero passata, tutti ne furono enormemente felici, e non c'è da stupirsi di ciò visto che erano sopravvissuti a un grave pericolo, per poco non avevano fatto una brutta fine. Tornarono tosto all'accampamento, e raccontarono ai baroni come avevano agito. E fu così che iniziò la guerra, e da allora chi poté far del male all'altro lo fece, su terra e su mare. (...) La guerra durò a lungo, fino al cuore dell'inverno.[179]

Cosa aggiungere? Nulla, se non correggere Geoffroy: la guerra non era iniziata allora, ma quando, sei mesi prima, la flotta veneziana li aveva sbarcati a Calcedonia. Cosa si aspettavano i baroni, di poter continuare a succhiare il sangue dei Romani senza incontrare la minima resistenza?

Dalla merda alla merda

Ci fu in realtà un ultimo tentativo di negoziazione e lo fece il doge, Enrico Dandolo, che decise di parlare con Alexios dalla sua nave, mentre l'imperatore restava a riva. Dandolo sapeva che per Venezia il trattato con Alexios IV era assai più importante che per i crociati. Questi potevano sempre andare in *Outremer* a combattere la loro crociata, e magari provare a guadagnarsi l'assoluzione e i denari che tanto bramavano; per Venezia, invece, una soluzione politica al problema «bizantino» era indispensabile: i veneziani si erano imbarcati sulla pericolosa strada di un intervento diretto nell'Impero, in un cambio violento del regime imperiale.

Questo voleva dire però che ormai Venezia era legata all'amministrazione che si era scelta: imporre un governo a un paese straniero ti rende automaticamente un bersaglio, oltre che responsabile per la sua sopravvivenza. Bersaglio, perché qualunque mancanza del governo «neocoloniale» sarà attribuita alla potenza coloniale, anche se dovuto all'incompetenza dei governanti locali. Responsabile, perché in caso di caduta del governo «coloniale», spesso corrotto e impopolare, i «combattenti per la libertà» che lo hanno abbattuto non saranno certo favorevoli all'ex potenza coloniale. Ne sanno qualcosa i Francesi in Algeria o gli Americani e i Sovietici in Afghanistan, ma si possono fare innumerevoli esempi moderni per chiarire il concetto.

Secondo Robert di Clari, nell'ultimo incontro con Alexios IV, il doge avrebbe incitato il suo «fantoccio» a cercare un accordo, ma questi si sarebbe rifiutato tassativamente di continuare a foraggiare crociati e veneziani. Al che Dandolo sarebbe esploso in una delle sue celebri tirate:

Brutto mascalzone! Ti abbiamo tirato fuori dalla merda e nella merda ti rigetteremo! Io ti sfido, e sappi che da oggi in poi farò di tutto per farti del male, per quanto mi sarà possibile![180]

Nei giorni seguenti, la guerra si infiammò. Un oratore, Nikephoros Chrisoberges, scrisse e declamò in pubblico un panegirico nel quale incitava Alexios a sguainare la sua spada contro la Vecchia Roma in Occidente, che stava cercando di succhiare il sangue e la vitalità della Nuova Roma orientale:

Ora giudica tu stesso questi fatti, o imperatore incoronato da Dio, e lascia che ti parli di queste due madri, ovvero la tua Nuova Roma e quella più antica, che parla una lingua straniera. Sembra infatti che oggi (le due Rome) litighino per il potere come fanno i bambini: ma la giovane chiede che io perori la sua causa, come suo avvocato, perché sostiene che entrambe concepirono e diedero origine al potere e alla maestà. Quella più antica lo fece quando vi regnarono gli Augusti e i Cesari; ma l'altra lo fece a sua volta più tardi, quando il sommo Costantino, avendo ben scavato attorno a lei un solco,[181] *la fece a sua volta ideatrice di tanto splendore. In questa Nuova Roma le cose da sempre sono così, è noto, ma l'altra, cadendo poi in un debole sonno, non è più riuscita a partorire, al punto che finora i suoi figli sono nati morti. Invece la nostra Roma, sempre desta, onora il vero sovrano dei Romani e, come direbbe il poeta, è ancora vivace e gagliarda. Ultimamente, però, quella vecchia Roma esausta ha cercato di rinnovare la sua giovinezza, rubando ciò che è ancora brillante e vivo, sostituendolo a ciò che è secco e morto, cercando di afferrare il nostro imperatore con mano celata e perfida: possa tu, o nostro signore, ottenere giustizia con la tua spada. Perché la vera madre [Costantinopoli] piange e chiede misericordia.*[182]

In altri passaggi il panegirico di Nikephoros è ricolmo di citazioni dall'antichità: parla di Cesare e di Augusto, dei Romani dell'antichità e di quelli presenti e vivi. Ecco un'altra prova della «romanità» di questi «bizantini», se ci fosse ancora bisogno di sottolineare quanto i Romani del Medioevo non solo conoscessero la storia antica del loro Impero, ma si sentissero in piena continuità con esso. Mi stupisco anche di vedere come questo genere letterario sia ancora vivo e vegeto: ho letto decine di panegirici del IV, V, VI secolo, dei tempi di Diocleziano, Giuliano, Teodosio e Giustiniano. Leggere in particolare questo panegirico del 1204 è quasi commovente: mentre l'Europa occidentale si è evoluta verso nuovi stili, nuovi generi, una nuova civiltà, a Costantinopoli si conservano le tradizioni dell'antichità come in una capsula del tempo. Ciò detto, i panegirici riflettono sempre quello che il governo imperiale vuole far sapere della politica: quando questo discorso fu declamato in pubblico, il 6 gennaio 1204, Alexios IV voleva che si sapesse che era pronto a combattere i Latini. Ne aveva già dato prova cinque giorni prima, a Capodanno.

Capodanno con chi vuoi

A dicembre si era scatenata una guerra a bassa intensità in tutti i dintorni di Costantinopoli. I Romani provavano a disturbare i Latini e le loro missioni di «approvvigionamento», che battevano la campagna circostante alla ricerca di rifornimenti e di ricchezze. Narra Niketas Choniates:

> *I capi dei crociati visitarono una dopo l'altra le lussuose tenute attorno alla Città, i sacri templi lungo la Propontide e i più splendidi palazzi imperiali. Vi entrarono in armi, li spogliarono di tutte le ricchezze che vi erano dentro e li fecero poi bruciare. Questi barbari condotti dal Fato – che odiavano tutto ciò che al mondo c'è di bello – non risparmiarono neanche uno solo di questi bei palazzi.*[183]

La reazione di Alexios IV e della dirigenza romana fu di architettare un audace piano per colpire i Latini lì dove poteva fare più male: la missione fu organizzata per il Capodanno del 1204, l'ultimo fatale anno di un inviolato Impero romano.

I Romani caricarono diciassette barconi di materiale incendiabile e poi, a mezzanotte, attesero che il vento soffiasse nella giusta direzione, inviandoli contro la flotta veneziana all'ancora a Galata. Senza la loro flotta, i crociati avrebbero dovuto attaccare le formidabili mura teodosiane, che li avevano già respinti: un'astuta strategia per neutralizzare la minaccia crociato-veneziana.

È a questo punto che i veneziani dimostrarono tutta la loro maestria sul mare, che ne faceva i migliori marinai del Mediterraneo. Tra lo stupore generale dei cavalieri, si precipitarono su tutte le loro duecento navi, manovrandole mirabilmente in modo da evitare i barconi incendiari. La scena della danza dei vascelli si ripeté appena due settimane dopo, con lo stesso risultato: solo una nave da trasporto finì bruciata. Robert di Clari e Geoffroy di Villehardouin non hanno che parole di elogio per i veneziani: con la loro abilità, avevano salvato l'esercito.

Alexios Angelos, quarto del suo nome

Alexios IV non era mai stato popolare, e il fallimento dell'attacco alle navi veneziane non giovò alla sua popolarità, anzi fu la goccia che fece traboccare il vaso. I notabili e la popolazione romana volevano che a guidarli fosse un vero guerriero, capace di un'ispirata difesa della città, come ai tempi di Eraclio contro i Persiani o Leone III contro gli Arabi, entrambi eletti in condizioni disperate.

Una serie di attori politici si mosse per trovare una soluzione al problema del governo imperiale: come da tradizione politica millenaria della civiltà romana, se un sovrano è incapace si sostituisce con un altro, e al diavolo la successione dinastica tanto cara agli occidentali. L'imperatore incarnava la carica che governava l'Impero su consenso di Senato, Popolo, Esercito e Chiesa. L'Impero romano era una «Repubblica» nella quale la sovranità spettava al popolo, non al diritto divino di governare.[184]

Erano giorni drammatici, e tutti lo sapevano. I senatori, i capi delle fazioni del circo, il clero, i nobili, gli alti ufficiali dello Stato romano si radunarono all'Hagia Sophia e iniziarono a discutere apertamente cosa fare degli Angeloi. Niketas Choniates, in qualità di spettabile ministro del governo, fu ovviamente coinvolto nell'assemblea e rimase per diversi giorni nella Grande chiesa, mentre si cercava una via d'uscita politica all'*impasse*. Ecco la sua testimonianza:

> *La moltitudine, ingenua e volubile, affermava che non desiderava più essere governata dalla famiglia Angelos, e che l'assemblea non si sarebbe sciolta se non fosse stato scelto un imperatore di loro gradimento.*

Se volete, mi ricorda quasi una scena della Rivoluzione francese, da giuramento della pallacorda.

> *Conoscendo per amara esperienza l'ostinazione degli uomini, mantenni il mio silenzio, e nella mia infelicità lasciai scorrere molte lacrime lungo le mie guance, prevedendo ciò che il futuro ci avrebbe verosimilmente riservato. L'assemblea tentava con angoscia di trovare un successore al trono e d'impulso proponeva ora questo rampollo di una famiglia nobiliare, ora quell'altro. Stanchi finalmente dei sobillatori e demagoghi, molti esortarono diversi membri della nostra classe a indossare la corona.*[185]

Alla fine, i notabili di Nuova Roma, il popolo e il clero concordarono sulla scelta di un nuovo imperatore: tale Nikolaos Kanabos. Il prescelto era però estremamente riluttante a questo passo, ben consapevole che si trattava di una probabile condanna a morte. Volente o nolente, fu comunque incoronato, anche se non ebbe il coraggio di uscire dall'Hagia Sophia, dove era protetto dalla folla. La situazione era infatti ancora fluida, e c'erano altri poteri all'opera all'interno delle mura teodosiane. Infatti, mentre tutto questo avveniva in centro città, su alle Blacherne Alexios IV era ancora nel suo palazzo, sempre più indeciso sul da farsi. Doveva provare ad attaccare i ribelli laggiù in centro, con le poche forze al suo comando? Poteva fidarsi degli uomini rimasti attorno a lui? Spoiler: no.

Non sapendo che pesci pigliare, Alexios ancora una volta preferì la sua incolumità a quella della sua città. Con l'ennesimo dietrofront, fece appello proprio a quei crociati ai quali si era opposto per cercare di ammorbidire il popolo romano che ora lo voleva deporre. Convocò nientemeno che il solito burattinaio, il solito amico di Philipp di Swabia, il solito Bonifacio del Monferrato, che incredibilmente venne a palazzo con un drappello di fedelissimi «lombardi». Una volta dentro le mura, il marchese senza mezzi termini fece sapere ad Alexios che l'unica opzione che gli restava era di far entrare le forze dei crociati in città, occupando il palazzo delle Blacherne, che era una vera e propria fortezza, ben difendibile.

Se questo fosse avvenuto, sono certo che si sarebbe scatenata una battaglia urbana tra i crociati asserragliati alle Blacherne e la popolazione civile riunita all'Hagia Sophia. Non ho dubbi sui vincitori: i crociati erano soldati professionali, e avrebbero fatto strage della popolazione civile romana. Sarebbe scorso un fiume di sangue, e l'Impero romano sarebbe caduto per il tradimento del suo ultimo imperatore.

Non era così che i Romani volevano andarsene. La città doveva essere difesa. I militari e i notabili rimasti alle Blacherne, quando compresero che Alexios IV intendeva tradirli e consegnarli nelle mani dei crociati, decisero che occorreva evitarlo a tutti i costi, al prezzo di deporre l'ultimo degli Angeloi. Non volevano però accettare supinamente la scelta del popolo, giù all'Hagia Sophia: Kanabos non era il loro candidato. Anzi, quello che volevano era un vero generale, con il prestigio e l'esperienza per guidare le difese della città. Così, decisero di stringersi attorno al nostro «Sopracciglione», ovvero Alexios Doukas Mourtzouphlos. Ecco il nuovo Leone III, il novello Eraclio, l'uomo della provvidenza che avrebbe salvato la città all'ultimo minuto, allontanando le spade dei suoi nemici.

Una volta acclamato dagli ufficiali di palazzo, «Sopraccigliones» colpì. Mentre Kanabos restava rinchiuso nell'Hagia Sophia, esitando proprio nelle ore cruciali in cui si devono prendere le redini dello Stato, Mourtzouphlos fece arrestare Alexios IV prima che potesse far entrare i suoi complici latini in città, poi inviò i suoi soldati nella Grande chiesa e fece arrestare anche Kanabos. Anche Isaakios II fu messo di nuovo agli arresti domiciliare, nei suoi ultimi cupi giorni di vita, visto che era ormai gravemente malato. Nel giro di pochi giorni, Alexios IV Angelos, Isaakios II Angelos e Kanabos sarebbero morti uno dopo l'altro, anche se va detto che Mourtzouphlos riconobbe la legittimità di Alexios IV, onorandolo di un funerale di Stato e di lacrime di coccodrillo. Nonostante tutte le sue debolezze e fallimenti, Alexios IV era stato un legittimo sovrano di Nuova Roma, e si meritava di essere sepolto accanto ai suoi predecessori.

Al di là della sua legittimità, Alexios IV è oggi ricordato come uno dei peggiori imperatori romani, un principe viziato che pensò che il tradimento del suo popolo fosse il modo migliore di saziare la sua ambizione di conquistare un inutile trono, per il quale era totalmente inadeguato. In definitiva, mi sembra solo un giovane ignorante e imbelle che si fece manipolare da uomini più scaltri e furbi di lui, diventando l'utile imbecille di cui avevano bisogno per distruggere l'Impero romano. In realtà, ho perfino un po' di pena per lui: non fu quasi mai agente del suo destino.

Una scelta obbligata?

Il 5 febbraio del 1204, Alexios Doukas Mourtzouphlos era ormai il terzo Alexios a governare l'Impero in meno di un anno. Alexios V fu incoronato dal patriarca e confermato dal popolo, succedendo alla dignità di Augusto, Traiano, Diocleziano, Costantino, Giustiniano e di una teoria lunghissima di sovrani che giungeva fino a lui. Il primo atto del suo governo fu di inviare un ordine ai crociati: dovevano partire appena possibile, o sarebbero stati distrutti: non avevano più a che fare con il loro «amico» Alexios IV, ora lo Stato romano avrebbe usato davvero tutto il suo potere per farli a pezzi. Per i crociati, all'improvviso, si prospettò una decisione difficile: partire per *Outremer*, o riconquistare daccapo la città, questa volta senza mezze misure.

A lungo gli storici hanno ritenuto che la scelta poteva essere una sola: vista la drammatica situazione in cui si ritrovavano, circondati da nemici, ai crociati non restava che conquistare la città.

In realtà, non sono d'accordo e qui mi rifaccio alla ben ragionata opinione di Filip van Tricht, professore di storia medievale all'Università di Ghent e uno dei massimi esperti di storia dell'Impero latino:[186] per i crociati come Hugh di Saint-Pol, Baldwin delle Fiandre, Louis di Blois l'alternativa c'era, eccome. La flotta veneziana avrebbe potuto condurli facilmente in *Outremer*, quanto ai rifornimenti l'Asia imperiale era praticamente indifesa e poteva essere saccheggiata a volontà. I loro problemi finanziari più immediati erano già stati regolati con la «prima» conquista di Costantinopoli. Se avessero voluto, avrebbero potuto partire per la Terrasanta. Forse Bonifacio del Monferrato aveva degli accordi segreti con Philipp di Swabia che noi non conosciamo, e che includevano la necessità di tenere Costantinopoli per conto suo, ma gli altri? Non erano legati da alcun vincolo con la dinastia degli Hohenstaufen.

Le cose stavano diversamente per Venezia, che inizialmente aveva tutta l'intenzione di portare guerra all'Egitto, e sarà infatti una convinta sostenitrice della futura Quinta crociata, che ebbe nell'Egitto il suo principale obiettivo. Enrico Dandolo non fu quasi certamente l'istigatore della deviazione a Costantinopoli, ma era stato convinto della bontà del progetto da Bonifacio del Monferrato e dagli altri baroni. Nel 1202, anche a lui il dirottamento della missione su Nuova Roma era apparso come la migliore alternativa possibile; la Quarta crociata non aveva abbastanza uomini per conquistare l'Egitto, non senza il supporto dell'Impero romano.

Nel 1204, però, la situazione era ormai cambiata. Per il doge la «questione bizantina» era diventata cruciale. Il successo nel 1203, quando Venezia aveva in sostanza rovesciato il governo imperiale per installare Alexios IV, voleva dire che la Serenissima poteva dimenticarsi qualunque privilegio sul Bosforo in caso di trionfo del regime di Mourtzouphlos il «Sopracciglione». Costantinopoli era LA piazza commerciale di Venezia, molto più di *Outremer* o dell'Egitto: Enrico Dandolo rischiava di perdere in modo spettacolare la sua scommessa, e con lui avrebbero perso tutta Venezia e i suoi finanziatori. Se la flotta crociata fosse ripartita per la Terrasanta, Venezia avrebbe potuto dire addio alla sua profittevole colonia sul Bosforo: i Dandolo non sarebbero certo sopravvissuti a questo disastro. Avrebbe dovuto pensarci prima di immischiarsi nella politica interna dell'Impero? Probabile, ma inutile piangere sul latte versato. Dandolo era ormai – lo avrete capito – il più importante capo della crociata, checché ne pensassero Bonifacio del Monferrato, o Baldwin delle Fiandre. Per il Doge, un accordo con Costantinopoli era una questione di vita o di morte.

In un ultimo tentativo di evitare il peggio, Enrico Dandolo provò quindi a negoziare *in extremis* con i Romani, aprendo un canale di comunicazione con Alexios V. Come con il precedente Alexios, Dandolo organizzò un abboccamento dalla tolda della sua ammiraglia, mentre l'imperatore restava a terra. Questo negoziato è riportato solo da Niketas Choniates; gli altri cronisti crociati sembrano passare sotto silenzio i rapporti con un sovrano – Alexios V – che vogliono far passare come «illegittimo» e quindi non degno di alcuna considerazione e trattativa. Narra Niketas:

> *Il doge di Venezia, Enrico Dandolo, decidendo di discutere i termini di pace con l'imperatore, salì a bordo di una trireme e fece scalo al Kosmidion.*[187] *Non appena l'imperatore arrivò lì a cavallo, si scambiarono discorsi di pace, senza prestare attenzione a nessun altro. Le richieste avanzate dal doge e dai restanti capi riguardavano il pagamento immediato di cinquemila libbre d'oro e alcune altre condizioni che erano allo stesso tempo irritanti e inaccettabili per coloro che hanno assaporato la libertà e sono abituati a dare e non a ricevere comandi. Queste pretese furono considerate come pesanti frustate lacedemoni.*[188] *(...) Al contrario, il doge dichiarava ad alta voce che le condizioni imposte erano da considerarsi abbastanza tollerabili e per niente gravose.*[189]

Cinquemila libbre d'oro equivalgono a circa novantamila marchi d'argento,[190] circa la metà del rimanente debito di Alexios IV. Dandolo si era speso per convincere una parte dei baroni crociati che l'accordo poteva considerarsi accettabile. C'era anche chi non era favorevole: mentre il negoziato procedeva, una carica di cavalieri francesi piombò sulla delegazione imperiale, che riuscì a malapena a riparare dentro le mura. Questo attacco mise fine a qualunque speranza di accordo che, va detto, era abbastanza improbabile.

Da questo evento deduco che Venezia fosse pronta a negoziare con Nuova Roma, ma una parte dei crociati voleva la guerra e bramava di conquistare il più grande bottino della storia: l'ultima città dell'antichità giunta fino al XIII secolo sembrava ormai a portata di mano, e c'era chi non voleva farsi sfuggire l'occasione di una vita.

Come si era arrivati al punto di non ritorno? Dubito che i baroni crociati fossero partiti da Venezia con in testa l'obiettivo di saccheggiare e conquistare Costantinopoli. Inizialmente, avevano pensato di cavarsela con un cambio di regime, da usare come bancomat per i prelievi. Quando però i nativi fecero capire che non erano intenzionati a farsi dominare così facilmente, diversi crociati giunsero all'autonoma decisione di votarsi alla conquista, pura e semplice. Non furono obbligati a farlo: potevano ripartire alla volta di *Outremer*. Il sacco di Costantinopoli fu una scelta, non un'imposizione del fato o degli eventi.

Tre ottavi di Romania

Prima di farlo, però, occorreva attendere alcune settimane: i veneziani avevano bisogno che il maltempo invernale si placasse, in modo da utilizzare al meglio le loro navi nell'assalto alla città, visto che avevano bisogno di acque placide sul Corno d'Oro per accostare in sicurezza le navi alle mura.

In attesa di lanciare l'attacco, i baroni della Quarta crociata si riunirono per discutere il da farsi in caso di vittoria. Nel loro modo di pensare, la morte di Alexios IV li aveva liberati da qualunque giuramento o promessa di fedeltà nei confronti del governo imperiale, occupato ora da un «tiranno«. I crociati si sentivano nel pieno diritto di abbattere Mourtzouphlos e sostituirlo con un governo di loro piacimento, ma come comportarsi in caso di conquista della città? Lasciamo che sia Geoffroy di Villehardouin a dirci quali accordi furono presi tra le parti:

> *Si decise che – se Dio gli avesse accordato l'ingresso di viva forza in città – allora tutto il bottino sarebbe stato messo in comu-*

ne e ripartito in modo equo tra tutti. Se si fossero assicurati il dominio sulla città, allora avrebbero scelto sei francesi[191] *e sei veneziani, che avrebbero giurato sui santi vangeli di eleggere imperatore la persona che avrebbero valutato più adatta a governare quella terra. Sarebbe stato eletto chi avesse preso almeno sei voti e a lui sarebbe andato un quarto di tutte le conquiste all'interno della città e nel resto dell'Impero, oltre ai palazzi imperiali delle Blacherne e del Boukoleon. Gli altri tre quarti dell'Impero sarebbero stati divisi a metà, una sarebbe andata ai veneziani, e l'altra metà all'armata dei pellegrini. Allora si sarebbero selezionati dodici saggi tra i pellegrini e dodici tra i veneziani, che avrebbero ripartito i feudi e gli altri beni agli uomini che avrebbero in futuro servito l'imperatore. (...) (Si stabilì) inoltre che dalla fine di marzo dell'anno seguente*[192] *chi avesse voluto ripartire avrebbe potuto farlo, chi fosse rimasto avrebbe dovuto invece servire l'Imperator.*[193]

Secondo Robert di Clari, al patto si aggiunsero altre condizioni, in particolare che nessuno avrebbe dovuto violentare le donne, sotto pena di morte, né aggredire i monaci e i preti ortodossi, se non per legittima difesa. Inoltre, si stabilì che se l'imperatore fosse stato eletto tra i crociati – cosa che sembrava quasi certa –, allora il patriarca sarebbe stato nominato dai veneziani.

Questo trattato è passato alla storia come il «patto di marzo», dal mese del 1204 in cui fu stretto. Si tratta di un documento straordinario che è confermato da più fonti, e che si è conservato nell'originale nell'archivio di Innocenzo III, perché gli fu consegnato nel 1205 dai Latini. Ecco l'incipit del contratto:

Nel nome dell'Eterno Dio, Amen. In verità, Bonifacio, marchese di Monferrato e i conti Baldwin di Fiandra e Hainaut, Louis di Blois e Clermont e Hugh di Saint-Pol – a nome del nostro partito – assieme a te, l'illustrissimo Signore Enrico Dandolo, doge di Venezia, Dalmazia e Croazia – a nome del vostro partito – abbiamo stipulato un accordo che deve essere osservato da ciascuna delle parti in forza di un giuramento, al fine di assicurare tra noi l'unità e la concordia duratura ed evitare ogni occasione di

discordia, con l'aiuto di Lui che è la nostra pace e che ha reso entrambe le parti una cosa sola, lode e grande gloria a Dio.
In primo luogo, dovremmo assaltare la città con un gruppo armato di tutti i nostri uomini, dopo aver invocato il nome di Cristo, e se entriamo in città con l'aiuto del Potere Divino, noi dovremo restarvi e procedere sotto la guida di quegli uomini che saranno scelti come capi dell'esercito. Ognuno dovrà seguirli secondo quanto verrà convenuto.[194]

Insomma, si tratta di un vero e proprio contratto di conquista e saccheggio, sottoscritto da due parti, i baroni crociati e i veneziani: il resto del testo conferma quanto dettoci da Robert di Clari e Geoffroy di Villehardouin. L'accordo illustra in modo plastico il differente stile di governo tra Occidente e Oriente. I Romani governavano un Impero coeso, un vero e proprio Stato unitario con la sua burocrazia, il suo sistema fiscale, il suo esercito: al vertice di questo sistema, c'erano la città di Costantinopoli e l'imperatore dei Romani.

Gli occidentali, nell'ipotesi ormai concreta di conquista, non riuscirono a immaginarsi nulla di meglio che ricreare il mondo che conoscevano in Occidente: un imperatore che avrebbe controllato solo un pezzo della città e feudi sparsi nell'Impero, lasciando il 75 per cento delle terre imperiali come feudi in proprietà dei suoi seguaci, che ne avrebbero poi raccolto tutti i proventi, dovendo all'imperatore solo un servizio militare tramite giuramento – e abbiamo già visto quanto aggirabili siano i giuramenti occidentali.

Anzi, c'era di peggio: tre ottavi della carcassa dell'Impero romano sarebbero andati ai veneziani, una potenza che non aveva alcuna intenzione di ubbidire a chiunque si fosse seduto sulla sedia imperiale, e le cui terre sarebbero state governate nell'esclusivo interesse della madrepatria, non del nuovo imperatore «latino» di Costantinopoli. Gli altri tre ottavi sarebbero diventati dei feudi, destinati a comportarsi come gli Stati crociati in *Outremer*, dove in teoria il principato di Antiochia doveva la sua «fedeltà» al re di Gerusalemme, ma in pratica era indipendente. Era una ricetta per creare un Impero debole.

C'è anche da notare la differenza fondamentale tra i crociati e altri potenziali conquistatori di Roma nei mille anni precedenti: i Goti, i Vandali, i Franchi, i Bulgari, gli Avari nella maggior parte dei casi intendevano conquistare Nuova Roma per diventarne l'élite e governare quella magnifica macchina che era l'Impero romano, non volevano distruggere la gallina dalle uova d'oro, non volevano farne a pezzi lo Stato.

Ora invece i crociati avevano deciso a tavolino di smembrare l'Impero: la struttura politica dell'Europa occidentale aveva i suoi vantaggi – o gli europei non sarebbero stati in piena espansione militare in questo volgere del 1200 –, ma aveva anche delle importanti debolezze alle quali molti sovrani occidentali stavano tentando faticosamente di rimediare, accentrando più potere nelle mani del sovrano, come per esempio nel caso di Philippe Auguste o, prima di lui, di Frederick Barbarossa. Con il patto di marzo, crociati e veneziani si assicurarono sin dall'inizio che, in caso di vittoria, avrebbero costruito un palazzo sgangherato destinato al fallimento. Il conquistatore, invece di infondere nuova forza a un Impero stanco e in declino, cooptandone le strutture governative e mettendole al servizio di una più efficace élite militare – come fecero in realtà molti regni romano-germanici in Occidente nel V secolo – avrebbe distrutto la forza burocratico-finanziaria dell'Impero romano senza fornirgli una valida alternativa, dissolvendola in un frammentato mondo feudale. Ma non preoccupatevi, vedremo tutto questo già nel 1205: non occorrerà attendere molto per vedere all'opera il «governo» latino, con tutti i suoi limiti.

L'ultimo respiro prima del tuffo

Prima del grande assalto ci furono diverse scaramucce tra Romani e Latini, che non ci interessano a parte la principale. Henri delle Fiandre si recò con alcuni cavalieri in una missione razziatrice a nord. L'imperatore «sopracciglione» lo venne a sapere e lanciò una sortita che guidò in prima persona, cercando di distruggere il distaccamento crociato. A cavallo, però, non c'era gara: i cavalieri latini, pesantemente armati, riuscirono facilmente ad avere la meglio sui Romani. Nello scontro, per poco

Mourtzouphlos non fu catturato, subendo comunque un gravissimo scacco: nella sortita, infatti, aveva portato con sé l'icona della Vergine Hodegetria, una delle più sacre della città. L'icona fu catturata dai crociati e portata in trionfo al loro accampamento: un grave presagio per gli abitanti di Nuova Roma, visto che da sempre, nei momenti difficili, i Romani portavano l'Hodegetria in processione, invocando l'aiuto della Vergine Maria, protettrice della città. Nei precedenti assedi, contro Persiani e Arabi, molti giuravano di aver visto la Vergine Theotokos – Madre di Dio – combattere al fianco dei soldati per difendere la «sua» città.

Ciò detto, i Romani non si diedero per vinti, ma cercarono di prepararsi al meglio per l'assalto che sapevano imminente. Le mura teodosiane avevano retto alla prova, ma era evidente che il principale pericolo veniva dal mare: la flotta veneziana aveva dimostrato di poter conquistare le più deboli mura marine, che non erano state pensate per essere altrettanto invalicabili delle mura teodosiane, visto che da secoli Nuova Roma dominava il Mar Mediterraneo. Secondo Geoffroy di Villehardouin e Robert di Clari, dunque, i Romani si affannarono a fortificarle:

> *Mentre passava l'inverno, gli abitanti della città (...) sopraelevarono l'altezza delle loro mura e delle torri di pietra, costruendoci sopra delle solide torri e palizzate di legno, rinforzate all'esterno con grosse palanche ricoperte di pelli resistenti al fuoco, in modo da non aver nulla da temere per quanto riguardava le passerelle delle navi veneziane. Le mura erano alte ormai almeno sessanta piedi, le torri cento.*[195] *Dentro la città, i greci preparavano come minimo una quarantina di mangani che venivano posizionati da una estremità all'altra delle mura, ovunque si attendessero un attacco.*[196]

Quanto ai crociati, anche loro si prepararono attentamente alla battaglia:

> *I veneziani ricostruirono le passerelle delle loro navi e i francesi fabbricarono ogni tipo di macchina da guerra, come quelli che*

> *sono soprannominate «chats»,*[197] *«charcloies»*[198] *e «truies»,*[199] *utilizzate per minare le mura. I veneziani presero del legno da costruzione con il quale ricoprirono le loro navi senza lasciare intervalli, e vi attaccarono dei tralci di vite, affinché i macigni delle catapulte nemiche non danneggiassero o distruggessero le loro imbarcazioni.*[200]

Gli *chats* e le *charcloies* erano delle macchine d'assedio utilizzate per proteggere genieri e soldati negli approcci alle mura, le *truies* invece erano delle torri di legno con una manganella che tirava sulle mura. Erano congegni pensati per essere montati sulle navi o sbarcate sotto le mura. Crociati e veneziani avevano infatti appreso un'importante lezione dall'assedio del 1203: era inutile infrangersi contro l'impenetrabile barriera delle mura teodosiane, le mura di terra di Costantinopoli erano semplicemente invalicabili. Le mura marine, d'altro canto, nonostante i grandi sforzi dei Romani per rafforzarle, erano la loro migliore chance per penetrare in città. A differenza di un anno prima, quindi, l'attacco del 1204 sarebbe stato esclusivamente anfibio, con l'ausilio delle navi che avrebbero sbarcato il grosso dell'esercito sotto le mura, mentre i più arditi avrebbero dato l'assalto con l'ausilio delle passerelle.

La conquista che non fu

Il giovedì 8 aprile, i crociati e i veneziani prepararono l'assalto: fanti, cavalieri e marinai si imbarcarono sulle navi, mentre le macchine d'assedio dei Francesi venivano caricate su barconi e chiatte, in modo da essere trasportate sotto le mura (per i *chats* e le *charcloies*) o per tirare sulle mura direttamente dal mare (per le *truies*). La mattina del venerdì 9 aprile era tutto pronto.

Ancora una volta, siamo fortunati ad avere il punto di vista sia dei Romani che dei crociati. Niketas Choniates deve aver osservato il terribile spettacolo dalle mura di Costantinopoli, la sua è una descrizione particolarmente viva:

> *Allora le più grandi navi del nemico, portando le scale e tutte le macchine d'assedio che erano state preparate, lasciarono la riva*

e, come l'asse di una bilancia, navigarono verso le mura per prendere posizione a intervalli regolari l'uno dall'altro. Occuparono la regione che si estendeva dal Monastero di Evergetes fino al palazzo delle Blacherne.[201]

In sostanza, i crociati avevano deciso di assaltare la stessa sezione che i veneziani avevano conquistato il 17 luglio del 1203. Secondo Geoffroy di Villehardouin, la linea di attacco era lunga circa un chilometro e mezzo. Dal canto suo, l'imperatore decise di posizionare il suo quartier generale bene in vista sul Corno d'Oro. Ancora Niketas:

Osservando queste manovre, Alexios V si preparò a resistere al nemico. Diede istruzioni affinché il padiglione imperiale fosse allestito sulla collina del monastero di Cristo Pantepoptes[202] *da dove erano visibili le navi da guerra e si poteva osservare le azioni di coloro che erano a bordo.*[203]

La battaglia fu durissima: i soldati crociati sbarcati a terra provarono a scalare le mura, i veneziani accostarono le loro passerelle alle torri. Per tre difficilissime ore, la battaglia infuriò su tutte le mura, con l'imperatore che inviava rinforzi dove i difensori sembravano sul punto di cedere.

Robert di Clari era quasi certamente tra le truppe d'assalto alla base delle mura, e ci fornisce una testimonianza di prima mano:

I Greci gettavano degli enormi massi sulle macchine di assedio dei francesi e cominciarono a distruggerle, tanto erano grandi i massi, al punto che nessuno più osava restare sotto o davanti alle mura. Dalla loro parte, i veneziani non riuscirono a mettere piede né sulle mura né sulle torri, tanto queste erano alte. Quel giorno, né i Francesi né i veneziani riuscirono a fare alcun danno alle mura della città.[204]

Per la prima volta da quando erano iniziati gli scontri, per stessa ammissione di Geoffroy di Villehardouin, i Latini subirono più perdite dei «Greci». L'armata crociata fu costretta a tornare con la coda tra le gambe alla sua base di Galata.

Alla vista della ritirata degli odiati Latini, i Romani eruppero in incontenibili esplosioni di gioia: forse il loro Impero non sarebbe finito quel giorno, forse gli odiati Latini si sarebbero uniti all'infinita lista di assalti falliti, di Goti, Unni, Persiani, Avari, Arabi e Russi. Forse la Vergine Theotokos vegliava ancora sull'Impero cristiano. Forse.

Dio lo vuole

Sentimenti opposti e contrari circolavano invece nell'accampamento latino: era Dio ancora al fianco della crociata? Era giusta la loro causa, e quindi destinata al successo? Sono domande che possono sembrarci strane in quest'epoca laica, ma per i crociati la vittoria in guerra non poteva discendere che dalla volontà di Dio, contro cui non poteva trionfare neanche il più poderoso degli eserciti.

In questo frangente, intervennero dunque i guardiani delle coscienze dei crociati: vescovi e abati che accompagnavano il «pellegrinaggio armato» e che avevano il compito, come sciamani di una tribù preistorica, di interrogare gli dèi – *pardon*, il Dio unico dei cristiani – e capire se fosse davvero al loro fianco. La loro risposta fu un clamoroso «sì», che enumera anche tutti i pregiudizi occidentali contro i loro correligionari orientali. Leggiamo Robert di Clari:

> *I vescovi e i chierici dell'esercito si consultarono tra loro; giudicarono che la battaglia in corso era legittima e che avevamo tutto il diritto di attaccare Costantinopoli, perché un tempo la città era stata sottomessa all'obbedienza di Roma*[205] *e ora si era sottratta al suo controllo. I Greci dicevano che la religione di Roma non valeva nulla e quelli che ci credevano erano solo dei cani; i nostri vescovi affermarono quindi che avevamo il diritto di attaccarli e, anzi, si trattava di un'opera estremamente caritatevole. (...) I vescovi predicarono attraverso tutto l'accampamento: c'erano il vescovo di Soissons, di Troyes, di Halberstadt, il maestro Jean Faicete e l'abate di Loos: dissero ai pellegrini che la bat-*

taglia era legittima, perché i Greci erano dei traditori e degli assassini, delle creature sleali che avevano assassinato il loro legittimo sovrano;[206] *affermavano che i Greci erano peggiori degli ebrei. I vescovi aggiunsero che assolvevano i pellegrini di tutti i peccati che avrebbero commesso attaccandoli, nel nome del Padre e del Papa (...) e questo perché i Greci erano i nemici del Signore. Allora si ordinò di allontanare tutte le puttane*[207] *dall'accampamento dell'esercito, inviandole lontano.*[208]

Una volta allontanate le prostitute e il peccato, i nostri eroi non dubitavano di poter vincere.

Sottolineo di nuovo che si usava contro i Romani il loro incompreso sistema politico: nel mondo occidentale il sovrano era sacro, voluto da Dio, e i legami di sangue con il predecessore erano tutta la legittimità di cui aveva bisogno; non esisteva un concetto di popolo, dal quale derivare la legittimità a governare. Nel sistema romano, invece, era normale detronizzare un imperatore imbelle e incapace, come Alexios IV. Per i Romani il «Sopracciglione» – acclamato dal popolo, dal Senato e dal patriarca – non era meno legittimo del suo predecessore, anche se non c'era alcun legame di sangue tra loro. Agli occhi dei Latini, invece, i «Greci» erano solo dei traditori del loro legittimo sovrano Alexios IV, anche se era stato quest'ultimo a tradire il suo popolo per diventare imperatore.

Il testo di Robert di Clari è importante anche per comprendere come la propaganda occidentale avesse delegittimato e deumanizzato il nemico «greco». Ci illustra come fosse stato possibile convincere i pellegrini crociati che quelli che avevano di fronte non erano dei correligionari cristiani, ma degli infedeli «peggiori degli ebrei», nell'odioso antisemitismo delle parole dei vescovi Latini. L'orgogliosa indipendenza della Chiesa ortodossa diventava quindi un tradimento nei confronti di «mamma Roma», un'infedeltà che andava punita.

In tutte le guerre, il potere cerca sempre di deumanizzare il nemico. È la tipica propaganda che gli Stati dall'inizio della storia propinano ai loro sudditi per convincerli ad ammazzare altri uomini, a stuprare le loro donne, a distruggere le loro case:

gli uomini raramente si comportano in questo modo senza rimorsi, senza esitazioni. Per mettere a tacere la coscienza e il rimorso, occorre svilire l'avversario, negandogli la sua stessa umanità. Solo gli «altri», i «traditori», gli «infedeli», i «terroristi» possono essere considerati un legittimo obiettivo di qualunque orrore.

L'ultima discussione

Nelle tende dei capi della crociata, ovviamente, tali questioni erano del tutto ininfluenti, o comunque non erano certo il primo assillo: se Robert di Clari ci riporta infatti il modo di pensare dei soldati, e come furono aizzati alla guerra dai vescovi, Geoffroy di Villehardouin ci porta nelle stanze dei potenti, più preoccupati di non ripetere il fiasco del 9 aprile.

A lungo i baroni discussero il da farsi. Si poteva forse muovere un nuovo assalto sempre dal mare, questa volta non dal placido Corno d'Oro, ma direttamente, e a sorpresa, da sud, dal Mar di Marmara, lato che non era stato fortificato dai Romani con le nuove mura e torri di legno. I veneziani però lo sconsigliarono: il Mar di Marmara era troppo agitato per permettere alle loro navi di accostarsi in sicurezza alle mura. Secondo il nostro maresciallo, in realtà, molti di coloro che suggerirono un assalto sull'aperto Mar di Marmara erano spinti dal segreto desiderio di darsela a gambe levate, lasciando Costantinopoli e il Bosforo e facendo vela per *Outremer*. La fuga era ancora una via d'uscita per i crociati.

Non per i veneziani. Enrico Dandolo fece ancora valere la sua posizione: dovevano provare ad attaccare di nuovo, e nello stesso punto, ma con più efficacia. Avrebbero legato tra loro a due a due le grandi navi veneziane sulle quali erano poste le passerelle d'attacco. In questo modo, avrebbero potuto agganciare ogni torre con due passerelle, raddoppiando gli attaccanti. Per l'ennesima volta, il vecchio doge l'ebbe vinta: i crociati avrebbero tentato un secondo assalto.

Credo che, in caso di insuccesso, sarebbe stato l'ultimo. Se fossero stati respinti, è probabile che l'opposizione tra i crociati avrebbe infine imposto un cambiamento di politica. Disperando di prendere Costantinopoli, si sarebbero intavolate trattative con Alexios V. C'erano ancora vie di uscita dall'*impasse*, che potevano preservare sia l'Impero romano sia l'incolumità dei crociati. Per riaprire i negoziati, tuttavia, entrambi i duellanti dovevano prima giungere alla conclusione di non poter distruggere l'avversario.

Dunque, il secondo tentativo di prendere Costantinopoli sarebbe stato decisivo: o i crociati avrebbero vinto, o si sarebbe aperta una nuova fase. La data concordata era lunedì 12 aprile.

Il conquistatore del fato

Quella mattina, dromoni, navi da trasporto, *huissiers*, barconi e chiatte dei crociati ripresero l'assalto, con tutta la forza che avevano a disposizione.

Inizialmente, i crociati non ebbero più successo rispetto al precedente tentativo: le navi non riuscivano a scaricare il loro carico di uomini contro le torri nemiche, e molti Latini non osavano sbarcare a terra dopo quello che avevano passato tre giorni prima. A detta di Niketas Choniates:

> *A mezzogiorno le nostre forze avevano ancora la meglio, anche se i combattimenti erano più intensi e furiosi rispetto al venerdì precedente.*[209]

Non che tutto andasse a favore dei Romani: le loro macchine provarono a colpire la flotta, ma i veneziani avevano costruito delle efficaci protezioni per le loro navi, e le enormi pietre le colpivano senza fare molti danni. Intanto, Alexios V continuava a controllare gli avvenimenti dal suo punto di osservazione:

> *L'imperatore Mourtzouphlos restava sopra la sua collina, e faceva risuonare trombe d'argento e tamburini, con singolare ostentazione. Incoraggiava i suoi e diceva «Per lì! Di là!» e li spediva dove vedeva che il bisogno era più grande.*[210]

Poi però, come spesso accade in queste battaglie, ecco l'inatteso: il vento cambiò direzione, iniziando a spirare verso le mura e permettendo alle navi di accostarsi più facilmente alle fortificazioni. Se aveste interpellato Robert di Clari, o Geoffroy di Villehardouin, o perfino Niketas Choniates, tutti e tre vi avrebbero senza dubbio detto che il soffio del vento non poteva che essere il volere di Dio. Per Niketas, Dio stava abbandonando i Romani a causa dei loro peccati, perché avevano permesso che le sue icone venissero distrutte per soddisfare la fame d'argento dei Latini; per i due cronisti crociati, Dio li favoriva perché, naturalmente, era dalla parte dei veri cristiani e si opponeva agli eretici. Dio era al fianco di chi aveva preso la Croce in Suo nome.

Quale che fosse la ragione, fu la svolta. Per Robert di Clari, c'erano solo cinque o sei navi nell'intera flotta veneziana che erano abbastanza grandi da poter raggiungere la cima delle torri rialzate dai Romani. Due di queste erano legate assieme – si trattava de *Il pellegrino* e *Il paradiso*, agli ordini del vescovo di Soissons. I due vascelli si avvicinarono a una torre agganciando una passerella ciascuno su entrambi i lati. Due coraggiosi cavalieri si lanciarono per primi sulle mura, a detta di tutti e tre i nostri cronisti. Narra Niketas Choniates:

> *Una delle passerelle fu gettata con grande difficoltà nell'area di fronte all'imperatore, sulle mura vicine alla porta Petrion. Due uomini, confidando nella fortuna, furono i primi tra i loro compagni a saltare giù sulla torre di fronte a loro. Quando scacciarono gli ausiliari romani di guardia, questi due agitarono le mani dall'alto in segno di gioia, per incoraggiare i loro connazionali.*[211]

Sappiamo chi erano i primi due che salirono sulle mura di Nuova Roma: secondo Geoffroy di Villehardouin, simbolicamente furono un innominato veneziano e un cavaliere francese, di nome André Dureboise.[212] I variaghi danesi e inglesi saltarono addosso agli invasori, ma i nostri riuscirono a resistere coraggiosamente, armati com'erano dalla testa ai piedi. Alla fine, il veneziano fu ucciso prima che altri crociati potessero raggiungerli. Poco dopo, altri Latini si lanciarono sulle mura, con sulle spalle delle pesanti corde con le quali legarono la passerella alla torre: un fiume di guerrieri crociati si riversò sui variaghi e presto la guarnigione della torre fu sopraffatta.

Alla vista di questo succcsso, molti altri Latini si fecero coraggio e scesero a terra, cercando di montare a loro volta con l'ausilio delle scale: altre quattro torri furono presto conquistate. Però la battaglia non era ancora vinta: infatti i crociati all'interno delle torri non osavano prendere i tratti di mura tra queste, perché erano colmi di difensori che ancora combattevano tenacemente, mentre Mourtzouphlos aveva già ordinato di inviare rinforzi.

A terra, un gran numero di crociati si affollava nella stretta spiaggia tra il mare e le mura. Tra questi, c'era il piccolo manipolo di soldati e cavalieri piccardi di Pierre d'Amiens, il signore di Robert di Clari, anche lui presente sul posto. La vicenda che vi sto per raccontare è confermata da Niketas Choniates; quindi, siamo ragionevolmente certi che fu davvero questo pugno di formidabili soldati scelti che fece la differenza.

Pierre d'Amiens condusse i suoi uomini fino a una posterla, una porta per sortite che veniva utilizzata raramente: la porta era stata murata, ma, mentre piovevano frecce, massi e altri oggetti contundenti, l'intrepido cavaliere piccardo ordinò ai suoi di demolire il muro e provare a penetrare così in città.

E a questo punto mi sento di lasciare la parola a Robert di Clari, per leggere cosa avvenne in presa diretta:

> *C'era un chierico tra loro, di nome Alaume di Clari, che era così coraggioso in tutte le circostanze da essere il primo in tutti gli assalti ai quali partecipava. (...) Quando arrivarono alla posterla, i soldati cominciarono a menare forti colpi di picca; mentre i mattoni volavano via, dall'alto gettarono tante di quelle pietre che sembrava quasi che li avrebbero sepolti, per quante ne tiravano. Quelli dei nostri che erano più in alto reggevano degli scudi, per proteggere quelli più in basso che cercavano di demolire il muro con le picche. Dall'alto, furono gettati anche dei pentoloni pieni di pece bollente, di fuoco greco, di enormi blocchi di pietra. Fu davvero un miracolo che non furono tutti schiacciati. Il signor Pierre e i suoi uomini sopportarono più pene e soffe-*

> *renze di quanto si possa raccontare, ma alla fine tanto percossero quella posterla che riuscirono a ricavarne un buco, a colpi di ascia, di spade robuste, di aste di legno, di sbarre e picche. Dal buco, poterono guardare attraverso, scorgendo tante di quelle persone – grandi e piccole – che sembrava che la metà del mondo fosse lì dietro; dunque, non osavano passare. Quando Alaume il chierico vide che nessuno osava entrare, uscì dai ranghi e disse che l'avrebbe fatto lui. C'era lì di fianco un cavaliere, suo fratello, di nome Robert di Clari* (sì, proprio il nostro storico! Il fratello di Alaume) *che voleva proibirglielo e che gli disse di non entrare, ma il chierico rispose che l'avrebbe fatto. Allora suo fratello (...) lo afferrò al piede, e iniziò a tirarlo verso di lui, ma il chierico tanto si divincolò che riuscì a liberarsi ed entrare nella città, che il fratello lo volesse oppure no. Un numero incalcolabile di Greci si precipitò su di lui, e quelli che erano sulle mura provarono ancora a gettargli delle pietre. Allora Alaume estrasse la sua spada e si gettò contro di loro, facendoli fuggire via come bestie. Disse dunque a quelli che restavano fuori, ovvero a monsignor Pierre e a tutti gli altri: «Signore! Abbiate coraggio, ed entrate! Vedo che sono in rotta e fuggono via!». Quando monsignor Pierre lo sentì, prese con sé dieci cavalieri e sessanta sergenti, tutti a piedi. Quando furono dentro, i difensori che erano sulle mura videro che erano entrati, furono allora preda di una tale paura che non osarono più restare al loro posto ma abbandonarono un grande tratto delle mura e fuggirono dove poterono.*[213]

Ecco il momento chiave della giornata, confermato da Niketas Choniates, che aggiunge dei dettagli succulenti sull'elmo portato da Pierre d'Amiens:

> *Mentre (i crociati) saltavano sulla torre, dalla porta ivi situata entrò un cavaliere di nome Pierre. Era considerato abilissimo a mandare in rotta tutti i battaglioni, perché era alto quasi nove braccia e portava in testa un elmo a forma di città turrita. I nobili attorno all'imperatore e il resto delle truppe non erano in grado di guardare quell'elmo senza tremare, perché appartene-*

va a un cavaliere così feroce nel suo aspetto e così spettacolare nella sua statura; si diedero quindi alla consueta fuga come la migliore e più efficace medicina per la loro salvezza.[214]

Da notare l'amaro disprezzo di Choniates per la codardia dei Romani, e la riluttante ammirazione per la coraggiosa spericolatezza dei crociati, tra i quali Pierre d'Amiens risalta come un eroe omerico.

Così cade un Impero

Di fronte alla tenda dell'imperatore, poco distante, si radunarono i reparti della guardia imperiale, in attesa di ordini. Se Mourtzouphlos fosse stato Konstantinos XI nel 1453, questa sarebbe stata l'occasione per un grande, inspirato discorso seguito da un'ultima, disperata carica: se l'Impero romano doveva morire quel giorno, allora l'imperatore sarebbe morto con lui, o cose del genere. Ma Mourtzouphlos non era fatto di quel tipo di pasta, e non aveva quel tipo di coraggio che cresce solo quando per anni sai che la fine è vicina, e forse inevitabile. Il Sopracciglione voleva vivere, e i suoi uomini volevano vivere. Entrambi sbandarono e si diedero alla fuga, mentre Pierre d'Amiens dava ordine ai suoi di conquistare e aprire un'altra porta, e i crociati soverchiavano ovunque la linea difensiva dei Romani. Alexios V Doukas Mourtzouphlos seguì alla fine l'ignominioso esempio dell'omonimo Alexios III Angelos Komnenos: abbandonò la città al suo destino e se la svignò via nave in direzione della Tracia.

I crociati, combattendo con coraggio e determinazione, nel frattempo espulsero i difensori da un intero tratto delle mura, impadronendosi dei quartieri prospicienti, tanto che i Francesi riuscirono a prendere la tenda dell'imperatore. La giornata volgeva al termine e i baroni decisero che era troppo rischioso disperdersi in città, una metropoli troppo grande per la consistenza delle loro schiere: rischiavano di finire in qualche tranello o controffensiva. Ordinarono quindi di accamparsi vicino al tratto conquistato delle mura. Sfruttando il vento che soffiava contro la città, impiegarono la loro abituale strategia difensiva, appiccando un incendio che bruciò un altro pezzo importante di Nuova Roma, sopravvissuto alle due precedenti conflagrazioni.

Quella notte, all'Hagia Sophia, mentre la città bruciava e il secondo imperatore in un anno si era dato alla fuga, ci fu un'estrema, infelice discussione tra i notabili romani rimasti nella capitale: cosa fare l'indomani, consegnarsi ai crociati o provare di nuovo a combatterli? Alla fine, si decise di resistere, e che occorreva nominare qualcuno che guidasse l'ultima disperata difesa. Due uomini si fecero avanti, proponendosi come candidati: dopo estenuanti discussioni, gli astanti votarono per Konstantinos Laskaris, fratello di colui che sarà il primo imperatore «in esilio» a Nicea. Konstantinos era stato catturato dai crociati durante il primo assedio, quello del 1203, ma era stato nel frattempo liberato nel breve periodo di pace tra crociati e Romani.

Laskaris emerse dall'Hagia Sophia a fianco del patriarca, e chiese ai cittadini di unirsi a lui nel combattere i Latini: non tutto era perduto. In un atto simbolico, rifiutò di portare i paramenti imperiali, non prima di aver prevalso. Era giunto il tempo di stringersi tutti insieme nella difesa della loro amata città, senza distinzioni di grado. Laskaris si rivolse alla guardia variaga, che tanto bene aveva svolto il suo compito nei duri mesi passati: gli chiese di continuare a servire l'Impero. I variaghi accettarono, ma chiesero un aumento, e anche pesante: se dovevano rischiare la pelle in una lotta impari, almeno volevano guadagnarci qualcosa. Laskaris ovviamente glielo concesse, perché non aveva alternative. Quando però apparvero all'orizzonte i Latini, coperti dalle loro luccicanti armature, nessuno in realtà se la sentì di combattere. Di fronte all'impossibilità di difendere una metropoli che era stata già violata, anche Laskaris finì per darsela a gambe. Salì su una barca e si diresse in Asia, dove suo fratello Theodoros Laskaris era destinato a creare un nuovo Stato, l'Impero di Nicea.

Dopo il terzo imperatore che scappava a gambe levate in meno di un anno, chi era rimasto in città comprese che ormai si poteva solo far appello alla pietà dei Latini. In fretta e furia, i Romani raccolsero una delegazione del clero cittadino che fu inviata presso i baroni della crociata.

Durante la mattinata, infatti, i crociati avevano iniziato ad avanzare prudentemente in città, a ranghi serrati, perlustrandola alla ricerca del nemico, ignari ancora degli ulteriori sviluppi politici. Bonifacio, Baldwin, Dandolo e compagnia furono molto sorpresi quando si videro venire incontro un'inaspettata processione. Qui la nostra fonte migliore è Robert di Clari, ma quanto da lui riferito è confermato anche da Choniates:

> *Quel mattino, vennero in processione al campo dei Francesi i preti e i chierici greci (...) vestiti dei loro abiti sacerdotali. Chiesero grazia, e informarono i pellegrini dei fatti che si erano prodotti durante la notte, e che tutti i Greci importanti erano fuggiti: non restava in città che la povera gente.*[215]

A questo punto, in una mossa disperata volta a evitare il saccheggio di Costantinopoli, quello che restava dei Romani iniziò ad acclamare imperatore Bonifacio del Monferrato, fratello di due signori che erano stati cesari a Costantinopoli. Se il capo della crociata fosse diventato il loro sovrano, forse i Latini li avrebbero risparmiati?

Pia illusione. A pellegrini e veneziani non interessavano affatto i discorsi della politica, o cosa pensavano i «Greci». Avevano appena conquistato la più grande e ricca città del mondo. Era il sogno di qualunque cavaliere e soldato dell'Occidente: per i soldati, c'erano da razziare ricchezze con le quali ricoprire di denaro le famiglie rimaste a casa. Per i chierici, c'era un tesoro di reliquie da sgraffignare. Per tutti, in quelle pietre c'erano dieci secoli di storia accumulata che aspettava solo di essere asportata. Alla notizia che in città ogni ultima resistenza organizzata era cessata, i soldati della crociata ignorarono gli ordini dei loro superiori, i canti e le preghiere dei Greci, e si gettarono sul corpo di Nuova Roma. Era iniziato il sacco di Costantinopoli.

Parte terza
La morte di Roma

1
Perché sei ancora in piedi?

Il sacco di Nuova Roma del 1204 fu il culmine dell'aggressione della Quarta crociata. È stato definito in passato come uno dei più grandi crimini della storia dell'umanità, e su questo mi sento di dissentire: in una storia umana costellata di orrori indicibili, le sue migliaia di vittime sono ben poca cosa. Ciò non toglie che si trattò di un evento brutale, destinato a cambiare per sempre la storia del Levante, del Mediterraneo, di tutta l'Europa.

Ottocento anni prima, nel 410, per la prima volta la città di Roma (progenitrice di Nuova Roma) venne saccheggiata dai Visigoti di Alarico. Fu un evento traumatico per la civiltà romana, che mise in dubbio l'immortalità del loro Impero, dimostrando che la protezione divina non ne garantiva eternamente la sicurezza.

Eppure, nonostante la drammaticità di quegli eventi, riportati da tutti gli intellettuali e storici dell'epoca,[1] il sacco di Alarico ebbe in realtà ben poche conseguenze nel breve termine: quando i Goti ripartirono, tre giorni dopo, la città sul Tevere restava un'immensa metropoli romana, senza dubbio all'interno della struttura imperiale. Pochi decenni dopo, la popolazione era tornata a crescere e molti monumenti erano stati restaurati. Se Roma non recuperò mai del tutto il suo fasto tardoantico, i danni furono piuttosto limitati al punto che – un secolo e un paio di altri saccheggi dopo – le truppe romane di Belisario, provenienti dagli splendori di Costantinopoli, trovarono che Roma fosse ancora una grande capitale degna di ammirazione. Nuova Roma, nel 1204, non fu altrettanto fortunata.

Innanzitutto, perché la città arrivò al suo sacco già devastata: tre rovinosi incendi (soprattutto il secondo) ne avevano consumato il tessuto urbano, radendone al suolo un bel pezzo del centro monumentale. Poi perché i saccheggiatori non erano solo interessati alle sue ricchezze, come i Goti, ma intendevano occuparne le istituzioni, imponendo persino il loro credo religioso sui «nativi». Per i «nuovi Romani» di Costantinopoli, si trattò di una quadrupla perdita: delle loro ricchezze, della loro città, del loro Stato, della loro fede.

Non c'è modo migliore per tracciare quanto avvenne che seguire la drammatica vicenda di Niketas Choniates, il nostro più importante testimone. Torneremo sul giudizio di Niketas a proposito della crociata in generale, ma qui mi interessano gli eventi in sé, perché nelle parole del nostro grande storico romano, erede di una tradizione che discende da Erodoto, Tucidide e Procopio, c'è la chiave per potersi immergere in quelle ore difficili.

Le disperse nazioni dell'Occidente

> *E fu così che la bella città di Costantino, comune delizia e vanto di tutte le nazioni, fu devastata dal fuoco e annerita dalla fuliggine, presa dalle disperse nazioni dell'Occidente e svuotata di ogni ricchezza, pubblica e privata, nonché di quella consacrata a Dio.*[2]

Nella confusione delle prime ore, i capi della crociata persero il controllo dei loro uomini. Dopo un anno di pericoli, combattimenti e sofferenze, i soldati avevano ora l'occasione di arricchirsi, una di quelle che capitano una sola volta nella vita. Nessuno sarebbe stato al riparo della loro furia.

Mentre la soldataglia si dava al saccheggio, i baroni pensavano alla politica. Nel caos del momento, ognuno di loro cercò di dirigersi verso un separato centro di potere, per occuparlo con una banda di fedelissimi. Bonifacio del Monferrato sembrava destinato a guidare la città una volta ristabilito l'ordine: era il comandante in capo della crociata, era stato appena acclamato *basileus* dalla popolazione di Costantinopoli, aveva legami familiari con gli Angeloi. Determinato a sfruttare questi vantaggi, Bonifacio cavalcò con la massima rapidità possibile in direzione del grande palazzo imperiale, il Boukoleon, il complesso palatino dal quale avevano governato Costantino, Teodosio, Giustiniano, Eraclio, Leone III e Basileios II. Si fece aprire le porte dagli inservienti – sotto choc – e diede ordine ai suoi uomini di porsi a guardia delle entrate, in modo da difendere le enormi ricchezze che vi erano custodite. Il palazzo era la sede dell'Impero: se Bonifacio voleva governare, doveva assicurarsi che non fosse devastato. All'interno, il marchese trovò un altro genere di ricchezze: le grandi dame di Nuova Roma, tra le quali la vedova di Isaakios II Angelos, Margarit d'Ungheria. Presto avrebbe messo a frutto anche questo «gioiello».

Mentre i Lombardi di Bonifacio si dirigevano al Boukoleon, i seguaci fiamminghi di Baldwin e Henri delle Fiandre si assicuravano l'altro grande palazzo di Costantinopoli, le Blacherne. Questa residenza non aveva la tradizione del Boukoleon, ma aveva il vantaggio di essere la più recente sede imperiale, associata alle ultime due dinastie di Nuova Roma. Come per il Boukoleon, le Blacherne furono occupate dai più disciplinati soldati fiamminghi per custodire un pezzo della regalità imperiale romana, in attesa della selezione del nuovo imperatore: Baldwin intendeva candidarsi.

Quando a Enrico Dandolo, il doge sapeva che l'imperatore non sarebbe stato un veneziano. Questo onore sarebbe andato a un nobile francese: nonostante la Quarta crociata fosse una *joint venture* alla pari, era impensabile che i nobili crociati accettassero un mercante veneziano come loro imperatore. Secondo gli accordi di marzo, questo gli lasciava però la possibilità di controllare l'altra grande istituzione di Nuova Roma: il patriarcato, e con essa il monumento simbolico del potere romano, l'Hagia Sophia. Il doge si impadronì dunque del palazzo del patriarca e di tutta la zona racchiusa nel suo recinto della cattedrale. Come vedremo, non poté impedire del tutto che il saccheggio si estendesse alla Grande chiesa.

Al di là di questi tre luoghi simbolici, difesi dalle più alte autorità crociate, il resto degli abitanti della grande metropoli fu abbandonato all'abbraccio affettuoso dei crociati. Niketas narra così le prime terribili ore:

> *Nel giorno in cui cadde la città, i saccheggiatori presero alloggio in case sparse in tutte le direzioni; fecero bottino di tutto quello che era custodito all'interno e interrogarono i proprietari riguardo al luogo in cui si trovavano i loro tesori nascosti, picchiandone alcuni, conversando gentilmente con molti e usando minacce contro tutti.*[3]

Come riportato anche da Niketas, va detto che cavalieri e sergenti non erano interessati a massacrare sistematicamente la popolazione; non ci fu alcuna replica della sanguinosa conquista di Gerusalemme, nel 1099. I crociati volevano però impadronirsi di tutti gli averi che si potevano spremere dalla più ricca città del mondo, a costo di malmenare i proprietari, se non bastava minacciarli. In altri casi, per qualunque protesta o incomprensione, l'aggressore uccideva. Alcuni, indubbiamente, si ritennero autorizzati a mettere a morte questi eretici «Greci» che i loro vescovi avevano tacciato di essere «peggiori degli Ebrei». Con parole particolarmente agghiaccianti, Baldwin delle Fiandre, in una lettera scritta al pontefice, sostiene con malcelato orgoglio:

> *Venne allora saccheggiata una quantità innumerevole di cavalli, oro, argento, seta preziosa, arazzi, gemme e tutte quelle cose che le persone considerano preziose. Si scoprì una tale quantità di ricchezze che l'intero mondo latino non sembrava possederne altrettante. Alla fine, quelli che ci avevano negato dei piccoli pagamenti, ci hanno dovuto cedere tutto quello che avevano, e questo per giudizio divino.*[4]

È impossibile dire quanti Romani morirono nel saccheggio, ma gli stessi crociati riconoscono che furono un numero considerevole, e non sempre dovuto a incomprensioni tra saccheggiatore e saccheggiato: la furia omicida di mesi di tensione fu scaricata sulla popolazione civile. La *Devastatio Costantinopolitana* parla di «*un tremendo massacro di Greci*», parole confermate da Villehardouin:

> *Ne seguì un terribile massacro e saccheggio: ovunque i Greci venivano uccisi (...), il numero dei morti e dei feriti fu così grande che nessuno era in grado di contarli.*[5]

Nella *Historia Constantinopolitana* di Gunther di Pairis, un'altra testimonianza della crociata, si narra di come i Romani più umili cercassero di difendersi di fronte alla ferocia crociata, facendo segno di accettare il marchese del Monferrato come loro nuovo sovrano:

> *In città erano rimasti donne, bambini e anziani, tutti coloro che non erano potuti fuggire. Incontrando qualcuno dei nostri, intrecciavano un dito sopra l'altro per formare una croce e cantavano in lacrime,* «Agios basileos marchio», *che vuol dire «santo imperatore marchese». Lo fecero perché pensavano che il marchese del Monferrato, che i Greci conoscevano bene e spesso consideravano il più importante tra i nostri, stesse senza dubbio per diventare sovrano dell'espugnata città.*[6]

C'è da avere pietà di questi derelitti: pensavano che un atto di sottomissione a un pretendente al trono imperiale, pur straniero, fosse uno scudo per la loro vita.

In realtà, non c'era molto che i Romani potessero fare per placare i correligionari che avevano dirottato una crociata contro la loro città. Secondo la testimonianza di Niketas Choniates, i «barbari occidentali» violarono donne, matrone e ragazze, oltre ovviamente alle monache.

Va detto, come vedremo, che ci sono anche casi di pietà tra gli occidentali: nel caos del saccheggio, l'uomo spietato dista pochi metri dal compassionevole, la morte è la vicina della vita, la violenza può nascondersi dietro ogni incrocio, così come la salvezza.

Il saccheggio delle reliquie

I conquistatori non colpirono solo le ricchezze materiali e non attentarono solo alla vita dei Romani, ma ne depredarono meticolosamente l'immenso patrimonio spirituale. La storia di Robert di Clari sembra essere stata scritta per giustificare la provenienza di un gran numero di reliquie costantinopolitane, poi depositate nell'abbazia reale di Corbie,[7] dove è stata trovata un'iscrizione su una croce-reliquiario che recita: «Queste reliquie furono portate qui dalla Santa Cappella del palazzo del Boukoleon da parte di Robillard di Clari». Sì, quasi certamente il nostro storico.

Ma il racconto più interessante di un saccheggio religioso lo dobbiamo a Gunther di Pairis, autore che narra le gesta del suo eroe, l'abate Martin dell'abbazia di Pairis, uno degli abati-guerrieri che si erano uniti alla crociata. L'abate sapeva che a Costantinopoli c'erano ricchezze che andavano ben oltre l'oro e l'argento, ed era determinato a trafugarle, a miglior gloria della sua abbazia. Ecco come Gunther, un monaco al suo servizio, descrive le sue azioni:

> *Mentre i vincitori razziavano senza sosta la vinta città, che avevano fatto propria per diritto di conquista, l'abate Martin pensò a cosa prendere come bottino, per non restare a mani vuote mentre tutti gli altri si arricchivano. Decise allora di usare per il saccheggio le sue mani consacrate. Ma poiché riteneva sconveniente impadronirsi delle cose secolari con quelle stesse sacre mani, progettò come racimolare per sé una parte di quelle reliquie dei santi, che sapeva essere lì in grande quantità.*[8]

Insomma, l'abate Gunther riteneva il saccheggio di ori e preziosi come qualcosa di «sconveniente» per un principe della Chiesa. Ma il saccheggio delle reliquie? Ecco un'opera nobile atta a sottrarre agli «eretici» un patrimonio che spettava alla Chiesa cattolica. Gunther, seguito dal fedele Martin, puntò dritto sul cuore della città, ignorando i vasti e ricchi palazzi, che sapeva essere presidiati dai baroni. Si diresse invece a tutta birra verso il monastero di *Christos Pantokrator*,[9] l'imponente mausoleo della dinastia dei Komnenoi, dove era stato sepolto Manouel Komnenos, forse l'ultimo grande sovrano dell'Impero dei Romani, in grado di proiettare il suo potere su scala davvero multi-continentale. Manouel riposava in una magnifica tomba con sette pinnacoli all'interno del monastero, destinato – negli anni seguenti alla Quarta crociata – a essere la sede del governo veneziano a Costantinopoli, guidato dal podestà.

Comunque sia, una volta dentro l'edificio, Martin scoprì che altri crociati lo avevano preceduto, per fortuna però sembravano più preoccupati ad arraffare le ricchezze materiali che quelle spirituali: saccheggiavano i vasi d'argento e facevano a pezzi le icone per staccarne le decorazioni e le pietre preziose. Martin, invece, si diresse subito verso il *sancta sanctorum*, a caccia del tesoro che ambiva più di ogni altro: le reliquie. Sapeva che il *Christos Pantokrator* era diventato un rifugio per le reliquie di molti monasteri. Narra Gunther:

> *L'abate Martin, ritenendo sconveniente commettere un sacrilegio se non per una causa santa, cercò l'angolo più remoto, dove la sacralità stessa del luogo sembrava promettere il ritrovamento di quegli oggetti da lui tanto bramati. Lì trovo un uomo anziano, di bell'aspetto e con una lunga barba bianca, certamente un prete, ma alquanto differente nel suo aspetto dai nostri preti. Per questa ragione l'abate pensò che si trattasse di un laico.*[10]

Martin a questo punto passa alle minacce:

> *Con calma interiore ma con una voce terrificante, l'abate tuonò violentemente: «Allora, vecchio eretico, mostrami le più potenti delle reliquie che custodisci. Altrimenti, sappi che sarai immediatamente punito con la morte».*

È probabile che il prelato parlò in latino, o perfino in tedesco, cosa che deve essere stata davvero terrificante per un povero greco. Nelle parole di Gunther:

Quel vecchio era più terrificato dalle sue urla che dalle parole – visto che capiva il tono delle prime, ma non poteva comprendere la lingua delle seconde. Sapendo che Martin non poteva comunicare nella lingua greca, il vecchio saggio iniziò a parlare nella lingua romana,[11] *che aveva in parte appreso, in modo da rabbonire l'abate con adulazioni, calmando la sua rabbia (...). L'abate fu in grado di balbettare alcune parole nella stessa lingua, in modo da comunicargli di cosa aveva bisogno.*

Questa scena è di per sé comica: da notare l'efficace contrasto tra l'ingordigia violenta dell'abate latino e la calma serafica del vecchio religioso romano, il cui mondo è stato rovesciato ma che, in un ultimo segno di dignità, fa di tutto per gestire al meglio la situazione. Anzi, quando l'anziano prelato finalmente capisce che anche Martin è un uomo di Chiesa, ne è quasi sollevato: è consapevole che le sue amate reliquie saranno saccheggiate, meglio che finiscano in qualche chiesa – ben riverite – che devastate e gettate via da rudi guerrieri a caccia dei loro preziosi contenitori.

Allora l'anziano prete romano guida Martin fino a un baule di acciaio e gli mostra il contenuto. Gunther fa un meticoloso inventario di quanto «raccolto» da Martin: una fiala con il sangue di Cristo, un pezzo della Vera Croce, delle ossa di san Giovanni Battista, il braccio dell'apostolo Giacomo, oltre a una ventina di altre reliquie di santi assortiti provenienti dai luoghi santi in Palestina. Un vero e proprio tesoro di fede, che farà la fortuna dell'abbazia di Pairis, almeno per qualche tempo: nulla è sopravvissuto ai disastri della guerra dei Trent'anni o della Rivoluzione francese.

Alla vista di quel tesoro, l'abate si riempì le tasche con le reliquie, con grande avidità e con «sacro sacrilegio», nelle parole di Gunther. Il nostro autore ritiene legittima la loro rapina: le reliquie finora erano rimaste nelle mani di eretici scismatici, ora finalmente tornavano proprietà della Chiesa «cattolica» universale. Compiuto il saccheggio, Martin e compagnia si avviarono in fretta e furia verso le navi, coscienti di aver commesso un reato anche per le regole medievali: prima di assaltare la città, tutti i crociati avevano giurato di lasciare intatte le chiese. Su istruzione papale, le reliquie dovevano essere raccolte e catalogate prima di essere inviate alla Santa Sede in Occidente. Come sempre accade però in questi casi, Martin aveva deciso di «interpretare» le regole a suo vantaggio. E qui c'è una vera e propria scenetta divertente, nella quale Gunther sembra prendere in giro l'abate Martin:

> *Perciò, così imbottito – per così dire – si affrettò verso le navi. Chi lo conosceva e amava lo vide arrivare, correndo via dal saccheggio. Gli chiesero allegramente se avesse saccheggiato qualcosa e di quali oggetti fosse così carico. Lui, come sempre, disse con espressione sorridente e parole allegre: «Ah, ci siamo sistemati bene». Al che questi risposero: «Siano rese grazie a Dio».*

Ho usato questa storiella per alleggerire un po' l'atmosfera resa pesante dalla tragedia in corso. Sappiate però che quello di Martin non fu certo l'unica rapina ai danni del patrimonio religioso della città: abbiamo già visto che anche Robert di Clari si diede da fare, ma abbiamo altre due fonti «minori» sulla crociata che riportano vicende similari: si tratta dell'anonimo di Soissons e delle *Gesta episcoporum Halberstadensium*, entrambe dotate di una lista di reliquie sottratte ai Romani. Nivelon, vescovo di Soissons, inviò in patria interi carri carichi di sacre reliquie, da distribuire nella sua diocesi, tra le quali la testa di san Giovanni Battista, quella dell'apostolo Tommaso e altri due frammenti dell'infinita collezione di parti della Vera Croce. Un bottino così ampio dimostra l'importanza di questo vescovo, i cui vassalli – forse lo ricorderete – avevano assaltato la prima torre conquistata dai crociati.

Né il saccheggio delle reliquie romane si interruppe con il grande sacco di Costantinopoli. Per fare cassa, durante i successivi decenni gli imperatori «latini» furono costretti a vendere le ultime reliquie rimaste in città. Per esempio, nel 1238 l'ultimo imperatore latino di Costantinopoli – Baldwin II[12] – offrì a re Louis IX di Francia[13] di comprare la celebre «corona di spine», una delle reliquie più importanti del mondo cristiano. Il re di Francia ne fu estasiato e, in onore della preziosa acquisizione della corona, fece costruire la meravigliosa *Sainte Chapelle* di Parigi, che vi consiglio assolutamente di visitare. La reliquia è sopravvissuta alla Rivoluzione francese (cosa rara!). Da qualche decennio, è custodita nella cattedrale della Ville Lumière: *Notre-Dame*. Pochi anni fa, nel 2019, questa antica reliquia costantinopolitana per poco non è finita vittima del celebre incendio della chiesa, che ne ha bruciato il tetto. A quanto pare, è stata salvata da una brigata di pompieri che era stata inviata nella cattedrale appositamente per salvarla.

La caduta dei giganti

Quanto all'immenso patrimonio artistico della capitale dei Romani, quello che il conquistatore non riusciva a comprendere o apprezzare preferì distruggerlo. L'ippodromo era decorato da tempo immemore con una straordinaria collezione di alcune delle più belle statue di bronzo del Mediterraneo; furono tutte fuse per dividere il bottino e poterlo più facilmente trasportare. Lo stesso fato che colpì le grandi statue raffiguranti gli antichi dèi pagani, sparse in tutta la città. Infatti, nonostante la fede cristiana, i Romani avevano custodito gli dèi del mondo antico, memoria di remote epoche mediterranee che ora stavano per scomparire. Era un comportamento inusuale per una civiltà cristiana: in Occidente, le statue degli dèi erano state quasi tutte distrutte. Se a Roma era sopravvissuto un Marco Aurelio, lo si doveva a un equivoco: gli abitanti della città eterna lo avevano confuso con il «cristiano» imperatore Costantino; al contrario, Nuova Roma era ancora abbellita dalle più preziose opere della scultura greca, trasportate lì dallo stesso Costantino per decorare la sua nuova capitale. Ne conosciamo l'identità grazie a una specifica sezione della storia di Niketas Choniates, un uomo sensibile e colto, che con le sue parole cercava almeno di restituire un volto all'inestimabile tesoro d'arte perduto al sacco e alla violenza crociata: un segno che la sensibilità verso il patrimonio artistico non è un monopolio della modernità.

Nella violenza di quei giorni cadde la possente statua di Hera, gigantesca meraviglia di bronzo del Foro di Costantino.

L'immensa statua fu abbattuta e fusa; Niketas sostiene che solo per la testa fu necessario aggiogare quattro buoi a un carro. Cadde la splendida coppia di statue raffiguranti Paride che dona la mela della discordia ad Afrodite, uno dei più celebri miti legati alla guerra di Troia. Venne anche fusa una colossale statua del Foro del Bue, probabilmente Bellerofonte in groppa a Pegaso, un altro mito greco che Choniates conosceva come le sue tasche, da uomo di cultura quale era. Nel Foro di Teodosio, c'era un arco monumentale, coperto di lastre di bronzo finemente incise, di splendida bellezza; questo monumento era visibile da tutta la città essendo sormontato da una statua di bronzo segnavento: decorazioni e statua furono consegnate alle fornaci che tutto divorano. Cadde l'eroe delle dodici fatiche, Eracle, con la sua enorme mazza, l'arco e le frecce, cadde anche la Lupa di Roma che allatta Romolo e Remo, probabilmente una copia dell'originale etrusco-romano. A proposito, Niketas lamenta con particolare angoscia la distruzione di questo simbolo «della nostra nazione», segno che nel 1204 i Romani del Bosforo non avevano certo dimenticato le loro origini sul Tevere.

Quello che però fece più male a Niketas fu la caduta di Elena di Troia, lei che aveva irretito con la sua bellezza orde di guerrieri, e che ora finiva vittima di un'altra violenta orda:

> *La sua veste era più sottile delle ragnatele del ragno e il velo era stato astutamente posto sulla sua testa, un diadema d'oro e di pietre preziose cingeva la sua fronte radiosa, e la treccia dei suoi capelli si allungava fino alle ginocchia, scorreva e soffiava nella brezza ed era legata con una fascia per capelli. Le labbra erano come un fiore leggermente aperto giusto per parlare; il grazioso sorriso, salutando lo spettatore, lo riempiva di gioia. I suoi occhi lampeggianti, le sopracciglia arcuate e la forma del resto del corpo erano tali da non poter essere descritti a parole, per essere consegnate così alle future generazioni.*[14]

La lista di Niketas continua ancora per pagine e pagine, ultimo atto d'amore di un uomo sensibile che voleva che queste opere fossero almeno ricordate dalla sua penna. Quello che più irritava Niketas – e irrita anche noi – è che tutte queste meraviglie furono distrutte ignorando tutta la maestria che era stata infusa nella loro realizzazione. Niketas comprendeva che il loro valore superava di molto il loro peso in bronzo, ma i cavalieri crociati no. Nelle parole del nostro storico trapela un amaro rimpianto: «*di tutte queste meraviglie dell'antichità, i crociati ne fecero solo povere monete di bronzo, senza alcun valore*».

Lo stupro dell'Hagia Sophia

Una delle scene più celebri del sacco è sfortunatamente dubbia, perché Niketas non era lì per testimoniare con i suoi occhi e scrive per un'audience – i Romani rifugiatisi a Nicea – che aveva tutto l'interesse a esagerare i contorni degli eventi. Quello che ci riferisce, però, non è impensabile e ha a che fare con il saccheggio dell'Hagia Sophia. Il ciborio d'argento della Grande chiesa fu fatto a pezzi, tutto il metallo prezioso fu rimosso violentemente. Il bottino fu così abbondante che i crociati dovettero portare dei muli dentro il tempio, per caricarli di tutte le immense ricchezze che vi erano custodite. Diversi muli scivolarono sul liscio pavimento di marmo, azzoppandosi e crollando a terra per il peso, macchiando del loro sangue e delle loro interiora il più sacro degli edifici dei Romani. A completare il sacrilegio, una prostituta al seguito dei crociati si sedette sul trono patriarcale, cantando canzoni allusive, ballando sui tacchi e festeggiando la morte di ogni norma, la fine di un Impero, la caduta della Regina delle città.

Né furono risparmiati i morti: già più volte gli stessi Romani erano dovuti ricorrere al saccheggio delle tombe degli imperatori, ma avevano cercato di preservare almeno i più noti, come per esempio Giustiniano. Ora il riconquistatore dell'Italia e il codificatore delle leggi romane non sarebbe più scampato alla profanazione. Narra Niketas:

> *Aprirono i sepolcri degli imperatori che si trovavano all'interno del grande tempio dei Discepoli di Cristo e nottetempo saccheggiarono illegalmente qualunque ornamento d'oro, assieme alle*

perle rotonde e alle gemme radiose, gioielli preziosi e incorruttibili che erano ancora conservati all'interno. Ritrovarono il cadavere dell'imperatore Giustiniano che non si era decomposto nel corso dei lunghi secoli,[15] *guardarono ammirati quello spettacolo miracoloso, ma ciò non impedì loro di mettere le mani sugli oggetti di valore della tomba.*[16]

I veneziani, che – da bravi mercanti – sapevano riconoscere al volo la qualità artistica dei monumenti romani, riuscirono a salvare qualche pezzo, destinato ad arricchire la loro città. Come è noto, spedirono in laguna i celebri cavalli che finirono a decorare San Marco – prelevati dall'ippodromo. Si impadronirono anche di parti della pala d'altare dell'Hagia Sophia, inviate a Venezia per impreziosire la celeberrima Pala di San Marco, realizzata da artigiani romani nell'XI secolo. Inoltre, misero le mani anche su capolavori dell'architettura romana: per esempio due meravigliosi pilastri della chiesa di *Agios Polyeuktos* – detti a Venezia «pilastri acritani» – che ornano la piazzetta di San Marco, o il gruppo statuario dei Tetrarchi, che fa invece da angolo decorativo della basilica di San Marco, sul lato del Palazzo ducale. In porfido rosso imperiale, rappresenta Diocleziano, Massimiano, Galerio e Costanzo Cloro, gli originali tetrarchi che chiusero la crisi del III secolo, da me narrata in *Per un pugno di barbari*. Ecco trovato un inaspettato legame tra questi due libri, che narrano di tempi distanti quasi un millennio.

Giorgio Perslasca

In tutto questo caos, vale la pena narrare la storia personale di Niketas Choniates, perché in un certo senso è una capsula del tempo consegnataci da un testimone oculare, che non nasconde né le violenze, né i rari atti di carità degli occidentali.

Il 13 aprile, quando cadde la città, Niketas si era rifugiato con i suoi cari e i servitori in una sua proprietà vicino all'Hagia Sophia, questo perché la sua residenza principale era andata a fuoco durante il secondo, colossale incendio della città. Presto però si accorse che neanche la vicinanza della cattedrale sarebbe stata una protezione sufficiente. Le bande dei crociati saccheggiavano ovunque, e avrebbero fatto irruzione nel suo rifugio. In quel frangente, venne in suo soccorso un suo servitore veneziano:

> *C'era un mio conoscente che condivideva il focolare con me, veneziano di nascita, per questo ritenuto dai crociati degno di protezione, tanto che né lui né la sua famiglia furono danneggiati. In quei momenti difficili si rese utile, indossando l'armatura e trasformandosi da mercante in soldato. Si finse compagno d'armi della crociata e, parlando nella loro lingua barbara, a chi veniva a saccheggiarla affermò di aver occupato per primo la nostra dimora.*[17]

Il nostro Giorgio Perlasca – che di nome faceva Domenico – rimase a lungo fuori, fingendo di avere un diritto di conquista sulla casa di Niketas. Si rese però conto che neanche la sua protezione poteva bastare:

> *Continuavano ad affluire guerrieri in gran numero, ed egli disperava di opporvisi, soprattutto ai Francesi, temibili sia per il loro temperamento che per il loro fisico, al punto che si vantavano di non temere null'altro che l'oltretomba. Poiché gli era impossibile sconfiggerli, ci consigliò di andarcene, affinché noi uomini non fossimo gettati in catene per sottrarci il nostro denaro, e le donne non venissero violentate.*[18]

Niketas e i suoi lasciarono la casa, scortati dal veneziano che fingeva di essere il loro carceriere. Furono costretti a portare sulle spalle i bambini che non potevano camminare velocemente, una donna aveva al seno un neonato in fasce. Erano come dei profughi nella loro città e, per giunta, Niketas era molto preoccupato per sua moglie, incinta e ormai prossima al parto. Giunsero infine alla casa di un altro veneziano, un amico di Niketas, che li ospitò nei caotici giorni seguenti.

Dopo qualche giorno, i capi dei crociati riuscirono a riportare l'ordine, mentre l'immenso bottino veniva accatastato in piramidi di argento e oro degne del drago Smaug. Il 17 aprile, il quinto giorno del sacco, i Latini fecero sapere ai «Greci» rimasti in città che, se volevano partire, erano autorizzati a farlo, sotto la garanzia della protezione delle autorità crociate. In seguito all'appello, Niketas e tutta la sua famiglia si radunarono assieme a un gran numero di nobili e persone importanti sopravvissuti al sacco. Secondo il nostro storico, attraversavano la città in ordine serrato, come un esercito di formiche. Il gruppo di profughi dovette passare sotto le forche caudine di molti cavalieri crociati che, ignorando le istruzioni dei baroni, si allinearono lungo il loro percorso per percuoterli e cercare di sottrargli ogni ricchezza nascosta. Narra Niketas:

I soldati che ci vennero incontro non potevano dirsi armati per la battaglia, perché sebbene le loro lunghe spade pendessero accanto ai cavalli e portassero pugnali nelle cinture delle spade, molti erano stracarichi di bottino e altri perquisivano coloro che passavano di lì per vedere se avessero avvolto da qualche parte una veste splendida dentro una tunica strappata, o avessero nascosto argento e oro nel seno.[19]

Né si poteva dire che la soldataglia latina avesse scaricato tutti i suoi desideri sessuali: molte donne continuavano a essere violentate; i Romani allora misero le donne al centro della colonna, chiedendo loro di mascherare con fango e sporcizia la bellezza del viso. Così inquadrati, si diressero verso la Porta Aurea, la grande porta trionfale dalla quale usciva la Mese, la più importante via della città. Lungo la strada, un cavaliere afferrò una giovane ragazza, la figlia di un giudice, per portarla via e violentarla, tra i terribili lamenti del padre. Niketas riuscì a supplicare un gruppo di altri cavalieri occidentali, ricordando che i loro stessi capi avevano giurato che non avrebbero avuto nulla da temere. Che ne era del loro giuramento di difendere le leggi di Dio? Li redarguì in questo modo:

Avete prestato tremendi giuramenti: di astenervi dalle violenze sessuali e, se possibile, anche dal guardare con occhi adulteri le donne sposate, le fanciulle che non hanno mai conosciuto alcun uomo e le monache consacrate a Dio. Quest'aggressore, davanti a molti testimoni, si è fatto beffe delle vostre ingiunzioni e non ha avuto paura di ragliare come un asino alla vista di caste fanciulle. Difendete dunque coloro che sono protette dalle vostre leggi e che sono state affidate alla nostra responsabilità! Che vi addolciscano queste lacrime che Dio e la natura hanno incanalato nei nostri occhi per suscitare la vostra pietà![20]

Dubito che Niketas riporti esattamente le parole da lui utilizzate in questo frangente, ma quali che fossero esattamente ottennero comunque l'effetto desiderato: i cavalieri crociati, commossi dal *logothetes* romano, impedirono che la ragazza fosse violentata, minacciando di impiccare il cavaliere lussurioso. Ottenuta la sua liberazione, forse l'atto più coraggioso della sua placida vita, Niketas raggiunse gli altri con la poveretta al suo braccio. Finalmente il corteo di quelli che erano stati i potenti di Nuova Roma guadagnò la porta della città, verso una derelitta libertà e una vita in esilio lontani dalla loro amata metropoli sul Bosforo.

Una volta fuori, Niketas si sarebbe voltato a guardare la Regina di tutte le città, ammirandola dall'alto di una collina, prima che la lontananza la nascondesse alla vista: il fumo si levava dalle zone andate recentemente a fuoco, enormi buchi si aprivano nel suo tessuto abitato. Eppure, da quella distanza, si poteva ancora fingere che nulla fosse cambiato. Le magnifiche mura teodosiane erano ancora intatte nella loro magnifica possanza: mai nessun nemico le aveva violate, neanche i crociati.

Qui Niketas ci lascia una delle più dolorose e appassionanti invettive che abbia mai letto. Un lamento che scuote il cuore e l'anima, il lamento dell'ebreo condotto via da Nabucodonosor, il pianto di Baghdad devastata dalla furia dei Mongoli, di Tenochtitlan cancellata dalla vendetta spagnola: il canto della patria perduta, del pensiero che va, sull'ali dorate, sul suolo natale. È con queste parole che vorrei concludere questo tragico capitolo:

Mentre lasciavamo la Città alle spalle, altri si volsero, ringraziando Dio, e ad alta voce piangevano le loro sventure. Ma io mi get-

tai a terra così com'ero e rimproveravo le mura, perché solo loro sembravano insensibili, non versavano lacrime né giacevano a terra in rovina. Allora gli dissi: «Se non esistono più quelle cose per la cui protezione siete state erette, essendo state distrutte dal fuoco e dalla guerra, per quale scopo siete ancora in piedi? (...)».
«O Città imperiale» gridai «o Città protetta, Città del grande re, tabernacolo dell'Altissimo, lode e canto dei suoi servitori e amato rifugio per gli stranieri, regina delle regine delle città, canto dei canti e splendore degli splendori, la più rara e preziosa delle rare meraviglie del mondo, chi è che ci ha strappati a te come dei cari figli dalla loro madre adorante? Che ne sarà di noi? Dove andremo? Quale consolazione troveremo nella nostra nudità, strappati al tuo seno come dal grembo di una madre? Quando potremo rivederti nuovamente restaurata, di nuovo magnifica, e non come sei adesso, una pianura di desolazione e una valle del pianto, calpestata dagli eserciti, disprezzata e violata?»[21]

I Romani avrebbero rivisto la loro città, un giorno: cinquantasette anni più tardi l'odiata dittatura dei Latini sarà rigettata in mare, la città tornerà a essere ancora per due secoli la capitale di una cosa che si chiamerà ancora l'Impero romano. Ma la città non ritroverà mai la sua gloria, la sua ricchezza, la sua bellezza. E Niketas, a parte una breve visita, non vi farà più ritorno, ma morirà in esilio a Nicea.

2

Un Impero latino

Questo libro voleva essere un racconto di come si giunse al dirottamento e alla tragedia della Quarta crociata, cosa spinse questi «pellegrini di Dio» a prendere e saccheggiare la più grande metropoli del mondo cristiano. Non posso quindi narrare nel dettaglio cosa avvenne dopo, forse è un argomento di un altro libro, tutto dedicato alle contorsioni del Levante in questo drammatico XIII secolo, che portò alla fine sia di *Outremer* sia del nuovo «impero coloniale latino» che si andava prospettando.

Qui basti dire che i crociati raccolsero un immenso bottino, personale e «collettivo». La parte che fu stipata nei depositi dell'armata contava circa 400.000 marchi d'argento, cinque volte l'esorbitante prezzo richiesto da Venezia per traghettare i crociati in *Outremer*. Questo bottino «ufficiale» fu poi distribuito secondo il trattato di marzo: un quarto andò a costituire la dotazione del futuro imperatore latino, mentre dei rimanenti 300.000 marchi, la metà sarebbe spettata ai veneziani e l'altra metà ai crociati, che però dovettero pagare al doge l'affitto della flotta che non era stato poi versato da Alexios IV, come da accordi del 1203. I veneziani, si sa, non sono gente che fa sconti sui debiti, anche quelli contratti dall'ex corona romana. È probabile che i crociati dovettero sborsare almeno altri 50.000 marchi ai veneziani, perché sappiamo che quanto rimase ai Francesi furono circa 100.000 marchi, un bottino tutto sommato piuttosto limitato e che causò non poche tensioni, visto che Robert di Clari e l'anonimo autore della *Devastatio Constantinopolitana* accusarono i baroni – senza mezzi termini – di essersene intascata una buona parte. Entrambi ritennero che le disgrazie che capitarono in seguito ai baroni crociati furono dovute a questa «slealtà» verso i «deboli».

Comunque sia, i pellegrini ricevettero venti marchi per ogni cavaliere, dieci per i sergenti a cavallo e cinque per i fanti. Se riprendiamo il paragone di un marco = 4000 euro, si tratta di un gruzzolo di 80.000 euro per un cavaliere, 40.000 per un sergente a cavallo e 20.000 per i fanti. A conti fatti, una misera somma di denaro, almeno a paragone dell'immensa ricchezza della città conquistata e ai rischi che avevano corso per due terribili anni di guerra.

Le cose andarono diversamente per i cittadini della Serenissima. Se i miei calcoli sono giusti, da tutta questa vicenda e per il loro disturbo i veneziani ottennero, attraverso i vari passaggi contrattuali, almeno 400.000 marchi, se non di più: una parte andò sicuramente al fisco e ai nobili lagunari, ma i marinai devono aver incassato ben più dei loro equivalenti crociati. Si sa che negli affari tra nobili cavalieri e furbi mercanti alla fine saranno i secondi a guadagnarci di più.

Detto questo, i nostri crociati ottennero molto di più della semplice ripartizione del bottino comunale: Robert di Clari e gli altri soldati della crociata si erano ben guardati dal consegnare tutto il raccolto della mietitura: secondo le stime moderne, è probabile che nelle tasche crociate finirono altri 500.000 marchi, mai dichiarati ai nobili crociati, perché a nessuno piace pagare le tasse. Quasi tutti questi fondi prenderanno la via dell'Occidente quando – tra poco – la maggior parte dei cavalieri deciderà di rimpatriare.

Il conclave

Sbrigata questa pratica, era giunto il tempo di eleggere un nuovo imperatore. Come abbiamo visto, i Romani davano per scontato che l'eletto sarebbe stato Bonifacio del Monferrato, la vecchia volpe italiana. C'era però un altro contendente: Baldwin delle Fiandre, apprezzato in particolar modo da molti cavalieri francesi, perché più vicino alla loro età, alla loro cultura e più prestante in guerra.

Ancora una volta, fu Enrico Dandolo a guidare con sapienza la crociata: propose che i due palazzi imperiali, occupati dai due pretendenti, fossero affidati a una guardia comune (e terza) per scongiurare una guerra civile nel giorno dell'elezione. Sia Bonifacio che Baldwin non se la sentirono di rifiutare. Il doge propose inoltre che lo «sconfitto» al ballottaggio ottenesse ampie terre e onori in Asia Minore, così da ricompensarlo lautamente per i suoi servigi al nuovo Impero latino. In questo modo entrambi i contendenti al trono imperiale sarebbero stati legati a possedimenti nel Levante, impedendo che lo sconfitto riprendesse il mare e tornasse in Occidente.

Per giungere alla decisione, i crociati dovettero procedere alla nomina dei dodici grandi elettori, sei «crociati» e sei «veneziani». Dopo lunghe discussioni, i «pellegrini» selezionarono sei prelati, tutti vescovi o abati. Di questi, un paio parteggiavano chiaramente per Baldwin, altri due erano legati a Bonifacio, mentre gli ultimi due, almeno in teoria, erano indipendenti.

A rompere l'*impasse* tra i due candidati sarebbero stati quindi gli altri sei grandi elettori veneziani che, a differenza dei crociati, erano in sostanza tutte creature del doge, al punto che Dandolo istruì di tenerli in disparte dagli altri elettori crociati fino al momento opportuno. Non ho dubbi che i sei veneziani votarono come dettato da Dandolo, e che furono loro quindi a dare la maggioranza a uno dei due candidati.

L'elezione si effettuò nel palazzo del patriarca, occupato dal doge, dove gli elettori furono rinchiusi in conclave. Per tutta la sera e le prime ore notturne tra l'8 e il 9 maggio, i dodici discussero animatamente. Mi sembra quasi di immaginare la tensione dei crociati: migliaia di soldati e cavalieri radunati fuori dalle sale del nuovo potere latino rumoreggiavano per la stressante attesa. A mezzanotte, il conclave si concluse: dal balcone del palazzo emerse il vescovo Nivelon di Soissons, deputato a parlare per tutti e dodici. Era lì per annunciare che c'era una fumata bianca, e che – beh – *habemus imperator*:

Signori, abbiamo trovato un accordo per eleggere un imperatore, che sia lodato nostro signore. Tutti voi avete giurato di obbe-

dire a colui che noi avremmo eletto, e che – se qualcuno si fosse opposto alla nostra decisione – voi ne sareste stati i garanti. E noi, dunque, abbiamo deciso di nominare, in quest'ora in cui nacque nostro signore,[22] *il conte Baldwin di Fiandre e Hainaut.*[23]

Figuratevi lo scorno nel campo di Bonifacio del Monferrato: una vita a complottare per questo momento e, all'ultima curva, il premio più grande gli era stato soffiato da sotto al naso. Immagino che comprese immediatamente a chi doveva la sconfitta: le trame di Enrico Dandolo l'avevano privato del trono che, a suo avviso, gli spettava di diritto. La domanda che dobbiamo farci noi è: come mai?

Il doge sapeva che Bonifacio aveva forti legami con la *Romania*, d'altronde era stato acclamato dai «Greci», che lo ritenevano un *basileus* «naturale», almeno tra i potenziali pretendenti latini. Questo lo rendeva un vicino temibile, capace magari di una politica autonoma e non allineata agli interessi veneziani. In più, Bonifacio era legato a stretto giro con due potenze che Venezia guardava con sospetto: gli Hohenstaufen di Philipp di Swabia e la città di Genova. Venezia non si era imbarcata in quest'impresa ad alto rischio per vedere rientrare dalla finestra i suoi rivali tirrenici. Infine, il marchese del Monferrato era una vecchia volpe italiana, che conosceva bene l'intera politica del Mediterraneo, dall'Italia del Nord a *Outremer*, da Costantinopoli a Roma: molto meglio un giovane, inesperto, orgoglioso conte fiammingo, con il quale ricominciare da zero.

Il 16 maggio del 1204, Baldwin fu incoronato con una sfarzosa cerimonia: un gruppo di nobili francesi, tedeschi, lombardi e veneziani andarono a prenderlo al palazzo centrale, scortandolo fino all'Hagia Sophia. I partecipanti al corteo sfoggiavano nuovi abiti di seta, realizzati su misura dagli artigiani della città. Le vesti erano riccamente ricamate con gemme preziose, uno dei frutti del sacco. I Romani, ancora sotto choc per la conquista, assistettero quasi come spettatori impotenti, almeno quelli che ancora erano rimasti a Costantinopoli. Il grosso dei notabili, degli ufficiali, dei ricchi e dei potenti era già fuggito.

Una volta in chiesa, Baldwin fu portato in una cappella e svestito dei suoi abiti nobiliari. Indossò allora i calzari di porpora che tutti gli imperatori romani portavano da secoli ai piedi, simbolo del potere imperiale. Fu poi rivestito con strati di magnifici indumenti: prima di tutto una veste di maglia con i bottoni d'oro, sulla quale fu infilato il lussuoso *chlamys* della tradizione bizantina, ovvero un grande mantello rettangolare che cadeva fino ai piedi, ricoperto di gemme. Sopra il *chlamys* l'imperatore portava anche un altro mantello, colmo di pietre preziose, sul quale erano rappresentate le aquile della dignità imperiale romana. Secondo Robert di Clari, le vesti imperiali erano talmente risplendenti che parevano emanare luce propria.

Baldwin fu quindi condotto in chiesa da Louis di Blois, Hugh di Saint-Pol e Bonifacio del Monferrato, seguiti dai vescovi della crociata. All'altare, Baldwin pregò Dio e lo ringraziò per avergli concesso la vittoria sugli eretici Greci, e per averlo elevato al trono imperiale. Concluse le preghiere, si spogliò, togliendosi mantello, *chlamys* e tunica, per scoprire le spalle, secondo l'uso occidentale. Allora, seminudo come Gesù di fronte a Giovanni Battista, fu consacrato dai vescovi e unto con l'olio sacro: il simbolo del suo diritto divino a governare. Fu quindi rivestito e formalmente incoronato imperatore. A concludere la cerimonia, gli fu messo al collo un enorme diamante che Manouel Komnenos aveva comprato per l'astronomica cifra di 62.000 marchi d'argento.

I pochi Romani presenti nel pubblico acclamarono l'imperatore come sapevano fare: con un lungo applauso, cosa che sembrò molto strana agli occidentali: non faceva parte dei riti di incoronazione latini. La Quarta crociata era giunta così alla sua improbabile conclusione: i crociati avevano messo sul trono dei Romani un conte fiammingo, che ora era a capo di uno dei due Imperi della cristianità. A differenza del nebuloso Impero occidentale, con il cuore in Germania, l'Impero che i crociati avevano appena conquistato era quello con la più antica tradizione, con il governo più efficace e che poteva vantare un vero legame con la tradizione imperiale di Roma.

Al termine della cerimonia, nell'Hagia Sophia si elevarono i canti gregoriani della messa di rito latino, per la prima volta utilizzati nel tempio sacro della Chiesa greca. E forse era lei il più importante testimone di questi strabilianti eventi: la più bella e maestosa chiesa di tutta la cristianità, voluta da Giustiniano in persona.

La messa latina era un atto simbolico con il quale l'imperatore Baldwin poteva sostenere, e sosterrà con il Papa, di aver messo fine allo scisma tra il papato e la Chiesa greca. Indubbiamente il conte fiammingo riteneva inoltre di avere ormai vinto e soggiogato i «Greci», e di essere ora nella posizione di poter regnare a lungo sull'annerita e violentata Regina di tutte le città.

Si sbagliava su tutti e tre i punti.

Dramatis personae

Come già detto, questo libro non è la storia dell'Impero latino, in un certo senso il suo scopo termina con l'incoronazione di Baldwin delle Fiandre, cerimonia che sembrava inaugurare un futuro radioso per il nuovo Impero feudale, cattolico, occidentale costruito sul corpo del mondo imperiale romano.

Le cose non andarono così: alla fine i Romani, nel 1261, recuperarono la loro antica capitale, che nel frattempo era stata ancora di più spogliata di ogni suo bene a causa di quel disastro che fu l'Impero latino, perennemente incapace di conservarne la gloria. In cinquant'anni i Latini razziarono la città di tutto quello che era sopravvissuto al sacco, svendendone pezzo dopo pezzo quel che restava della sua maestosità e lasciando che le sue chiese e monumenti cadessero in rovina, non avendo i fondi e persino la manodopera necessari a ripararli. La popolazione urbana continuò a diminuire per tutto il periodo: quando la città fu messa a sacco dai crociati, era la casa di 350.000 anime; cinquant'anni dopo, non vi abitava che qualche decina di migliaia di abitanti. Per tutto il resto della sua storia, Costantinopoli sarà quello che la «vecchia» Roma era diventata nel corso del Medioevo: una piccola città derelitta tra le rovine di un'immensa metropoli antica.

Quello che sarebbe ritornato a Costantinopoli, inoltre, fu un Impero romano solo di nome: se si strizzavano gli occhi, si po-

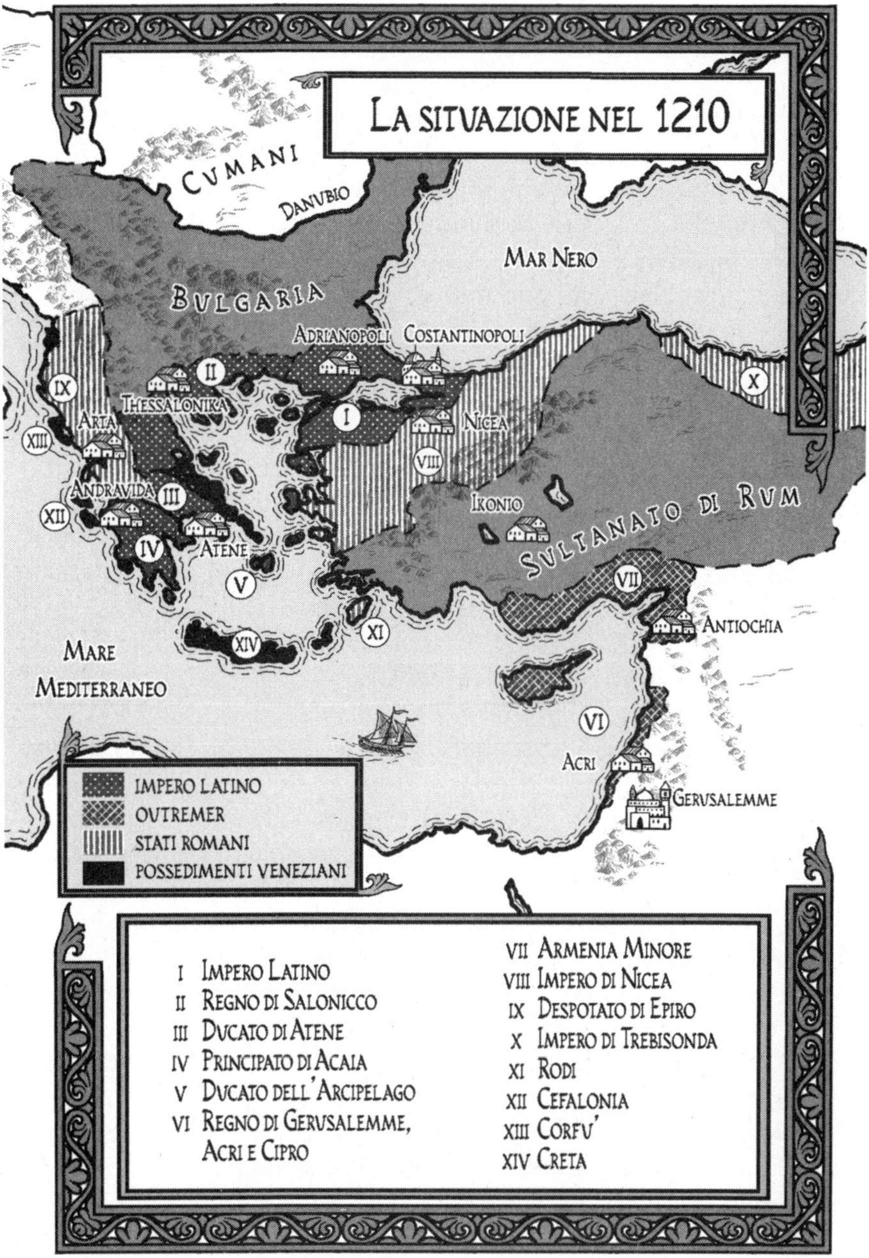
LA SITUAZIONE NEL 1210
CUMANI
DANUBIO
MAR NERO
BULGARIA
ADRIANOPOLI
COSTANTINOPOLI
THESSALONIKA
ARTA
NICEA
ANDRAVIDA
IKONIO
ATENE
SULTANATO DI RUM
ANTIOCHIA
MARE
MEDITERRANEO
ACRI
GERUSALEMME
IMPERO LATINO
OUTREMER
STATI ROMANI
POSSEDIMENTI VENEZIANI
I IMPERO LATINO
II REGNO DI SALONICCO
III DUCATO DI ATENE
IV PRINCIPATO DI ACAIA
V DUCATO DELL'ARCIPELAGO
VI REGNO DI GERUSALEMME, ACRI E CIPRO
VII ARMENIA MINORE
VIII IMPERO DI NICEA
IX DESPOTATO DI EPIRO
X IMPERO DI TREBISONDA
XI RODI
XII CEFALONIA
XIII CORFU'
XIV CRETA

teva ancora riconoscere una certa continuità con l'Impero romano precedente il 1204, ma la gloria di Nuova Roma era stata ormai eclissata e ai Romani rimaneva solo un piccolo Stato mediterraneo, schiacciato tra nemici potenti, con nessuna ambizione universale. I tesori, il patrimonio religioso, le tradizioni, l'amministrazione pubblica, i formidabili registri fiscali, la legittimità a governare la *Romania*: tutti questi beni insostituibili erano andati perduti e non sarebbero tornati. Gli avvoltoi giravano sul corpo di questo fragile «impero», da oriente e occidente, pronti a colpire al primo segno di debolezza. Che in queste condizioni i Romani riuscissero a sopravvivere ancora quasi due secoli – fino al 1453 – la dice lunga sulla tenacità della loro civiltà.

Prima di salutarci, però, mi piacerebbe narrarvi cosa ne fu di tutti i principali attori del dramma che abbiamo appena ripercorso, più o meno nell'ordine della loro morte. Penso che sia anche un modo per chiudere questa storia a cavallo tra l'incredibile e la farsa, tra la commedia e la tragedia.

1. *Pierre d'Amiens e Robert di Clari*

Pierre d'Amiens era il terribile cavaliere che tanta paura infondeva nei Romani, nelle parole di Niketas Choniates. Il suo gruppo era stato il primo a penetrare le mura della città. Signore di Robert di Clari, è più volte glorificato nella sua opera, in virtù del suo grande coraggio. Nell'estate del 1204, seguì il neoeletto imperatore Baldwin I nella campagna che lo portò in Macedonia, e che tanto indispettì Bonifacio del Monferrato (ci torneremo). Nella campagna di Grecia, però, fu il primo dei signori crociati a subire la «maledizione» della Quarta crociata; posso anticipare che non molti potranno vantarsi di una vita lunga e prospera.

Mentre era acquartierato in Macedonia, infatti, l'esercito dell'Impero latino fu colpito da una terribile pestilenza, che contribuì a sfoltire le già piuttosto magre forze militari dei Latini. Sulla via del ritorno a Costantinopoli, Pierre si ammalò e ne morì, cosa che rattristò molto Hugh di Saint-Pol – che naturalmente era suo cugino di primo grado. Ecco come lo piange Robert di Clari, associandolo in un certo senso a una figura leggendaria come quella di Alessandro Magno:

> *Allora morì Pierre d'Amiens, il bello e il valoroso, mentre era a La Blanche, una città molto vicina a Philippi, dove nacque Alessandro Magno.*[24]

Dopo la morte di Pierre d'Amiens, è molto probabile che Robert di Clari si imbarcò per tornare in Francia, carico di reliquie che avrebbe poi depositato all'abbazia di Corbie. Buon per lui, perché non era nel Levante quando i crociati subirono un drammatico rovescio, nell'aprile del 1205, di cui parleremo tra poco.

2. *Hugh di Saint-Pol*

Hugh di Saint-Pol si comportò con grande coraggio durante la presa di Costantinopoli, ma sembra aver dimostrato più compassione per i «Greci» di quanto fossero capaci i suoi connazionali. Su questo punto, abbiamo l'orazione funebre di Nikolaos Mesarites, scritta in onore di suo fratello Ioannes, monaco rifugiatosi nel monastero di Agios Georgios, nel distretto dei Mangani.[25] Il conte di Saint-Pol aveva deciso di impadronirsene per farne il suo alloggio personale. I suoi uomini vi fecero quindi irruzione e trovarono il monaco Ioannes, che rimase immobile al suo posto, per nulla intimorito dalle minacce dei crociati che gli intimavano di consegnargli il tesoro del cenobio. Quando Hugh giunse in loco, lo fece chiamare, alzandosi in piedi in segno di rispetto al suo ingresso: scambiò delle gentili parole con il monaco, attraverso un interprete. Poi, secondo Mesarites, Hugh avrebbe detto:

> *Se gli uomini di Costantinopoli fossero stati governati da un uomo di tal fatta, forse avremmo potuto giurare fedeltà a lui.*[26]

È probabile che questo evento sia stato «abbellito» da Nikolaos per elevare la figura del fratello, ma quel che è certo è che

Hugh provò a riportare l'ordine durante il caos del sacco: fece impiccare uno dei suoi cavalieri che aveva rubato dal bottino «comune» dell'armata, l'unico caso che conosciamo di punizione «esemplare». Hugh dimostrò un senso di giustizia anche nei confronti di Alaume, il fratello chierico di Robert di Clari, decidendo di assegnargli per meriti militari la quota di bottino che spettava ai cavalieri, nonostante fosse un uomo di Chiesa.

Il giorno dell'incoronazione di Baldwin, Hugh portò la spada del nuovo imperatore, mentre Bonifacio portava la corona e Louis di Blois il gonfalone: un segno di grande onore. L'imperatore lo fece conestabile, una delle più alte cariche del nuovo Impero latino, e gli assegnò il feudo di Demotika[27] in Tracia, una posizione elevata e difendibile, che ne avrebbe fatto il più importante feudatario nella parte europea dell'Impero latino.

Ahimè, non poté godersi la vittoria, o vantarsene con una nuova lettera al suo amico in Francia. Hugh di Saint-Pol si ammalò di gotta, cosa che lo tenne bloccato a Costantinopoli mentre i suoi uomini di impadronivano di Demotika. Circa a marzo del 1205, morì di morte naturale. Fu sepolto proprio nel monastero di Agios Georgios dei Mangani, che si trovava un tempo nelle vicinanze del palazzo imperiale e del Mar di Marmara. Il monastero fu distrutto durante la costruzione del palazzo del Topkapi, la residenza dei sultani ottomani. Sua figlia ereditò il titolo di contessa di Saint-Pol, titolo poi passato alla famiglia del primo marito, il casato di Châtillon. Il suo nome si estinse.

3. *Alexios V Mourtzouphlos*

Il Sopracciglione, come vi ricorderete, sopravvisse alla caduta di Costantinopoli, dandosi alla fuga nella notte del 12 aprile 1204. Con sé aveva Eudokia Angelina, una delle figlie di Alexios III Angelos, l'imperatore che governava Costantinopoli all'arrivo dei crociati. I due erano diventati amanti, ed erano determinati a sposarsi. Il Sopracciglione pensò allora che l'unica speranza rimastagli era di unire le sue forze a quelle del suo predecessore, due Alexios prima, il succitato Alexios III Angelos Komnenos, ancora uccel di bosco dal 1203 e dalla «prima» caduta di Costantinopoli. Alexios III aveva preso residenza a Mosynopolis, tra Costantinopoli e Thessalonika, ed è proprio in quella direzione che si mosse Mourtzouphlos.

Il Sopracciglione si accampò con i suoi seguaci di fronte alla città, offrendo ad Alexios III un'alleanza: la sua formale sottomissione in cambio di un matrimonio dinastico. Avrebbe sposato Eudokia Angelina, la figlia di Alexios III, diventando un legittimo erede al «trono», se di trono si può parlare. Alexios III Angelos Komnenos acconsentì, e invitò a cena in città il suo nuovo genero, per festeggiare assieme le nozze. In perfetto stile *Trono di Spade*, appena Mourtzouphlos fu dentro il palazzo, al cospetto dell'imperatore, questi ordinò di gettarlo in una buia prigione, dove gli furono cavati gli occhi, come si faceva a un traditore che aveva osato «usurpare» il trono imperiale. Ecco come commenta Niketas Choniates:

> *Alexios III, egli stesso un vagabondo, disprezzava quel vagabondo. Disertore del trono, si oppose a un altro che lo aveva disertato.*[28]

Villehardouin critica con dure parole questo «tradimento», additandolo a tipico esempio di doppiezza e ferocia dei Greci: con queste vendette incrociate, essi dimostravano di essere indegni di governare quella terra. In realtà, Alexios III risparmiò il genero. Una volta accecato, il poveraccio fu rilasciato e vagò inconsolabile per alcuni mesi, con pochissimi seguaci. Pochi mesi dopo, la fuga del nostro latitante finì come nei migliori polizieschi: Alexios V Mourtzouphlos fu catturato dai crociati nel novembre del 1204, in Asia Minore, mentre cercava di raggiungere il territorio dell'Impero di Nicea, dove i Romani avevano creato una nuova amministrazione «in esilio».

I Latini non avevano mai riconosciuto il governo di Alexios V e non si sentirono quindi obbligati a trattarlo con alcun riguardo. Ai loro occhi il Sopracciglione era un traditore, un usurpatore e un assassino del suo signore (il giovane Alexios IV). Per questi crimini, fu condotto a Costantinopoli, gettato in prigione e processato. Ovviamente fu condannato a morte.

L'imperatore Baldwin tenne consiglio con i suoi baroni sulla modalità dell'esecuzione: molti suggerirono vari metodi brutali per mettere a morte il prigioniero, in modo da dimostrare il potere latino e offrire un grande spettacolo agli abitanti della città. Robert di Clari ci riporta che – al solito – fu Enrico Dandolo a proporre il corso d'azione che fu infine scelto:

> *Il doge affermò che (Mourtzouphlos) era una figura troppo importante per essere appeso a una forca. «Per un personaggio del genere» disse il doge «vi dirò quella che dovrebbe essere la giusta punizione.»*[29]

Nel cuore di Costantinopoli c'era il grande Foro di Teodosio, al cui centro si ergeva una delle colonne della città, non altrettanto alta rispetto a quella di Giustiniano, ma pur sempre gigantesca: giungeva fino a quaranta metri, tredici piani di un palazzo moderno. L'interno della colonna ospitava una scala, che conduceva fino alla sommità, dove un tempo era vissuto uno stilita, uno dei tanti santoni orientali che conducevano una vita ascetica in cima ai grandi pilastri dell'antichità. Mourtzouphlos vi fu condotto di fronte a una folla di curiosi, che sempre si accalcano per osservare la miseria umana, dai giochi gladiatori dell'antichità alle esecuzioni del Terrore durante la Rivoluzione francese. Una piccola spinta, e il corpo di Mourtzouphlos cadde da decine di metri d'altezza, finendo sfracellato sul pavimento del Foro.

4. *Baldwin delle Fiandre e Louis di Blois*

L'imperatore Baldwin inaugurò una dinastia di «fiamminghi» al potere a Costantinopoli, una strana associazione tra il mondo mediterraneo e quello dell'Europa del Nord. Il suo primo grattacapo fu di risolvere la contesa con Bonifacio del Monferrato, determinato ad acquisire un regno per sé e la sua casata. Ma di questo parleremo a proposito della storia del marchese. Qui basti dire che infine i due si accordarono, non prima però di aver dimostrato i limiti del nuovo potere «imperiale» di Baldwin I, imperatore latino di Costantinopoli. Il conte delle Fiandre, nei mesi seguenti alla sua incoronazione, riuscì a sottomettere buona parte dei territori imperiali sui due lati del Mar di Marmara, inclusa la Tracia, che guardava a Costantinopoli per difenderla dalla minaccia dei Bulgari. In Asia Minore andò meno bene, perché lì si organizzò uno Stato «romano» attorno alla nuova capitale di Nicea: Theodoros Laskaris, genero di Alexios III Angelos Komnenos, mosse rapidamente le sue pedine per radunare tutto quello che restava della potenza militare romana, dirottando le tasse della regione verso la sua nuova corte, sostenendo di governare per nome e per conto di Alexios III Angelos Komnenos, almeno per ora.[30]

Per Baldwin le cose si misero male già nella primavera seguente, e a pesare fu la sua incomprensione della situazione politico-militare dei Balcani. Qui i Romani erano sempre stati la più importante potenza regionale, ma i Bulgari-Valacchi ribellatisi contro Isaakios II Angelos avevano ricostituito lo Stato bulgaro distrutto da Basileios II. Quando presero Costantinopoli, i crociati trattarono con alterigia e sufficienza con Kalojan, il capo dei Bulgari, intimandogli di abbandonare tutti i territori che erano tradizionalmente appartenuti all'Impero dei Romani, cosa che avrebbe significato la condanna a morte per il giovane Stato bulgaro. Dal loro punto di vista, i «ribelli» erano poco di più di volgari banditi.

Kalojan reagì con sdegno e determinazione, e si mobilitò per la guerra: da tempo aveva stretto alleanza con un popolo nomade d'oltre Danubio, i Cumani, ai quali promise grandi opportunità di bottino ora che l'Impero romano era stato distrutto da un'armatucola di guerrieri occidentali. Chissà? Con un po' di fortuna, si poteva perfino ambire al premio più grande, Costantinopoli.

Kalojan sobillò le città romane della Tracia che si erano sottomesse al nuovo regime di Costantinopoli, offrendo di liberarle dalla «tirannia» occidentale. I notabili romani della regione temevano i Bulgari ancor più dei Latini, ma presto si resero conto di quanto pochi fossero i loro nuovi dominatori: ogni castello e città della Tracia ricevette non più di qualche decina di guerrieri occidentali, che li avrebbero dovuti difendere dalla minaccia bulgara. I Romani allora compresero che, non potendo fermare Kalojan, era molto meglio venire a patti con lui, senza attendere il suo inevitabile arrivo la primavera seguente. Nell'inverno tra il 1204 e il 1205, diverse città romane della Tracia si ribellarono, uccisero la guarnigione latina e chiesero l'intervento dei Bulgari, che – ricordiamolo – fino ad appena una ventina d'anni prima erano stati sudditi della *Romania*, erano ortodossi e non degli eretici e – dettaglio non trascurabile – erano ben più familiari dei «Francesi», che sembravano atterrati da Marte. Nella rivolta dei Romani di Tracia, il più importante castello a cadere fu Demotika, città poco a sud di Adrianopoli, tenuta dagli uomini di Hugh di Saint-Pol, appena deceduto.

La reazione dell'imperatore Baldwin fu immediata: chiamò a consiglio Louis di Blois ed Enrico Dandolo, per pianificare una campagna militare in Tracia. Il triumvirato decise di richiamare tutti i cavalieri crociati. Infatti, dopo la fondazione dell'Impero latino, gli occidentali si erano sparpagliati in tutte le direzioni per andare a conquistare i feudi loro assegnati in Asia Minore e nell'Egeo. A malincuore, Baldwin chiese persino aiuto a Bonifacio del Monferrato, che però – come vedremo – era occupato in Grecia. Comunque sia, ci volle un bel po' di tempo per radunare i rinforzi, che rientravano nella capitale alla spicciolata. Mentre passavano le settimane, a Costantinopoli giungevano notizie sempre più preoccupanti di castelli occupati dai Latini che venivano presi e saccheggiati. Riportavano storie di cavalieri occidentali messi a morte, di altri intrappolati oltre le linee nemiche, che inviavano disperati appelli di aiuto.

Baldwin era sempre più impaziente di fare qualcosa, ma non aveva i numeri per passare all'azione: a Costantinopoli non erano rimasti che un centinaio di cavalieri. Alla fine ruppe ogni indugio: l'imperatore si mise in viaggio appena arrivarono i primi rinforzi dall'Asia, comandati dal braccio destro dell'imperatore, suo fratello Henri delle Fiandre. Non immaginatevi grandi cifre, si trattava di altri cento cavalieri in tutto, con il loro seguito di sergenti e fanti.

L'imperatore fu spinto ad agire dalla consapevolezza che bastava una spinta ben assestata da parte di Kalojan e tutto quello che avevano guadagnato l'anno precedente rischiava di andare perduto. L'Impero che stavano tentando di inghiottire con la loro risicatissima armata stava cadendo come un traballante castello di carte. Baldwin si mise alla testa, dunque, di un piccolo contingente di centoquaranta cavalieri con i quali si diresse contro Adrianopoli, città che si era ribellata ai crociati e data ai Bulgari. Si unì a un altro piccolo gruppo di Latini inviati in avanscoperta, agli ordini di Geoffroy di Villehardouin. Nella minuscola armata crociata c'era anche Louis di Blois, che era stato confinato a letto durante il secondo assedio di Costantinopoli, ma che si era ormai ristabilito. Henri delle Fiandre rimase invece a Costantinopoli, cercando di radunare tutte le altre forze disponibili prima di correre in soccorso del fratello. Il 29 marzo del 1205, Baldwin e Louis raggiunsero Adrianopoli: non era ancora passato un anno dalla caduta di Costantinopoli.

Chissà se i crociati pensarono alla storia di questa città, nei cui dintorni si combatterono alcune delle più importanti battaglie della storia romana. Qui, nel 324, Costantino sconfisse Licinio durante la sua marcia trionfale alla conquista dell'intero mondo romano, che l'avrebbe condotto a fondare la sua nuova capitale. Qui si affrontarono più volte Bulgari e Romani. Ma la battaglia più famosa di tutte si combatté nel 378: i Goti di Fritigern inflissero la regina di tutte le sconfitte all'esercito romano di Valente, uccidendo l'imperatore e cambiando per sempre la storia, come narro in *Il miglior nemico di Roma*, il mio saggio dedicato alla storia dei Goti di Adrianopoli.

Incurante di questi precedenti storici, e incurante delle sue sparute truppe, Baldwin assediò Adrianopoli, tentando perfino di prenderla d'assalto, senza successo. Qualche giorno dopo, però, l'esercito di Kalojan arrivò nei paraggi, forte – secondo Geoffroy di Villehardouin – di quattordicimila uomini. Si tratta di un'esagerazione, ma il punto era che i crociati avevano di fronte un'armata decisamente più numerosa di quella portata dall'imperatore. A rincuorare Baldwin, tuttavia, nell'accampamento crociato giunse un nutrito rinforzo di veneziani, in una rara missione terrestre: a comandarli era il novantenne Enrico

Dandolo in persona, consapevole che nei giorni a seguire si sarebbe giocato quell'Impero che aveva costruito con i suoi alleati francesi.

Il 13 aprile 1205, una forza di Cumani attaccò l'accampamento crociato, con una tecnica nomade che presto avrebbe svelato tutta la sua efficacia. Arrivati a distanza di tiro, i cavalieri della steppa bersagliarono di frecce i crociati ma, quando i cavalieri di Louis di Blois si radunarono per attaccarli, i Cumani voltarono i cavalli e si diedero alla fuga, inseguiti dai Latini. Come loro abitudine, i nomadi menarono il proverbiale can per l'aia: fiaccarono i cavalli dei Latini, poi si voltarono e li colpirono con altre micidiali frecce scoccate dai loro potenti archi: Unni e Mongoli sarebbero stati fieri di loro. Questo attacco causò molte perdite tra i crociati, che avrebbero allora dovuto apprendere un insegnamento valido in tutta la storia bellica dell'antichità e del Medioevo: mai inseguire i cavalieri nomadi a cavallo.

In realtà, da bravi testoni coraggiosi, non l'avevano davvero appreso, perché l'indomani – 14 aprile – i Cumani tornarono, ma questa volta con forze ben maggiori rispetto al giorno precedente. Nonostante i buoni propositi della vigilia, Louis di Blois non riuscì a trattenersi e si diede a inseguire i nomadi, incitando Baldwin a fare lo stesso: forse voleva cancellare l'onta del giorno prima. Il piccolo esercito crociato caricò dunque i Cumani, ignorando i precedenti di secoli di guerre tra crociati e nomadi turchi.

Infatti, dopo una ritirata ben congegnata dei loro avversari, i Latini si ritrovarono circondati dall'esercito di Kalojan, che non voleva farsi sfuggire l'occasione di sfruttare la proverbiale incoscienza degli occidentali. Nella disperata battaglia che seguì, Louis di Blois fu ferito, ma si rifiutò di ritirarsi e abbandonare il suo imperatore. I crociati combatterono ancora per ore, con il solito sfrontato coraggio. Questa volta però la loro nota incuranza del pericolo si ritorse contro di loro. Kalojan strinse il nodo scorsoio come i Goti con i Romani nel 378: Louis di Blois cadde sul campo di battaglia come Valente, mentre Baldwin I, primo imperatore latino di Costantinopoli e conte delle

Fiandre, finì prigioniero del nemico. Aveva regnato per 334 giorni. Anche per questo imperatore di Costantinopoli, una battaglia di Adrianopoli si dimostrò fatale.

La sconfitta di Adrianopoli fu un assoluto disastro per il neonato Impero latino: con l'imperatore cadde il fior fiore della cavalleria occidentale che aveva conquistato la città. Si trattava di una congiuntura molto delicata perché proprio ad aprile del 1205 scadeva l'anno di servizio che tutti i crociati avevano promesso al nuovo imperatore. Se Baldwin non fosse stato sconfitto e catturato, sarebbero probabilmente rimasti in Oriente grazie alla prospettiva di guadagnarsi ricchi feudi, ma di fronte al rischio di un'impari lotta contro Bulgari e Romani, molti crociati decisero che la loro avventura nel Levante finiva lì. Tempo di fare i bagagli e tornare a casa, carichi di tesori e reliquie, lasciando i baroni dell'Impero latino a sbrigarsela da soli. Se volete il mio parere, la Quarta crociata termina in questa data: il 14 aprile 1205. Quelle che seguono sono le gesta di un pugno di cavalieri latini, sostenuti dalla potenza navale di Venezia, che riuscì comunque a mantenere Costantinopoli per altri cinquant'anni. Di per sé, fu quasi un miracolo. Ma questa è un'altra storia.

Non si conosce il fato di Baldwin: è certo che morì prigioniero dei Bulgari, ma non si sa se la sua fu una morte naturale o se fu giustiziato. Considerando il suo valore come prigioniero e pedina di scambio, propendo per la prima, anche se è possibile che fu messo a morte da Kalojan in un colpo d'ira quando suo fratello Henri ottenne una serie di successi nella controffensiva latina del 1206. Secondo lo storico romano Georgios Akropolites, il successore di Niketas Choniates e il principale storico dell'Impero di Nicea, lo *tsar*[31] fece del suo teschio una coppa per bere. Proprio come avrebbe fatto Alboino, re dei Longobardi, con il padre di sua moglie Rosmunda, o come aveva fatto un altro sovrano bulgaro – Krum – con l'imperatore Nikephoros I.[32]

La storia del primo imperatore latino ebbe anche una curiosa coda: nel 1225, a vent'anni dalla sua sconfitta a Adrianopoli, un uomo si presentò in Fiandra, dichiarando di essere il perduto conte Baldwin, il cavaliere che si era fatto imperatore di Costantinopoli. L'uomo affermava di essersi liberato della prigionia dei Bulgari e di aver raggiunto la sua piovosa patria per riconquistare la sua amata contea, governata ormai da sua figlia Jeanne, che non era proprio popolare tra i suoi sudditi: una vicenda che fa molto Robin Hood.

Come accaduto più volte nei secoli, molti si convinsero delle pretese del vagabondo, o lo usarono come bandiera per una ribellione che già covava sotto la sabbia. Il mito del fiammingo che era diventato imperatore era chiaramente duro a morire. Alla fine, però, il «falso» Baldwin fu smascherato, catturato e messo a morte.

5. *Enrico Dandolo*

Dopo la caduta di Costantinopoli, Enrico Dandolo si fece dare dall'imperatore latino un'enorme sezione della città, probabilmente l'intero quadrante nord-occidentale, dalle Blacherne alla Grande chiesa dei Romani. Si trattava di tre-ottavi di città, per essere precisi, la quota che spettava ai veneziani. D'altronde, Dandolo fu il primo a fregiarsi del titolo di *Dominus quartae partis et dimidiae totius Imperii Romaniae*, ovvero «signore di una quarta parte e mezza dell'Impero romano», che può forse essere meglio tradotto come «signore di tre-ottavi dell'Impero romano». Notare: Impero romano, non «bizantino» o «dei Greci». Nella sconfitta, finalmente i Latini riconobbero ai «Greci» l'identità nazionale che gli negavano da secoli.

Quanto al resto dell'Impero, anche in questo caso il doge pretese per Venezia i suoi tre-ottavi. Ottenne così le zone che più interessavano ai veneziani: delle città marittime in Tracia, una serie di porti lungo il Mar di Marmara, alcune isole egee (come l'Eubea), il Peloponneso, l'Epiro e le Isole Ionie, oltre alla moderna Albania, con il cruciale porto di Dyrrachion. L'obiettivo era evidente: costruire un ampio dominio a fare da ponte tra Venezia e la «Nuova Venezia» sul Bosforo. Pochi mesi dopo la conquista della città, il 12 agosto del 1204, Enrico Dandolo allargò ulteriormente l'area di azione della Repubblica acquistando da Bonifacio del Monferrato il titolo su Creta, isola al centro dei traffici mediterranei. Certo, queste acquisizioni erano ancora sulla carta, andavano ora conquistate davvero, ma Dandolo si mise subito all'opera per trasformare la spartizione su carta in realtà sul terreno.

Il doge assegnò una piccola flotta a suo nipote Marco Sanudo,[33] con il compito di pattugliare l'Egeo ed espellere di lì i pirati genovesi, che tanti problemi avevano causato ad Alexios III e che erano in procinto di conquistare la stessa isola di Creta. Nel frattempo, inviò i suoi soldati a occupare le città e i castelli attribuiti ai veneziani nella spartizione del 1204.

Si impegnò anche a mettere radici nella Chiesa di Costantinopoli: per l'Hagia Sophia fece nominare dei canoni che fossero solo veneziani, così che eleggessero un nuovo patriarca latino di Costantinopoli, al quale l'intera Chiesa dell'Impero – Francesi e Greci inclusi – si sarebbe dovuta inchinare. La sua scelta cadde su Tommaso Morosini, un veneziano che serviva come suddiacono a Roma. Il doge, al solito un sottile e fine politico, scelse un concittadino che fosse già conosciuto al Papa, prevedendone le resistenze: Innocenzo III si riteneva il capo di tutta la Chiesa universale, e non avrebbe di buon grado accettato il dominio veneziano sul patriarcato di Costantinopoli, uno dei cinque vescovi più importanti della cristianità. Dal punto di vista del Pontefice, a che serviva sottomettere la Chiesa di Costantinopoli, se poi invece finiva nelle mani dei veneziani?

Per ingraziarsi Innocenzo III, la cui ostilità gli era ben nota, Dandolo chiese a Baldwin di scrivere una raccomandazione al Papa, inclusa nella lettera che annunciava la caduta di Costantinopoli. Il nuovo imperatore usa lodi sperticate a favore del doge, formalmente ancora scomunicato, concludendo così la missiva:

> *Raccomandiamo vivamente a Vostro Padre, per merito della sua probità, l'illustre signore Enrico Dandolo, doge di Venezia, uomo da noi altamente e giustamente stimato, così come è stimato dai nostri amici e alleati – i veneziani – che riteniamo fedeli e diligenti in ogni circostanza.*[34]

Vi stupirà forse sapere che Innocenzo III era estasiato dalla conquista e sottomissione di Costantinopoli, nonostante l'avesse proibita: sembrava che Dio avesse voluto finalmente ricondurre la Chiesa greca sotto l'autorità di Roma. Il Papa comprese che, in questo quadro, per ingraziarsi il nuovo imperatore latino non poteva lasciare la scomunica sul doge, non dopo la limpida richiesta di Baldwin. Rimosse dunque l'interdetto su Enrico Dandolo e i suoi veneziani, come ricompensa per il ruolo avuto nel «disegno divino» che li aveva portati a conquistare Nuova Roma. Non che Papa e doge smisero di duellare: Enrico Dandolo chiese di essere liberato del suo giuramento di servire la crociata, in modo da poter tornare a casa e riprendere le redini del ducato veneziano, preparando la sua successione e consolidando il suo partito in città. Il Papa si rifiutò, dicendo che *sicuramente* i crociati non potevano privarsi della sua saggezza in quei momenti cruciali; sembra quasi di sentire Innocenzo III ridacchiare mentre lo scrive. Non solo: Il Papa per mesi si rifiutò di accettare l'elevazione a patriarca di Tommaso Morosini, riservandosi di scegliere personalmente il nuovo patriarca. Il doge però deve aver manovrato per fargli capire che, come aveva fatto l'Impero latino, poteva anche disfarlo, al punto che alla fine Innocenzo III si arrese e, a marzo del 1205, consacrò Tommaso Morosini a patriarca di Costantinopoli, facendo buon viso a cattivo gioco. Un altro sintomo dei limiti del suo potere.

Regolata questa questione, anche per Enrico Dandolo si giunge ai terribili giorni di crisi della primavera del 1205. Quando Baldwin e Louis di Blois marciarono su Adrianopoli, il vecchio doge, ormai più che novantenne, decise che non poteva restare dietro, lasciando da soli i Francesi di fronte a Kalojan. Ordinò di radunare quanti più militi veneziani si potessero richiamare in poco tempo e guidò lui stesso una spedizione che raggiunse Baldwin prima del suo fatale incontro con i Bulgari, come abbiamo già visto. Quando i Cumani attaccarono i crociati, Dandolo mantenne però la sua abituale condotta prudente e si guardò bene dall'ordinare ai suoi di seguire gli avventati alleati crociati: una scelta che preservò le sue forze, ma gli consegnò anche la patata bollente di gestire la sciagurata sconfitta di Adrianopoli.

Dopo il disastro, con l'imperatore prigioniero e Louis di Blois morto, toccò a Enrico Dandolo e Geoffroy di Villehardouin radunare quello che restava dell'esercito. Quella sera, il terribile vecchio andò in giro per l'accampamento a consolare i suoi e i Francesi, sostenendo che nulla era ancora perduto e organizzando una difficile e pericolosa ritirata in direzione di Costantinopoli. Con Villehardouin a formare la retroguardia, Dandolo riportò il grosso dell'esercito fino alla fortezza di Rodosto, sul Mar di Marmara. Durante la marcia un gruppo di crociati, guidato da un conte italiano, abbandonò l'armata per riguadagnare il mare e fuggire in Occidente, un segno di quello che stava per avvenire a Costantinopoli.

A Rodosto, i nostri si aggregarono a un gruppo di mille cavalieri e settecento sergenti a cavallo, che veniva dalla parte asiatica dell'Impero, avendo ascoltato l'appello di Baldwin: troppo tardi. Come Valente, anche Baldwin era andato a combattere la sua battaglia di Adrianopoli senza attendere l'arrivo del «suo» Graziano.[35] Poco dopo, quello che restava dell'esercito latino fu raggiunto da Henri delle Fiandre, che sul posto fu acclamato «reggente» dell'Impero nell'assenza del fratello.

Enrico Dandolo era da poco tornato in città quando, finalmente, quella spietata signora che aveva scansato da tanti decenni venne a fargli visita: il formidabile quasi centenario morì di vecchiaia, nel suo letto. Fu interrato nella più bella chiesa della cristianità, quell'Hagia Sophia che ancora oggi è forse uno dei massimi monumenti creati dall'uomo, e che Enrico aveva occupato per diritto di conquista, arrivando a elevare uno dei suoi concittadini a patriarca di Nuova Roma, un onore impensabile solo qualche decennio prima. Quasi me lo immagino il suo incontro con Manouel Komnenos, lassù: chissà se gli disse cosa ne aveva fatto del suo amato Impero, che tanto orgogliosamente aveva considerato superiore a quel «popolo senza nome» dei mercanti lagunari.

Incredibilmente, il nostro doge fu la prima e ultima persona a essere sepolta nella Grande chiesa: se il terribile vecchio della politica veneziana lo potesse sapere, credo che ne sarebbe particolarmente fiero, dal momento che la riteneva il luogo migliore per il suo ultimo riposo. Al mondo, c'era una sola chiesa in grado di eclissare le nuove cattedrali gotiche dell'Occidente, le cavernose chiese abbaziali dei cistercensi, lo splendore di San Marco a Venezia e perfino dell'antica basilica di San Pietro a Roma. E lui, Enrico Dandolo, l'aveva conquistata. L'Hagia Sophia era sua, ed è lì che avrebbe dormito.

Non vi avrebbe dormito per sempre, però. Oggi il visitatore dell'Hagia Sophia può ancora trovare un'iscrizione in onore di Enrico Dandolo (*Henricus Dandolo*) nel matroneo della chiesa. In realtà, è assai probabile che si tratti di un falso ottocentesco.[36] La tomba originale doveva invece essere situata nel vestibolo, fu distrutta con tutta probabilità cinquant'anni dopo la sua costruzione, dopo la riconquista romana del 1261.[37]

La morte di Dandolo ebbe conseguenze sulle ambizioni veneziane: il nuovo doge, Pietro Zani, guardava con più disincanto alla possibilità di occupare davvero tre-ottavi di *Romania* con le limitate risorse della città lagunare. Venezia avrebbe conquistato il suo posto al sole, ma la visione di Enrico Dandolo non si sarebbe mai realizzata e resterà in gran parte sulla carta.

6. *Alexios III Angelos Komnenos*

Dopo aver fatto strappare gli occhi a suo genero-rivale-successore-omonimo Alexios V Mourtzouphlos, Alexios III Angelos Komnenos continuò a ritirarsi di fronte all'avanzata dei Latini. Baldwin e i suoi cavalieri, nel tardo 1204, erano ancora festanti e sicuri di sé. Questi erano, d'altronde, i pochi mesi di gioia che ebbero tra la conquista di Costantinopoli e la cocente disfatta di Adrianopoli.

Alexios III fu quindi costretto a rifugiarsi in Tessaglia, nella zona di Larissa, in Grecia. Su questo territorio avanzava da sud un altro romano che si era ritagliato uno staterello nella confusione della crisi di Costantinopoli: Leo Sgouros. Questo ufficiale peloponnesiaco si era ribellato ad Alexios III nel 1201, nei tristi anni di declino che precedono la Quarta crociata; prima dell'arrivo dei crociati aveva conquistato Corinto e buona parte del Peloponneso. Durante il primo assedio di Costantinopoli – nel 1203 – aveva mosso alla conquista di Atene e poi della Beozia. A differenza di Alexios V, non si era mai proclamato imperatore e questo lo rendeva un partner più accettabile del «Sopracciglione» agli occhi di Alexios III, che gli concesse la mano di sua figlia Eudokia, ancora affranta per gli occhi strappati al suo precedente sposo. Quest'unione matrimoniale sancì l'alleanza dei due romani, con lo scopo di creare in Grecia un fronte unico di resistenza ai Latini.

Purtroppo per loro, era troppo tardi. Da Thessalonika discendeva come un martello la forza di Bonifacio del Monferrato e dei suoi cavalieri lombardi, burgundi e tedeschi. Leo Sgouros fu sconfitto e costretto a ritirarsi nel Peloponneso, mentre Alexios III fu catturato vivo dal marchese. Anche in questo caso, Alexios III condivise il fato del «Sopracciglione». Non fece invece la fine del suo omonimo: Bonifacio decise che questo ex imperatore valesse più da vivo che da morto, e lo spedì in un monastero a Genova, la sua alleata italiana. Un modo anche per mettere pressione su Venezia, ricordando ai suoi cari alleati che aveva un imperatore legittimo da usare, qualora avessero fatto le bizze.

Cinque anni dopo, nel 1210, Alexios III ottenne un aiuto inaspettato da parte di uno dei notabili romani che erano riusciti a ritagliarsi uno staterello. Il sovrano dell'Epiro,[38] Mikael Komnenos Doukas, pagò il suo riscatto a un indebolito clan del Monferrato.[39] L'imperatore fu liberato e condotto via nave al porto di Arta, la capitale dell'Epiro. Non è facile capire cosa complottassero i due, ma è probabile che Mikael Doukas fece atto di formale sottomissione all'autorità imperiale di Alexios III, l'ultimo imperatore romano ancora in vita, offrendogli sostegno per la sua causa. Il problema è che, all'epoca, c'era un altro Stato romano rivale, in Asia Minore: l'Impero di Nicea governato dai Laskaris. Al 1210 Theodoros Laskaris aveva rotto gli indugi e si era fatto proclamare imperatore dal patriarca ecumenico in esilio; non sapeva più che farsene di Alexios III, che aveva inizialmente riconosciuto come legittimo sovrano dei Romani.

Alexios III lo considerò un tradimento: non pensò neanche un secondo di fare fronte comune con Nicea contro i Latini, ma decise invece di recarsi dai Turchi selgiuchidi del sultanato di Rum per convincerli a prestargli la loro potenza militare in funzione anti-nicena. L'anziano ex imperatore era disposto a usare un'armata turca per distruggere i Romani di Nicea, come se il tradimento di suo nipote Alexios IV Angelos, che aveva usato un'armata crociata per detronizzarlo, non gli avesse insegnato nulla.

Lasciando indietro la moglie ad Arta, Alexios salpò dunque verso l'Asia Minore. Ottenuto il sostegno del sultano, mosse guerra a Nicea e si scontrò con le forze romane dei Laskaris nella cruciale battaglia di Antiochia sul Meandro. Inizialmente tutto sembrò andare per il verso giusto, poi però il sultano fu ucciso dai Niceni e i Turchi si ritirarono, lasciando che Alexios III fosse catturato da suo genero. Eh sì, perché Theodoros Laskaris aveva sposato un'altra figlia di Alexios III, anni prima: il suocero traditore era stato infine tradito da un genero. L'imperatore di Nicea rinchiuse il derelitto Alexios III in un monastero della sua capitale, dove spirò pochi mesi dopo. Con la sua morte, nel 1211, terminava la dinastia degli Angeloi, decisamente una delle più disastrose ad aver mai governato sull'Impero dei Romani. Sarebbe stato Laskaris a ereditare il mantello della resistenza agli odiati Latini, anche se fu un pronipote di Alexios III, Mikael VIII Palaiologos, a riconquistare ai Romani quello che restava della Regina delle città.

7. *Bonifacio del Monferrato*

Abbiamo lasciato il marchese alle prese con la delusione per la mancata elezione a imperatore. Come abbiamo visto, gli accordi pre-elettorali prevedevano che gli spettassero ampi domini (da conquistare) in Asia Minore. Pochi giorni dopo la sua sconfitta elettorale, Bonifacio mosse però le sue pedine: con sontuose nozze, sposò Margit d'Ungheria, vedova di Isaakios II Angelos, morto pochi mesi prima. Di colpo, Bonifacio era entrato a far parte dell'ex famiglia imperiale romana.

Per sfruttare al meglio quest'alleanza, Bonifacio propose al nuovo imperatore Baldwin di concedergli il dominio sulla seconda città dell'Impero, Thessalonika, oltre alle regioni prospicienti, anch'esse da conquistare: la città macedone era vicina al regno d'Ungheria del suo nuovo cognato, re Emerik, ed era inoltre la sede della vecchia *pronoia* di suo fratello, Ranieri del Monferrato. Baldwin accettò, ma poi manovrò per occupare per primo la città, scatenando prima l'ira e poi la ribellione di Bonifacio. Per far valere le sue pretese, il marchese occupò un castello in Tracia e mise sotto assedio Adrianopoli, reclamando quanto gli era dovuto di diritto dalla spartizione dell'Impero dei Romani. Si era nell'estate del 1204, quindi dopo la caduta di Costantinopoli ma mesi prima della catastrofica sconfitta dei crociati di fronte alla stessa città di Adrianopoli.

Per Geoffroy di Villehardouin, un grande amico del marchese e un abile tessitore dell'unità crociata, si trattò di un'ora particolarmente critica: Baldwin I era livido per questo «tradimento» e pronto a distruggere Bonifacio e i suoi «lombardi», al punto che si mise in marcia per affrontare e annientare l'esercito del marchese. Di nuovo, fu la sapienza politica del maresciallo della Champagne e di Enrico Dandolo a metterci una pezza. Di concerto con altri importanti nobili, i due negoziarono con Bonifacio per fargli accettare il loro arbitrato nella questione. Poi, con l'accordo del marchese in tasca, si recarono da Baldwin e gli imposero un aut-aut: o accettava anche lui il loro arbitrato, o il suo glorioso regno sarebbe terminato molto prima del previsto. Baldwin dovette chinarsi alla ragione di Stato, creando il precedente di un imperatore latino con poteri piuttosto limitati, visto che anche in futuro ogni decisione del regno sarà sempre sottoposta a un consiglio di nobili latini, senza il quale nulla potrà fare. In un certo senso, l'Impero latino anticiperà di qualche anno la Magna Charta concessa da John *Lackland* ai suoi baroni.

Per dirimere la questione, il «parlamento» dei baroni deliberò che a Bonifacio venisse assegnato un vero e proprio regno, che avrebbe dovuto giurare fedeltà vassallatica all'autorità dell'imperatore a Costantinopoli. Il regno avrebbe avuto come capitale Thessalonika – Salonique o Salonicco per i crociati – e avrebbe occupato tutte le regioni della Grecia continentale. Bonifacio accettò, e infine accettò anche Baldwin, digrignando i denti: il marchese fece atto di omaggio all'imperatore, poi raccolse i suoi e si mise in marcia per la Macedonia, divenendo «re di Salonicco». Preso possesso di Thessalonika, il marchese e i suoi cavalieri «lombardi» iniziarono a occupare i castelli e le fortezze dei dintorni, dividendosi la Macedonia in feudi. Tra i nuovi possidenti, c'era anche Raimbaut de Vaqueiras, il poeta trovatore al seguito del marchese, che ne avrebbe cantato le gesta.

I seguaci di Bonifacio non erano però solo occidentali: all'esercito latino si era anche unito un notabile romano che abbiamo già incontrato, Mikael Komnenos Doukas. Questi approfittò della confusione per impadronirsi dell'Epiro, in teoria per conto del marchese, in realtà per conto esclusivamente personale: era nato il despotato d'Epiro. Questo abile politico romano giocherà per anni a un gioco delle tre carte: con i veneziani, Bonifacio, il Papa, Alexios III e molte altre figure, sempre con l'obiettivo di restare indipendente e costruire un'alternativa romana al dominio latino, ma senza attirarsi gli strali di una crociata.

Una volta organizzato il suo regno in Macedonia, Bonifacio si diresse verso sud e – come abbiamo già visto – sconfisse Leo Sgouros, conquistando la Tessaglia, la Beozia, Atene e poi muovendo nel Peloponneso e mettendo sotto assedio Nauplio[40] e Corinto, dove si era asserragliato Sgouros. Era ancora impegnato in queste operazioni, quando giunse la notizia della disfatta di Adrianopoli: non so se la caduta di Baldwin gli strappò un sorriso di soddisfazione, ma nel caso fu di breve durata. Sapeva benissimo che ora era in bilico l'intera campagna latina di conquista. Da Thessalonika, Margit gli fece sapere che i trionfanti Bulgari puntavano direttamente contro la capitale del suo nuovo regno: Bonifacio si precipitò a nord per proteggere il trono e la famiglia. Giunse in tempo in città, e passò il resto del 1205 a difendere le sue posizioni di fronte alla valanga bulgara.

Il 1206 portò delle novità: Henri delle Fiandre, al solito, si dimostrò un ottimo generale, al punto che iniziò a ribaltare la situazione militare in Tracia. Nell'agosto del 1206, i baroni latini compresero che Baldwin I non sarebbe mai tornato dalla sua prigionia, e fecero di Henri il secondo imperatore latino di

Costantinopoli. Di fronte alle avversità militari, i due più importanti sovrani latini stabilirono che era giunto il tempo di sotterrare l'ascia della rivalità, per far fronte comune contro i loro numerosi nemici. Nel corso del 1206, strinsero un'alleanza matrimoniale: la figlia di Bonifacio, Agnese, fu fatta arrivare dall'Italia; con grandi festeggiamenti, il 4 febbraio 1207 divenne la moglie di Henri, unendo la casa imperiale fiamminga e i re di Salonicco. Anche Bonifacio ebbe una gioia personale, perché già nel 1205 gli era nato un figlio da Margit d'Ungheria, erede del suo regno di Salonicco. Il marchese, rispettando la lunghissima associazione tra la città macedone e il suo santo protettore, gli diede il nome di Demetrio.

Fu l'ultima gioia per il re perché, a fine 1207, di ritorno da un incontro con l'imperatore Henri, Bonifacio fu sorpreso in un'imboscata organizzata dai Bulgari. Il marchese fu trucidato con tutto il suo seguito, l'ultimo a morire tra i «grandi» della Quarta crociata. È molto probabile che in questa azione perse la vita anche il suo poeta di corte, Raimbaut de Vaqueiras, perché non scrisse un lamento per la morte del suo patrono, come avrebbe certamente fatto se gli fosse sopravvissuto. La cronaca di Geoffroy di Villehardouin termina con la morte del marchese, un altro segno (se ce ne fosse bisogno) della vicinanza di Geoffroy e Bonifacio, i due vecchi «dirottatori» della crociata, e – allo stesso tempo – della definitiva fine di un'epoca. Pochi giorni prima di morire, Raimbaut scrisse questo inno al suo amico e patrono:

> *Marchese valoroso, signore del Monferrato, ringrazio Dio per gli onori che ti ha concesso e che ti sei guadagnato più di chiunque altro nella cristianità; lodo Dio perché tu mi hai esaltato a tal punto che ho trovato in te un generosissimo signore; mi hai gentilmente mantenuto ed equipaggiato, mi hai mostrato grande gentilezza e, dal mio umile stato, mi hai elevato, trasformandomi da un signor nessuno a un riverito cavaliere, gradito a corte e lodato dalle dame.*[41]
>
> *In cambio, ti ho servito volentieri, sinceramente, con cuore lieto e al massimo delle mie forze; ho escogitato molti stratagemmi*

> *cortesi con te, e in molte piacevoli occasioni ho corteggiato con te dame! Ho cavalcato al tuo fianco in guerra e ho perso e vinto battaglie, ho indossato l'armatura e ho dato e preso molti colpi per te (...). Ho giostrato in guadi e su ponti, mi sono gettato oltre le barriere del nemico, ho attaccato barbacani e fossati, ho scalato alture fortificate, vittorioso attraverso grandi pericoli; ti ho aiutato a conquistare l'impero e il regno, queste terre e isole, oltre a un ducato; con te ho catturato re, principi e principati, e ho sconfitto molti cavalieri armati.*[42]

Se volete, mi pare un commovente inno alla figura del marchese del Monferrato, l'imperatore che non fu.

Quanto alla sua vedova, Margit d'Ungheria rimase la reggente del regno di Salonicco per conto di suo figlio Demetrio, assediata da più pretendenti tra i nobili lombardi, come Penelope con i Proci. Nel 1207, Thessalonika fu accerchiata dall'esercito di Kalojan e sembrò sul punto di cadere, fino a quando, inaspettatamente, il re dei Bulgari morì nella sua tenda. San Demetrio aveva voluto di nuovo salvare la sua città prediletta, almeno secondo la voce che si diffuse subito tra i suoi abitanti.

Il piccolo Demetrio, figlio di Bonifacio, crebbe a Thessalonika con la madre, ma il controllo dei Lombardi sul «regno» continuò a indebolirsi, mentre cresceva la potenza dei Romani d'Epiro. Nel 1216, Margit fu costretta a fuggire in patria, lasciando il giovane Demetrio nelle mani dei baroni «lombardi». Gli epiroti della famiglia Doukas mossero allora contro Thessalonika e riuscirono a conquistare la città prima che una crociata organizzata dal nuovo marchese del Monferrato[43] giungesse in soccorso del «regno». Demetrio sopravvisse e si rifugiò in Italia. Qui si unì alla crociata organizzata dall'imperatore Federico II, sì, proprio lo *Stupor Mundi*. Morì ad Amalfi, nel 1230, senza mai coronare il sogno di riprendere la città dove era nato, un fato che condivise con Baldwin II, l'ultimo imperatore latino di Costantinopoli.

Il legame dei marchesi del Monferrato con il Levante non si spezzò con la morte di Demetrio: i successori di Bonifacio continuarono a mantenere le loro pretese sul «regno» di Thessalonika, che ormai esisteva solo sulla carta. Questo fino al 1284, quando la figlia del marchese Guglielmo VII, Violante del Monferrato, andò in sposa all'imperatore romano Andronikos II Palaiologos. Da questa unione nacquero diversi rampolli, tra i quali il secondogenito Theodoros Palaiologos, che nel 1305 fu nominato erede del marchesato del Monferrato. Alla morte dell'ultimo erede diretto di Bonifacio del Monferrato, Theodoros si imbarcò in *Romania* per Genova. Dopo una breve guerra, riuscì a impadronirsi del marchesato, cosa che trovo alquanto poetica: i Romani, alla fine, avevano in un certo senso conquistato il conquistatore.

E fu così che i *Palaiologoi* divennero Paleologi, abbracciando la loro nuova patria italiana e abbandonando perfino la fede ortodossa. D'altronde, si sa: Casale Monferrato val bene una messa. Una mossa azzeccata, perché i discendenti di Theodoros Palaiologos sarebbero stati a lungo marchesi del Monferrato. Una curiosità: Theodoros Palaiologos era un discendente degli Angeloi, come di altre case nobiliari romane: una delle sue trisnonne era Irene Angelina, figlia di Alexios III Angelos Komnenos, l'imperatore che Bonifacio del Monferrato aveva deposto e poi imprigionato. A volte la storia può essere davvero bizzarra, e i cerchi finiscono perfino per chiudersi.

La casa dei Paleologi-Monferrato – come sarà conosciuta nella storia italiana – governerà il marchesato del Monferrato fino al 1530, quasi un secolo dopo la definitiva caduta di Costantinopoli in mano ai Turchi, nel 1453, assedio nel quale morì Konstantinos XI Palaiologos, l'ultimo imperatore romano. A Casale Monferrato, c'è ancora il castello dei Paleologi, voluto da Giovanni II Paleologo, figlio di Theodoros.

8. *Geoffroy di Villehardouin*

Geoffroy di Villehardouin fu nominato maresciallo di *Romania* da Baldwin I, e continuò a servire con questa qualifica sotto Henri, in sostanza fungendo da principale consigliere militare della corona imperiale.

Non sappiamo la data o il luogo della morte, ma è molto probabile che morì a Costantinopoli tra il 1212 e il 1218, questo non prima di aver dettato la sua storia, che divenne in un certo senso la storia «ufficiale» della conquista di Nuova Roma. Prima di morire, tuttavia, poté assistere all'ascesa di un suo stretto parente, che tra l'altro portava il suo stesso nome: Geoffroy di Villehardouin. Era il figlio del fratello maggiore del nostro storico: anche il giovane Geoffroy si era unito alla Quarta crociata, ma si era recato direttamente in Siria al seguito del suo signore, Henri d'Arzillières, che nel 1202 si era rifiutato, come tanti, di cadere nella trappola veneziana. Nel 1204, dopo la caduta di Costantinopoli, Geoffroy junior abbandonò la Siria e sbarcò in Grecia, a Nauplio, per unirsi alle forze di Bonifacio del Monferrato – un altro segno del legame tra i Villehardouin e Bonifacio. Qui si alleò con Guillaume di Champlitte[44] per darsi alla conquista del Peloponneso, che i crociati chiamavano «Morea», con una forza di appena cento cavalieri e cinquecento fanti. I due riuscirono nell'impresa, e Guillaume diverrà il primo «principe di Acaia», vassallo del regno di Salonicco di Bonifacio, a sua volta vassallo dell'Impero latino. Nel 1207, però, Guillaume tornò in patria e Geoffroy di Villehardouin divenne il secondo «principe di Acaia».

Il piccolo Stato peloponnesiaco fu il più longevo degli Stati nati dalla Quarta crociata – se si esclude il dominio veneziano. Il Peloponneso fu diviso in baronie e feudi in stile occidentale, e i crociati vi costruirono un grande numero di castelli, molti dei quali sopravvivono ancora oggi. Il figlio di Geoffroy junior, Geoffroy II di Acaia, venne in soccorso di Costantinopoli quando l'Impero latino fu assediato da Bulgari e Romani, nel 1236. Dopo la caduta dell'Impero latino, nel 1261, il principato di Acaia, ridotto nel suo territorio dall'avanzata romana, divenne vassallo del regno angioino di Napoli. Nel 1278 si estinse il casato dei Villehardouin di Acaia e il principato passò agli Angioini, che continuavano ad avere grandi ambizioni sulla *Romania*: Carlo d'Angiò era determinato a diventare imperatore a Costantinopoli, ma dovette desistere a causa dei Vespri siciliani, probabilmente sobillati e finanziati dal suo acerrimo rivale,

Mikael VIII Palaiologos. Nonostante il declino degli Angioini, i Latini mantennero un piede nel Peloponneso: gli ultimi territori del principato di Acaia furono conquistati dall'ultimo imperatore romano, Kostantinos XI, nel 1430. Pochi anni dopo, cadeva l'Impero romano e il Peloponneso diveniva un dominio dei Turchi ottomani.

9. *Philipp Hohenstaufen, duca di Swabia e re dei Romani*

Philipp è solo tangente alla nostra storia, e quindi non perderò troppo tempo a parlare di lui, anche se – lo abbiamo visto – fu uno dei motori principali del dirottamento della crociata a Costantinopoli.

Molti, per esempio Anthony Kaldellis, sospettano che Philipp intendesse impadronirsi della corona imperiale «orientale» e unirla alla sua corona imperiale romana «occidentale». Se fu così, era un progetto ambizioso, che fallì. Come premio di consolazione, Philipp ottenne dal nostro «abate saccheggiatore», Martin di Pairis, un importante oggetto imperiale costantinopolitano: una tavoletta con dipinta l'Ultima cena e che conteneva delle preziose reliquie. La tavoletta veniva indossata dagli imperatori romani in occasioni speciali ed era uno dei simboli del loro potere. Philipp non andò più vicino di così al trono imperiale orientale.

Quanto a quello occidentale, continuò pazientemente a costruire il consenso attorno a sé, ottenendo che i grandi baroni tedeschi passassero lentamente dalla sua parte, abbandonando Otto di Welf-Brunswick. Nel 1207, Philipp fu di nuovo incoronato con una solenne cerimonia nella cattedrale di Aquisgrana, la chiesa costruita da Carlo Magno. L'anno seguente, il 21 giugno 1208, Philipp partecipò a un prestigioso matrimonio a Bamberg: dopo le nozze, si ritirò nei suoi appartamenti personali e qui fu assassinato da Otto VIII di Wittelsbach, conte palatino di Baviera. Fu il primo re del mondo «franco» a essere assassinato in più di cinque secoli: un'altra vittima della «maledizione di Costantinopoli»?

Di fronte alla grandezza di suo nonno Barbarossa, di suo padre Heinrich VI e del suo fratellastro Federico II, oggi si può dire che Philipp di Swabia è stato decisamente dimenticato.

10. *Innocenzo III*

Innocenzo III aveva vietato il dirottamento costantinopolitano della sua crociata, ma quando venne a sapere della conquista della città e dell'elezione di Baldwin ne fu semplicemente estasiato: ecco un segno inviato da Dio! L'ora del fato era giunta. Roma tornava a dominare su «Nuova Roma», la sua arrogante figlia. Un evento così prodigioso non poteva che essere un araldo dell'imminente riconquista della Terrasanta.

Da un punto di vista pratico, si trattava di un vero trionfo per il papato. Un nobile fiammingo di religione cattolica aveva sostituito nella carica imperiale quei miscredenti degli Angeloi. Quale migliore pubblicità della supremazia papale!

Il 7 novembre 1204, Innocenzo III scrisse a Baldwin una lettera che sprizza di gioia:

> *Esultiamo nel Signore e nella sua potenza, perché Lui, che resiste ai superbi ma concede favore agli umili, si è degnato di operare con voi dei magnifici miracoli a lode e gloria del suo Nome, a onore e gloria della Sede Apostolica, e per il bene e l'esaltazione del popolo cristiano (...).*[45]

Per Innocenzo III non c'è che una spiegazione possibile di queste incredibili nuove: Dio ha voluto punire i «Greci» per la loro eresia. Ora, però, Baldwin dovrà porre tutta la Chiesa del suo nuovo reame sotto lo stretto controllo di Roma, per assicurarsi il favore divino:

> *Figlio dilettissimo, devi inoltre pensare con timorosa preoccupazione a questo: cioè che il regno dei Greci, dopo essersi allontanato dall'obbedienza alla Sede Apostolica, discese continuamente di male in peggio finché, per giusto giudizio di Dio, è stato trasferito dai superbi agli umili, dai disobbedienti agli obbedienti, dagli scismatici ai cattolici.*[46]

Innocenzo decise di porre il nuovo Impero latino sotto la diretta protezione del papato, incitando tutti i sovrani cattolici a inviare aiuti al nuovo regime, e proibendo a chiunque di danneggiarlo. Riteneva inoltre che presto il potere del nuovo Impero latino sarebbe stato utilizzato per la conquista di Gerusalemme, la sottomissione degli infedeli musulmani e la conversione degli ebrei: nelle sue lettere, il Papa sembra quasi confidare che Dio avesse concesso Costantinopoli ai «Latini» come segno delle vittorie future.[47]

Quanto a Enrico Dandolo e ai veneziani, il Papa continuò a trattarli con freddezza, come abbiamo visto, resistendo alla loro «occupazione» del trono vescovile costantinopolitano. Perfino nella vittoria, Innocenzo III non smise di mostrare diffidenza nei confronti dei veneziani: dei volgari mercanti, che considerava infidi di natura e poco affidabili nella loro fedeltà a San Pietro.

Con il passare del tempo, tuttavia, Innocenzo iniziò a dubitare del risultato ottenuto dalla «sua» crociata. Nel 1205 gli giunse notizia che molti cavalieri che difendevano il fragile regno di Gerusalemme avevano abbandonato *Outremer* alla notizia della conquista di Costantinopoli, dirigendosi sul Bosforo. Il fatto è che molti in Terrasanta si erano stancati della disperata guerra di posizione contro gli Arabi, mentre il nuovo Impero latino di *Romania* sembrava aprire buone prospettive di acquisizioni di nuovi feudi e, nel peggiore dei casi, di saccheggio. I crociati, d'altronde, combattono per Dio ma – c'è da ripeterlo – anche e soprattutto per la loro borsa.

Un'altra cosa che mandò su tutte le furie il nostro Papa fu l'apprendere che il suo legato Pietro Capuano, annusata l'aria, aveva lasciato anche lui *Outremer* per Nuova Roma e, al suo arrivo, aveva sciolto dal giuramento crociato tutti i partecipanti alla conquista della città. Così facendo, molti «saccheggiatori di Costantinopoli» poterono tornare a casa, senza mai mettere piede in Terrasanta, come se la dispensa del cardinale coincidesse con la fine del loro intervento nel Levante. Innocenzo desiderava che i crociati restassero in Oriente, e concludessero il loro «pellegrinaggio» con la conquista del Santo Sepolcro, ma questo non sarebbe mai accaduto.

Ancora una volta, i desideri del Pontefice andarono delusi, e la Quarta crociata si spense con la dispensa di Pietro Capuano e poi con la seguente terribile disfatta di Adrianopoli. La morte di Baldwin I, la sconfitta dei crociati e l'avanzata dei Bulgari furono una doccia fredda per il Papa, che cambiò immediatamente tono con i Latini rimasti a Nuova Roma. Il disastro di Adrianopoli era un chiaro segno dello sfavore divino, e il Papa si mise a indagare con attenzione le possibili cause scatenanti.

Quando cominciarono a filtrare in Occidente dei dettagliati rapporti sui terribili peccati commessi dai Latini durante il sacco della città, Innocenzo sentì di avere la sua spiegazione: Dio aveva voluto punire per le loro azioni chi aveva voluto in precedenza esaltare per la sua fede. Da allora, il Papa iniziò a distanziarsi sempre di più dall'Impero latino.

La volontà papale fu frustrata anche in ambito religioso: Innocenzo III inviò molti prelati in Romania, con il compito di sottomettere al papato la Chiesa greca. I vescovi cattolici gli riferirono però di aver fallito nella loro missione: quegli scismatici Greci si rifiutavano testardamente di obbedire a Roma, anche a costo della perdita delle loro cariche, delle loro chiese, perfino della loro vita. Un solco, un profondo e incolmabile solco si era aperto tra la Chiesa ortodossa e quella cattolica, le divisioni teologiche erano diventate voragini d'odio. Dal punto di vista del clero «greco», il Papa aveva inviato un esercito per distruggere la loro civiltà, il loro Impero, la loro Chiesa. Come i cattolici irlandesi di fronte allo strapotere inglese, come i protestanti tedeschi perseguitati dagli imperatori asburgici, come i cattolici polacchi schiacciati dal potere sovietico, i Romani rifiutarono ostinatamente e tenacemente di farsi sottomettere, di cambiare alcunché dei loro riti, di farsi dire messa da un prete cattolico. Un'ostilità destinata a durare secoli: mai più gli ortodossi dimenticheranno quello che i Papi di Roma avevano autorizzato contro i loro correligionari. Da allora tutti gli ortodossi, fino alla lontana Russia, guarderanno a Roma con altrettanta, se non maggiore, avversione di quella provata per gli infedeli musulmani. Nel 1452, un anno prima della caduta di Costantinopoli, l'ultimo ammiraglio dei Romani disse una frase che è passata alla storia: «Preferisco vedere nel mezzo della nostra Città il turbante del sultano, che la tiara del Papa».

Al 1207, regnante Henri, il Papa si rassegnò al fatto che Gerusalemme non sarebbe stata riconquistata a breve, e si volse ad altre imprese. Indisse una crociata contro gli «eretici» catari (o albigesi)[48] della Francia meridionale, difesi dal conte di Tolosa; per la prima volta, una crociata veniva ufficialmente indetta per massacrare altri cristiani, cosa che era parsa scandalosa appena tre anni prima: la Quarta crociata aveva sdoganato la guerra santa contro gli eretici.

Diversi partecipanti alla Quarta crociata si uniranno anche alla crociata albigese, tra i quali – come è noto – il suo comandante, Simon di Montfort, che aveva disertato l'armata diretta in *Outremer* dopo l'assedio di Zara. La guerra scatenata da Innocenzo III durò per almeno vent'anni, causò un numero inenarrabile di massacri – in confronto la Quarta crociata è una passeggiata nei campi. I crociati si diedero a una spietata carneficina di contadini, borghesi e nobili francesi; le stime più attendibili arrivano fino a un milione di morti. È oggi paragonata a un genocidio, con effetti duraturi e permanenti sulla demografia e sulla cultura francese. La «seconda» crociata di Innocenzo III distrusse per sempre l'indipendenza della Francia meridionale, ne devastò le città e ne abbatté la sua grandezza letteraria: quest'area era stata la culla della prima letteratura in volgare, in lingua d'Oc, ma non sarà mai più centrale nella cultura francese, che si sposterà decisamente nella regione di Parigi.

Nel 1210, Innocenzo III diede il suo assenso alla regola francescana, fondando il relativo ordine, nonostante avesse nutrito dubbi sul bizzarro predicatore di Assisi. Sul finire della sua vita, il Papa tornò al progetto delle crociate, organizzando un enorme concilio in Laterano, il quarto concilio lateranense, forse la più grande riunione della Chiesa latina medievale. In tale augusta sede, si stabilì di indire una Quinta crociata: questa volta Innocenzo decise di evitare il più possibile Venezia e i veneziani, e cercò il supporto di Pisa e Genova, oltre a dare chiare istruzioni sull'obiettivo, che ancora una volta doveva essere l'Egitto. Morì a Perugia nel 1216, mentre si preparava la partenza della grande spedizione, che sarebbe finita nell'ormai abituale disastro, con la morte di decine di migliaia di guerrieri occidentali nelle paludi e acquitrini del delta del Nilo.

Dopo la morte, il corpo di Innocenzo rimase esposto per qualche giorno a Perugia: la salma fu trafugata e derubata di tutti i gioielli e vesti preziose, proprio come Giustiniano a Nuova Roma. Dopo qualche giorno, il corpo del Papa venne ritrovato e sepolto a Perugia, dove rimase fino al 1891, quando fu trasferito nella chiesa di San Giovanni in Laterano, la cattedrale di Roma.

Innocenzo III oggi è considerato uno dei Papi più importanti del Medioevo, e probabilmente il più potente, oltre che una delle figure più rilevanti della storia europea e mondiale. A voi decidere quanto sia stato protagonista e quanto passeggero degli eventi, e se la sua influenza sia stata positiva o negativa. Quanto a me, ritengo che fosse una personalità forte, un uomo di vasta cultura e con una strabordante considerazione del suo ruolo e della sua carica. In nome e per conto del suo ufficio, utilizzò l'ideologia della guerra santa crociata come un martello con cui colpire i suoi nemici. Alla fine, nel suo nome furono commessi alcuni dei peggiori crimini della storia del papato, dei quali la sua istituzione si sarebbe vergognata per secoli.

Conclusioni

Per valutare la Quarta crociata, credo che il punto migliore dove iniziare sia il giudizio generale che ne dà Niketas Choniates, giustamente celebre:

> *Così si comportarono quelle facce di bronzo, altezzose nello spirito, sempre orgogliose, con le guance rasate e giovanili,*[49] *con la mano destra assetata di sangue, la narice irata, l'occhio sdegnoso, la mascella insaziabile, il cuore odioso, con una parola malvagia e che ferisce sempre sulle loro labbra. Sono ancor più da biasimare in quanto si ritenevano uomini dotti e saggi, fedeli ai loro giuramenti, amanti della verità e odiatori del male, sempre più pii, giusti e scrupolosi nell'osservare i Comandamenti di noialtri «greci», come ci chiamano. Sono ancora più colpevoli in quanto portavano la croce sulle loro spalle, avendo giurato più e più volte su di essa di attraversare le terre cristiane senza spargimento di sangue, senza deviare a destra né piegare a sinistra, avendo promesso di alzare la spada e di macchiarsi del sangue dei soli Saraceni (...). In verità, si sono dimostrati degli impostori. Cercando di vendicare il Santo Sepolcro, si accanirono apertamente contro Cristo e peccarono svilendo la Croce con la croce che portavano sulle spalle, senza nemmeno titubare nel calpestarla, e questo solo per rimediare un po' d'oro e d'argento. Afferrando le perle, rifiutarono Cristo, la più preziosa delle perle (...). I musulmani*[50] *non si comportarono così al loro posto, nonostante i Latini non avessero dimostrato alcuna compassione o gentilezza verso la loro gente. Anzi, quando i Saraceni riconquistarono Gerusalemme, i*

musulmani non violentarono le donne latine, né trasformarono il sepolcro di Cristo in un vile luogo di sepoltura dei caduti, né violarono la tomba del signore trasformandola in un inferno, né trasformarono il Santo Sepolcro in una caverna che scende nell'Ade, né al posto della Resurrezione misero la Morte. Piuttosto, i Saraceni permisero a tutti di partire liberamente, in cambio del pagamento di poche monete d'oro; presero soltanto il denaro del riscatto e lasciarono al popolo tutti i loro averi, anche se questi erano più dei granelli di sabbia. Così i nemici di Cristo trattarono con magnanimità gli infedeli latini, non infliggendo loro né spada, né fuoco, né fame, né persecuzioni, né nudità, né contusioni, né costrizioni. Quanto più crudelmente (…) i Latini hanno trattato noi, che amiamo Cristo e siamo loro correligionari, innocenti di qualsiasi torto nei loro confronti.[51]

Si potrebbe attribuire i sentimenti di Choniates alle condizioni di un uomo amareggiato e ferito per la perdita della sua città, della sua posizione, della sua civiltà. Si potrebbe, eppure sono parole ben pesate, ben ragionate e che rimbombano di spiacevoli verità – pur nella mutata temperie culturale dei nostri giorni, a ottocento anni di distanza.

I crociati non avevano alcun motivo di attaccare Costantinopoli, lo fecero mentendo a più riprese ai loro stessi seguaci e vassalli, pur di costringerli a seguirli in una spericolata avventura di conquista. Se il sacco di Costantinopoli non fu un orrore novecentesco – e non lo fu –, si trattò comunque di uno spregevole atto di aggressione militare, senza alcun appoggio e giustificazione, un crimine senza precedenti nella già sanguinosa storia della cristianità medievale. I sovrani latini non si comportavano così l'uno contro l'altro, neanche contro i peggiori dei loro nemici. Contro i «Greci» invece, sentirono di poterselo permettere, e questo perché la religione occidentale aveva fornito una comoda copertura ideologica all'aggressione. Non che questa ebbe davvero motivazioni ideologiche o religiose: i crociati assalirono Costantinopoli soprattutto perché oberati dai debiti, e con l'obiettivo di arricchirsi.

In generale, quello che mi sorprende, e che non trovo spesso nei libri di storia, è l'aspetto «economico» delle crociate: il loro seguire contratti e accordi finanziari. Nella Quarta crociata, i veneziani e i Francesi sembrano quasi contraenti di una società di azioni, incentivati da un freddo calcolo di ritorno economico sul loro investimento. Ci ritrovo dei prematuri segni della storia «capitalistica» dell'Europa occidentale: ho come il sospetto che, nel XIII secolo, quello delle crociate fosse diventato un business. La Prima crociata era stata soprattutto motivata da spinte ideologiche e religiose ma, un secolo dopo, aveva generato un'intera cultura dell'aggressione militare, un sistema economico volto alla regolare razzia del Levante a favore del Ponente.

Con la Quarta crociata, la guerra santa cristiana – un concetto che non esisteva un secolo prima – fu utilizzata per distruggere quello che era forse il più importante Stato dell'Europa cristiana, senza dubbio il meglio organizzato, il più avanzato e, usando un'espressione demodé, il più «civilizzato» del continente. Per farlo, i crociati sfruttarono l'indubbia stagione di debolezza di quello Stato e una serie di pretesti: dallo scisma con Roma alla richiesta di Alexios IV, l'utile imbecille usato da Bonifacio, Dandolo e Baldwin per conquistare il loro posto al sole. Ma si trattò di scuse finalizzate a nascondere la loro avidità di conquista e saccheggio: i baroni crociati erano spronati più dai contratti finanziari sottoscritti con Venezia che da qualunque ideologia.

Se questa missione distruttiva fosse stata volta a costruire qualcosa di nuovo, magari una civiltà sincretica del mondo romano e di quello latino, la storia avrebbe perdonato Dandolo e soci, e forse li avrei potuti perdonare anche io. Ma il castello di carte che misero in piedi durò appena un anno, ed era già crollato con la battaglia di Adrianopoli. Il seguente mezzo secolo di ignobile sopravvivenza dell'Impero latino fu più dovuto all'inerzia e alla rivalità tra gli Stati della regione – tutti decisi a conquistare la capitale, ma ancor più intenti a impedire che gli avversari riuscissero nel tentativo – che a un'intrinseca solidità dello Stato coloniale crociato.

Anche dal punto di vista dell'obiettivo originale, la Quarta crociata fu più che un fallimento: è evidente che non riuscì a «salvare» Gerusalemme. Anzi, la conquista di Costantinopoli, invece di essere un supporto al movimento crociato, si dimostrò una palla al piede per *Outremer*: inizialmente, perché attirò un buon numero di avventurieri che girovagavano nel Levante, drenando supporto militare, poi perché divise le attenzioni del papato, ora impegnato a difendere due Imperi coloniali in Oriente, entrambi in difficoltà, entrambi circondati da nemici, sfortunatamente di natura diversa. Per tutta la durata dell'Impero latino, il papato non riuscì a convincere i cavalieri occidentali che Costantinopoli fosse un obiettivo altrettanto valido – per la salvezza delle loro anime – rispetto al Santo Sepolcro, mentre la perenne povertà delle casse imperiali latine non farà certo appello all'altro argomento che poteva persuaderli a dirigersi verso il Bosforo: gli imperatori latini pagavano male e tardi, o mai. Né l'Impero latino riuscì a mobilitare risorse a favore di *Outremer*, visto che riusciva a stento a difendersi. La sua caduta, nel 1261, precedette di pochi decenni la definitiva sconfitta dei crociati in Terrasanta, esattamente trent'anni dopo, nel 1291.

Neanche Venezia ottenne quello che cercava dalla conquista, ovvero il dominio sui mercati del Levante. Certo, il bottino riportato in laguna fu colossale, più che sufficiente a ripagare i veneziani del disturbo e rimborsandoli delle celebri perdite subite nel 1171 per mano di Manouel Komnenos. Venezia conquistò però il suo predominio totale sul mercato costantinopolitano a caro prezzo, ovvero distruggendone l'importanza: senza la classe dirigente romana che fungeva da «mercato di sbocco» di una buona parte delle transazioni sul Bosforo, Costantinopoli iniziò a declinare precipitosamente come nodo degli scambi mediterranei, a favore di Alessandria d'Egitto e di altri porti del Levante. L'enorme quartiere veneziano rimase semivuoto e la popolazione della città continuò a declinare, con molti commercianti che partirono per lidi più interessanti. Quando la decaduta capitale cadde nelle mani dell'Impero di Nicea, il restaurato Impero dei Romani scacciò i veneziani a favore di Genova, che si impossessò di importanti porti nel Mar Nero e nel Mar Egeo, oltre che di notevoli concessioni nella stessa Costantinopoli. Paradossalmente, dopo il 1261 la posizione di Venezia nel Levante era peggiorata rispetto al periodo precedente la Quarta crociata.

Perfino sotto il profilo economico, la conquista dell'Impero romano distrusse valore senza generarlo. Baldwin, Bonifacio e Dandolo erano stati abbagliati dall'evidente ricchezza dell'Impero romano, che non derivava però dall'oro custodito nei forzieri e nei palazzi di Costantinopoli, ma dal continuo flusso di cassa di un'efficiente burocrazia e tassazione. Abbattendo l'Impero, frazionandolo in regni e feudi, riproducendo tutte le debolezze del sistema di governo occidentale, i crociati uccisero la gallina dalle uova d'oro che volevano rubare: il sofisticato sistema fiscale romano, erede di un millennio di progressiva evoluzione dai tempi di Diocleziano, finì in pezzi. Ci vorrà tempo, ma alla fine gli occidentali capiranno che la ricchezza dello Stato va costruita con il governo attento del territorio e delle città, la rapina può funzionare solamente *una tantum*.

La vera «caduta»?

La storiografia occidentale ha a lungo considerato centrale nella storia della «caduta dell'Impero romano» la data del 476 d.C., la deposizione di Romolo Augustolo per mano di Odoacre. Oggi sappiamo che quel non-evento segna al massimo il restringimento dell'Impero e non ha alcuna valenza istituzionale.

Al contrario, se la definitiva caduta dell'Impero romano è senza dubbio il 1453, quando Costantinopoli fu conquistata dai Turchi, si può affermare realisticamente che la sua continuità istituzionale si interrompe nel 1204, perché lo Stato che riconquisterà Costantinopoli sarà un'entità così indebolita da finire inevitabilmente preda del vicino turco: più un'espansione dell'Impero di Nicea che la ricostituzione del vecchio Impero. La Costantinopoli del 1261 rimarrà quella dei crociati: una città poco popolosa, composta da alcuni villaggi sparsi all'interno di colossali mura metropolitane. Un paesaggio costellato da ampi spazi verdi, da ville e monasteri con grandi giardini. La città guiderà uno Stato debole, con un esercito di poche migliaia di soldati e nessuna flotta, perennemente a corto di denaro e perfino diviso al suo interno in strutture semifeudali, importate dai Latini. Quest'impero riuscirà comunque a salvare un pezzo della romanità, soprattutto sul fronte culturale, continuando a preservare molti libri antichi e producendo – su scala ridotta – meraviglie artistiche degne del passato romano. Ma non rivedrà mai neanche lontanamente la solidità dello Stato antebellico.

In passato si è cercato di negare la cesura che sarebbe stata la Quarta crociata: si potrebbe sostenere che l'Impero romano fosse in una spirale di morte ben prima dell'arrivo dei crociati sulle sponde del Bosforo, e questo è vero, ma mi guarderai da facili automatismi: nel 1200, non vedo alcun potere nei dintorni dell'Impero capace davvero di abbatterlo. Gli Ottomani iniziano la loro folgorante ascesa solo nel XIV secolo, mentre, pochi decenni dopo la Quarta crociata, l'arrivo dell'immensa orda mongola scombussolerà tutta la geopolitica dell'Eurasia. Al confronto, le crociate sono una tempesta in un bicchiere. Non possiamo sapere cosa sarebbe accaduto se i crociati si fossero diretti in Egitto invece che sul Bosforo, ma non è impensabile credere che – con l'arrivo dei Mongoli, che distrussero i principali avversari di Nicea – un Impero romano ancora stabilmente insediato sul Bosforo avrebbe potuto iniziare una nuova stagione di relativa ripresa, magari sotto una nuova dinastia. Se così non fu, si deve in grandissima parte alla Quarta crociata e alle decisioni di un pugno di uomini che la dirottarono a Costantinopoli.

Perché quello che salta in generale all'occhio è l'episodicità di questa crociata: non c'è nessuna forza geopolitica al lavoro che spinga verso questo risultato. Non ci sono tensioni culturali insormontabili, né inevitabili trappole tucididee. L'intero affare, pur calato nella cultura del tempo, sembra un evitabilissimo accidente della storia, cocciutamente perseguito contro l'opinione del Papa e della maggior parte dei crociati da una cricca di avventurieri affamati di titoli, onori, gloria, denaro. Questa improbabile banda aveva a disposizione – appena – la forza necessaria a distruggere l'Impero, ma era priva dell'intelligenza e delle capacità necessarie a rendere stabile e duraturo il «tesoro» che aveva conquistato.

È vero che l'Impero romano aveva dimostrato tutta la sua debolezza sotto gli Angeloi, con un costante e preoccupante declino dei suoi territori: aveva perso Cipro, ogni contatto con *Outremer*, e la Bulgaria si era distaccata. Ribelli erano spuntati in Grecia, nei Balcani e in Asia Minore. Quando arrivarono i crociati, lo Stato romano era certamente in difficoltà, ma non allo stadio terminale, e non attraversava un periodo più turbolento – per esempio – di quello precedente all'ascesa di Alexios I Komnenos. Il sistema politico romano aveva affinato l'arte di trovare prima o poi un candidato al trono accettabile per tutti, e che riunisse le energie della *Romania*. Ogni possibile tentativo di ripresa fu tagliato corto dalla crociata.

Il maggiordomo

Nell'introduzione, ho sostenuto che questo libro poteva anche leggersi come un «giallo»: chi ha ucciso Costantinopoli?

Spero di aver dato la risposta nel corso della narrazione, in particolare nella prima metà della seconda parte. Non credo che la Quarta crociata fosse «inevitabile» e non si spiega semplicemente con la debolezza dei Romani: certo, questa attirò su di sé gli occhi di ambiziosi occidentali, come sempre accade nella storia umana, ma senza qualche burattinaio a muovere le fila di un movimento che cercava invece con tutte le forze di raggiungere *Outremer*, ritengo che sarebbe stato impossibile deviare la crociata a Costantinopoli.

Il principale responsabile non è a mio avviso Alexios Angelos, anche se è evidente che fu uno dei fattori che rese possibile il cambiamento di rotta: senza un principe romano da usare come «paravento legale», è improbabile che i dirottatori avrebbero avuto successo. Quanto al suo «regno», credo che fosse condannato in partenza. A conti fatti, gli do una responsabilità di cinque su dieci per quanto avvenuto.

Alexios Angelos Komnenos è da assolvere per tutta la fase preliminare alla crociata: essersi fatto sfuggire il nipote non ha aiutato, e poteva prepararsi meglio a un'aggressione a riguardo della quale, però, il Papa lo aveva ripetutamente rassicurato. La sua maggiore responsabilità ha a che fare con la fuga nel giorno più difficile, dopo la battaglia contro crociati e veneziani. Non sapremo mai perché chiese ai suoi di non sfidare in campo aperto i crociati, ma la sua indecisione fu determinante, condannando Costantinopoli alla sua prima «caduta» e al disastro che fu il governo di Alexios IV. Sei su dieci.

Quanto al terzo Alexios di questa storia, il «Sopracciglione», la sua spregiudicata manovra sarebbe potuta risultare vincente, con un po' più di fortuna (e migliore organizzazione). Invece, una volta chiara la sconfitta, Mourtzouphlos si diede alla fuga. Come sostenuto dal mio amico Robin Pierson nel suo bellissimo podcast *History of Byzantium*, se ti metti alla testa di una rivolta nazionale con lo scopo di salvare la tua città, devi avere il buon gusto di morire nel tentativo. Nessuno ti ricorderà come un eroe, caro il mio Alexios V. Cinque su dieci.

Enrico Dandolo e i veneziani sono stati spesso accusati di aver voluto deviare la crociata, spingendo i «nobili» cavalieri crociati a servire i loro fini: d'altronde, questo è anche il titolo del libro. Eppure, non ritengo che originariamente fosse nel loro interesse: Dandolo fu convinto da altri a partecipare alla «congiura di Hagenau». Certo, una volta della partita, portò a termine il piano con tutta l'implacabile organizzazione, determinazione e scaltrezza di cui era capace. Senza la flotta veneziana, i crociati avrebbero sbattuto le corna, come tutti, contro le mura teodosiane: fu Venezia a rendere possibile la conquista di Costantinopoli. Insomma, non un iniziatore, ma sicuramente il più efficace esecutore e boia di Nuova Roma. Nove su dieci.

Sospetto anche io che Philipp di Swabia avesse dei disegni su Costantinopoli, i suoi legami con gli Angeloi fornivano un'ottima scusa – nel mondo dinastico medievale occidentale – per accampare diritti sul trono imperiale orientale. È assai probabile che fu lui l'ideatore originale del piano di dirottamento. Tuttavia, rimase sempre in disparte e non seguì con i suoi uomini la crociata: sei su dieci.

Papa Innocenzo non volle il dirottamento a Costantinopoli, non per motivi umanitari ma perché gli sembrava una distrazione rispetto al principale obiettivo di riconquistare Gerusalemme e aiutare *Outremer*. La sua personale responsabilità è legata soprattutto al modo in cui alimentò un'ideologia crociata della guerra santa, sempre meno sottoposta a «paletti» ben precisi e sempre più indiscriminata. Nel suo lungo pontificato, usò il movimento crociato contro i suoi oppositori e non più solo contro «gli infedeli».[52] Sebbene anche la precedente interpretazione delle crociate fosse riprovevole, oltre che incomprensibile e innaturale per la Chiesa orientale, abituata a non sanzionare mai l'uso della violenza, Innocenzo III è responsabile di aver impresso alla crociata una preoccupante deriva. Sette su dieci.

Geoffroy di Villehardouin è un caso a parte: è evidente che lavorò in tandem con Bonifacio del Monferrato per deviare la crociata, convincendo i baroni francesi a seguire il piano del marchese e di Philipp. Senza il suo contributo, dubito che Baldwin delle Fiandre o Louis di Blois si sarebbero sognati di aderire a un progetto con scarse aspettative di successo: otto su dieci. Quanto ai succitati baroni francesi: Geoffroy li dovette convincere, ma una volta imbarcati perseguirono tenacemente l'obiettivo anche contro il volere dei loro vassalli. Otto su dieci, come Villehardouin.

Infine, il maggior responsabile è a mio avviso, senz'ombra di dubbio, Bonifacio, marchese del Monferrato e poi re di Salonicco. Il marchese è sin dai suoi primi passi dentro al progetto di «dirottamento»; tutta la ricerca che ho effettuato mi porta a sospettare che accettò l'incarico di guidare la crociata solo a condizione di portarla in qualche modo sul Bosforo. Cercò da subito l'accordo con Philipp di Swabia e Alexios Angelos, negoziò con il principe romano, lo attese per portarlo al cospetto dell'assemblea crociata, brigò affinché baroni e scissionisti accettassero il piano. In poche parole, fece di tutto per raggiungere il suo obiettivo, che era probabilmente quello di costruirsi una posizione di potere in *Romania*, sorpassando quanto fatto dai suoi fratelli. Quali fossero esattamente i suoi piani, non è dato sapere, perché le sue manovre furono infine bloccate da qualcuno perfino più scaltro e insidioso di lui: Enrico Dandolo. Dieci su dieci.

Delle scuse necessarie

Alla fine, spero di aver chiarito l'altro quesito di inizio libro: perché erano necessarie le scuse di Papa Giovanni Paolo II, a ottocento anni di distanza dai fatti? Perché questa vicenda ha segnato la relazione tra le due metà della cristianità, filtrando persino nel sentire comune. I Romani considerarono l'aggressione dei cattolici ai loro correligionari ortodossi come un supremo tradimento, a maggior ragione perché ideata e apparentemente guidata dalla Chiesa di Roma: d'altronde, la crociata era stata indetta dal Papa. La ricorderanno nei secoli a venire con perdurante sofferenza, come una macchia indelebile e insanabile.

La storia dei secoli seguenti ha rinforzato questo sentimento, perché buona parte del mondo ortodosso è finita sotto il dominio ottomano, mentre la Russia di Kiev e poi di Mosca è cresciuta all'ombra dell'ostilità degli ortodossi verso gli occidentali cattolici. Per secoli, tutti coloro che vivevano sotto l'egida del patriarcato ecumenico di Costantinopoli – Bulgari, Rumeni, Serbi, Russi – ereditarono un'implacabile avversione all'espansionismo cattolico sulle «loro» terre, oggi più acuta presso la principale Chiesa ortodossa mondiale, quella russa, che ha sempre rifiutato – e tuttora rifiuta – qualunque visita papale sul suo territorio, nonostante il moderno papato sia invece benvenuto in quasi tutti gli Stati della terra. Questa antipatia ha altre radici culturali, e non può essere ricondotta solo alla Quarta crociata, ma certamente il sacco di Costantinopoli fu una ferita particolarmente purulenta, mai del tutto sanata.

In questo, si può dire che il 1204 creò il vero grande scisma tra Oriente e Occidente, ben più dell'originale «grande scisma» del 1054. Certo, le due metà di quello che era stato un tempo l'Impero romano erano in una millenaria traiettoria di allontanamento, dal 1054 non erano più in «comunione» tra loro, ma il solco non era ancora ritenuto incolmabile; lo divenne in seguito alla crociata. Da allora, diversi imperatori romani provarono a riportare sul tavolo la questione dell'Unione con Roma – di solito perché era il prerequisito per avere un minimo di sostegno dall'Occidente nella guerra contro i Turchi – ogni volta andando a scontrarsi con l'implacabile ostilità della popolazione romana. Alla fine, i Romani preferirono davvero il turbante del sultano alla tiara del Papa.

Non si trattava di una questione solo religiosa, perché finì per insinuarsi nella politica e nella stessa identità etnica. Fino alla

Quarta crociata, come abbiamo visto, le potenze occidentali e l'Impero romano si ritenevano tutto sommato parte di una grande «comunità» cristiana, di una famiglia nella quale magari si litiga di tanto in tanto ma si finisce per far pace. L'Oriente e l'Occidente erano stati capaci di organizzare assieme la Prima crociata, di gestire assieme la politica di *Outremer* ai tempi di Manouel Komnenos, di inviare missioni militari combinate contro l'Egitto o discutere di questioni dottrinali tra Papa e patriarca.

La Quarta crociata scavò invece un solco incolmabile: mai più l'Oriente ortodosso si sarebbe fidato fino in fondo degli occidentali. La ferita non fu solo causata dal sacco di Costantinopoli, ma anche e soprattutto dalla seguente amministrazione coloniale latina, che impose leggi, strutture, classi dirigenti occidentali a una popolazione romana che fu relegata allo *status* di servi, o comunque di popolo sottomesso. I conquistatori si rifiutarono perfino di riconoscere l'identità etnica dei conquistati, usando il nome generico di «Greci», da loro testardamente rifiutato in ogni occasione, anche dopo la fine del loro Impero.

In questo il colonialismo veneziano e dei «Franchi» va visto davvero come un precursore del colonialismo europeo di epoca rinascimentale, poi imposto ad Americhe, Africa e Asia. Nelle parole di Anthony Kaldellis:

> *In realtà, ci sono forti linee di continuità – per esempio – tra la Grecia «latina» del 1204 e le fasi più tarde del colonialismo europeo. In entrambi i casi, piccoli gruppi di élite militare distrussero e smantellarono gli Stati dei «nativi», soggiogando i loro sovrani e signori e riducendo la popolazione nativa al livello di un popolo di seconda classe.*[53]

Secondo la tesi di Anthony Kaldellis, questo «dominio coloniale» era molto diverso dai soliti sistemi di governo tipici del mondo mediterraneo. In altre occasioni, quando i Romani avevano allargato i loro domini sotto gli Augusti, o erano stati parzialmente conquistati, le classi dirigenti erano state cooptate dal conquistatore, estendendo importanti concessioni per accomodare i nuovi sudditi. Per esempio, spesso le differenze etniche, religiose e culturali venivano tollerate. Nel giro di poche generazioni, si giungeva a una fusione tra l'élite dei vincitori e dei vinti: questo era avvenuto più volte, quando i Romani avevano conquistato il loro Impero, romanizzando tutto il Mediterraneo, oppure quando i Germani avevano occupato l'Occidente romano, fondendosi con i sottomessi popoli latini e creando strutture ibride, romano-germaniche, i cui lontani discendenti erano gli Stati dell'Europa latina. Era accaduto anche con gli Arabi, che avevano governato per mezzo dei Romani ellenizzati o dei Copti, per poi progressivamente condividere la loro lingua, identità e religione con i nativi cristiani.

I Latini, invece, distrussero il sistema politico preesistente, sostituendolo con il loro, a immagine e somiglianza della madrepatria. Si accaparrarono la maggior parte delle terre, estromettendo tutte le élite locali e costruendo un impenetrabile sistema di caste, con i Latini occidentali in alto e i «Greci» ortodossi in basso, costretti a un permanente *status* di sottomissione dal quale non potevano sfuggire, come gli indios delle Americhe o gli autoctoni africani, soggiogati dagli imperi coloniali europei a partire dal XVI secolo. Questo sistema di segregazione fu rafforzato culturalmente dal pregiudizio nei confronti dei «Greci», percepiti come un popolo inferiore, che continua testardamente a errare in materia di fede e che è visibilmente indegno di possedere la terra sulla quale vive. Infine, anche economicamente, i Latini rimpiazzarono il sistema precedente, centrato sulla relazione tra Costantinopoli e province e focalizzato sul Levante: reindirizzarono i flussi commerciali, economici e culturali della «Nuova Venezia» e della «Nuova Francia» verso la madrepatria. Culturalmente, ci furono pochissimi contatti tra Occidentali e Greci: i nobili latini del principato di Acaia scrivevano e parlavano in un perfetto francese, i veneziani di Creta vivevano come se fossero a San Marco, senza la laguna. Questo perché la maggior parte delle élite latine si considerava quasi di passaggio, estranea alle terre che aveva acquisito con la forza. Nobili e mercanti occidentali erano spesso più interessati a riempirsi le tasche e tornare in patria che a mettere radici. Tutto questo è la quintessenza del colonialismo europeo, e i Romani ebbero il dubbio onore di subirlo con un paio di secoli di anticipo rispetto alle Americhe.

Questo dominio coloniale durò per un ventennio in Macedonia, per cinquant'anni a Costantinopoli e dintorni, mentre il principato di Acaia fondato dal nipote di Geoffroy di Villehardouin resistette fino al 1430. Altri pezzi della *Frangokratia*, il dominio latino, perdurarono ancora più a lungo dell'Impero dei Romani: i porti veneziani del Peloponneso – Korone e Methone – caddero nel 1500. Cipro restò in mani latine fino al XVI secolo, prima sotto i Lusignan crociati e poi sotto Venezia. La Serenissima mantenne questa lontana isola fino al 1571, quando Famagosta cadde in mano ottomana dopo un lungo assedio, pochi mesi prima della battaglia di Lepanto.

Quanto a Creta, quest'isola fu la principale conquista diretta di Venezia conseguente alla Quarta crociata e fu senza dubbio, per secoli, il più importante e ricco possedimento del *Domini da mar* veneziano. La Repubblica vi costruì colossali sistemi difensivi e continuò a possederla anche quando l'Impero ottomano era ormai giunto nel cuore dell'Europa e si estendeva dal Marocco alla penisola arabica. Nel XVII secolo gli Ottomani mossero per conquistare quest'avamposto veneziano, nella cosiddetta «guerra di Candia», dal nome della principale piazzaforte veneziana dell'isola. La guerra infuriò dal 1645 al 1669, Candia fu sotto assedio per quasi vent'anni. Quando infine cadde, si può dire che terminò anche il dominio veneziano erede diretto della Quarta crociata.[54]

Matricidio

Passata (rapidamente) l'euforia iniziale, in Occidente si giunse alla conclusione che la Quarta crociata era stata un'aberrazione, e un fallimento. Generazioni di discendenti degli originali conquistatori del Santo Sepolcro continuarono a vantarsi della loro partecipazione alla Prima crociata e dei loro avi, come Geoffroy di Bouillon o Boemondo di Taranto, delle vere rock star del Medioevo. Al loro confronto, Baldwin delle Fiandre, Bonifacio del Monferrato e Louis di Blois sono stati dimenticati, e lo furono presto anche nel XIII secolo, un giudizio di valore in sé.

L'unico che forse esce da questa vicenda come una vera celebrità è Enrico Dandolo, il terribile vecchio della Quarta crociata, il gerontocrate che dimostra come anche nel Medioevo un novantenne potesse fare la storia. Allo stesso modo, la crociata divenne il punto di svolta della storia della sua città: Venezia. Fino al 1204 quasi una propaggine del mondo romano, legata a stretto filo con le autorità di Costantinopoli in un abbraccio di dipendenza reciproca, la conquista e il sacco della madrepatria proiettarono Venezia verso l'Impero e il dominio sul Mediterraneo orientale. La Serenissima non ottenne solo ampi territori, come Creta, l'Eubea, le Isole Ionie e porti in tutta quella che era stata la *Romania*, ma riuscì a trasformare le stesse rotte commerciali dell'Oriente, reindirizzandole verso la sua laguna. Paradossalmente, uno degli effetti della crociata fu che Venezia non ebbe più bisogno della piazza commerciale costantinopolitana.

I veneziani, nella Quarta crociata, compirono l'equivalente di un matricidio, eppure la loro epopea è così spettacolarmente affascinante che, di fianco alle piccolezze dei crociati, diventa quasi eroica, pur nella grettezza delle loro ambizioni. Nel breve periodo, la crociata non fu molto profittevole per la città lagunare, come abbiamo visto, né nel lunghissimo periodo Venezia avrà da guadagnare dalla debolezza di Costantinopoli, ingolfata dagli Ottomani, che si dimostreranno un avversario ben più formidabile dell'Impero dei Komnenoi e degli Angeloi. Eppure, nel mezzo, tra la caduta di Nuova Roma e l'ascesa della Sublime Porta ottomana, c'è la grandezza di Venezia e del Leone di San Marco, che un visitatore attento può scovare nei luoghi più impensabili del Mediterraneo.

Liberata dall'abbraccio con la madrepatria, Venezia mise davvero le ali del suo santo protettore: commercialmente, eclissò Costantinopoli, rivaleggiando con Alessandria per il titolo di principale porto del mondo mediterraneo. Solo l'apertura dei grandi traffici oceanici ne diminuì l'importanza. La basilica di San Marco divenne una meraviglia cantata in tutto l'Occidente, i veneziani ricostruirono la loro città in mattoni, pietra, marmo e non più in legno, mentre Costantinopoli divenne sempre di più una città di legno, invertendo così i ruoli con la città lagunare. Oggi, se si vuole percepire la magnificenza della Costantinopoli del 1204, forse è più facile recarsi a Venezia che a Istanbul. Oltre a San Marco e al Palazzo ducale, Santa Maria dei Miracoli, la facciata dell'Ospedale dei Santi Giovanni e Paolo, la chiesa di San Rocco: tutti questi edifici, pur nell'inconfondibile stile veneziano, sembrano custodire un ricordo della Costantinopoli che fu.

Venezia, con i secoli, finì per conservare ben più che la semplice memoria della capitale dei Romani. Di fronte all'avanzata degli Ottomani, molti Romani cercarono rifugio in Occidente. Nonostante fossero ben al corrente del ruolo che la Serenissima aveva svolto nella caduta della loro civiltà, la laguna sembrò a molti di loro un approdo culturalmente più vicino rispetto al resto dell'Occidente latino: che fossero mercanti o letterati, mercenari o semplici rifugiati, i Romani trovarono in questa città – pullulante di Armeni, levantini e gente di ogni parte d'Europa – quell'America che sarebbe stata scoperta poco dopo.

I veneziani, come d'abitudine, continuarono a negare loro il nome di «Romani», chiamandoli «Greci» e impedendo loro di pregare apertamente nella tradizione della Chiesa di Costantinopoli: durante tutto il XV secolo, ci furono ripetuti tentativi, repressi dalla Repubblica e dal papato, di erigere una chiesa dedicata al culto ortodosso. Dopo lunghissime trattative, alla fine nel 1514 la Serenissima concesse loro di fondare una «confraternita dei Greci ortodossi». I Greci che erano stati Romani iniziarono la costruzione della prima chiesa apertamente ortodossa dell'Europa latina, dedicata a uno dei grandi patroni della Chiesa orientale: san Giorgio. Dal 1991, su decisione del patriarcato ecumenico di Costantinopoli, San Giorgio dei Greci è la cattedrale di tutti gli ortodossi che vivono in Italia e a Malta.

E fu così che la più latina delle città romane, la più romana delle città latine, dopo il 1453 divenne un approdo privilegiato per i profughi di Costantinopoli, che vi portarono in esilio i loro mestieri, la loro sapienza, il loro coraggio. In queste acque salmastre, contribuirono a far germogliare dei nuovi fiori in una lontana, fredda, umida laguna che però – con un po' di immaginazione – poteva quasi ricordare la loro vecchia, perduta casa.

Note

12 aprile 1204

[1] Le scuse sono state confermate nel 2021 da papa Francesco, in occasione di un'altra visita ad Atene: «Con vergogna – lo riconosco per la Chiesa Cattolica – azioni e scelte che poco o niente hanno a che vedere con Gesù e con il Vangelo, improntate piuttosto a sete di guadagno e di potere, hanno fatto appassire la comunione. Così abbiamo lasciato che la fecondità fosse compromessa dalle divisioni (...). La storia ha il suo peso e oggi qui sento il bisogno di rinnovare la richiesta di perdono a Dio e ai fratelli per gli errori commessi da tanti cattolici».

Parte prima

[1] Considero la Repubblica romana in perfetta continuità con l'Impero, e così facevano anche i Romani che chiamavano il loro Impero *Res publica romana*.

[2] È per questo che, in realtà, quando si considerano gli eventi seguenti al 476 d.C., non si dovrebbe parlare di «caduta» dell'Impero romano d'Occidente ma di «restringimento» dei confini alla sola parte orientale.

[3] Abu Bakr morì nello stesso 634, ma la campagna contro gli Imperi romano e persiano fu continuata dal suo successore, Umar.

[4] In italiano, Niceforo II Foca, Giovanni I Zimisce, Basilio II.

[5] *Basileus* era il titolo imperiale in greco, equivalente di Augusto: fu utilizzato a partire dall'epoca di Eraclio.

[6] Geoffroy de Villehardouin, *La Conquête de Constantinople*, 128.

[7] Sulla ricchezza di Costantinopoli: Jonathan Harris, *Byzantium and the Crusades*, capitolo 1.

[8] η Μέση (Ὀδός), «via di Mezzo», era la via principale di Costantinopoli, larga 25 metri e affiancata da portici colonnati all'interno dei quali erano ospitati molti dei più lussuosi negozi della capitale.

[9] Anthony Kaldellis, *The New Roman Empire*, p. 13.

[10] Robert di Clari, *La Conquête de Constantinople*, 90.

[11] In italiano, Alessio I Comneno.

[12] In greco era Βλαχερναί, pronunciato in italiano *Vlachernè*.

[13] Stephen J. Shoemaker, *A prophet has appeared*, capitolo 11: *The Khuzistan Chronicle* (ca. 660).

[14] Altavilla in italiano. Erano i signori di Hauteville, nella regione del Contentin, nella Normandia orientale.

[15] Manzicerta in italiano.

[16] Come narro in *Per un pugno di barbari*.

[17] Dal Vangelo secondo Matteo, 16.18.

[18] Si dovrebbe in realtà dire dei «Pipinidi», perché il capostipite è Pipino di Herstal, padre di Carlo Martello e nonno di Pipino il Breve (il primo re franco della dinastia, padre di Carlo Magno), ma tale è il prestigio di Carlo Magno che di solito si intesta a lui.

[19] Questa era una critica implicita ai patriarchi di Costantinopoli, che avevano assunto il titolo di patriarca «ecumenico» o universale, con sommo scorno dei Papi di Roma, che avevano sempre protestato – inutilmente – presso gli imperatori romani.

[20] Nuovo potere, che il Papa non aveva mai avuto.

[21] Una pretesa inaccettabile per le due istituzioni imperiali medievali.

[22] Questo punto va contro mille anni di tradizione della Chiesa: tutti i precedenti concili universali furono indetti dagli imperatori romani (il primo da Costantino).

[23] Questo scardina qualsiasi autorità di giurisprudenza laica, trasformando la Santa Sede nel «tribunale supremo» della cristianità. Va da sé che mai l'autorità imperiale – romana o carolingia – accettò che il Papa fosse un giudice superiore al parere dello stesso sovrano.

[24] Prima formulazione del concetto di «infallibilità» del Papa, poi ufficializzato nel XIX secolo con il Concilio vaticano I. In realtà, almeno un Papa (Onorio I) era stato dichiarato «eretico» dal VI concilio ecumenico, a tutti gli effetti un'ammissione di «errore» da parte della Chiesa di Roma, che aveva accettato quel concilio.

[25] Con questo canone, la Chiesa di Roma dichiara eretica la Chie-

sa di Costantinopoli, che a questa data non era in «comunione» con Roma, perché c'era un disaccordo proprio sulle pretese della riforma papale. Fino a questa data, era stato possibile essere «cattolico» e non concordare con il papato.

[26] Potere «nucleare», con il quale il Papa può sciogliere qualunque legame di vassallaggio e servizio nei confronti dei signori e sovrani occidentali. In sostanza, qualora un sovrano venga scomunicato dal Papa – per esempio, chessò, l'imperatore in Germania – i suoi vassalli non gli devono più la fedeltà, che è il principale collante degli «Stati» medievali.

[27] Durazzo in italiano.

[28] Enrico IV in italiano. Fu l'imperatore dell'umiliazione di Canossa, che avvenne nel 1077: Enrico fu costretto a recarsi presso il castello della contessa Matilde a implorare il «perdono» di Gregorio VII, che lo aveva scomunicato.

[29] Eudes o Odo, Ottone, era nativo di Châtillon. Anche conosciuto come Eudes di Lagery. La sua famiglia apparteneva alla nobiltà della Champagne, una regione che sarà sempre nel cuore del movimento crociato.

[30] Dana Carleton Munro, *The Speech of Pope Urban II. At Clermont, 1095.*

[31] In quest'epoca, i «Franchi» non erano solo gli abitanti della moderna Francia, ma si intendevano tutti gli abitanti dell'antico Impero carolingio, quindi anche quelli della Germania e dei moderni Paesi Bassi e Belgio.

[32] Nel testo, Urbano usa il termine desueto di «Persiani», perché gli autori del tempo tendevano a dare nomi antichi ai nuovi popoli. Ho preferito qui inserire il termine etnicamente corretto per non confondere il lettore.

[33] Figlia del grande imperatore Alexios I Komnenos, è un rarissimo esempio di storica premoderna: la sua *Alexias*, o *Alessiade*, narra le vicende del regno del padre. Anna è una storiografa molto preparata e abile. La sua opera è una delle migliori fonti che abbiamo sull'epoca delle crociate.

[34] Va detto che non siamo certi che Urbano indicasse da subito l'obiettivo nella riconquista del Santo Sepolcro: le versioni che abbiamo sono state tutte scritte «dopo i fatti», dopo che Gerusalemme era stata riconquistata, eppure ritengo che sia la versione più probabile. D'altronde, se Urbano avesse semplicemente chiesto ai cavalieri occidentali di mettersi in viaggio per una missione di soccorso a Costan-

tinopoli, è quasi certo che non avrebbe raccolto le adesioni che invece ricevette. Nuova Roma, per i cavalieri dei Franchi, non era una meta santa, degna del loro sangue. Lo era solo il Santo Sepolcro di Gerusalemme.

35 Il nome di questo sultanato deriva dal nome arabo dell'Impero romano: *Rūm*. Come si vede, a differenza degli occidentali, i Turchi (e gli Arabi) non ebbero mai alcun dubbio a chiamare i Romani con il loro nome.

36 Giovanni II Comneno in italiano, governò dal 1118 al 1143. Era anche detto *Kaloiannis*, il bel Giovanni.

37 *Ager sanguinis* in latino.

38 Baldovino II in italiano. Governò dal 1118 al 1131, era un discendente del casato dei duchi di Rethel, al confine tra la Francia e il Sacro Romano Impero.

39 Interessante notare come il *Chronicon Altinate* – scritto probabilmente all'epoca di Alexios Komnenos – elenchi tutti gli imperatori romani, da Augusto ad Alexios, senza alcuna interruzione: i veneziani erano del tutto d'accordo con Persiani, Arabi, Bulgari, Rus e tanti altri popoli nel considerare l'imperatore «bizantino» come il legittimo erede di Roma.

40 Per approfondire la tradizione medievale della nascita di Venezia: Lorenzo Calvelli, Giovannella Cresci Marrone, *Oltre la leggenda. Il 421 d.C. nella Venetia*.

41 A riguardo, si segnalano gli scavi effettuati nella villa romana di Lio Piccolo, gli scavi a Torcello e anche il recente ritrovamento di una strada, moli e resti archeologici nei fondali di fronte alla bocca di Treporti. Segnalo l'articolo di F. Madricardo et al., *New evidence of a Roman road in the Venice Lagoon (Italy) based on high resolution seafloor reconstruction*, «Scientific Reports», 11, 2021.

42 Interpretazione di Agostino Pertusi, *Saggi veneto-bizantini*, Olschki, Firenze 1990.

43 Sorta di viceré dell'imperatore romano, incaricato di governare e difendere la provincia italiana. C'era un altro esarca in epoca «bizantina», quello d'Africa a Cartagine. Il primo scompare nel 751, il secondo nel 698, a causa della conquista longobarda e araba dei due esarcati.

44 Le leggende veneziane parlano di un certo Paulicio Anafesto, che sarebbe stato il primo vero «doge» o duca di Venezia. In realtà, si tratta probabilmente di un errore dei tardi cronachisti veneziani, che confusero l'esarca Paolo (Paulus Patricius) con un loro «duca».

[45] In italiano Niceforo I. Detto «Il logoteta» – perché era stato ministro delle finanze dell'Impero (*logothetes tou genikou*) – regnò dall'802 all'811, quando morì nella battaglia di Pliska, nella quale il suo esercito fu sconfitto e massacrato dai Bulgari di Krum. Leggenda vuole che dal suo teschio fu fatta una coppa per il Khan dei Bulgari.

[46] Per un po' di tempo i veneziani dovettero preoccuparsi della concorrenza di Comacchio nell'Adriatico, città che saccheggiarono a più riprese, condannandola al declino.

[47] Secondo una leggenda, infatti, un angelo sarebbe apparso in sogno a san Marco al suo sbarco su un'isola della laguna veneta: l'angelo avrebbe detto queste parole a significare che tra la popolazione veneta il santo avrebbe trovato riposo, venerazione e onore.

[48] Antenati dei moderni ungheresi. Nel X secolo furono uno dei principali problemi per la tenuta del mondo franco.

[49] Romano I Lecapeno in italiano, regnò dal 920 al 944. Riconquistò la città di Melitene e recuperò la celebre reliquia del *Mandylion* di Edessa che, come già detto, fu da allora custodita nel palazzo imperiale.

[50] Romanos III Argyros regnò dal 1028 al 1034, negli anni di declino dopo la morte di Basileios II. Romano III divenne imperatore alla morte di Konstantinos VIII, fratello di Basileios II, del quale aveva sposato la figlia Zoe tre giorni prima. Morì assassinato, forse per mano dell'amante della moglie, che gli successe con il titolo di Michael IV.

[51] Costantinopoli.

[52] Le due citazioni sono dalla traduzione di Jadran Ferluga disponibile sul sito di Reti Medievali, dedicato agli studi medievisti.

[53] Luigi VII in italiano, regnò dal 1137 al 1180. Fu il primo marito di Éléonore di Aquitania (prima che questa sposasse Henry II d'Inghilterra). Avviò la costruzione di Notre-Dame a Parigi e fondò la Sorbona. È considerato come un importante tassello della ripresa del potere regio in Francia.

[54] Corrado III di Svevia in italiano, primo sovrano della dinastia degli Hohenstaufen, regnò tra il 1138 e il 1152, ma non fu mai incoronato imperatore. Era imparentato con la precedente dinastia (i Salici) tramite sua moglie, Agnes, figlia di Heinrich IV, l'imperatore che duellò con Matilde di Canossa e Gregorio VII.

[55] Su questo punto, vedere Donald M. Nicol, *Byzantium and Venice*, p. 88, dove però l'autore dubita dell'attendibilità di questa cifra, che a me invece pare realistica considerando l'ampiezza del quartiere

veneziano e l'importanza della colonia anche nella politica e nei commerci veneziani.

[56] *Ioannis Cinnami Epitome rerum ab Ioanne et Alexio Comnenis gestarum*, p. 285.

[57] In italiano, battaglia di Miriocefalo. Fu combattuta il 17 settembre 1176, nei pressi della fortezza di Myriokephalon, nell'Anatolia meridionale.

[58] In italiano, Riccardo I Cuor di Leone. Celeberrimo re legato al mito di Robin Hood, regnò tra il 1189 e il 1199. Era uno dei figli di Éléonore d'Aquitania e di Henri II. Alla sua morte, gli successe suo fratello John.

[59] Filippo Augusto in italiano, regnò tra il 1180 e il 1223. Uno dei più ammirati re francesi; il suo lungo regno è lo spartiacque della storia di Francia, visto che riconquistò la maggior parte dei territori inglesi sul continente e consolidò il potere regio, chiudendo in Francia l'epoca feudale. La storia della Quarta crociata è intimamente legata a questo sovrano.

[60] In italiano, «Angeli».

[61] In italiano, Andronico Comneno, l'ultimo sovrano della dinastia inaugurata da Alexios Komnenos: si può dire che i Komnenoi se ne andarono con il botto.

[62] Salonicco in italiano; uso il termine greco perché quello italiano è più associato con la dominazione latina che con l'eredità greca della città.

[63] Anthony Kaldellis, *The New Roman Empire*, p. 707.

[64] Svevia in italiano.

[65] A riguardo, si rimanda alla mappa a pagina 95.

Parte seconda

[1] Alfred J. Andrea, *Contemporary Sources for the Fourth Crusade*, pp. 10-11.

[2] Riferimento al fallimento delle missioni di Philippe Auguste e Richard I nella Terza crociata.

[3] Qui invece, i nostri «finti musulmani» deridono gli sforzi di Frederick I Barbarossa (morto nel 1190) e quelli della cosiddetta «crociata tedesca» di suo figlio Heinrich VI, naufragati all'inaspettata morte di quest'ultimo, sei anni dopo.

[4] Qui ci si riferisce alla scioccante vittoria almohade su Alfonso VIII di Castiglia nella battaglia di Alarcos, il 19 luglio 1195, che se-

gnò una battuta di arresto durante la *Reconquista* della penisola iberica.

[5] Alfred J. Andrea, *Contemporary Sources for the Fourth Crusade*, p. 12.

[6] Ibidem.

[7] In italiano, Folco di Neuilly. Fervente predicatore, non è chiaro quanto le sue prediche fossero davvero efficaci: fu accusato di aver usato a fini personali parte dei fondi donati per la guerra santa. Morì nel 1202, prima che la crociata fosse deviata dalla sua destinazione originale.

[8] In futuro il principale rappresentante della Santa Sede presso i baroni della Quarta crociata.

[9] *History of William Marshal*, edito da A.J. Holden, 11618-22.

[10] In italiano, Tebaldo o Tibaldo III di Champagne. Sua madre era la sorella di Philippe Auguste, sua nonna era Éléonore di Aquitania.

[11] Luigi di Blois in italiano. Figlio di Thibaud V di Blois e di Alix di Francia, un'altra figlia di Éléonore di Aquitania.

[12] In italiano, Amalrico di Lusignano, noto anche come Amalrico I di Cipro e Amalrico II di Gerusalemme. Il candidato preferito da Richard I *Lionheart* al trono di Gerusalemme durante la Terza crociata, si era dovuto accontentare nel 1196 del regno di Cipro, creato a suo beneficio da una provincia sottratta dai crociati all'Impero romano. Nel 1197, sposando Isabelle di Gerusalemme, era diventato re di questo regno. Mantenne la corona fino alla morte, nel 1205.

[13] Detto anche Filippo di Alsazia, uno dei grandi capitani della Terza crociata.

[14] Ugo di Saint-Pol in italiano. La contea di Saint-Pol faceva parte dei territori che Philippe Auguste aveva sottratto nel 1191 alla contea delle Fiandre (di cui era solitamente vassallo), all'ascesa al ducato di Baldwin delle Fiandre. Il conte di Saint-Pol all'epoca della Quarta crociata era Hugh della casa di Campdavaine. Più anziano degli altri baroni crociati – quasi sulla quarantina –, partecipò con Filippo d'Alsazia, conte delle Fiandre, alla Terza crociata dove si distinse durante la presa di Acri. Morirà di gotta, nel 1205, a Costantinopoli.

[15] Pietro di Amiens in italiano, era il nipote di Hugh di Saint-Pol. Aveva circa trent'anni. Robert di Clari ha solo parole di elogio per il suo signore: lo definisce «il bel cavaliere, il coraggioso, il valoroso». Morì nel 1204, sulla via di ritorno da Costantinopoli.

[16] In italiano, Roberto di Clari. Jean Dufournet, che ha curato la traduzione della sua opera in francese moderno, valuta che le sue ter-

re avevano un'estensione di appena sei ettari e mezzo, «quanto bastava a dargli il titolo di cavaliere, ma non sufficienti a nutrirlo».

[17] Niceta Coniate in italiano.

[18] Non era certo un piano innovativo: già nel 1169 re Aimery I di Gerusalemme aveva provato a conquistare il Paese del Nilo, quella volta con il supporto di una flotta romana inviata da Manouel Komnenos. Anche Richard I *Lionheart* aveva progettato la conquista dell'Egitto, nel 1192, prima di tornare in Occidente. L'Egitto sarà poi il principale obiettivo della Quinta crociata, sbarcata a Damietta.

[19] Nel testo si parla di «Babilonia» ma ho deciso di inserire per chiarezza il termine moderno. Il Cairo è infatti costruito attorno a un'antica fortezza romana che si chiamava, confusamente per noi, Babilonia. Stiamo quindi parlando dell'Egitto e non della Mesopotamia.

[20] Geoffroy de Villehardouin, *La Conquête de Constantinople*, 30.

[21] Ibidem, 14.

[22] Niceta Coniata, *Narrazione cronologica*, 538.

[23] Ibidem.

[24] Guglielmo di Tiro in italiano, principale storico di *Outremer*, nacque nella seconda generazione dei crociati in Terrasanta.

[25] Guglielmo di Tiro, *Storia*, II, 335.

[26] Jonathan Phillips, *The Fourth Crusade and the Sack of Constantinople*, p. 70.

[27] In passato, scrittori come John Julius Norwich hanno sostenuto che Dandolo non avesse alcuna intenzione di inviare la spedizione ad Alessandria, perché in contemporanea i suoi ambasciatori sarebbero giunti nella terra del Nilo per stringere un accordo commerciale con l'Egitto: insomma, questo lo confermerebbe come il «grande vecchio» dietro la deviazione della crociata a Costantinopoli. Oggi però sappiamo che l'accordo tra Venezia ed Egitto è in realtà posteriore alla fine della Quarta crociata, quando ormai gli interessi di Venezia (e di Dandolo) erano stati dirottati su Costantinopoli. Nel mondo «post 1204», una conquista dell'Egitto era ormai fuori questione, ed era quindi logico stringere accordi commerciali con gli Egiziani.

[28] Geoffroy de Villehardouin, *La Conquête de Constantinople*, 18-19.

[29] Ibidem, 21-23.

[30] Robert de Clari, *La Conquête de Constantinople*, 6.

[31] Non concorda su questo punto Antonio Musarra (*In partibus ultramaris. I genovesi, i crociati e la Terrasanta*, p. 345). Musarra afferma che in realtà il prezzo genovese era di poco superiore alla metà.

Ma i veneziani offrivano un contratto annuale, i genovesi di otto mesi. Se si riparametra per la durata del contratto, i prezzi sono quelli di cui sopra. Qui ho invece seguito l'opinione di Jonathan Phillips in *The Fourth Crusade and the Sack of Constantinople*, p. 66.

32 Geoffroy di Villehardouin afferma che Dandolo riuscì a strappare il consenso «grazie al suo senno e alla sua intelligenza» e che li «condusse ad approvare l'accordo», segno che la discussione fu animata. Geoffroy de Villehardouin, *La Conquête de Constantinople*, 25.

33 Ibidem, 25-28.

34 Robert de Clari, *La Conquête de Constantinople*, 7.

35 Donald M. Nicol, *Byzantium and Venice*, p. 128.

36 La marca era un'ampia suddivisione dell'Impero carolingio, di solito posta ai confini del territorio imperiale.

37 Jonathan Phillips, *The Fourth Crusade and the Sack of Constantinople*, p. 84.

38 Ibidem, p. 85.

39 Geoffroy de Villehardouin, *La Conquête de Constantinople*, 43.

40 Bernardo di Chiaravalle in italiano, visse tra il 1090 e il 1153. È venerato come santo e dottore della Chiesa. Fu tra gli ispiratori dell'ordine dei Templari e uno degli ideologi delle crociate. Bernardo codificò la filosofia della guerra santa cristiana e coniò il concetto di «malicidio», nel quale teorizza che l'uccisione di un infedele non debba essere considerata come un omicidio (vietato dal quinto comandamento), ma come un modo per impedire che l'infedele compia altro male.

41 Gli abati di Cernanceaux, Perseigne e Vaux-Cernay. L'abate di Vaux sarà uno dei più strenui oppositori alla deviazione della crociata a Costantinopoli.

42 Tra questi Odo di Champlitte, Richard di Dampierre, Guy e Aimery di Pesmes. Si unì anche un nobile provenzale, uno dei pochi francesi meridionali a partecipare alla crociata: Pierre di Bromont.

43 Robert de Clari, *La Conquête de Constantinople*, 9.

44 *Les Chansons de Conon de Béthune*, éd. par Axel Wallensköld, IV.

45 Jonathan Phillips, *The Fourth Crusade and the Sack of Constantinople*, p. 14.

46 Ibidem, p. 21.

47 Robert de Clari, *La Conquête de Constantinople*, 10.

48 Jonathan Phillips, *The Fourth Crusade and the Sack of Constantinople*, p. 74.

[49] John H. Pryor, *The Venetian Fleet for the Fourth Crusade and the Diversion of the Crusade to Constatinople.*

[50] Da inizio giugno a inizio ottobre.

[51] Unità di misura dei liquidi di epoca romana, corrispondente a un sesto del congio, ovvero circa 0,545 litri. Un solido d'oro aveva un valore di circa mille euro; si tratta quindi di un prezzo davvero eccessivo.

[52] *Devastatio Costantinopolitana*, in *Contemporary Sources for the Fourth Crusade*, p. 214.

[53] Robert de Clari, *La Conquête de Constantinople*, 11.

[54] Secondo Robert di Clari, dopo la colletta mancavano ancora 50.000 marchi, ma poi i capi crociati presero a prestito altri 14.000 marchi, per 36.000 marchi mancanti alla fine. Goffredo di Villehardouin narra di un debito di 34.000 marchi.

[55] Anthony Kaldellis, *The New Roman Empire*, p. 717.

[56] Geoffroy de Villehardouin, *La Conquête de Constantinople*, 65.

[57] Lettera di Innocenzo III, 2; 258, in *Contemporary Sources for the Fourth Crusade*, p. 24.

[58] Anthony Kaldellis, *The New Roman Empire*, p. 717.

[59] Sulla data della partenza, la *Devastatio Constantinopolitana* – di solito molto precisa con le date – parla del primo ottobre, mentre Geoffroy di Villehardouin dichiara che la flotta partì l'8. È possibile che la spedizione partì a scaglioni.

[60] Robert de Clari, *La Conquête de Constantinople*, 13.

[61] *Devastatio Costantinopolitana*, in *Contemporary Sources for the Fourth Crusade*, p. 215.

[62] Se il nome di Simon (Simone) di Monfort vi ricorda qualcuno, non vi sbagliate: dal 1209 e fino alla sua morte sarà il capo della sanguinosa crociata albigese che devastò la Francia meridionale. Lasciò l'armata della Quarta crociata nel 1202, poco dopo l'assedio di Zara, recandosi in Siria via il porto di Barletta. Tornò in Francia nel 1204, per poi prendere la guida della crociata albigese. Nel corso della sua vita, Simon di Monfort acquisì un gran numero di titoli, tra i quali quello di conte di Leicester, in Inghilterra.

[63] Boves è nei dintorni di Amiens. Figlio di Robert di Boves – morto nell'assedio di Acri del 1191, durante la Terza crociata – e di Béatrice di Saint-Pol, sposò la figlia di Jean di Nesle, il castellano di Bruges, che abbiamo visto al comando della flotta fiamminga. Come Simon di Monfort, si recò in Siria ed evitò la deviazione a Costantinopoli. Tornò a combattere nella Quinta crociata nel 1219, partecipando

all'assedio di Damietta, in Egitto, dove sarebbe dovuta andare la Quarta crociata. Morì probabilmente in Siria nel 1223.

[64] *Devastatio Costantinopolitana*, in *Contemporary Sources for the Fourth Crusade*, p. 215. Zara cadde il 24 novembre 1202.

[65] Il Papa è così irritato che nega ai crociati i consueti saluti di cortesia.

[66] Innocenzo III, epistolario, 5; 160.

[67] Qui Innocenzo III si riferisce chiaramente ai veneziani.

[68] Innocenzo III, epistolario, 5; 161.

[69] Niceta Coniata, *Narrazione cronologica*, 547-548.

[70] Ibidem, 536.

[71] Un piccolo porto sulla sponda europea del Mar di Marmara.

[72] *Die Register Innocenz' III*, 202. Traduzione dal latino dell'autore.

[73] A. Papadikis e M. Talbot, *John X Camaterus*, 40.10-12.

[74] Nella ricostruzione della «congiura di Hagenau» ho seguito soprattutto l'opera di Michael Angold – *The Fourth Crusade*, pp. 84-85 – e di Anthony Kaldellis – *The New Roman Empire*, pp. 718-719. Vale la pena ricordare che altri storici più legati al punto di vista tradizionale della Quarta crociata negano l'esistenza di una «congiura», cosa che però non mi pare realistica sulla base dei documenti a nostra disposizione.

[75] Per i curiosi, il castello – uno dei simboli del potere del Sacro Romano Impero – oggi non esiste più: nel 1648, dopo la guerra dei Trent'anni, l'Alsazia fu conquistata dal regno di Francia, cosa che portò alla sua distruzione a opera di Luigi XIV nel 1677.

[76] Da notare come Innocenzo III non conceda ad Alexios il titolo di «imperatore romano», ritenendo che appartenesse solo ai «suoi» imperatori occidentali.

[77] Innocenzo III, epistolario, 5; 121, in *Contemporary sources for the Fourth Crusade*. Anche i seguenti passaggi di questa lettera vengono dalla stessa fonte.

[78] Gli Hohenstaufen.

[79] Heinrich VI e lo stesso Philipp di Swabia.

[80] Innocenzo III, epistolario, 5; 121, in *Contemporary Sources for the Fourth Crusade*.

[81] Ibidem.

[82] A quest'epoca, tutto il Nord Italia era di solito chiamato «Lombardia», in ricordo del regno dei Longobardi.

[83] Geoffroy de Villehardouin, *La Conquête de Constantinople*, 70-71.

[84] Geoffroy de Villehardouin, *La Conquête de Constantinople*, 72.

[85] Da notare sempre come il Papa continui a non voler chiamare l'Impero romano con il suo nome.

[86] Innocenzo III, epistolario, 5; 121.

[87] Tutti questi inserti sono dal registro delle lettere di Innocenzo III; 5, 121.

[88] Geoffroy di Villehardouin, *La Conquête de Constantinople*, 91-93.

[89] Anthony Kaldellis, *The New Roman Empire*, p. 719.

[90] Geoffroy de Villehardouin, *La Conquête de Constantinople*, 100.

[91] O più propriamente Kerkyra, come era conosciuta allora in greco. In questo caso, mi è parsa un'isola troppo conosciuta in italiana per riportarne il nome «romano».

[92] Geoffroy de Villehardouin, *La Conquête de Constantinople*, 101.

[93] *Devastatio Costantinopolitana*, in *Contemporary Sources for the Fourth Crusade*, p. 215.

[94] Molti storici moderni (come Jonathan Phillips) ritengono che la discussione principale sia avvenuta a Zara, perché fanno riferimento al dibattito tenuto all'interno della dirigenza crociata. Seguono insomma la versione dei fatti riportata da Geoffroy di Villehardouin (che però non è chiarissimo sul punto). Leggendo e interpretando le fonti mi pare però evidente che il vero *redde rationem* con la massa dei soldati ci fu a Corfù: fu lì che si decise il futuro della crociata. Io qui ho deciso di seguire piuttosto Robert di Clari, Hugh di Saint-Pol e la *Devastatio Constantinopolitana*.

[95] *Devastatio Costantinopolitana*, in *Contemporary Sources for the Fourth Crusade*, p. 216.

[96] Figlio di Mathieu I, conestabile di Francia e partecipante alla Seconda crociata, e di Alix d'Inghilterra, figlia di Henry I d'Inghilterra, partecipò anche alla Terza crociata nel 1189. Combatté nel corso del primo assedio di Costantinopoli (luglio 1203) ma morì quell'agosto. Era il capo della delegazione della Champagne; alla sua morte gli successe Geoffroy di Villehardouin.

[97] Geoffroy (Goffredo) di Villehardouin.

[98] Uno dei principali ambasciatori della Quarta crociata, partecipò con Geoffroy di Villehardouin ai negoziati a Venezia e fu poi il portaparola dei crociati in molte ambasciate con i Romani. Divenne, dopo il 1204, uno dei principali consiglieri degli imperatori latini a Costantinopoli, vale a dire Baldwin e Henri di Fiandre. Fu anche reggente dell'Impero in due occasioni, prima di morire dopo il 1219.

[99] Anche lui, con Conon di Béthune, uno dei consiglieri dell'Impero latino dopo la conquista di Costantinopoli. Era uno dei principali membri del contingente della Champagne, con il suo amico Geoffroy di Villehardouin. A differenza di molti altri crociati, visse a lungo in Oriente e morì a Costantinopoli nel 1224.

[100] Vassallo del conte di Champagne, con il feudo di Verneuil e Chavenay, tornò presto in Francia dove lo ritroviamo nel 1210 circa. Come lui, moltissimi cavalieri della Quarta crociata non restarono a lungo in Levante.

[101] Proveniva dalla zona di Valenciennes, nel Nord della Francia e al confine con il Belgio. Dopo la conquista di Costantinopoli, gli fu concessa la signoria di Philippopolis. Dopo la disfatta dei crociati a Adrianopoli, finì assediato per sedici mesi, per poi essere soccorso da Conon di Béthune e Geoffroy di Villehardouin. Era probabilmente ancora vivo nel 1208, dopodiché se ne perdono le tracce.

[102] Anche lui vassallo del conte di Champagne, era castellano di Vitry. È un altro importante consigliere dei primi imperatori latini, dei quali fu *panetier* o *panetarius*, un amministratore della distribuzione dei rifornimenti alimentari custoditi a palazzo, e in generale amministratore della spesa pubblica.

[103] Proveniva dall'Île-de-France, in particolare da L'Isle-Adam, anche se era vassallo del conte di Champagne. Prese parte alla Terza e poi alla Quarta crociata. Nell'amministrazione dell'Impero latino, divenne *major cocus*, l'ufficiale addetto ai rifornimenti alimentari. Tornò in Champagne intorno al 1210.

[104] Cayeux è un feudo alla foce della Somme. Anselme partecipò attivamente all'amministrazione dell'Impero latino, dove continuarono a vivere suo figlio e suo nipote. Nel 1219, quando Conon de Béthune fu fatto reggente dell'Impero, divenne capo dei baroni latini.

[105] Lettera di Ugo di Saint-Pol, in *Contemporary Sources for the Fourth Crusade*, pp. 188-189.

[106] Ibidem, pp. 186-187.

[107] Robert de Clari, *La Conquête de Constantinople*, 33.

[108] Ibidem, 33.

[109] Ibidem, 39.

[110] Signore di Champlitte, in Borgogna, era un discendente del conte Henri I di Champagne. Sarà uno dei capi del sesto battaglione dei crociati durante gli assedi di Costantinopoli, quello dei Borgognoni. Morì a maggio del 1204, poco dopo la conquista di Costantinopoli.

[111] Coucy, come Amiens, era in Piccardia, a nord di Parigi.

[112] Saint-Chéron è nell'Île-de-France, la regione di Parigi.

[113] Alexios Angelos.

[114] Geoffroy de Villehardouin, *La Conquête de Constantinople*, 116-117.

[115] Lettera di Hugh di Saint-Pol, in *Contemporary Sources for the Fourth Crusade*, p. 189.

[116] Geoffroy de Villehardouin, *La Conquête de Constantinople*, 117.

[117] Il mosaico sembra essere stato realizzato per celebrare il primo patriarca latino di Costantinopoli, il veneziano Tommaso Morosini, che era abate di Santa Maria in Porto, sempre a Ravenna, una dipendenza dell'abbazia di San Giovanni Evangelista.

[118] Sulla versione veneziana della Quarta crociata, rimando all'ottimo articolo di Thomas F. Madden, *The Venetian Version of the Fourth Crusade: Memory and the Conquest of Constantinople in Medieval Venice*.

[119] Lettera di Bonifacio del Monferrato a Innocenzo III, in *Contemporary Sources for the Fourth Crusade*, p. 58.

[120] Con questo non voglio certo sostenere che il regime di Saddam non fosse a sua volta ributtante, ma il punto della questione non è quello.

[121] Ovvero la caduta di Gerusalemme nel 1187.

[122] Lettera di Innocenzo III, 6; 101, in *Contemporary Sources for the Fourth Crusade*, p. 59.

[123] Ibidem.

[124] Robert de Clari, *La Conquête de Constantinople*, 49.

[125] Niceta Coniata, *Narrazione cronologica*, 542.

[126] Geoffroy de Villehardouin, *La Conquête de Constantinople*, 143.

[127] Ibidem, 144.

[128] Lettera di Hugh di Saint-Pol, in *Contemporary Sources for the Fourth Crusade*, p. 190.

[129] Geoffroy de Villehardouin, *La Conquête de Constantinople*, 146.

[130] Lettera di Hugh di Saint-Pol, in *Contemporary Sources for the Fourth Crusade*, p. 190.

[131] Geoffroy di Villehardouin, *La Conquête de Constantinople*, 155-156.

[132] Sin dai tempi di Teofilo (838) la «guardia variaga», un tempo assoldata tra i feroci combattenti norreni di Rus, costituiva l'unità d'élite dell'Impero romano. Era per lo più arruolata, a quest'epoca, tra inglesi e danesi.

[133] Qui seguo la narrazione di Hugh di Saint-Pol, che è il più vicino agli avvenimenti. Nelle altre fonti, sembra quasi che si trattò di una sola giornata di combattimenti.

[134] Niceta Coniata, *Narrazione cronologica*, 543.

[135] In realtà, il monastero dei Santi Cosma e Damiano, detto il Kosmidion. I crociati lo chiamavano «palazzo di Boemondo» perché Boemondo di Taranto vi aveva risieduto nel 1097, ai tempi della Prima crociata.

[136] Piccoli trabucchi.

[137] Lettera di Hugh di Saint-Pol, in *Contemporary Sources for the Fourth Crusade*, p. 194.

[138] Niceta Coniata, *Narrazione cronologica*, 544.

[139] In questo scambio di cortesie militari, i latini catturarono Konstantinos Laskaris, uno dei principali consiglieri di Alexios III Angelos: ricordatevi dei Laskaris, perché Konstantinos e suo fratello Theodoros Laskaris – che aveva spostato una figlia di Alexios III Angelos – sono destinati a giocare un ruolo in questa storia.

[140] Paese della Piccardia, Mathieu di Walincourt era un vassallo del conte delle Fiandre. Morì nel 1205 durante l'assedio di Adrianopoli.

[141] Cugino di Mathieu di Walincourt, signore di Beauvoir, uno dei castelli più vicini a Mont-Saint-Michel.

[142] Su questo punto ho preferito seguire il più contemporaneo racconto di Hugh di Saint-Pol rispetto a quello di Geoffroy di Villehardouin, che narra gli eventi a molti anni di distanza (e in questi casi la memoria può giocare brutti scherzi).

[143] Lettera di Hugh di Saint-Pol, in *Contemporary Sources for the Fourth Crusade*, p. 196.

[144] Geoffroy de Villehardouin, *La Conquête de Constantinople*, 171.

[145] I variaghi inglesi e danesi.

[146] Niceta Coniata, *Narrazione cronologica*, 545.

[147] Geoffroy de Villehardouin, *La Conquête de Constantinople*, 173.

[148] Niceta Coniata, *Narrazione cronologica*, 545. Il Deuteron era un distretto di Costantinopoli, nella parte nord-occidentale della città. Includeva la sesta collina di Costantinopoli.

[149] Niceta Coniata, *Narrazione cronologica*, 546.

[150] Robert de Clari, *La Conquête de Constantinople*, 44.

[151] Ovvero in totale mille uomini a cavallo per i tre battaglioni,

metà dei quali cavalieri, gli altri probabilmente scudieri a cavallo. Nel testo è scritto «*chevaliers et homme a cheval*».

152 Lettera di Hugh di Saint-Pol, in *Contemporary Sources for the Fourth Crusade*, p. 197.

153 Robert de Clari, *La Conquête de Constantinople*, 49.

154 Niceta Coniata, *Narrazione cronologica*, 548.

155 Come Konstantinos Laskaris e Alexios Palaiologos, che avevano sposato Irene e Anna, due delle figlie di Alexios Komnenos. Laskaris sarà poi l'imperatore romano a Nicea, mentre Palaiologos diverrà il capostipite dell'ultima dinastia dell'Impero romano, i Palaiologoi, detti in italiano Paleologi o Paleologhi.

156 Euphrosyne Doukaina Kamaterina, imperatrice e moglie di Alexios III. Era parente di Konstantinos X e di Irene Doukaina, moglie di Alexios I Komnenos e madre di Ioannes II.

157 I «portatori d'ascia» nel testo originale.

158 Niceta Coniata, *Narrazione cronologica*, 550.

159 Geoffroy de Villehardouin, *La Conquête de Constantinople*, 183.

160 Ibidem, 186.

161 Tradotto: l'Impero romano dovrà pagare il noleggio della flotta veneziana per altri dodici mesi.

162 Philipp di Swabia è dunque un garante dell'accordo: in caso di violazione, può intervenire per farlo rispettare (tradotto: se Isaakios non firma, sarà guerra anche con il Sacro Romano Impero).

163 Geoffroy de Villehardouin, *La Conquête de Constantinople*, 187-188.

164 Ibidem per tutte le citazioni di questo passaggio.

165 Niceta Coniata, *Narrazione cronologica*, 550.

166 Ibidem, 551-552.

167 Lettera di Alexios IV a Innocenzo III, 6; 209, in *Contemporary Sources for the Fourth Crusade*, p. 77.

168 Ioannes Kamateros era della stessa famiglia dell'imperatrice Euphrosyne, moglie di Alexios III. Come già visto, tra il 1198 e il 1200 aveva avuto un'intensa corrispondenza con Innocenzo III, difendendo il punto di vista orientale, che negava la supremazia papale su tutta la Chiesa.

169 Lettera di Hugh di Saint-Pol, in *Contemporary sources for the fourth crusade*, pp. 199-200.

170 Geoffroy de Villehardouin, *La Conquête de Constantinople*, 197.

171 Niceta Coniata, *Narrazione cronologica*, 556.

172 Ibidem, 560.

[173] Le fazioni del circo erano gruppi di tifosi organizzati attorno alle corse dei carri nell'ippodromo, principalmente i Verdi e i Blu. Non si trattava di semplici gruppi di ultras, visto che costituivano degli importanti schieramenti politici, sociali e perfino militari all'interno della capitale imperiale.

[174] Cioè dal Corno d'Oro al Mar di Marmara.

[175] Niceta Coniata, *Narrazione cronologica*, 555-556.

[176] Geoffroy de Villehardouin, *La Conquête de Constantinople*, 203-204.

[177] Ibidem, 205.

[178] Ibidem, 213-214.

[179] Ibidem, 217.

[180] Robert de Clari, *La Conquête de Constantinople*, 59.

[181] Scavare un solco è l'equivalente di fondare o, in questo caso, rifondare una città. Nelle parole del nostro oratore, Costantinopoli è stata fondata dal più grande imperatore romano – Costantino – e lì si è trasferita la dignità imperiale della «vecchia» Roma.

[182] Brand, *A Byzantine Plan for the Fourth Crusade*, pp. 471-472.

[183] Niceta Coniata, *Narrazione cronologica*, 560.

[184] Su questo punto, consiglio *The Byzantine Republic: People and Power in New Rome* di Anthony Kaldellis.

[185] Niceta Coniata, *Narrazione cronologica*, 562.

[186] Filip van Tricht, *Venice's Need for Settling the "Byzantine question" by Conquest: the Fourth Crusade's Second Siege of Constantinople (early 1204)*, Instanbul 2017.

[187] Monastero appena al di fuori delle mura, nella zona delle Blacherne. Qui si parla della spiaggia sul Corno d'Oro più vicina al Kosmidion, fuori dalle mura.

[188] Riferimento alle abitudini severe degli antichi Spartani.

[189] Niceta Coniata, *Narrazione cronologica*, 567.

[190] Una libbra d'oro equivaleva a circa 12 libbre d'argento, quindi 5.000 libbre d'oro hanno il valore di 60.000 libbre d'argento. Il marco, però, come abbiamo visto equivaleva a 2/3 di libbra. 60.000 libbre d'argento sono quindi 90.000 marchi.

[191] In questo caso come in altri, Geoffroy usa «francesi» come sinonimo di «crociati», anche perché tutti i crociati, anche italiani e tedeschi, venivano da quello che era ancora considerato come il mondo dei «Franchi», l'ex Impero carolingio.

[192] Il 1205.

[193] Geoffroy de Villehardouin, *La Conquête de Constantinople*, 234.

194 Alfred J. Andrea, *Contemporary Sources for the Fourth Crusade*, p. 141.

195 Diciotto metri per le mura, trenta per le torri: sei piani di un palazzo per le prime, dieci per le seconde.

196 Robert de Clari, *La Conquête de Constantinople*, 61.

197 Gli *chats* o «gatti» erano delle macchine da guerra discendenti della testuggine romana. Il gatto era munito di ruote ed era costruito di solito con legno di quercia, che veniva bagnato e coperto con pelli fresche di animali e sottili lamine di metallo, per evitare il più possibile che fosse danneggiato o incendiato da parte dei difensori. Veniva accostato alle mura per permettere il lavoro dei genieri, che cercavano poi di abbatterle. Poteva essere lungo dai quattro agli otto metri e trasportare fino a cento uomini armati.

198 Le *charcloies* erano delle macchine d'assedio composte da un graticcio a semicerchio montato su tre ruote, per offrire un *modicum* di difesa agli uomini che si accostavano alle mura.

199 Macchina d'assedio costituita da una torre di legno (dentro la quale si potevano rifugiare gli assedianti) con in cima un trabucco o manganella che poteva tirare sulle mura nemiche. Serviva sia da torre d'assedio sia da macchina ossidionale.

200 Robert de Clari, *La Conquête de Constantinople*, 69.

201 Niceta Coniata, *Narrazione cronologica*, 568.

202 Cristo «che tutto vede». Se l'attribuzione è corretta, la chiesa esiste ancora oggi: si tratta della moschea Eski Imaret.

203 Niceta Coniata, *Narrazione cronologica*, 568.

204 Robert de Clari, *La Conquête de Constantinople*, 71.

205 Qui si intende del Papa, non dell'Impero romano.

206 Qui si intende Alexios IV Angelos.

207 Nell'originale è scritto «*foles femmes*» tradotto in «*putains*» in francese moderno; ho deciso di mantenere la carica del testo originale in francese moderno, che mi pare una buona interpretazione di quello che «*foles femmes*» voleva dire in francese medievale.

208 Robert de Clari, *La Conquête de Constantinople*, 73.

209 Niceta Coniata, *Narrazione cronologica*, 569.

210 Robert de Clari, *La Conquête de Constantinople*, 74.

211 Niceta Coniata, *Narrazione cronologica*, 570.

212 André Dureboise era un cavaliere del seguito del vescovo di Soissons. Morirà nel 1206, in una campagna in Tracia del nuovo Impero latino.

213 Robert de Clari, *La Conquête de Constantinople*, 76.

[214] Niceta Coniata, *Narrazione cronologica*, 569-570.
[215] Robert de Clari, *La Conquête de Constantinople*, 80.

Parte terza

[1] Nel mio libro *Il miglior nemico di Roma* troverete una lista esaustiva delle reazioni dei contemporanei al sacco di Alarico.
[2] Niceta Coniata, *Narrazione cronologica*, 585.
[3] Ibidem.
[4] Lettera di Baldwin a Innocenzo III, epistolario, 7; 152, in *Contemporary Sources for the Fourth Crusade*, p. 107.
[5] Geoffroy de Villehardouin, *La Conquête de Constantinople*, 244.
[6] Gunther di Pairis, *Historia Costantinopolitana*, XIX. Tutte le altre citazioni di questo evento vengono dalla stessa fonte.
[7] Nei pressi di Amiens, in Piccardia, la stessa regione di Robert di Clari.
[8] Gunther di Pairis, *Historia Costantinopolitana*.
[9] Esiste ancora oggi, convertito in moschea, la Zeyrek Camii.
[10] I preti orientali portavano la barba, cosa che era di solito proibita a tutti i chierici occidentali. Era una delle ricorrenti incomprensioni tra «Greci» e «Latini».
[11] Forse il francese, forse un patois italiano settentrionale usato dai mercanti italiani a Costantinopoli.
[12] In italiano, Baldovino II di Costantinopoli, era il figlio della sorella di Baldwin I, conte delle Fiandre e uno dei leader della Quarta crociata. Regnò dal 1229 al 1261, l'anno in cui la città fu riconquistata dai Romani. Anche dopo la caduta dell'Impero latino, a lungo tentò di recuperare Costantinopoli, città dove era nato. Morì nel 1273 alla corte di Carlo I d'Angiò, che intendeva utilizzarlo come «paravento legale» per conquistare il rinato Impero romano. È sepolto a Barletta.
[13] Luigi IX in italiano, era il nipote di Philippe Auguste, Filippo II di Francia. Regnò dal 1226 al 1270, guidando ben due crociate (la settima e l'ottava). Morì durante quest'ultima missione ed è venerato come santo dalla Chiesa cattolica (san Luigi dei Francesi).
[14] Niceta Coniata, *Narrazione cronologica*, 652.
[15] Il miracolo del corpo che non si decompone era sempre considerato come un segno di santità. Oggi sappiamo che alcuni corpi possono mummificarsi naturalmente.
[16] Niceta Coniata, *Narrazione cronologica*, 648.
[17] Ibidem, 588.

[18] Ibidem.
[19] Ibidem, 590.
[20] Ibidem, 591.
[21] Niceta Coniata, *Narrazione cronologica*, 592.
[22] Secondo la tradizione, Gesù Cristo sarebbe nato esattamente a mezzanotte.
[23] Geoffroy de Villehardouin, *La Conquête de Constantinople*, 260.
[24] Robert de Clari, *La Conquête de Constantinople*, 103.
[25] Il distretto di Mangana o dei Mangani si trovava tra l'acropoli dell'antica Bisanzio e il Mar di Marmara, nel punto più orientale della città. Deve il suo nome al grande arsenale per macchine da assedio (tra cui gli eponimi mangani) che sorgeva sul suo territorio.
[26] Michael Angold, *Nicholas Mesarites: His Life and Works*, p. 171.
[27] I crociati chiamavano questo castello «Dimot». Oggi Demotika è conosciuta come Didymoteicho e si trova esattamente al confine tra Grecia e Turchia, in territorio greco, sul fiume Maritsa, il più importante della regione.
[28] Niceta Coniata, *Narrazione cronologica*, 608.
[29] Robert de Clari, *La Conquête de Constantinople*, 109.
[30] Più a oriente, si formò un altro staterello romano, centrato su Trebisonda, città romana del Ponto. A governarla erano i discendenti di Andronikos Komnenos, il «tiranno», ultimo imperatore della dinastia dei Komnenoi.
[31] Il titolo dei sovrani bulgari era proprio *tsar*, e questo dai tempi di Symeon I (893-927). Il titolo fu assunto da Symeon per sottolineare il nuovo ruolo dello Stato bulgaro, per poi essere confermato nel 913 dai Romani, dopo una serie di devastanti sconfitte e in cambio della pace. Deriva da *kaisar* in greco o *caesar* in latino, il secondo titolo più importante nel cerimoniale romano dopo quello del *basileus*, o imperatore. Più tardi fu adottato anche dai sovrani di Russia.
[32] Nikephoros I fu catturato e decapitato nell'811, dopo la battaglia di Pliska, una pesante disfatta dei Romani contro i Bulgari.
[33] Marco Sanudo era destinato a fare carriera: dopo la morte di Enrico Dandolo, si impadronì dell'isola di Naxos. Da qui partì alla conquista di quello che sarebbe diventato il «ducato dell'Arcipelago», comprendente la maggior parte delle Cicladi. Nonostante Marco e i suoi seguaci e vassalli fossero tutti veneziani, Sanudo si dichiarò vassallo dell'Impero latino. Il ducato dell'Arcipelago sopravvisse come vassallo dell'Impero latino, della Morea, degli Angioini e poi di Venezia fino al XVI secolo.

[34] Lettera di Baldwin I a Innocenzo III, in *Contemporary Sources for the Fourth Crusade*, p. 112.

[35] Nel 378, ai tempi della battaglia di Adrianopoli, l'imperatore Valente attaccò i Goti senza attendere appunto l'arrivo del suo collega occidentale, Graziano. Pagò l'errore con la sua morte e la distruzione dell'intero esercito da campo orientale. Più dettagli in *Il miglior nemico di Roma.*

[36] Mariëtte Verhoeven, *A Monument for a Venetian Doge in Constantinople: the Memory of Enrico Dandolo in Hagia Sophia.*

[37] O al più tardi da parte dei conquistatori turchi, le versioni al riguardo sono contrastanti (e impossibili da verificare).

[38] Quello che gli storici chiamano il «despotato d'Epiro» dominava in sostanza la moderna Albania e la Grecia nord-occidentale.

[39] A questa data Bonifacio era morto e il regno di Salonicco era già piuttosto traballante.

[40] In italiano: Nauplia, città-fortezza ideale per controllare le acque tra Atene e il Peloponneso, ancora dominata dalle possenti fortificazioni veneziane. Dopo il 1204, fu a lungo governata dai signori latini di Atene. Finita nei domini veneziani, nel 1540 fu conquistata dai Turchi, ma la sua storia «veneziana» non era ancora terminata. Nel 1686 fu riconquistata dai veneziani con la guerra di Morea e divenne la capitale del Peloponneso veneziano, la Morea. All'epoca era conosciuta come «Napoli di Romània» per distinguerla dalla Napoli italiana. Fu riconquistata dai Turchi nel 1715. Nel 1829 divenne la prima capitale della Grecia indipendente.

[41] Raimbaut de Vaqueiras fu fatto cavaliere da Bonifacio del Monferrato, per il suo coraggio in battaglia durante la campagna siciliana al seguito di Heinrich VI.

[42] *The Poems of the Troubadour Raimbaut de Vaqueiras*, by Joseph Linkskill, 303.

[43] Guglielmo VI, figlio maggiore di Bonifacio del Monferrato, rimase in Italia mentre il padre partiva per la Quarta crociata. Fu marchese dal 1207 al 1226.

[44] Fratello di Eudes di Champlitte, il capo del «sesto battaglione», quello dei borgognoni.

[45] Lettera di Innocenzo III, 7; 153, in *Contemporary Sources for the Fourth Crusade*, p. 114.

[46] Ibidem, p. 115.

[47] Una curiosità: nella sua foga, in una lettera inviata ai vescovi occidentali in cui annunciava la buona novella, per la prima volta nel-

la storia della cancelleria pontificia usa il pronome «io» invece che il più comune «noi», al punto che il segretario che la trascrisse segnò «ergo» invece di «ego», per poi cancellarlo. Il Papa scrisse queste lettere chiaramente di suo pugno.

48 I catari erano un movimento religioso medievale cristiano, molto popolare soprattutto nella seconda metà del XII secolo, considerato eretico dalla Chiesa cattolica. Promuovevano una visione dualistica del mondo, contrapponendo al «re dei Cieli» (Dio) il «re del mondo» (Satana), entrambi divini e con pari poteri. Contrapponevano quindi lo spirito alla materia e rifiutavano la gerarchia ecclesiastica.

49 Come notato in precedenza, i Latini amavano i visi completamente rasati, a differenza dei Romani.

50 «I figli di Ismaele» nel testo originale.

51 Niceta Coniata, *Narrazione cronologica*, 575-576.

52 Posto che anche l'aggressione a mano armata del mondo musulmano in *Outremer* fu un colossale errore, e un'immane tragedia. Ma questa è un'altra storia.

53 Anthony Kaldellis, *The New Roman Empire*, p. 738.

54 Va detto che la caduta di Candia non mise fine al governo veneziano in terra «greca», ma ho distinto tra le terre che Venezia acquisì in seguito alla Quarta crociata e quelle che conquistò in seguito, come appunto l'arcipelago delle Isole Ionie (con capitale Corfù), acquisite progressivamente a partire dal XIV secolo. Le Ionie non furono l'unico territorio veneziano in Grecia dopo la caduta di Candia: per breve tempo – come già accennato – il Peloponneso tornò veneziano, tra il 1684 e il 1715. Le Ionie restarono invece in mano veneziane fino alla caduta della Repubblica, nel 1797, in seguito all'invasione napoleonica: questo creò un'importante frattura culturale tra l'arcipelago e il resto della Grecia, allora sotto dominazione ottomana; cosa che non impedì la rinascita del nazionalismo greco una volta passata la tempesta napoleonica. Per esempio, il primo presidente della neonata Repubblica ellenica, tra il 1827 e il 1831, fu Giovanni Capodistria: nato cittadino veneziano delle Isole Ionie, studiò in gioventù a Padova e fu anche ambasciatore in Russia. Fervente nazionalista greco, fu assassinato nel 1831 a Nauplio, allora capitale del neonato Stato greco.

Bibliografia

Principali fonti primarie

La storia della Quarta crociata è nota grazie a una vasta collezione di fonti primarie, la maggior parte riportate in più punti nel testo. Nella bibliografia delle fonti secondarie ho inserito le principali edizioni che ho utilizzato per il mio lavoro di ricerca: ho scelto di inserirle quando sono accompagnate da un ampio commentario che permette di approfondire l'opera e il periodo storico. Penso che la lettura di Niketas Choniates, Robert di Clari e Geoffroy di Villehardouin sia appassionante e piacevole: sono tutti e tre autori interessanti, anche se in modo diverso, come spero di aver già spiegato nel testo.

Niketas è lo scrittore più dotato dei tre, e uno dei migliori storici medievali che abbia mai letto: le sue considerazioni sono acute e – pur dal suo inevitabile punto di vista «costantinopolitano» – mi pare anche equilibrato e professionale. Geoffroy di Villehardouin permette di entrare nelle stanze del potere latino, ha uno stile diretto e comprensibile e sembra quasi di poter rivivere la vita di un nobile francese medievale. Robert di Clari è qualcosa di diverso: abituato a frequentare l'Alto Medioevo, non avevo mai letto una fonte così «popolare», ovvero da parte, se non proprio, di un umile – Robert era pur sempre un cavaliere – quanto meno di qualcuno che non faccia parte né dell'élite militare né di quella ecclesiastica. In generale, ho trovato quasi commovente la possibilità di leggere delle fonti primarie in una lingua volgare, come l'antico francese «piccardo» di Robert di Clari o le poesie provenzali di Raimbaut de Vaqueiras.

Fonti crociate

Geoffroy de Villehardouin, *La Conquête de Constantinople*
Robert de Clari, *La Conquête de Constantinople*
Anonimo, *Devastatio Constantinopolitana*
Gunther di Pairis, *Hystoria Constantinopolitana*
Hugh di Saint-Pol, *Epistolae*
Anonimo di Soissons, *De peregrinatione in Greciam et adventu reliquiarum de Grecia libellus*
Anonimo di Halberstad, *Gesta episcoporum Halberstadensium*
Raimbaut de Vaqueiras, *Poesie*
Conon de Béthune, *Poesie*

Fonti romane

Niceta Coniata, *Narrazione cronologica*
Nicola Mesarite, *Epitaffio per il proprio fratello Giovanni*

Fonti veneziane

Martin da Canal, *Les estoires de Venise*
Anonimo, *Historia ducum venetorum*

Fonti papali

Gesta Innocentii Papae III
Innocenzo III, *epistolario*

Altre fonti primarie

L'Impero romano nel XI-XII secolo

Anna Comnena Porfirogenita, *Alessiade*. Fonte indispensabile per la Prima crociata e il regno di Alexios I.

Giovanni Cinnamo, *Ioannis Cinnami Epitome rerum ab Ioanne et Alexio Comnenis gestarum*

Origini e ascesa di Venezia VI-XIII secolo

Cassiodoro, *Variae*. Include la celebre lettera ai «tribuni marittimi» che è la prima menzione del mondo lagunare veneziano.

Giovanni Diacono, *Chronicon Venetum*. La più antica cronaca veneziana.

Anonimo, *Chronicon Altinate*, anche detto *Origo civitatum Italie seu Venetiarum*

Storia del papato

Liber Pontificalis

Storia delle crociate

History of William Marshal, edito da A.J. Holden

Guglielmo di Tiro, *Storia*

Altri

Gregorio di Tours, *Storia dei Franchi*

Gregorio Magno, *Lettere*

Procopio da Cesarea, *Le guerre*

Fonti secondarie

Ho qui inserito i saggi e gli articoli principali di cui mi sono servito per la ricerca. Come c'era da attendersi, la Quarta crociata ha attratto molta attenzione in occasione del suo ottocentesimo anniversario, nel 2004, con diverse nuove opere e edizioni di fonti primarie.

Si è dimostrato indispensabile il volume di Andrea, *Contemporary Sources for the Fourth Crusade*, che include la maggior parte delle fonti «minori» della crociata, incluso il preziosissimo epistolario di Innocenzo III. I principali libri che ho utilizzato per ricostruire gli avvenimenti della Quarta crociata hanno un punto di vista spesso a mio avviso un po' troppo «pro-latino», forse conseguenza del fatto che molti autori nascono come storici delle crociate. Segnalo in particolare il libro di Angold, *The Fourth Crusade*, e quello di Phillips, *The Fourth Crusade and the Sack of Constantinople*. Che io sappia, *Dio lo volle*, di Montesano, è l'unica opera in italiano dedicata alla Quarta crociata, e ha il merito di assumere un punto di vista neutro. Non posso non citare il magistrale *The New Roman Empire* di Kaldellis, secondo me la bibbia della storia «bizantina» per gli anni a venire. Kaldellis è stato impagabile come correttivo del punto di vista «occidentale» degli storici delle crociate. *Byzantium and the Crusades* di Harris permette di inserire l'intero movimento crociato all'interno della storia bizantina, a partire dalla Prima crociata, anche se è un po' troppo concentrato – a mio avviso – sui fallimenti «diplomatici» di Costantinopoli.

Su Venezia, la letteratura è sterminata. Ho trovato particolarmente interessanti per ricostruirne la storia delle origini il libro di Gasparri e Gelichi, *Le isole del rifugio*, e quello di Bergamo, *Venezia bizantina*. Un punto di vista anglosassone, focalizzato sul complicato rapporto con Costantinopoli è quello di Nicol, *Venice and Byzantium*. Per una narrativa completa e appassionante della storia veneziana, consiglio in italiano il libro di Magno, *Venezia, una storia di mare e di terra*.

A.P. Ammerman et all., *Beneath the Basilica of San Marco. New light on the origins of Venice*, «Antiquity», 91, 2017, pp. 1620-1629. doi:10.15184/aqy.2017.164.

A.J. Andrea, *Contemporary Sources for the Fourth Crusade*, Brill, Leiden 2008

A.J. Andrea, *The Capture of Constantinople: The Hystoria Constantinopolitana of Gunther of Pairis*, University of Pennsylvania Press, Philadelphia 1997

M. Angold, *The Fourth Crusade*, Pearson Education, Harlow 2003

M. Angold, *The road to 1204: the Byzantine background to the Fourth Crusade*, «Journal of Medieval History», 25, no. 3, pp. 257-78, 1999. doi:10.1016/S0304-4181(99)00003-2.

P. Aristeides e A.M. Talbot, *John X Camaterus confronts Innocent III: an unpublished correspondence*, «Byzantinoslavica», 33, 1, pp. 26-41, Praga 1972.

A. Barbero, *Carlo Magno, un padre per l'Europa*, Laterza, Bari 2000

N. Bergamo, *Venezia bizantina, dal mito della fondazione al 1082*, Helvetia, Venezia 2018

C.M. Brand, *A Byzantine Plan for the Fourth Crusade*, «Speculum», 43(3), 1968, pp. 462-475. https://doi.org/10.2307/2855839.

G. Breccia, *Lo scudo di Cristo: le guerre dell'Impero romano d'Oriente*, Laterza, Bari 2016

P. Brown, *The World of Late Antiquity*, Thames and Hudson, Londra 1971

G. Bührer-Thierry, C. Mériaux, *481-888: la France avant la France*, Gallimard, Parigi 2019

M. Cappelli, *Per un pugno di barbari*, Solferino, Milano 2021

M. Cappelli, *Il miglior nemico di Roma*, Solferino, Milano 2022

N. Choniates, *O City of Byzantium, Annals of Niketas Choniates*, trad. dal greco di H.J. Magoulias, Wayne State University Press, Detroit 1984

Conon de Béthune, *Les Chansons de Conon de Béthune*, éd. par Axel Wallensköld, Honoré Champion, Parigi 1968

R. de Clari, *La Conquête de Constantinople*, trad. in francese di J. Dufournet, Honoré Champion, Parigi 2004

S. Cosentino, *Storia dell'Italia bizantina (VI-XI secolo), da Giustiniano ai Normanni*, Bononia University Press, Bologna 2008

F. Dvornik, *Byzance et la primauté romaine*, Les Éditions du Cerf, Parigi 1964

J. Ferluga, *Bisanzio. Società e stato*, Sansoni (Scuola Aperta), Firenze 1974

S. Gasparri, S. Gelichi, *Le isole del rifugio: Venezia prima di Venezia*, Laterza, Bari 2024

J. Haldon, *L'Impero che non voleva morire. Il paradosso di Bisanzio (640-740 d.C.)*, Einaudi, Torino 2019

J. Harris, *Byzantium and the Crusades*, Bloomsbury Academic, Londra 2014

J. Harris, *The Debate on the Fourth Crusade*, «History Compass», 2, no. EU 114, pp. 1-11, 2014. doi:10.1111/j.1478-0542.2004.00114.x.

H. Haug, *Territory and the Tomb: Enrico Dandolo's Final Resting Place in Hagia Sophia*, «The Tombs of the Doges of Venice from the Beginning of the Serenissima to 1907», pp. 167-188, Ed. Benjamin Paul, 2016.

P. Heather, *Empires and Barbarians*, Oxford University Press, New York 2012

P. Heather, *Rome Resurgent*, Oxford University Press, New York 2018

J. Herrin, *Ravenna, Capital of Empire, Crucible of Europe*, Penguin Books, Milton Keynes 2021

D. Jacoby, *Venetian commercial expansion in the eastern Mediterranean, 8th-11th centuries*, «Medieval Trade in the Eastern Mediterranean and Beyond», pp. 371-391, Routledge, Londra 2017.

A. Kaldellis, *The Byzantine Republic: People and Power in New Rome*, Harvard University Press, Harvard 2015

A. Kaldellis, *The New Roman Empire*, Oxford University Press, New York 2024

C.H. Lawrence, *Medieval Monasticism*, Routledge, New York 2015

J. Linskill, *The poems of the troubadour Raimbaut de Vaqueiras*, Mouton & Co, L'Aia 1964

J. Longnon, *Les Compagnons de Villehardouin: recherches sur les Croisés de la quatrième Croisade*, Libraire Droz, Ginevra 1978

E. Luttwak, *La grande strategia dell'Impero Bizantino*, Rizzoli, Milano 2009

T.F. Madden (a cura di), *The Fourth Crusade: Event, Aftermath, and Perceptions*, Routledge, Londra 2016

T.F. Madden, *The Venetian Version of the Fourth Crusade: Memory and the Conquest of Constantinople in Medieval Venice*, «Speculum», 87, 2012, pp. 311-44. doi:10.1017/S0038713412001017.

F. Madricardo et al., *New evidence of a Roman road in the Venice Lagoon (Italy) based on high resolution seafloor reconstruction*, «Scientific Reports», 11, 2021. doi: 10.1038/s41598-021-92939-w.

A.M. Magno, *Venezia, una storia di mare e di terra*, Laterza, Bari 2022

H. Magoulias, *Andronikos I Komnenos: A Greek Tragedy*, «Byzantina Symmeikta», 21, 2011, pp. 101-136, doi:10.12681/byzsym.1032.

S. Marin, *Between Justification and Glory: the Venetian Chronicles' View Regarding the Fourth Crusade*, in *The Fourth Crusade: Event, Aftermath, and Perceptions*, a cura di Thomas F. Madden, pp. 113-122, Routledge, Londra 2008.

S. Marin, *Some Considerations regarding Historia Ducum Venetorum (XIII century)*, «Transylvanian Review», 19, 2, supplement no. 5, pp. 9-28, Cluj-Napoca 2010

N. Mesarites, *Nicholas Mesarites, his life and works*, trad. dal greco di M. Angold, Liverpool University Press, Liverpool 2017

M. Montesano, *Dio lo volle? 1204: la vera caduta di Costantinopoli*, Salerno editrice, Roma 2020

A. Musarra, *In partibus ultramaris. I genovesi, i crociati e la Terrasanta (secc. XII-XIII)*, Istituto storico italiano per il Medioevo, Roma 2017

D.C. Munro, *The Speech of Pope Urban II. At Clermont, 1095*, «The American Historical Review», 11(2), 1906, pp. 231-242. https://doi.org/10.2307/1834642.

D.M. Nicol, *Byzantium and Venice, a study in diplomatic and cultural relations*, Cambridge University Press, Cambridge 1988

J.J. Norwich, *A History of Venice*, Vintage Books Edition, New York 1982

T.F.X. Noble, *The Republic of St. Peter: the birth of the Papal*

State, 680-825, University of Pennsylvania Press, Philadelphia 1984
D.E. Queller e T.F. Madden, *The Fourth Crusade: the Conquest of Constantinople*, University of Pennsylvania Press, Philadelphia 1997.
A. Pertusi, *Saggi veneto-bizantini*, Olschki, Firenze 1990
L. Calvelli e G. Cresci, *Oltre la leggenda. Il 421 d.C. nella Venetia*, «Ateneo Veneto», 209, pp. 81-104, Venezia 2022.
J. Phillips, *The Fourth Crusade and the Sack of Constantinople*, Penguin Books, Londra 2004
J.H. Pryor, *The Venetian Fleet for the Fourth Crusade and the Diversion of the Crusade to Constatinople*, «The Experience of Crusading, 1: Western approaches», 2003, pp. 103-123.
J.H. Pryor e E.M. Jeffreys, *The Age of the Dromon, The Byzantine Navy ca 500-1204*, Brill, Leiden 2006
F. Saviotti, *Raimbaut de Vaqueiras e gli altri. Percorsi di identificazione nella lirica romanza del Medioevo*, Pavia University Press, Pavia 2017
S.J. Shoemaker, *A Prophet Has Appeared*, University of California Press, Oakland 2023
Theophanes, *Chronicles*, trad. in inglese di H. Turtledove, University of Pennsylvania Press, Philadelphia 1982
W. Treadgold, *A History of the Byzantine State and Society*, Stanford University Press, Stanford 1997
F. van Tricht, *Venice's Need for Settling the "Byzantine question" by Conquest: the Fourth Crusade's Second Siege of Constantinople (early 1204)*, Istanbul 2017.
T. Urbainczyk, *Writing About Byzantium: the History of Niketas Choniates*, Routledge, Londra 2018
M. Verhoeven, *A Monument for a Venetian Doge in Constantinople: The Memory of Enrico Dandolo in Hagia Sophia*, in *Afterlives of Byzantine Monuments in Post-Byzantine Times Proceedings* III (X), 2021, pp. 181-200.
G. de Villehardouin, *La Conquête de Constantinople*, trad. in francese di J. Dufournet, Flammarion, Parigi 2004
C. Wickham, *The Inheritance of Rome*, Penguin Books, Londra 2009

L. Zavagno, *The Byzantine City from Heraclius to the Fourth Crusade, 610-1204*, Palgrave Macmillan, Cham 2018

Podcast e altre fonti

In quanto podcaster, non posso esimermi dal considerare anche il lavoro di alcuni colleghi come una valida fonte secondaria. Questi podcast sono estremamente ben ricercati.

Pierson Robin, *The History of Byzantium*: podcast continuatore di *The History of Rome*, traccia l'evoluzione dell'Impero romano dopo il 476 d.C. Imperdibile per ogni appassionato di storia bizantina, offre anche scorci e spunti importanti per tutto il periodo medievale. Le puntate dedicate alle crociate sono straordinarie.

Sharyn Eastaugh, *History of the Crusades*: questo podcast copre sia le tradizionali crociate dirette in *Outremer* sia le crociate contro gli Albigesi, per la *Reconquista* iberica e nel Baltico. Sharyn è un'ottima ricercatrice, ma ha anche un contagioso senso dell'umorismo. L'accento australiano aiuta.

Bry Jensen Bry e Fry Cukjati, *Pontifacts*: biografie dei papi, accurate da un punto di vista storico, irriverenti senza essere irrispettose. Al momento in cui questo libro va in stampa coprono il periodo che va da san Pietro ai papi del X secolo. Utile per ricostruire la complicata storia del papato all'alba della «rivoluzione gregoriana».

Robert Boyle e Jamie Auld, *Totalus Rankium*: biografie di tutti gli imperatori romani, da Augusto fino a Costantino XI. Irriverenti, simpatiche e ben ricercate, le puntate su Alexios III, IV e V sono le più interessanti per capire la Quarta crociata.

Nota sui nomi

Non è mai facile rendere i nomi delle persone e dei luoghi in una lingua. In italiano, abbiamo una consolidata abitudine di italianizzare tutti i personaggi della storia, soprattutto antica e medievale, ma questo si estende anche a tempi più moderni: la casa reale inglese, fino alla generazione di William e Henry, è stata sempre italianizzata in «Elisabetta» o «Carlo».

Per un libro come questo, dove le differenze etniche tra i vari partecipanti sono notevoli, ritengo che sia un appiattimento eccessivo e che tolga al lettore un'importante chiave di lettura. Vorrei che il lettore comprendesse immediatamente che Alessio il soldato romano, Luigi il cavaliere francese e Bonifacio il marchese italiano non parlano la stessa lingua e provengono da mondi diversi. Italianizzando tutti i nomi, il mondo medievale si appiattisce e si perde la cacofonia della realtà, che ai tempi non era meno complicata di oggi.

Ritengo inoltre che l'uso della lingua che i personaggi della storia utilizzavano quotidianamente sia più rispettoso di queste civiltà e culture. Ho quindi deciso molto presto che avrei cercato il più possibile di sottolineare le differenze etniche tra i personaggi della storia, dandogli il nome che questi avrebbero usato nella vita comune, o comunque la forma più aderente a questo obiettivo di fondo.

Questo però ha aperto una serie di altri problemi, relativi alla lingua da utilizzare: una perfetta rappresentazione è impossibile, o comunque poco pratica, perché molti dei personaggi di questa storia hanno più di una lingua di riferimento. La maggior parte dei documenti dell'epoca erano scritti o in latino o in greco – le due grandi lingue letterarie del Mediterraneo –, ma se per i Romani d'Oriente la scelta di usare i nomi greci è senza controversie, almeno dal mio punto di vista, lo stesso non può dirsi dell'Europa latina, che nei secoli andò sviluppando una serie di lingue «volgari» affiancate al latino. La lingua parlata di quello che era stato l'Impero romano d'Occidente si evolse lentamente in un *continuum* di lingue neolatine regionali che andava dal Portogallo all'Italia. A questo va aggiunto l'uso sempre più importante, anche in ambiti ufficiali, delle lingue di ceppo tedesco. Per esempio: un nobile francese nelle fonti è di solito riportato con almeno due nomi, quello latino delle fonti ecclesiastiche, e quello nella lingua volgare della sua zona, con varianti anche notevoli a livello regionale. Come scegliere quale adottare? E ha senso usare un nome in francese medievale, inintelligibile al giorno d'oggi anche per un francese moderno, figurarsi per un italiano?

La mia scelta è stata, come spesso accade, di operare un compromesso. Per praticamente tutti i personaggi importanti prima dell'anno Mille, ho usato la versione italianizzata. Prima del Mille, le lingue volgari non hanno ancora dignità letteraria, e quindi conosciamo nelle fonti quasi solamente la versione «latina» del loro nome e non siamo certi quale fosse il nome in «volgare». Usare il latino o il greco mi sembrava però un'inutile complicazione, soprattutto per epoche che sono lontane dalla storia narrata nel libro (la Quarta crociata). Per questa ragione, Ottone, Eraclio, Giustiniano, Carlo Magno sono tutti nella versione «italiana».

Dopo l'anno Mille circa, però, ho preferito utilizzare le lingue moderne che più si avvicinano all'identità etnica del personaggio. Con il greco non c'era alcun problema, perché il greco è assai più conservatore delle lingue europee occidentali e il greco moderno è molto vicino a quello medievale. I personaggi storici nati nel Sacro Romano Impero hanno preso il nome tedesco: Frederick Barbarossa e non Federico, Heinrich e non Enrico. I personaggi italiani – Papi, marchesi e altri nobili – hanno invece mantenuto la versione italiana, per sottolineare la loro origine, anche quando (come nel caso del marchese Bonifacio del Monferrato), probabilmente parlavano più spesso in provenzale o lingua d'oc che in una lingua volgare della penisola (il dialetto toscano non si era ancora affermato come lingua volgare letteraria). Quanto ai cavalieri della Francia centro-settentrionale, la corte più numerosa in questo libro, conoscevo i loro nomi «francesi medievali» grazie alle opere di Robert di Clari e Geoffroy di Villehardouin, ma ho deciso di renderli in francese moderno, più intellegibile per il lettore contemporaneo. Riccardo «Cuor di leone» ha preso il suo nome inglese – Richard *Lionheart* – nonostante questi abbia passato la maggior parte della sua vita in Francia, e parlasse tutto sommato più spesso in francese che in inglese, la lingua del volgo. Temo che queste incoerenze siano, ahimè, inevitabili, qualunque via si scelga di seguire. Un'ultima parziale eccezione ha a che vedere con Baldwin delle Fiandre, sul quale ho titubato a lungo. Meglio dargli il nome francese – Baudouin – che era forse quello che usava più spesso? Il problema è che questo lo confondeva con molti altri «Baudouin» della storia, che venivano dalla Francia, appiattendo la sua più esotica identità etnica su quella dei cavalieri francesi. Allora era meglio usare il fiammingo, e quindi Boudewijn? Mi sembrava troppo distante dall'italiano Baldovino e dal francese che forse usava nella normalità. Alla fine, un po' arbitrariamente, gli ho dato il suo nome inglese: Baldwin, che richiama l'olandese ma è simile all'italiano. Visto il forte legame tra Fiandre e Inghilterra, mi è parso un compromesso accettabile.

Per i luoghi la scelta è stata ancora più difficile: città importanti e dal nome consolidato in italiano sono rimaste nella nostra lingua: Costantinopoli, Atene, Nicea. Al contrario, lì dove ho potuto, ho cercato di evitare i nomi «occidentali» per i luoghi dell'Impero romano, cercando di evocare la lingua greca: Thessalonika e non Salonicco, Dyrrachion e non Durazzo. È una scelta voluta: molto spesso i termini «latini» si sono affermati solo dopo la Quarta crociata, quando i Latini hanno stabilito regni e domini sul territorio romano.

Per chi dovesse pensare che tutto questo sia piuttosto arbitrario, qui mi rifaccio in un certo senso alla più moderna storiografia che sta sempre più adottando criteri di questo tipo per indicare i nomi dei personaggi antichi. Per esempio, faccio riferimento all'ottimo libro di Anthony Kaldellis – *The New Roman Empire* – uscito nel 2023, che utilizza criteri simili a quanto da me delineato. Spero che il lettore apprezzerà questa scelta. In caso contrario, nelle note troverà la versione italiana.

Infine, la questione sicuramente più controversa: in questo libro, l'Impero di Costantinopoli è sempre e comunque l'Impero romano. Non c'è soluzione di continuità tra l'antichità classica e l'Impero romano medievale. L'abitudine di chiamarlo «bizantino» deriva dai pregiudizi degli occidentali, che sin dai tempi di Carlo Magno vollero sottolineare l'alterità dei Romani, rifiutandone l'eredità classica. Il termine «bizantino» è in perfetta continuità con questi pregiudizi, essendo stato forgiato dagli storici del Settecento e Ottocento per distanziare Roma da Nuova Roma. I «bizantini», quanto a loro, non ebbero mai alcun dubbio sul nome del loro Impero e sulla loro identità nazionale: erano Romani, e il loro Impero era l'Impero di Augusto e di Traiano. Se l'identità etnica è la percezione che abbiamo di noi stessi, dovremmo ascoltare più i diretti interessati che qualche professore occidentale di duecento anni fa.

Ringraziamenti

Questo libro è stato reso possibile dalla follia, dalla generosità e dall'amore.

Innanzitutto dalla mia follia, di un manager con la sicurezza del «posto fisso» e tutti i vantaggi della vita da dipendente e che sceglie di fare della divulgazione storica, da indipendente, la sua unica attività. Dopo la pubblicazione del mio secondo libro, che aveva richiesto uno sforzo immane tra podcast, lavoro e scrittura, mi ero detto che ne avrei scritto un altro solo se avessi avuto a disposizione il tempo di farlo.

Il primo aprile 2024, questo sogno è diventato realtà: lasciato il mio vecchio e tutto sommato amato lavoro nel marketing, salutati i colleghi e restituito il computer, quello stesso giorno – il primo della mia nuova vita – ho iniziato a scrivere *Quando Venezia distrusse l'Impero romano*.

Questo passo è stato possibile solo grazie alla generosità di circa cinquecento mecenati, sostenitori del matto progetto di costruire dal basso un'esperienza divulgativa innovativa, aperta a tutti e gratuita. Senza di loro, oggi non potrei dedicarmi alla storia e quindi non avrei potuto scrivere questo libro.

Eppure, senza l'amore di mia moglie e della mia famiglia, neanche la generosità sarebbe stata sufficiente. Quell'amore che ti fa sostenere il tuo compagno di vita anche quando sembra voler imboccare strade pericolose e tremebonde, quell'amore che ti fa saltare anche quando l'istinto ti direbbe di rimanere fermo. Senza l'affetto e il sostegno di Helen, Emma, Giulia, dei miei genitori… non solo non sarei arrivato al grande passo, non mi ci sarei neanche avvicinato. Helen è stata anche il mio «lettore beta», togliendo la crusca prima che arrivasse ai bravi redattori di Solferino, ai quali sono sempre grato, perché sembra non esista frase che la loro mano non possa migliorare.

Debbo anche ringraziare qualcun altro che mi ha aiutato lungo la via: Marco Rossi mi ha consigliato dove togliere un po' di grasso dalla prima parte, che originariamente era troppo vasta e complessa. Galatea Vaglio mi ha aiutato a cercare delle informazioni di cui avevo bisogno, i professori Alessandro Magno e Davide Busato mi hanno fornito importanti dettagli sulla Venezia medievale. Grazie anche ad Antonio Musarra per i consigli di lettura!

Ringrazio gli storici Gastone Breccia e Andrea Santangelo oltre che l'ottimo divulgatore Gioele Sasso di «Biblioteca di Alessandria» per essersi prestati alla lettura anticipata. Grazie anche a Fabio Porfidia per l'ormai abituale professionalità e passione che mette nel realizzare le mappe del libro: da appassionato di storia, so che un saggio storico senza mappe è come un gelato senza panna.

Grazie, infine, a Solferino e Carlo Brioschi per l'opportunità di raggiungere il tris di saggi di storia, avventurandomi in un'epoca – le crociate – che mi ha rapito. Chissà che non mi venga voglia di rivisitarla in futuro!

Indice delle illustrazioni

Indice

Questo libro è stampato fabbricato da Grafica Veneta S.p.A.
con un processo di stampa e rilegatura certificato 100% carbon neutral
in accordo con PAS 2060 BSI

Finito di stampare nel mese di novembre 2024
per conto di RCS MediaGroup S.p.A.
da Grafica Veneta S.p.A., Via Malcanton 2,
Trebaseleghe (PD)
Printed in Italy